Gordon D. Fee

Douglas Stuart

EFFEKTIVES BIBELSTUDIUM

Gordon D. Fee
Douglas Stuart

EFFEKTIVES BIBELSTUDIUM

BRUNNEN
Verlag GmbH · Giessen

Titel der Originalausgabe: *How to Read the Bible for All Its Worth.*

Aus dem Amerikanischen übersetzt von Detlev Stieghorst
Revision: Marita Wilczek, Wilhelm Schneider

MIX
Papier | Fördert gute Waldnutzung
FSC® C014138

11. Auflage 2026

Brunnen Verlag GmbH
Gottlieb-Daimler-Str. 22, 35398 Gießen
info@brunnen-verlag.de
www.brunnen-verlag.de
Umschlaggestaltung: Jonathan Maul/Brunnen Verlag GmbH
Umschlagmotiv: Juli Puli/stock.adobe.com
Satz: Uhl + Massopust, Aalen
Druck und Bindung: FINIDR, s.r.o., Tschechien
ISBN Buch 978-3-7655-0602-4
ISBN E-Book 978-3-7655-7345-3

Für unsere Eltern
Donald und Grace Fee
sowie
Streeter und Merle Stuart,
von denen wir die Liebe zum Wort Gottes lernten

Inhalt

Anhang

Abkürzungen der verwendeten Bibelübersetzungen

BigS	*Bibel in gerechter Sprache*, © 2006 Gütersloher Verlagshaus.
BRU	*Bruns-Bibel*, Die Bibel mit Erklärungen, übersetzt von Hans Bruns © 1962 Brunnen Verlag Gießen.
ELB	*Revidierte Elberfelder Bibel* © 1985/1991/2006 SCM R.Brockhaus im SCM-Verlag GmbH & Co. KG, Witten.
EU	*Einheitsübersetzung der Heiligen Schrift*, © 1980, Katholische Bibelanstalt Stuttgart.
GNB	*Gute Nachricht Bibel*, © 2000, Deutsche Bibelgesellschaft, Stuttgart.
HfA	*Hoffnung für alle®*, Copyright © 1983, 1996, 2002 by Biblica, Inc.® Verwendet mit freundlicher Genehmigung von 'fontis – Brunnen Basel.
LUT 1912	*Lutherbibel*, Textfassung von 1912 (gemeinfrei).
LUT	*Lutherbibel*, revidierter Text 1984, durchgesehene Auflage in neuer Rechtschreibung, © 1999 Deutsche Bibelgesellschaft, Stuttgart.
ME	*Menge*, Die Heilige Schrift, übersetzt von Hermann Menge, 1926, gemeinfrei, Stuttgart, Deutsche Bibelgesellschaft.
NGÜ	*Neue Genfer Übersetzung* – Neues Testament und Psalmen, © 2011 Genfer Bibelgesellschaft.

NeÜ	*Neue evangelistische Übersetzung*, © 2010, Dillenburg: Christliche Verlagsgesellschaft.
NL	*Neues Leben. Die Bibel*, Witten: SCM R.Brockhaus im SCM-Verlag GmbH & Co. KG, 2002 und 2006.
SLT	*Schlachter 2000,* © 2002 Genfer Bibelgesellschaft.
ZÜR	*Zürcher Bibel*, © 2007 Theologischer Verlag Zürich.

Vorwort zur vierten Auflage

Diese vierte (amerik.) Auflage von *Effektives Bibelstudium* wurde durch einen Telefonanruf von Douglas veranlasst, der die Bibliografie im Anhang überarbeiten wollte. Man musste nicht lange in die dritte Auflage hineinschauen, um zu erkennen, wie viel sich im letzten Jahrzehnt geändert hatte. Es musste nicht nur die Bibliografie auf den neuesten Stand gebracht werden, sondern auch mehrere andere Dinge. So habe ich nach meiner Gewohnheit ein Exemplar von meinem Regal genommen und Seite für Seite mit roter Tinte Anmerkungen dazu geschrieben. Das wurden so viele, dass klar wurde, dass eine gründliche Neufassung nötig war. Ganz oben auf der Liste stand meine eigene langjährige Leidenschaft, „die Zahlen loszuwerden“, damit die Menschen die Bibel so lesen wie jedes andere Buch auch. In dieser Ausgabe bleiben die Zahlen, das heißt die Kapitel- und Versangaben, natürlich erhalten, aber sie stehen jetzt nur noch in Klammern am Ende des Satzes oder Abschnittes. Das bedeutete natürlich, dass mehrere Sätze umformuliert werden mussten, gab uns aber auch die Gelegenheit, verschiedene andere Dinge zu überarbeiten. Das Ergebnis ist eine vierte Auflage des gleichen Buches, durch das augenscheinlich so viele Bibelleser profitiert haben.

Wie bei jeder Überarbeitung eines Buches ist fast jede Seite „aktualisiert“ worden. Doch der grundsätzliche Inhalt ist der Gleiche geblieben. Unser Ziel ist es gewesen, unser eigenes Buch besser lesbar zu machen, aber weit darüber hinaus das Volk Gottes zu einem ständigen *Lesen* der Bibel zu ermutigen. Deshalb schließen wir dieses Vorwort mit den Worten, die der Kirchenvater Augustinus hörte und die zu seiner Bekehrung führten: *Tolle, lege.* „Nimm und lies!“ Das meinte natürlich die Schrift selbst. Wir hoffen also, Ihnen mit diesem Buch zu helfen, Gottes Wort besser zu verstehen, wobei das letzte Ziel die Anbetung und der Gehorsam sind!

Gordon D. Fee
Juli 2013

Vorwort zur dritten Auflage

Das Erscheinen von „How to Read the Bible Book by Book“ (2002) veranlasste die Autoren, zu diesem ersten Buch zurückzukehren und es gründlich zu aktualisieren. Anlass war zum Teil die Tatsache, dass wir in der zweiten Veröffentlichung immer wieder auf das vorliegende Buch verwiesen. Bei diesen Querverweisen wurde uns bewusst, wie viel wir selbst seit der Veröffentlichung dieses Buchs in den Jahren 1979 und 1980 gelernt hatten und dass ein Teil des Inhalts inzwischen überholt war. Wir mussten nicht nur alle Hinweise auf die Gegenwart von „20. Jahrhundert“ in „21. Jahrhundert“ (!) ändern, sondern bemerkten auch andere „in die Jahre gekommene“ Details. (Beim Hinweis auf das Tippen der Entwürfe und der Endfassung durch unsere Sekretärinnen kamen wir uns fast wie „Neandertaler“ vor!) Außerdem wollten wir einige wichtige wissenschaftliche Fortschritte (besonders in Bezug auf die narrativen Texte der Bibel) wiedergeben. Dies erklärt also in aller Kürze das Warum dieser neuen Auflage. Doch sind auch einige weitere Erläuterungen erforderlich.

Besonders offensichtlich war die Notwendigkeit einer Überarbeitung beim zweiten Kapitel. Obwohl die meisten Erläuterungen und Beispiele zur Übersetzungstheorie gleich bleiben, wurde jede in der zweiten Auflage zitierte Bibelübersetzung mit Ausnahme der New Revised Standard Version in den letzten zwei Jahrzehnten revidiert. Damit sind nicht nur viele Erörterungen zu den Bibelübersetzungen selbst überholt, sondern es wurden auch zusätzliche Erklärungen zu den Gründen für eine Revision dieser gut etablierten und beliebten englischen Bibelausgaben erforderlich. In der ersten Ausgabe legten wir viele unserer Kommentare im Gegensatz zur King James Version dar; nun ist uns bewusst geworden, dass es unter den vielen Menschen in den Vereinigten Staaten und Kanada nur noch sehr wenige (besonders in der Altersgruppe unter 35) gibt, die mit der King James Version noch einigermaßen vertraut sind. Auch das musste also in dieser neuen Ausgabe von Effektives Bibelstudium revidiert werden.

Bei anderen Kapiteln hielten wir eine Überholung aber ebenfalls für angebracht. Auch darin spiegelt sich einerseits unsere eigene Entwicklung und andererseits eine Veränderung, die wir im Klima und in der Zusammensetzung unserer Leserschaft in den letzten zwei Jahrzehnten wahrgenommen haben. Als wir unser erstes Buch verfassten, kamen wir beide aus einem Umfeld, in dem eine sehr mangelhafte Auslegung der Bibel leider ein recht häufiges Phänomen darstellte. Dies veranlasste uns, in einigen Kapiteln stark zu betonen, wie man bestimmte literarische Genres nicht lesen sollte. Unser Eindruck ist, dass viele der heutigen Leser diese dürftigen Formen des Umgangs mit der Bibel kaum noch kennen, zum Teil weil wir zugleich eine Periode durchlaufen, in der man eine erschreckend große Zahl von Menschen antrifft, die im Großen und Ganzen biblische Analphabeten sind. Deshalb hat sich unser Schwerpunkt in einigen Kapiteln entschieden auf die Frage verlagert, wie man die biblischen Texte gut lesen kann, statt zu erörtern, wie Texte in der Vergangenheit missbraucht wurden.

Außerdem hoffen wir, dass diejenigen, die uns bis hierher gefolgt sind, auch noch das Vorwort zur ersten Auflage lesen werden, in dem wir nur eine minimale Änderung in einem Satz vorgenommen haben, um ihn klarer zu machen. Obwohl einige Dinge darin nicht mehr aktuell sind (besonders der Hinweis auf andere Bücher dieser Art), dient es nach wie vor als echtes Vorwort für das Buch und soll Ihnen eine Orientierung geben, was Sie erwarten können.

Wieder ist es uns eine Freude, mehreren Personen zu danken, die uns geholfen haben, dieses Buch zu verbessern. Maudine Fee hat jedes Wort mehrmals mit einem scharfen Blick für solche Dinge gelesen, die nur Wissenschaftler verstehen; unser besonderer Dank gilt auch V. Phillips Long, Bruce W. Waltke und Bill Barker für verschiedene Beiträge.

Bescheiden und freudig zugleich sehen wir, welchen Erfolg dieses Buch in den letzten zwei Jahrzehnten hatte. Wir beten, dass diese neue Auflage sich als ebenso hilfreich erweisen wird.

Gordon D. Fee
Douglas Stuart
Advent 2002

Vorwort zur ersten Auflage

Einmal dachten wir im Spaß daran, diesem Buch den Titel zu geben: Nicht noch ein Buch darüber, wie man die Bibel verstehen kann. Doch die Einsicht siegte und der „Titel“ verlor, obwohl er in der Tat das Anliegen beschreiben würde, das uns zum Schreiben dieses Buches veranlasst hat.

Bücher darüber, wie man die Bibel verstehen kann, gibt es in Fülle. Manche sind gut; andere sind nicht so gut. Nur wenige wurden von Theologen geschrieben. Manche dieser Bücher gehen von der methodischen Vielfalt des Bibelstudiums her an das Thema heran. Andere verstehen sich als Einführung in die Hermeneutik (die Wissenschaft der Auslegung) für Laien. Letztere enthalten meist einen ausführlichen Teil mit allgemeinen Regeln (die sich auf alle biblischen Texte anwenden lassen) und einen weiteren Teil mit spezifischen Regeln (die für bestimmte Arten von Problemen gelten: Prophetie, Typologie, Sprachfiguren usw.).

Doch dies ist „nicht noch ein Buch“ der genannten Art – so hoffen wir. Was wir hier zu tun versuchten, hat in verschiedener Hinsicht einen besonderen Charakter:

1. Wie man durch einen Blick auf das Inhaltsverzeichnis feststellen kann, richtet sich das Anliegen dieses Buchs hauptsächlich auf das Verständnis der unterschiedlichen Arten (Gattungen) von Literatur, die in der Bibel zu finden sind. Obwohl wir auch zu anderen Fragen etwas sagen, prägt dieser Ansatz unser gesamtes Vorgehen. Wir meinen, dass zwischen einem Psalm einerseits und einem neutestamentlichen Brief andererseits ein echter Unterschied besteht. Unser Anliegen ist es, dem Leser zu helfen, die Psalmen als Gedichte und die Briefe als Briefe zu lesen und zu studieren. Wir hoffen zeigen zu können, dass diese Unterschiede entscheidend sind und die Art und Weise beeinflussen sollten, wie man sie liest und wie ihre Botschaft für heute zu verstehen ist.

2. Obwohl immer wieder Richtlinien für das Studium der ein-

zelnen Gattungen gegeben werden, geht es uns gleichermaßen um das verständige Lesen der Bibel – weil das die meisten von uns am häufigsten tun. Jeder, der versucht hat, zum Beispiel 3. Mose, Jeremia oder die Sprüche zu lesen, stellt fest, dass es hier zu 1. Samuel und zur Apostelgeschichte viele Unterschiede gibt. Man kann sich in 3. Mose festfahren, und wer hat nicht schon die Frustration empfunden, sich nach der Lektüre von Jesaja oder Jeremia zu fragen, was denn eigentlich die „Handlung" war? Im Gegensatz dazu sind 1. Samuel und die Apostelgeschichte besonders leicht lesbar. Wir hoffen, dass wir dem Leser helfen können, diese Unterschiede besser wahrzunehmen, damit er auch die nicht narrativen Teile der Bibel genauer verstehen und mit höherem Gewinn lesen kann.

3. Dieses Buch wurde von zwei Professoren geschrieben, also von Leuten, die den Ruf haben, trocken und unverständlich zu schreiben. Es ist oft gesagt worden, man brauche keine Hochschulausbildung, um die Bibel verstehen zu können. Das ist wahr und wir glauben es von ganzem Herzen. Doch sind wir auch etwas betroffen über die (manchmal) versteckten Andeutungen, eine Hochschulausbildung und Hochschulprofessoren seien deshalb sogar ein Hindernis für das Verständnis der Bibel. Wir sind so kühn zu glauben, dass sogar die „Experten" etwas zu sagen haben.

Außerdem sind diese beiden Hochschulprofessoren zufällig überzeugte Christen, die der Meinung sind, dass man die biblischen Texte nicht nur lesen und studieren, sondern auch befolgen sollte. Es ist gerade dieses Anliegen, das uns zuerst dazu veranlasste, Wissenschaftler zu werden. Wir hatten das große Verlangen, alles, was wir im 20. Jahrhundert (und nun im 21. Jahrhundert) über Gott und seinen Willen wissen sollen, so sorgfältig und vollständig wie möglich zu verstehen.

Diese beiden Hochschulprofessoren predigen und lehren das Wort Gottes auch regelmäßig in unterschiedlichen Gemeindeveranstaltungen. Deshalb wird auch immer wieder von uns gefordert, nicht nur Theoretiker zu sein, sondern zugleich um die Anwendung der Bibel zu ringen, und das führt uns zu unserem vierten Punkt.

4. Das große Anliegen, das zur Entstehung dieses Buchs führte,

ist die Hermeneutik; wir schrieben speziell, um Gläubigen zu helfen, die mit Fragen der Anwendung ringen. Viele drängende Probleme der heutigen Gemeinde sind eigentlich Auseinandersetzungen, die mit der Überbrückung der hermeneutischen Kluft zu tun haben – mit dem Übergang vom „Damals und Dort" des ursprünglichen Textes zum „Hier und Jetzt" unseres eigenen Lebens. Doch das bedeutet auch, dass die Kluft zwischen dem Wissenschaftler und dem Laien zu überbrücken ist. Der Wissenschaftler möchte in erster Linie aufzeigen, was der Text bedeutete; dem Laien kommt es meist stärker darauf an, was der Text bedeutet. Der gläubige Wissenschaftler besteht darauf, dass wir beides brauchen. Die Bibel nur unter dem Gesichtspunkt zu lesen, was sie für mich persönlich bedeutet, kann zu einer Menge Unsinn und allen erdenklichen Irrtümern führen – weil die Kontrolle fehlt. Glücklicherweise sind die meisten Christen zumindest in gewissem Umfang mit dem wichtigsten hermeneutischen Werkzeug ausgestattet – mit dem gesunden Menschenverstand.

Andererseits ist manchmal nichts so trocken und leblos für die Gemeinde wie die Gewohnheit, das Bibelstudium zu einer rein akademischen Übung in der historischen Untersuchung zu machen. Obwohl das Wort Gottes ursprünglich in einem konkreten historischen Kontext entstand, besteht das Einzigartige an ihm doch darin, dass dieses in der Geschichte geschenkte und von der Geschichte beeinflusste Wort immer noch ein lebendiges Wort ist.

Unser Anliegen muss deshalb auf zwei Dimensionen bezogen sein. Der gläubige Theologe behauptet, dass die biblischen Texte zuallererst das bedeuten, was sie damals bedeutet haben. Das heißt: Wir glauben, dass Gottes Wort für uns zuallererst genau die Bedeutung hat, die sein Wort für die damaligen Empfänger der biblischen Schriften hatte. Wir haben also zwei Aufgaben: 1. Wir müssen herausfinden, was der Text ursprünglich bedeutete; diese Aufgabe heißt Exegese. 2. Wir müssen es lernen, dieselbe Bedeutung in der Vielfalt neuer oder anderer Kontexte unserer heutigen Zeit zu hören; diese zweite Aufgabe nennen wir Hermeneutik. Im hergebrachten Sprachgebrauch bezeichnet der Begriff „Hermeneutik“ beide Aufgaben; in diesem Buch verwenden wir ihn jedoch konsequent in diesem engeren zweiten Sinne. Beiden Aufgaben gleichermaßen gerecht zu werden sollte das Ziel des Bibelstudiums sein.

Deshalb haben wir in den Kapiteln 3 bis 13, die sich nacheinander mit zehn verschiedenen Literaturgattungen in der Bibel beschäftigen, beide Anliegen berücksichtigt. Da die Exegese immer die erste Aufgabe ist, haben wir viel Zeit darauf verwendet, das Besondere an den einzelnen Gattungen herauszustellen. Was ist ein biblischer Psalm? Welche verschiedenen Arten von Psalmen gibt es? Worin besteht das Wesen der hebräischen Dichtkunst? Wie beeinflusst all das unser Verständnis? Doch geht es uns auch darum, welche Funktion die verschiedenen Psalmen als Wort Gottes erfüllen. Was will Gott damit sagen? Was sollen wir lernen, wie sollen wir gehorchen? Hier haben wir es vermieden, Regeln zu nennen. Stattdessen haben wir einige Richtlinien, Vorschläge und Hilfen angeboten.

Wir sehen, dass die erste Aufgabe – die Exegese – oft als Sache des Experten betrachtet wird. Manchmal stimmt das. Doch braucht man kein Experte zu sein, um die grundlegenden Aufgaben der Exegese richtig durchführen zu können. Das Geheimnis liegt darin zu lernen, wie man die richtigen Fragen an den Text stellt. Wir hoffen daher, dass wir den Leser dabei anleiten können, zu jeder biblischen Gattung die richtigen Fragen zu stellen. Es wird natürlich auch Fälle geben, in denen man schließlich doch die Hilfe von Experten in Anspruch nehmen möchte. Auch dafür werden wir einige praktische Richtlinien geben.

Jeder Autor ist für diejenigen Kapitel verantwortlich, die in sein Fachgebiet fallen. Professor Fee schrieb also die Kapitel 1 bis 4, 6 bis 8 und 13, Professor Stuart die Kapitel 5 sowie 9 bis 12. Obwohl jeder von uns wesentlich zu den Kapiteln des anderen beigetragen hat und obwohl wir das Buch wirklich für ein Gemeinschaftswerk halten, wird der aufmerksame Leser doch beobachten können, dass jeder seinen eigenen Stil und seine eigene Darstellungsweise hat. Besonderer Dank gilt einigen Freunden und Familienangehörigen, die mehrere Kapitel gelesen und hilfreiche Ratschläge gegeben haben: Frank DeRemer, Bill Jackson, Judy Peace sowie Maudine, Cherith, Craig und Brian Fee. Besonderen Dank auch an unsere Sekretärinnen, Carrie Powell und Holly Greening, für das Tippen der Entwürfe sowie der Endfassung.

Mit den Worten des Kindes, das Augustinus dazu brachte, bei seiner Bekehrungserfahrung einen Abschnitt aus dem Römerbrief zu lesen, sagen wir: „Tolle, lege." – „Nimm und lies." Die Bibel ist Gottes ewiges Wort. Lesen Sie es, verstehen Sie es, befolgen Sie es[1].

---

1 Baker Book Haus, Grand Rapids, Michigan, hat uns erlaubt, das Material in Kapitel 3, 4 und 6 zu verwenden, welches vorher in anderer Form in „Hermeneutics and Common Sense: An Exploratory Essay on the Hermeneutics of the Epistles" in *Inerrancy and Common Sense* (Hg. J. R. Michaels and R. R. Nicole, 1980), S. 161–186 und in „Hermeneutics and Historical Precedent – A Major Problem in Pentecostal Hermeneutics," in *Perspectives on the New Pentecostalism* (Hg. R. P. Spittler, 1976), S. 118–132 erschien.

1
Einleitung:
Die Notwendigkeit der Auslegung

Oft trifft man jemanden, der sagt: „Du brauchst die Bibel nicht auszulegen; lies sie einfach und tu, was sie sagt." Gewöhnlich wird in solch einer Aussage der Protest eines Laien gegen den Wissenschaftler, Pastor, Lehrer oder Sonntagsschullehrer deutlich, der mit seiner „Auslegung" dem normalen Menschen die Bibel wegzunehmen scheint. Damit soll ausgedrückt werden, dass die Bibel nicht irgendein obskures, unverständliches Buch ist. „Schließlich", so wird argumentiert, „kann jeder, der ein bisschen Grips im Kopf hat, sie lesen und verstehen." Das Problem bei vielen Predigern und Bibellehrern besteht darin, „dass sie so lange herumwühlen, bis das klare Wasser völlig trübe geworden ist. Was uns beim Lesen einmal klar und deutlich erschien, ist jetzt nicht mehr so klar."

In diesem Protest liegt eine Menge Wahrheit. Auch wir sind der Meinung, dass Christen die Bibel lesen, ihr Glauben schenken und gehorchen sollten. Und auch wir betonen mit allem Nachdruck, dass die Bibel kein unverständliches Buch sein muss, wenn man sie richtig liest und studiert. Wir sind sogar überzeugt, dass das schwerwiegendste Problem, das die Menschen mit der Bibel haben, nicht ihr Mangel an Verständnis ist, sondern die Tatsache, dass sie viele Dinge nur zu gut verstehen! Bei Texten wie zum Beispiel Philipper 2,14: „Tut alles ohne Murren und ohne Zweifel" liegt das Problem nicht im Verstehen, sondern im Gehorchen – in der praktischen Umsetzung der Bibel.

Wir stimmen auch mit der Ansicht überein, dass der Prediger oder Lehrer allzu oft dazu neigt, erst zu graben und dann hinzusehen und so manchmal die eigentliche Bedeutung des Textes zu verschütten, die oft an der Oberfläche liegt. Es soll gleich zu Anfang festgehalten – und immer wieder betont – werden, dass das Ziel einer guten Auslegung nicht in der Einmaligkeit besteht; es geht nicht darum, etwas zu entdecken, das bisher noch niemand gesehen hat.

Eine Auslegung, die auf Einmaligkeit abzielt, lässt sich normalerweise auf Stolz zurückführen (auf den Versuch, den Rest der Welt an Schlauheit zu übertreffen), auf ein falsches Verständnis von Geistlichkeit (nämlich, dass die Bibel voll tief vergrabener Wahrheiten sei, die darauf warteten, von geistlich besonders feinsinnigen Menschen mit spezieller Einsicht entdeckt zu werden) oder auf bestimmte persönliche Interessen (das Bedürfnis, eine theologische Richtung zu unterstützen, besonders wenn es um Texte geht, die dieser Richtung entgegenzulaufen scheinen). Einzigartige Auslegungen sind gewöhnlich falsch. Das soll nicht heißen, dass das richtige Verständnis der Stelle jemandem, der sie zum ersten Mal hört, nicht als einzigartig erscheinen kann. Wir wollen damit nur sagen, dass Einzigartigkeit nicht das Ziel unserer Aufgabe ist.

Das Ziel einer guten Auslegung besteht einfach darin, zur eigentlichen Bedeutung des Textes zu gelangen – zu der von dem Verfasser beabsichtigten Bedeutung. Und die wichtigste Voraussetzung, die man für diese Aufgabe mitbringen muss, ist ein aufgeschlossener gesunder Menschenverstand. Der Prüfstein für gute Auslegung ist die Frage, ob sie das wirklich sinnvoll werden lässt, was geschrieben steht. Eine korrekte Auslegung wird deshalb sowohl den Verstand befriedigen als auch „zu Herzen" gehen.

Wenn es aber bei der Auslegung um die eigentliche Bedeutung des Textes geht, warum muss man ihn dann überhaupt auslegen? Findet man diese eigentliche Bedeutung nicht einfach beim Lesen? In gewissem Sinne schon. Doch es gibt zwei Faktoren, die solch ein Argument naiv und unrealistisch werden lassen: das Wesen des Lesers und das Wesen der Heiligen Schrift.

1. Der Bibelleser als Ausleger

Der erste Grund, weshalb man lernen muss, wie man die Bibel auslegt, ist, dass jeder Bibelleser – ob es einem nun gefällt oder nicht – gleichzeitig ein Bibelausleger ist. Denn die meisten von uns gehen ja davon aus, richtig zu verstehen, was wir lesen. Wir neigen auch zu der Annahme, unser Verständnis sei mit dem identisch, was der Heilige Geist oder der Schreiber der Bibel zu sagen beabsichtigte. Doch wir sehen den Text unweigerlich durch die Brille unserer Erfahrungen, unserer Kultur und unseres Vorverständnisses bestimmter Ausdrücke oder Gedanken. Manchmal führen uns diese Dinge in die Irre – wenn auch sicher nicht gewollt und bewusst –, oder sie lassen uns alle möglichen Gedanken in den Text hineinlesen, die gar nicht darin enthalten sind.

Wer in unserer Kultur zum Beispiel das Wort „Kreuz" hört, denkt nach Jahrhunderten christlicher Kunst und Symbolik automatisch an ein Lateinisches Kreuz (†). Aber es ist wenig wahrscheinlich, dass das Kreuz Jesu diese Form hatte; es glich eher einem „T". Die meisten Protestanten und auch Katholiken stellen sich im Gottesdienst beim Lesen von Abschnitten über die Gemeinde unwillkürlich Menschen vor, die in einem Gebäude mit Kirchenbänken sitzen, wie es bei ihnen üblich ist. Wenn Paulus sagt: „Treibt nicht Vorsorge für das Fleisch, dass Begierden wach werden" (Römer 13,14; ELB), neigen die meisten Leser des deutschen Textes zu der Auffassung, dass mit „Fleisch" der „Leib" gemeint sei und Paulus folglich von „körperlichen Begierden" spreche. Doch das Wort „Fleisch", wie Paulus es benutzt, bezieht sich selten – und in diesem Text ganz bestimmt nicht – auf den Körper, sondern auf einen geistlichen Missstand, der auch als „sündige Natur" bezeichnet wird und eine völlig selbstbezogene Existenz meint. Man interpretiert also beim Lesen den Text, ohne es zu wollen, und leider ist diese Auslegung oft unkorrekt.

Das führt uns zu der Feststellung, dass der Leser einer deutschen Bibelübersetzung in jedem Fall mit Auslegung zu tun hat. Denn die Übersetzung ist selbst schon eine (notwendige) Form der Auslegung.

Ihre Bibel, die für Sie den Ausgangspunkt bildet, ist – und das gilt für jede Übersetzung – das Endresultat einer umfangreichen wissenschaftlichen Arbeit. Übersetzer müssen ständig Entscheidungen über die Bedeutung des Textes treffen. Und ihre Entscheidungen beeinflussen die Art und Weise, wie Sie den Text verstehen.

Gute Übersetzer berücksichtigen daher das Problem der sprachlichen Unterschiede. Doch das ist keine leichte Aufgabe. Soll man zum Beispiel das griechische Wort in Römer 13,14 mit „Fleisch" übersetzen (wie ELB oder SLT) oder mit „Leib" (wie LUT oder EU)? Oder soll man dem Leser helfen und mit „selbstsüchtige Natur" übersetzen (wie in GNB), weil es dem näherkommt, was Paulus eigentlich meinte? Wir wollen diese Fragen im nächsten Kapitel umfassender aufgreifen. Für den Augenblick genügt der Hinweis, dass die Tatsache der Übersetzung an sich uns schon in die Aufgabe der Auslegung einbezieht.

Die Notwendigkeit der Auslegung zeigt sich auch, wenn wir auf das achten, was ständig um uns her geschieht. Ein einfacher Blick auf die Gemeinde unserer Zeit macht zum Beispiel hinreichend deutlich, dass nicht alles, was als „eigentliche Bedeutung des Textes" gilt, auch von allen so verstanden wird. Es ist nicht nur nebensächlich von Interesse, dass die meisten derjenigen Christen in der Gemeinde Jesu, die trotz des Beleges für das Gegenteil in 1. Korinther 11,2-3 heute aufgrund von 1. Korinther 14,34-35 fordern, dass Frauen in der Versammlung schweigen, gleichzeitig leugnen, dass Sprachenrede und Prophetie heute noch gültig sind, obwohl die Verse über das Schweigen der Frauen in genau diesem Zusammenhang stehen. Und diejenigen, die aufgrund von 1. Korinther 11,2-16 feststellen, dass die Frauen genauso wie die Männer beten und weissagen sollen, leugnen gewöhnlich, dass sie dies mit einer Art von Kopfbedeckung tun müssen. Die einen betrachten das Untertauchen als die „eigentliche Lehre" der Bibel über die Taufe der Gläubigen; andere glauben, die Säuglingsbesprengung biblisch begründen zu können. Innerhalb der heutigen Gemeinden wird sowohl „Gewissheit des ewigen Heils" gelehrt als auch die Möglichkeit, „das Heil verlieren" zu können, allerdings nie von ein und demselben

Lehrer! Dennoch werden beide Auslegungen als „eigentliche Bedeutung" des Textes vertreten. Sogar die beiden Autoren dieses Buchs haben einige Meinungsverschiedenheiten über die „eigentliche" Bedeutung bestimmter biblischer Texte. Doch wir alle lesen dieselbe Bibel und versuchen, gehorsam zu befolgen, was der Text „eindeutig" lehrt.

Außer diesen erkennbaren Differenzen unter „bibelgläubigen Christen" kursieren noch andere seltsame Überzeugungen. Sekten kann man zum Beispiel gewöhnlich daran erkennen, dass sie außer der Bibel noch andere Autoritäten haben. Das gilt allerdings nicht für alle; doch in jedem Fall verfälschen sie die Wahrheit durch die Art und Weise, wie sie Texte aus der Bibel auswählen. Jede erdenkliche Verirrung in Lehre und Praxis, vom Arianismus (Leugnung der Gottheit Christi) oder den Zeugen Jehovas bis zur Taufe für die Toten bei den Mormonen, nimmt für sich in Anspruch, durch einen Bibeltext „gestützt" zu werden.

Aber selbst unter theologisch eher konservativen Menschen setzen sich in verschiedenen Bereichen merkwürdige Gedanken durch. Einer der neuesten Renner unter amerikanischen Protestanten, besonders unter Charismatikern, ist zum Beispiel das sogenannte „health and wealth gospel" (Gesundheits- und Wohlstandsevangelium). Die „gute Nachricht" lautet, dass Gottes Wille für uns finanzieller und materieller Wohlstand ist! Ein Vertreter dieses „Evangeliums" beginnt sein Buch mit der Beteuerung, dass es ihm um den „eigentlichen Sinn" der Schrift geht, und mit der Behauptung, er setze das Wort Gottes in allen seinen Ausführungen an die erste und oberste Stelle. Er fügt hinzu, dass nur das entscheidend ist, was die Bibel tatsächlich sagt, nicht das, was sie unserer Meinung nach beinhaltet. Ihm geht es also um die „eigentliche Bedeutung". Doch man beginnt Zweifel an der „eigentlichen Bedeutung" zu hegen, wenn das finanzielle Wohlergehen der Christen mit solchen Stellen begründet wird: „Mein Lieber, ich wünsche, dass es dir in allen Dingen gut gehe und du gesund seist, so wie es deiner Seele gut geht" (3. Johannes 2; LUT) – einem Text, der überhaupt nichts mit finanziellem Wohlstand zu tun hat. In einem anderen Beispiel wird im

Gleichnis vom reichen Jüngling (Markus 10,17-22) genau das Gegenteil dessen, „was die Bibel tatsächlich sagt", als „eigentliche Bedeutung" bezeichnet, deren „Auslegung" dem Heiligen Geist zugeschrieben wird. Man kann zu Recht infrage stellen, ob überhaupt nach der eigentlichen Bedeutung gesucht wurde; die eigentliche Bedeutung scheint einfach das zu sein, was sich der Autor wünscht, um seine Lieblingsgedanken bestätigen zu können.

Bei all diesen Differenzen innerhalb wie außerhalb der Gemeinde und selbst unter den Theologen über die Frage, wer „die Regeln" am besten kennt, überrascht es nicht, dass manche den Standpunkt vertreten, man solle die Bibel gar nicht auslegen, sondern einfach nur lesen. Doch das ist, wie wir schon merkten, eine falsche Entscheidung. Das Gegenmittel für eine schlechte Auslegung ist nicht keine Auslegung, sondern eine gute Auslegung, die auf Richtlinien des gesunden Menschenverstandes beruht.

Die Autoren dieses Buchs geben sich nicht der Illusion hin, alle könnten sich mithilfe unserer Richtlinien schließlich auf die „eigentliche Bedeutung", nämlich auf unsere Auslegung, einigen! Was wir erreichen möchten ist vielmehr, dass die Sensibilität unserer Leser für die speziellen Probleme wächst, die in jeder Literaturgattung auftreten. Sie sollen wissen, warum verschiedene Möglichkeiten der Auslegung existieren und wie man sich aufgrund des gesunden Menschenverstandes für eine von ihnen entscheidet. Außerdem möchten wir die Leser in die Lage versetzen, zwischen guten und weniger guten Auslegungen unterscheiden zu können – und zu wissen, was die eine oder die andere ausmacht.

2. Das Wesen der Heiligen Schrift

Ein offensichtlicherer Grund für die Notwendigkeit der Auslegung liegt im Wesen der Schrift selbst. In der Geschichte hat die Gemeinde Jesu das Wesen der Heiligen Schrift ungefähr so verstanden wie die Person Christi – als menschlich und göttlich zugleich. „Die Bibel", hat jemand einmal treffend gesagt, „ist Gottes Wort, das in der Geschichte mit menschlichen Worten vermittelt wird." Es ist dieses zweifache Wesen der Bibel, das die Aufgabe der Auslegung von uns verlangt.

Weil die Bibel Gottes Botschaft ist, besitzt sie ewige Relevanz; sie wendet sich an die gesamte Menschheit und ist für jedes Zeitalter und für jede Kultur gültig. Weil sie Gottes Wort ist, müssen wir ihr zuhören – und gehorchen. Doch weil Gott beschloss, sein Wort durch menschliche Worte in der Geschichte auszusprechen, besitzt jedes Buch der Bibel auch seine historische Eigenart. Jedes Dokument ist von der Sprache, Zeit und Kultur beeinflusst, in der es ursprünglich geschrieben wurde (und in manchen Fällen auch von der mündlichen Weitergabe vor seiner Niederschrift). Eine Auslegung der Heiligen Schrift wird also aufgrund der „Spannung" zwischen ihrer ewigen Relevanz und ihrer historischen Eigenart erforderlich.

Es gibt natürlich Leute, die meinen, dass die Bibel nur ein von Menschen geschriebenes Buch sei und nur menschliche Worte in der Geschichte enthalte. Für sie beschränkt sich die Aufgabe der Auslegung auf historische Nachforschungen. Ihr Interesse gilt den religiösen Gedanken der Juden, Jesu oder der Urgemeinde, so wie es auch den Gedanken Ciceros oder Goethes gilt. Aus ihrer Sicht ist die Aufgabe deshalb eine rein historische. Was bedeuteten diese Worte damals für die Menschen, die sie aufschrieben? Was dachten sie über Gott? Wie verstanden sie sich selbst?

Andererseits gibt es Menschen, die nur über die ewige Dimension der Bibel nachdenken. Weil die Bibel das Wort Gottes ist, neigen sie dazu, sie als eine Sammlung von Lehraussagen und Geboten zu betrachten, die man glauben bzw. denen man gehorchen muss

– obwohl unter diesen Lehraussagen und Geboten immer sehr gezielt ausgesucht wird. Da gibt es zum Beispiel Christen, die aufgrund von 5. Mose 22,5 („Eine Frau soll nicht Männersachen tragen“; LUT) argumentieren, dass eine Frau keine Hosen oder Shorts tragen dürfe, weil diese als „Männersachen“ gelten. Doch nur selten nehmen diese Leute auch die anderen Gebote derselben Liste wörtlich, die zum Beispiel verlangen, ein Geländer um das Dach seines Hauses zu bauen (V. 8), nicht zwei verschiedene Arten von Pflanzen im eigenen Weinberg anzubauen (V. 9) oder Quasten an den vier Ecken seines Mantels zu befestigen (V. 12).

Die Bibel ist jedoch keine Aneinanderreihung von Lehraussagen und Geboten; sie ist nicht einfach eine Sammlung von Worten des „Vorsitzenden“ Gott, als ob er vom Himmel auf uns herabgeschaut und gesagt hätte: „Hallo, ihr da unten, merkt euch folgende Dinge. Erstens: Es gibt nur einen Gott, und das bin ich. Zweitens: Ich bin der Schöpfer aller Dinge, auch der Menschen“ und so weiter bis Lehraussage 7777 und Gebot 777.

Diese Lehraussagen sind natürlich wahr und wir können sie auch in der Bibel finden (wenn auch nicht ganz in dieser Form). Ein solches Buch hätte uns sogar manches erleichtert. Doch zum Glück ist das nicht die Art und Weise, die Gott wählte, um zu uns zu reden. Stattdessen zog er es vor, seine ewigen Wahrheiten im Rahmen ganz besonderer Umstände und Ereignisse der menschlichen Geschichte auszusprechen. Genau das ist es aber, was uns Hoffnung gibt. Gerade weil Gott die Entscheidung traf, im Kontext der realen menschlichen Geschichte zu reden, können wir zuversichtlich sein, dass dieselben Worte immer wieder in unserer eigenen „realen“ Geschichte reden, wie sie es auch in der gesamten Geschichte der Gemeinde Jesu immer getan haben.

Die Tatsache, dass die Bibel eine menschliche Seite hat, ist eine Ermutigung, aber auch eine Herausforderung für uns; und sie ist der Grund, warum wir sie auslegen müssen. In diesem Zusammenhang sind besonders zwei Punkte zu beachten:

1. Einer der wichtigsten Aspekte der menschlichen Seite der Bibel beruht auf der Entscheidung Gottes, fast jede verfügbare Art

der Kommunikation zu benutzen, um sein Wort in alle menschlichen Situationen hineinzusprechen: historische Erzählungen, Familienstammbäume, Chroniken, verschiedene Arten von Gesetzen, vielfältige Formen der Dichtung, Sprichwörter, prophetische Reden, Rätsel, szenische Darstellungen, biografische Skizzen, Gleichnisse, Briefe und Apokalypsen.

Um das „Damals-und-Dort" biblischer Texte richtig auszulegen, muss man nicht nur einige allgemeine Regeln kennen, die sich auf alle Worte der Bibel anwenden lassen, sondern auch die speziellen Regeln erlernen, die für diese einzelnen Literaturgattungen gelten. Die Art und Weise, wie Gott uns im Hier und Jetzt das göttliche Wort mitteilt, wird sich je nach der literarischen Form unterscheiden. Zum Beispiel müssen wir wissen, wie ein Psalm – eine Form, die sich oft an Gott richtete – zum Wort Gottes an uns wird und wie bestimmte Psalmen sich von anderen unterscheiden und wie alle Psalmen sich vom „Gesetz" unterscheiden, das oft an Menschen in kulturellen Situationen gerichtet war, die es heute nicht mehr gibt. Wie reden solche „Gesetze" zu uns und wie unterscheiden sie sich von den moralischen „Gesetzen", die in allen Situationen und zu jeder Zeit gültig sind? Das sind die Fragen, vor die wir durch das zweifache Wesen der Bibel gestellt werden.

2. Weil Gott durch wirkliche Menschen in vielfältigen Umständen und über einen Zeitraum von ca. 1500 Jahren redete, wurde sein Wort in die Sprache und Denkmuster dieser Menschen gefasst und von der Kultur und den Umständen ihrer Zeit beeinflusst. Gottes Wort an uns war also zuerst Gottes Wort an sie. Damit sie es hören konnten, musste es durch Umstände und in einer Sprache zu ihnen kommen, die sie verstehen konnten. Unser Problem ist, dass wir zeitlich und manchmal auch gedanklich so weit von ihnen entfernt sind. Das ist der wesentliche Grund, weshalb wir lernen müssen, die Bibel auszulegen. Wenn Gottes Wort über Frauen, die Männersachen tragen, oder über Geländer um Dachterrassen uns etwas zu sagen haben soll, müssen wir zuerst verstehen, was es den ursprünglichen Zuhörern zu sagen hatte – und warum.

Wenn man die Bibel also auslegen will, muss man dies auf zwei Ebenen tun. Erstens muss man das Wort hören, das sie hörten, also zu verstehen versuchen, was ihnen damals und dort gesagt wurde. Zweitens muss man lernen, dasselbe Wort jetzt und hier zu hören. Diese beiden Aufgaben müssen noch etwas detaillierter beschrieben werden.

3. Die erste Aufgabe: Exegese

Die erste Aufgabe des Auslegers wird Exegese genannt. Das beinhaltet das sorgfältige, systematische Studium der Heiligen Schrift mit dem Ziel, die ursprünglich beabsichtigte Bedeutung herauszufinden. Sie ist im Wesentlichen eine historische Aufgabe, der Versuch, das Wort so zu hören, wie es die ursprünglichen Empfänger hören sollten, also die ursprüngliche Absicht der Worte der Bibel zu ermitteln. Diese Aufgabe erfordert oft die Hilfe eines „Experten" – einer Person, die darin geübt ist, die Sprache und die Umstände eines Textes in seinem ursprünglichen Rahmen gut zu verstehen. Dennoch braucht man kein Experte zu sein, um eine gute Exegese durchführen zu können.

Eigentlich ist sogar jeder in gewissem Sinn ein Exeget. Die entscheidende Frage lautet nur, ob man ein guter Exeget ist. Wie oft haben Sie zum Beispiel schon gehört oder selbst gesagt: „Was Jesus damit meinte, war …" oder: „In der damaligen Zeit war es üblich …"? Das sind exegetische Ausdrücke. Meistens werden sie gebraucht, um die Unterschiede zwischen „ihnen" und „uns" zu erklären – zum Beispiel warum wir kein Geländer um unser Hausdach bauen, warum wir den Text auf neue, andere Weise anwenden oder warum das Händeschütteln oft an die Stelle des „heiligen Kusses" getreten ist. Auch wenn solche Vorstellungen unausgesprochen bleiben, werden sie doch im Sinne der Vernunft ständig praktiziert.

Das Problem besteht hier aber häufig erstens darin, dass solche

Exegese oft zu selektiv gehandhabt wird, und zweitens, dass die befragten Quellen nicht von wahren „Experten" geschrieben wurden, sondern sekundäre Quellen sind, die sich oft selbst wiederum auf sekundäre Quellen beziehen, statt die primären zu benutzen. Über beides sind hier noch einige Anmerkungen nötig:

1. Obwohl jeder hin und wieder Exegese betreibt und obwohl solche Exegesen häufig ziemlich gut durchgeführt werden, besteht doch die Neigung, Exegese nur dann anzuwenden, wenn der Abstand zwischen dem biblischen Text und der modernen Kultur offensichtlich Probleme aufwirft. Natürlich ist auch für solche Texte eine Exegese erforderlich, doch wir bestehen darauf, dass sie der erste Schritt beim Lesen JEDES Textes sein sollte. Zuerst fällt das nicht leicht, doch wer es lernt, exegetisch zu denken, wird daraus großen Nutzen für das Verständnis des Textes ziehen. Außerdem wird so das Lesen – und erst recht das Studieren – der Bibel zu einer viel aufregenderen Erfahrung. Vergessen Sie jedoch nicht: Exegetisch denken zu lernen ist nicht die einzige Aufgabe; es ist einfach die erste Aufgabe.

Das eigentliche Problem bei einer „selektiven" Exegese besteht darin, dass man häufig eigene, oft unzutreffende Vorstellungen in einen Text hineinliest und Gottes Wort dadurch verfälscht, denn der Text ist dann nicht mehr das, was Gott eigentlich gesagt hat. Zum Beispiel erhielt einer der Autoren dieses Buchs kürzlich einen Brief von einem bekannten Evangelikalen, der ihn davon abzuhalten versuchte, auf einer Konferenz zusammen mit einem anderen bekannten Redner aufzutreten, dessen Rechtgläubigkeit in einem Punkt etwas zweifelhaft war. Als biblische Begründung wurde das Gebot angeführt: „Meidet das Böse in jeder Gestalt" (1. Thessalonicher 5,22; LUT). Wenn dieser Bruder gelernt hätte, die Bibel exegetisch zu lesen, hätte er den Text nicht in dieser Weise gebraucht. Denn es handelt sich um die letzten Worte eines Abschnitts, den Paulus über Manifestationen des Geistes innerhalb der Gemeinde schrieb. Was Paulus – in der Sprache unserer Zeit – wirklich sagt, ist: „Prophetische Rede verachtet nicht. Prüft aber alles, und das Gute behaltet. Meidet das Böse in jeder Gestalt." Das „Meiden des Bösen" hatte mit einer „prophetischen Rede“ zu tun, die sich bei der Prüfung als nicht vom Geist inspiriert erwies. Wenn man diesem Text eine Bedeutung gibt, die von Gott nicht beabsichtigt war, missbraucht man ihn, statt ihn zu gebrauchen. Um solche Fehler zu vermeiden, muss man lernen, exegetisch zu denken, also beim „Damals und Dort“ anzufangen, und zwar bei jedem Text.

2. Wie wir bald feststellen werden, beginnt man nicht damit, die „Experten“ zu befragen. Wenn das jedoch nötig wird, sollte man versuchen, die besseren Quellen zu benutzen. Zum Beispiel sagt Jesus am Schluss der Geschichte vom reichen Jüngling in Markus 10,24 (Matthäus 19,23; Lukas 18,24): „Wie schwer werden die Reichen in das Reich Gottes kommen!“ Dann fügt er hinzu: „Es ist leichter, dass ein Kamel durch ein Nadelöhr gehe, als dass jemand, der reich ist, ins Reich Gottes komme.“ Manchmal hört man, dass es in Jerusalem ein Tor gegeben habe, das als „Nadelöhr“ bekannt war, weil Kamele es nur auf Knien und auch dann nur unter größten Schwierigkeiten passieren konnten. Der entscheidende Punkt an dieser „Auslegung“ ist jedoch die Behauptung, dass es einem Kamel durchaus möglich war, das „Nadelöhr“ zu passieren. Das Problem dieser „Exegese“ besteht aber darin, dass sie einfach nicht stimmt. In Jerusalem gab es zu keinem Zeitpunkt der Geschichte ein solches Tor. Der früheste bekannte „Beleg“ für diesen Gedanken findet sich im 11. Jahrhundert (!) in einem Kommentar des Griechen Theophylact, der mit dem Text dieselbe Schwierigkeit hatte wie viele spätere Leser. Schließlich ist es unmöglich für ein Kamel, durch ein (richtiges) Nadelöhr zu kommen, und genau das wollte Jesus auch sagen. Es ist unmöglich für jemand, der reich ist, ins Reich Gottes zu kommen. Es erfordert ein Wunder, damit ein Reicher gerettet wird; und gerade das wird anschließend gesagt: „Alle Dinge sind möglich bei Gott.“

4. Exegese lernen

Wie erlernen wir also gute Exegese und wie umgehen wir gleichzeitig die Fallgruben am Wegesrand? In den meisten Kapiteln dieses Buches wird im ersten Teil erklärt, wie man diese Aufgabe bei der jeweiligen Gattung angeht. Hier wollen wir einfach einen Überblick über das geben, was bei der Exegese jedes beliebigen Textes nötig ist.

Auf der höchsten Ebene erfordert eine Exegese natürlich die Kenntnis vieler Dinge, die wir von den Lesern dieses Buchs nicht unbedingt erwarten: die biblischen Sprachen, die jüdischen, semitischen und griechisch-römischen Hintergründe zu vielem, was geschrieben ist, die Art und Weise, wie man bei unterschiedlichen Lesarten in den frühen Abschriften (die von Hand erstellt wurden) den Originaltext ermittelt, und der Gebrauch verschiedener Quellen und Hilfsmittel. Man kann aber auch dann gute Exegese lernen, wenn man keinen Zugang zu diesen Fähigkeiten und Hilfsmitteln hat. Dazu muss man jedoch zuerst lernen, was man mit den eigenen Fähigkeiten leisten kann und als Zweites, wie man die Arbeit anderer nutzen sollte.

Der Schlüssel zu einer guten Exegese und damit zu einem intelligenteren Lesen der Bibel liegt darin zu lernen, wie man den Text sorgfältig liest und die richtigen Fragen an ihn stellt. Durch langjährige Unterrichtserfahrung an Universitäten und Seminaren haben wir festgestellt, dass viele Menschen einfach nicht wissen, wie man richtig liest. Ein intelligentes Lesen der Bibel erfordert ein sorgfältiges Lesen, und das wiederum setzt voraus, die richtigen Fragen an den Text zu stellen.

Es gibt zwei grundlegende Arten von Fragen, die man an jeden Abschnitt der Bibel stellen sollte: Fragen nach dem Kontext und Fragen nach dem Inhalt. Die Fragen nach dem Kontext lassen sich nach historischen und literarischen Aspekten unterteilen. Betrachten wir kurz einige Beispiele.

Der historische Kontext

Beim historischen Kontext, der von Buch zu Buch verschieden ist, geht es um verschiedene Dinge: Faktoren der Zeit und der Kultur des Autors und seiner Leser, nämlich um die geografischen, topografischen und politischen Gegebenheiten, die ihr damaliges Umfeld prägten, und um den historischen Anlass des Buchs, des Briefs, des Psalms oder der prophetischen Rede. Alle diese Dinge sind für das Verständnis äußerst wichtig.

1. Man gelangt zu einem ganz anderen Verständnis, wenn man den Hintergrund aus dem achten Jahrhundert vor Christus von Amos, Hosea oder Jesaja kennt, wenn man weiß, dass Haggai nach dem Exil weissagte, wenn man die messianischen Erwartungen Israels zu der Zeit kennt, als Johannes der Täufer und Jesus auftraten, oder wenn man sich der Unterschiede zwischen Korinth und Philippi bewusst ist und weiß, wie die Gemeinden der beiden Städte und auch die jeweiligen Briefe von Paulus durch diese Unterschiede beeinflusst wurden. Das Lesen der Gleichnisse Jesu wird wesentlich bereichert, wenn man sich über die Bräuche seiner Zeit informiert. Mit Sicherheit gelangt man zu einem anderen Verständnis, wenn man weiß, dass der „Silbergroschen" oder „Denar", der den Arbeitern in Matthäus 20,1-16 angeboten wird, einem vollen Tageslohn entspricht. Selbst topografische Fragen sind von Bedeutung. Wer zum Beispiel in den Alpen oder in der Lüneburger Heide aufgewachsen ist und in der Bibel von „den Bergen um Jerusalem" (Psalm 125,2) liest, muss darauf achten, nicht die eigene Vorstellung von Bergen in den Text hineinzulesen, denn es handelt sich in Wirklichkeit um kleine Hügel und Hochebenen!

Bei den meisten Fragen dieser Art benötigt man die Hilfe anderer. Ein gutes Bibellexikon – wie das Lexikon zur Bibel von Fritz Rienecker (R. Brockhaus Verlag), das Jerusalemer Bibellexikon von Kurt Hennig (Hänssler Verlag) oder das Große Bibellexikon in drei Bänden von H. Burkhardt u. a. (R. Brockhaus/Brunnen) – wird im Allgemeinen die nötigen Informationen vermitteln.

2. Die wichtigere Frage nach dem historischen Kontext hat dage-

gen mit dem Anlass und Zweck der verschiedenen biblischen Bücher und ihrer einzelnen Abschnitte zu tun. Hier möchte man wissen, welche Vorfälle in Israel oder in der Gemeinde ein solches Dokument verursachten oder welche Situation den Autor zum Sprechen oder Schreiben veranlasste. Auch dieser Anlass variiert von Buch zu Buch und ist zum Beispiel im Grunde genommen für die Sprüche weniger wichtig als für den ersten Brief an die Korinther.

Die Antwort auf diese Frage – wenn es überhaupt eine gibt – lässt sich gewöhnlich im Buch selbst finden. In jedem Fall muss man lernen, mit offenen Augen zu lesen, um solche Dinge wahrzunehmen. Falls Sie Ihre Ergebnisse untermauern möchten, können Sie natürlich Ihr Bibellexikon, einen guten Kommentar zu dem betreffenden Buch (siehe Anhang ab S. 359), ein Bibelhandbuch, wie *Die Welt des Alten/Neuen Testamentes* (2Bde, Francke) oder die *Kurze Einführung in die Bibel* von Ernst Aebi (Verlag Bibellesebund), oder einen Bibelatlas, wie Paul Lawrence, *Der große Atlas zur Welt der Bibel* (Brunnen) hinzuziehen. Ausführlichere Hintergrundinformationen finden Sie z. B. bei Donald Carson/Douglas Moo, *Einleitung in das Neue Testament*, oder Helmut Egelkraut u. a., *Das Alte Testament* (beide Brunnen). Zuerst sollten Sie allerdings Ihre eigenen Beobachtungen anstellen!

Der literarische Kontext

Der literarische Kontext ist das, was die meisten Menschen meinen, wenn sie sagen, dass man etwas im jeweiligen Zusammenhang lesen sollte. Es ist sogar die entscheidende Aufgabe der Exegese, und zum Glück ist es eine Aufgabe, die jeder sehr gut leisten kann, ohne unbedingt die Hilfe von „Experten“ in Anspruch zu nehmen. Im Wesentlichen bedeutet literarischer Kontext erstens, dass die einzelnen Wörter nur im ganzen Satz Bedeutung haben, und zweitens, dass biblische Sätze zum größten Teil nur im Zusammenhang mit den vorausgehenden und nachfolgenden Sätzen vollständig und richtig zu verstehen sind.

Die wichtigste Frage in Bezug auf den Kontext, die Sie je stellen werden – und die bei jedem Satz und bei jedem Absatz neu gestellt werden muss –, lautet: „Worum geht es hier?" Wir müssen versuchen, den Gedankengang des Autors nachzuvollziehen. Was will er an dieser Stelle sagen, und warum sagt er es gerade hier? Was sagt er als Nächstes und warum?

Diese Frage wird von Gattung zu Gattung variieren, doch es ist immer die entscheidende Frage. Wie Sie sich erinnern, besteht das Ziel der Exegese darin herauszufinden, was der Autor eigentlich sagen wollte. Dazu ist es unbedingt erforderlich, eine Bibelausgabe zu benutzen, die den Text nach literarischen Sequenzen und Abschnitten gliedert. Einer der wesentlichen Gründe dafür, dass man zum Beispiel bei der Standardausgabe der Lutherbibel leicht zu einer unzureichenden Exegese kommt, ist der, dass dort jeder Vers für sich als Absatz gedruckt wird. Solch eine Anordnung kann die Logik des Autors undurchsichtig werden lassen. Deshalb muss man vor allem lernen, gedankliche Einheiten zu erkennen, seien es Absätze (in Prosatexten) oder Zeilen und Strophen (in poetischen Texten). Und mithilfe einer passenden Bibelausgabe ist man mit etwas Übung dazu in der Lage.

Fragen zum Inhalt

Die zweite große Gruppe von Fragen, die man an jeden Text stellen muss, bezieht sich auf den Inhalt, den der Autor eigentlich vermitteln wollte. Beim „Inhalt" geht es um die Bedeutung der Worte, ihre grammatischen Beziehungen in den Sätzen und die Entscheidung über den Originaltext, wenn die einzelnen Handschriften für eine Textstelle unterschiedliche Lesarten bieten. Dazu gehören auch Einzelheiten, die schon beim historischen Kontext erwähnt wurden, wie zum Beispiel die Bedeutung des „Denars", eines „Sabbatweges" oder der „Höhen".

Zum größten Teil handelt es sich hier um Fragen zur Bedeutung, die man normalerweise an einen biblischen Text stellt. Wenn Paulus den Gläubigen in Korinth schreibt: „Auch wenn wir Christus gekannt haben nach dem Fleisch, so kennen wir ihn doch jetzt so nicht mehr“ (2. Korinther 5,16; LUT), dann sollte man herauszufinden versuchen, auf wen sich die Worte „nach dem Fleisch“ beziehen – auf Christus oder auf diejenigen, die ihn gekannt haben? Wenn Paulus sagen wollte, dass „wir“ Christus nicht mehr „vom weltlichen Standpunkt aus“ kennen, dann hat der Text eine ganz andere Bedeutung, als wenn er sagen wollte, dass wir Jesus nun nicht mehr so kennen, wie er „in seinem irdischen Leben“ war.

Um solche Fragen beantworten zu können, muss der Leser gewöhnlich Hilfe von außen in Anspruch nehmen. Und auch hier hängt die Qualität der Antworten meist von der Qualität der benutzten Quellen ab. Deshalb ist es wünschenswert, einen guten exegetischen Kommentar zu befragen. Beachten Sie jedoch, dass man einen Kommentar, so wichtig dies manchmal auch sein mag, unserer Meinung nach erst als Letztes zurate ziehen sollte.

Die Werkzeuge

Zum größten Teil kann man eine gute Exegese also mit einem Minimum an Hilfe von außen durchführen, vorausgesetzt, diese Hilfe ist von höchster Qualität. Wir haben drei solche Hilfsmittel genannt: eine gute Übersetzung, ein gutes Bibellexikon und gute Kommentare. Es gibt natürlich noch andere Hilfsmittel, besonders für ein thematisches Bibelstudium. Doch für das Lesen oder Studieren einzelner Bücher der Bibel sind das die wesentlichen.

Weil eine gute Übersetzung (oder besser gesagt mehrere gute Übersetzungen) die absolut wichtigste Grundlage für diejenigen ist, die die Ursprachen nicht kennen, wird das nächste Kapitel diesem Thema gewidmet. Auch die Wahl eines guten Kommentars ist wichtig, doch weil dieser Schritt erst ganz zum Schluss folgt, endet dieses Buch mit einem Anhang zur Frage der Kommentarwahl.

5. Die zweite Aufgabe: Hermeneutik

Obwohl der Begriff „Hermeneutik“ gewöhnlich den gesamten Bereich der Auslegung einschließlich der Exegese abdeckt, wird er in engerem Sinne auch auf die Suche nach der aktuellen Bedeutung alter Texte bezogen. In diesem Buch wollen wir ihn ausschließlich in diesem engeren Sinne benutzen, wenn wir nach der Bedeutung der Bibel im Hier und Jetzt fragen – auch wenn wir wissen, dass der Begriff meist im allgemeineren Sinn verwendet wird.

Es ist ja eigentlich die Frage nach dem Hier und Jetzt, die uns überhaupt zur Bibel hinführt. Warum sollten wir dann nicht mit dieser Frage anfangen? Warum kümmern wir uns überhaupt um die Exegese? Der Heilige Geist, der die Menschen beim Schreiben der Bibel inspiriert hat, kann sie auch beim Lesen der Bibel erleuchten. Und gewiss wollen wir mit diesem Buch niemandem die Freude am erbaulichen Bibellesen und der damit verbundenen Erfahrung einer unmittelbaren Kommunikation rauben. Doch sollte man die Bibel nicht nur zur Erbauung lesen. Man muss sie auch lesen, um zu lernen und zu verstehen. Kurz gesagt muss man also auch lernen, die Bibel zu studieren, was wiederum das erbauliche Lesen beeinflussen muss. Und das führt uns zu der festen Überzeugung, dass die rechte „Hermeneutik“ mit einer soliden „Exegese“ beginnen muss.

Der Grund, weshalb man nicht mit dem Hier und Jetzt anfangen darf, lautet, dass die einzig angemessene Kontrolle für hermeneutische Aussagen nur in der ursprünglichen Absicht des Textes zu finden ist. Wie schon in diesem Kapitel gesagt, liegt hierin die „eigentliche Bedeutung“ des Textes, die man sucht. Sonst könnte man einem Bibeltext willkürlich jede beliebige Bedeutung zuordnen. Eine solche Hermeneutik wäre völlig subjektiv und niemand könnte dann begründen, weshalb die Auslegung des einen richtig, die des anderen aber falsch wäre. Alles wäre erlaubt!

Im Gegensatz zu solch subjektiver Interpretation bestehen wir darauf, dass die ursprüngliche Bedeutung des Textes – soweit es in unserer Macht steht, sie zu ermitteln – den objektiven Kontrollpunkt darstellt. Wir sind überzeugt, dass die Taufe für die Toten auf der Grundlage von 1. Korinther 15,29 bei den Mormonen, die Leugnung der Gottheit Christi bei den Zeugen Jehovas oder das „Wohlstandsevangelium", das Reichtum aufgrund von 3. Johannes 2 als christliches Recht betrachtet, unzutreffende Auslegungen darstellen. In jedem Fall liegt der Fehler in der Hermeneutik, genauer gesagt darin, dass die Hermeneutik nicht durch gute Exegese kontrolliert wurde. Diese Leute haben mit dem Hier und Jetzt angefangen und Bedeutungen in den Text hineingelesen, die ursprünglich nicht beabsichtigt waren. Wer wollte dann noch jemanden davon abhalten, wie Jeftah seine eigene Tochter aufgrund eines unüberlegten Schwurs zu töten (Richter 11,29-40)?

Man kann natürlich argumentieren, dass uns der gesunde Menschenverstand vor solchen Dummheiten bewahren wird. Leider ist der gesunde Menschenverstand nicht immer so „gesund". Wir wollen wissen, was die Bibel für uns bedeutet – zu Recht. Aber wir können ihr nicht jede beliebige Bedeutung geben und diese dann dem Heiligen Geist zuschreiben. Man kann den Heiligen Geist in diesem Prozess nicht so auslegen, dass er dem widerspricht, was gesagt wird, denn er ist es ja, der die ursprüngliche Aussage inspiriert hat. Deshalb wird seine Hilfe für uns darin bestehen, uns beim Entdecken dieser ursprünglichen Aussage zu unterstützen und uns bei dem Versuch zu leiten, diese Bedeutung angemessen auf unsere eigene Situation anzuwenden.

Hermeneutische Fragen sind gewiss nicht leicht; das ist wahrscheinlich der Grund, warum so wenige Bücher über diesen Aspekt unseres Themas geschrieben werden. Es werden auch nie alle mit der Art und Weise einverstanden sein, wie ein Einzelner an diese Aufgabe herangeht. Doch dieser Bereich ist der entscheidende und wir Christen müssen lernen, über solche Fragen miteinander zu reden – und einander zuzuhören. In einem Punkt muss allerdings Übereinstimmung herrschen: Ein Text kann nicht bedeuten, was er nie für die ursprünglichen Leser oder Hörer bedeutet haben konnte. Oder, um es positiv auszudrücken, die wahre Bedeutung eines Bibeltextes für uns ist das, was er nach Gottes Absicht aussagen sollte, als er zum ersten Mal gesprochen oder geschrieben wurde. Das ist der Ausgangspunkt. Wie wir von diesem Punkt aus weiter vorgehen, das ist die eigentliche Frage, die uns in diesem Buch beschäftigt.

Mancher wird bestimmt fragen: „Aber ist es nicht möglich, dass ein Text noch eine zusätzliche (oder umfassendere oder tiefere) Bedeutung hat, die über seine ursprüngliche Aussage hinausgeht? Schließlich lässt sich das ja auch im Neuen Testament durch die Art und Weise finden, wie manchmal das Alte Testament ausgelegt wird." Im Fall der Prophetie wollen wir solch einer Möglichkeit nicht die Tür verschließen und einräumen, dass bei sorgfältiger Kontrolle eine zweite oder letzte, gewollte Bedeutung möglich ist. Doch wie rechtfertigt man das an anderen Stellen? Unser Problem ist ein einfaches: Wer ist Gottes Sprachrohr? Für römisch-katholische Christen stellt sich dieses Problem weniger, denn die für die offizielle Lehre der Kirche zuständige Autorität entscheidet für alle über den umfassenderen Sinn des Textes. Die Protestanten haben jedoch keine solche Autorität und wir wären zu Recht besorgt, wenn jemand behaupten würde, er hätte Gottes tiefere Bedeutung des Textes erkannt – besonders wenn der Text nie bedeutet hat, was er jetzt angeblich bedeuten soll. Aus solchen Auslegungen werden alle Sekten und Irrlehren geboren.

Es ist schwierig, hermeneutische Regeln festzulegen. Was wir in den folgenden Kapiteln anbieten wollen, sind deshalb Richtlinien. Vielleicht sind Sie mit unseren Richtlinien nicht immer einverstanden. Wir hoffen aber, dass Sie sich dann von der christlichen Liebe leiten lassen und dass unsere Richtlinien vielleicht dazu dienen können, Ihr eigenes Nachdenken über diese Fragen anzuregen.

2
Das wichtigste Werkzeug – eine gute Übersetzung

Die 66 Bücher der protestantischen Bibel wurden in drei verschiedenen Sprachen geschrieben: Hebräisch (der größte Teil des Alten Testaments), Aramäisch (eine Schwestersprache des Hebräischen, die im halben Buch Daniel und zwei Abschnitten von Esra gebraucht wurde) und Griechisch (das ganze Neue Testament). Wir gehen davon aus, dass die meisten unserer Leser diese Sprachen nicht beherrschen. Deshalb ist Ihr wichtigstes Werkzeug beim Lesen und Studieren der Bibel eine gute zeitgemäße deutsche Übersetzung oder, wie wir in diesem Kapitel noch feststellen werden, mehrere solche Übersetzungen.

Wie wir im vorigen Kapitel bemerkt haben, hat jeder Leser einer deutschen Bibelausgabe schon deshalb mit einer Form der Auslegung zu tun, weil er Gottes Wort in einer Übersetzung liest – ob ihm das gefällt oder nicht. Eine Übersetzung zu lesen ist natürlich nichts Schlechtes, es ist einfach das einzig Mögliche und deshalb notwendig, bedeutet aber auch, dass der Leser einer Bibelübersetzung in gewissem Sinne der Person (den Personen) ausgeliefert ist, die die Bibel übersetzt hat; und Übersetzer müssen oft Entscheidungen darüber treffen, was der hebräische oder griechische Autor eigentlich sagen wollte.

Das Problem bei der Beschränkung auf nur eine Übersetzung, sei sie auch noch so gut, liegt darin, dass man auf die speziellen exegetischen Entscheidungen dieser Übersetzung festgelegt ist, als sei sie selbst Gottes Wort. Die Bibelübersetzung, die Sie benutzen, wird natürlich in den meisten Fällen richtig sein, manchmal ist sie es aber nicht.

Betrachten wir als Beispiel einmal folgende fünf Übersetzungen von 1. Korinther 7,36:

LUT	„Wenn aber jemand meint, er handle unrecht an seiner Jungfrau …“
ELB	„Wenn aber jemand denkt, er handle ungeziemend mit seiner Jungfrau …“
BRU	„Wenn nun einer meint, es sei etwa für seine Tochter nicht gut …“
GNB	„Wenn nun einer meint, er begehe ein Unrecht an seiner Braut, wenn er sie nicht heiratet …“
NGÜ	Vielleicht denkt jemand, er verhalte sich nicht richtig gegenüber seiner Verlobten …

Die Luther- und die Elberfelder Übersetzung sind hier sehr wörtlich, aber nicht besonders hilfreich, denn der Ausdruck „Jungfrau“ und die Beziehung zwischen „jemand“ und „seiner Jungfrau“ bleiben ziemlich mehrdeutig. In einer Hinsicht aber können wir absolut sicher sein: Paulus hatte nicht die Absicht, mehrdeutig zu schreiben. Er wollte etwas aussagen, das einer der beiden anderen Möglichkeiten (seine Verlobte zu heiraten oder seine Tochter zu verheiraten) entspricht, und die Korinther, die das Problem in ihrem Brief angesprochen hatten, wussten auch, welche das war – die andere kam für sie wahrscheinlich überhaupt nicht in Betracht.

Es sollte hier noch angemerkt werden, dass keine der beiden anderen Übersetzungen schlecht ist; es handelt sich um legitime Entscheidungen in Bezug auf Paulus' Absicht. Doch nur eine von beiden kann die richtige Übersetzung sein. Die Frage ist: welche? Aus mehreren Gründen haben die Gute Nachricht und die Neue Genfer Übersetzung hier die beste exegetische Entscheidung getroffen (wobei die Neue Genfer die alternative Möglichkeit der Verheiratung einer Tochter in einer Anmerkung bringt). Wenn man regelmäßig nur die Bruns-Übersetzung liest (die an dieser Stelle die am wenigsten wahrscheinliche Möglichkeit anbietet), dann ist man auf eine Auslegung des Textes festgelegt, die mit hoher Wahrscheinlichkeit nicht wiedergibt, was Paulus beabsichtigte.

Und das lässt sich noch in Tausend anderen Fällen illustrieren. Was sollte man also tun?

Erstens ist es sicherlich eine gute Gewohnheit, normalerweise vorwiegend eine Übersetzung zu lesen, vorausgesetzt sie ist wirklich gut. Das hilft beim Auswendiglernen und sorgt für Beständigkeit. Und wenn man eine der besseren Übersetzungen benutzt, wird man bei vielen Stellen, an denen es Schwierigkeiten gibt, in den Fußnoten entsprechende Hinweise finden. Für das Studium der Bibel sollte man jedoch mehrere gut gewählte Übersetzungen benutzen. Am besten ist es, Übersetzungen zu benutzen, von denen man schon vorher weiß, dass sie sich voneinander unterscheiden. Dann erkennt man sofort, wo viele der schwierigen Probleme in der Auslegung liegen. Um diese Dinge aber letztlich lösen zu können, werden Sie meist einen oder mehrere Kommentare zurate ziehen müssen.

Doch welche Übersetzung sollte man gebrauchen und mit welchen sollte man den Bibeltext studieren? In dieser Frage kann eigentlich niemand für andere entscheiden. Sie sollten Ihre Entscheidung jedoch nicht einfach damit begründen, dass Sie sagen: „Mir gefällt diese Übersetzung“ oder: „Diese Bibel lässt sich gut lesen.“ Natürlich soll Ihre Übersetzung Ihnen gefallen und wenn sie wirklich gut ist, wird sie auch lesbar sein. Doch bevor Sie eine überlegte Wahl treffen können, müssen Sie etwas über die Wissenschaft des Übersetzens sowie über die verschiedenen deutschen Bibelübersetzungen wissen.

1. Die Wissenschaft der Bibelübersetzung

Es gibt zwei Arten von Entscheidungen, die ein Übersetzer treffen muss: textbezogene und linguistische. Die erste hat mit dem tatsächlichen Wortlaut des Originaltextes zu tun; die zweite bezieht sich auf die Übersetzungstheorie des Übersetzers, die man bei seiner Übersetzung des Textes in Deutsch zugrunde legt.

Die Frage des Textes

Das erste Anliegen des Übersetzers ist die Gewissheit, dass der hebräische oder griechische Text, den er benutzt, möglichst nahe an den ursprünglichen Wortlaut herankommt, den der Autor niederschrieb (oder der Schreiber, dem er den Text diktierte). Sind diese Verse wirklich das, was der Psalmist schrieb? Sind es die genauen Worte von Markus oder Paulus? Warum sollte irgendjemand überhaupt von einem anderen Wortlaut ausgehen?

Obwohl die Einzelheiten des Textproblems im Alten Testament anders sind als im Neuen, geht es im Wesentlichen um dieselben Schwierigkeiten: 1. Es existieren keine Originalhandschriften mehr. 2. Was uns vorliegt, sind Tausende von Abschriften, die einzeln von Hand (daher die Bezeichnung „Manuskripte") erstellt und in einem Zeitraum von ca. 1400 Jahren (für das Neue Testament; für das Alte Testament ist der Zeitraum sogar noch länger) wiederholt abgeschrieben wurden. 3. Obwohl die überwiegende Mehrheit der Manuskripte, die bei beiden Testamenten aus dem späten Mittelalter stammen, sich sehr ähnlich sind, unterscheiden sich die späteren Handschriften wesentlich von den frühen Abschriften und Übersetzungen. Es gibt über 5000 griechische und mehrere Tausend lateinische Manuskripte des Neuen Testaments bzw. Fragmente davon; und da diese Abschriften vor der Erfindung der Druckerpresse erstellt wurden (die Gleichförmigkeit garantierte), sind nicht zwei davon absolut identisch.

Das Problem besteht also darin, das gesamte verfügbare Material zu durchforsten, die Stellen zu vergleichen, an denen die Manuskripte voneinander abweichen (man bezeichnet solche Stellen als „Varianten"), und zu entscheiden, welche Varianten Fehler darstellen und welche höchstwahrscheinlich dem Originaltext entspricht. Obwohl das eine imposante Aufgabe zu sein scheint – was sie in gewisser Hinsicht auch ist –, verzweifeln die Übersetzer nicht. Sie verstehen nämlich etwas von Textkritik, jener Wissenschaft, die versucht, den Originaltext antiker Dokumente zu ermitteln.

Wir haben nicht die Absicht, Ihnen hier eine Einführung in

die Textkritik zu geben. Es kommt uns vielmehr darauf an, Ihnen einige grundlegende Informationen über die Funktion der Textkritik zu vermitteln, damit Sie wissen, warum Übersetzer sich mit solchen Fragen auseinandersetzen müssen. Auf diese Weise können Sie Fußnoten in Ihrer Bibel wie zum Beispiel: „Andere übersetzen …“ oder: „Spätere Handschriften fügen hinzu: …“ besser auswerten.

Für den Zweck dieses Kapitels sind zwei Punkte wichtig:

1. *Textkritik ist eine Wissenschaft, die mit sorgfältigen Kontrollmaßnahmen arbeitet.* Es gibt zwei Arten von Belegen, die Übersetzer bei Entscheidungen über den Text berücksichtigen: äußere Belege (Art und Qualität der Manuskripte) und innere Belege (Arten von Fehlern, die bei Abschriften gemacht wurden). Die Gelehrten sind manchmal unterschiedlicher Ansicht, wie viel Gewicht man diesen Kategorien von Belegen jeweils beimessen sollte. Alle sind sich jedoch einig, dass die Kombination sowohl starker äußerer als auch starker innerer Belege die große Mehrheit von Textentscheidungen fast zur Routine werden lässt. Doch in den restlichen Fällen, wenn diese beiden Arten von Belegen einander zu widersprechen scheinen, sind die Entscheidungen schwieriger.

Die *äußeren Belege* betreffen die Qualität und das Alter der Manuskripte, die eine bestimmte Variante unterstützen. Beim Alten Testament läuft das oft auf eine Auswahl zwischen den im masoretischen Text (MT) erhaltenen hebräischen Manuskripten hinaus, die hauptsächlich aus dem Mittelalter stammen (und auf einer äußerst sorgfältigen Tradition der Abschrift beruhen), älteren hebräischen Manuskripten, die zum Teil in den Schriftrollen vom Toten Meer erhalten sind (Qumran-Schriftrollen, datiert vor dem ersten Jahrhundert nach Christus) und Manuskripten alter Übersetzungen (wie der griechischen Septuaginta, LXX abgekürzt, die in Ägypten ca. 250–150 vor Christus entstand). Eine gut erhaltene Abschrift von Jesaja, die unter den Qumran-Schriftrollen gefunden wurde, hat gezeigt, dass die masoretische Tradition einen sehr alten Text sorgfältig bewahrt hat; dennoch ist oft eine Verbesserung durch die Septuaginta nötig. Manchmal bietet weder das Hebräische noch das Griechische einen annehmbaren Sinn, was Vermutungen unumgänglich macht.

Für das Neue Testament blieben die besseren äußeren Belege in Ägypten erhalten, wo ebenfalls eine sehr sorgfältige Tradition der Abschrift existierte. Wenn diese frühen Belege zusätzlich durch ebenso frühe Belege aus anderen Teilen des Römischen Reiches bestätigt werden, kann man normalerweise davon ausgehen, dass sie verlässlich sind.

Die *inneren Belege* haben mit den Kopisten und den Autoren zutun. Wenn Übersetzer aus zwei oder mehr Varianten wählen müssen, können sie gewöhnlich feststellen, welche Lesarten fehlerhaft sind. Das liegt daran, dass Wissenschaftler die Gewohnheiten und Neigungen der Schreiber sorgfältig analysiert haben, sodass sie jetzt bekannt sind. Gewöhnlich können wir annehmen, dass diejenige Variante der Originaltext ist, die am besten erklärt, wie die anderen Varianten zustande gekommen sind. Es ist für den Übersetzer auch wichtig, den Stil und den Wortschatz eines bestimmten biblischen Autors zu kennen, weil auch diese Faktoren Entscheidungen über den Text beeinflussen.

Wie bereits erwähnt, erreichen wir bei der überwiegenden Mehrheit der Varianten durch die Kombination der besten (oder guten) äußeren und inneren Belege einen außerordentlich hohen Grad an Gewissheit über den Originaltext. Das lässt sich durch zahlreiche Beispiele veranschaulichen, wenn man die alte Lutherbibel (in der Fassung von 1912), die von schlechten, späten Manuskripten ausging, mit der revidierten Fassung (von 1984) vergleicht, in der bessere Handschriften zugrunde gelegt wurden. Wir wollen hier drei Varianten nennen, um die Arbeit der Textkritik zu verdeutlichen:

1. Samuel 8,16
1912: „eure schönsten Jünglinge und eure Esel“
1984: „eure besten Rinder und eure Esel“

Der Text der revidierten Fassung („eure Rinder“) stammt aus der Septuaginta, der weitgehend zuverlässigen griechischen Übersetzung des Alten Testaments. Die alte Fassung folgt dem masoretischen Text und schreibt „eure Jünglinge“, ein Ausdruck, von dem ziemlich unwahrscheinlich ist, dass er parallel zu „eure Esel“ verwendet wurde. Der Ursprung dieses Schreibfehlers in dem hebräischen Text, nach dem sich die alte Lutherbibel richtete, ist leicht zu verstehen. Der Ausdruck für „eure Jünglinge“ wurde im Hebräischen bḥrjkm geschrieben und „eure Rinder“ bqrjkm. Ein einzelner Buchstabe wurde falsch abgeschrieben, und das führte zu einer Bedeutungsänderung. Die Septuaginta wurde einige Zeit vor diesem Fehler übersetzt, sodass in ihr der ursprüngliche Text „eure Rinder“ erhalten blieb. Die unabsichtliche Änderung zu „eure Jünglinge“ geschah später und wirkte sich auf die hebräischen Handschriften des Mittelalters aus, während die früher entstandene Septuaginta dadurch nicht beeinflusst wurde.

Markus 1,2
1912: „Wie geschrieben steht in den Propheten …“
1984: „Wie geschrieben steht im Propheten Jesaja …“

Der Text der revidierten Lutherbibel findet sich in allen guten frühen griechischen Handschriften. Es ist auch der einzige Text, den man in allen frühesten (2. Jh.) Übersetzungen (den altlateinischen, koptischen und syrischen) findet und der bis auf eine Ausnahme bei allen Kirchenvätern vor dem 9. Jahrhundert bekannt war. Es ist leicht zu erkennen, was hier in den späteren griechischen Handschriften geschah: Da das folgende Zitat eine Kombination aus Maleachi 3,1 und Jesaja 40,3 ist, „berichtigte“ ein späterer Kopist Markus’ ursprünglichen Text, damit er „genauer“ wurde.

1. Korinther 6,20
1912: „… darum so preist Gott an eurem Leibe und in eurem Geiste, welche sind Gottes.“
1984: „… darum preist Gott mit eurem Leibe.“

Dieses Beispiel soll veranschaulichen, dass Änderungen des ursprünglichen Textes bei der Abschrift gelegentlich aus theologischen Gründen vorgenommen wurden. Die Worte „und in eurem Geiste, welche sind Gottes“ sind zwar in den meisten griechischen Manuskripten des späten Mittelalters enthalten, erscheinen aber in keinem der frühen griechischen Textzeugen und auch nicht in der Lateinisch sprechenden Kirche im Westen. Hätten sie im ursprünglichen Brief des Apostels Paulus gestanden, wäre es nahezu unmöglich zu erklären, wie und warum die Kopisten sie so früh und so häufig weggelassen haben. Doch ihr spätes Erscheinen in griechischen Manuskripten ist leicht zu erklären. Diese Manuskripte wurden alle in Klöstern erstellt, und zwar zu einer Zeit, als die griechische Philosophie mit ihrer Verachtung des Leibes in die christliche Theologie eingedrungen war. Deshalb fügten einige Mönche „in eurem Geist“ hinzu und schlossen mit dem Hinweis, dass sowohl der Leib als auch der Geist Gott gehören. Dies ist zwar richtig, aber diese zusätzlichen Worte lenken von Paulus' offensichtlicher Betonung des Leibes in diesem Abschnitt ab und gehören damit nicht zu dem vom Heiligen Geist inspirierten, ursprünglichen Text des Apostels.

Hier sollte angemerkt werden, dass Übersetzer größtenteils mit griechischen und hebräischen Texten arbeiten, die sorgfältig und sehr genau von Wissenschaftlern bearbeitet wurden. Für das Neue Testament bedeutet dies, dass der „beste Text“ durch Gelehrte ermittelt und veröffentlicht wurde, die auf diesem Gebiet Experten sind. Doch es bedeutet für beide Testamente auch, dass die Übersetzer selbst Zugang zu einem „Apparat“ (Angaben zum Text in Fußnoten) haben, in dem wesentliche Varianten und entsprechende Handschriften genannt werden.

2. Obwohl Textkritik eine Wissenschaft ist, kann sie keine exakte Wissenschaft sein, weil sie viele menschliche Variablen enthält. Hin und wieder, besonders wenn die Übersetzung das Werk eines Komitees ist, sind die Übersetzer sich selbst nicht einig, welche Variante den Originaltext darstellt und welche Varianten auf einen oder mehrere Schreibfehler zurückzuführen sind. Gewöhnlich steht dann die Wahl der Mehrheit in der eigentlichen Übersetzung, während die Wahl der Minderheit in den Anmerkungen wiedergegeben wird.

Der Grund für diese Ungewissheit kann entweder darin liegen, dass der beste Textbeleg mit der besten Erklärung für das Zustandekommen der Textabweichung kollidiert, oder darin, dass die Textbelege in den Manuskripten gleichmäßig verteilt sind und jede Variante erklären kann, wie die andere entstanden ist. Dieser Zusammenhang lässt sich durch ein Zitat aus 1. Korinther 13,3 verdeutlichen, das in der Lutherbibel so lautet:

Text: „ließe meinen Leib verbrennen“
Anmerkung: „meinen Leib hingäbe, um Ruhm zu gewinnen“

In der „Neues Leben“-Übersetzung erscheint dieser Versteil so:

Text: „meinen Körper opfern würde, damit ich geehrt würde“
Anmerkung: „meinen Körper hingäbe, um verbrannt zu werden“

Im Griechischen liegt der Unterschied in einem einzigen Buchstaben: kauthēsōmai/kauchēsōmai. Für das Wort, das hier mit „Ruhm gewinnen“ oder „geehrt werden“ übersetzt wird, gibt es die besten und frühesten griechischen Belege; das Wort für „verbrennen“ erschien zuerst in der lateinischen Übersetzung (in einer Zeit, als Christen auf dem Scheiterhaufen verbrannt wurden). In diesem Fall gibt es bei beiden Lesarten Schwierigkeiten bei der Exegese: „Verbrennen“ steht in einer Form, die im Griechischen grammatisch falsch ist, außerdem wurde der Brief von Paulus geschrieben, lange bevor Christen als Märtyrer verbrannt wurden – und niemand gab je seinen Leib freiwillig hin, um auf dem Scheiterhaufen verbrannt zu werden! Andererseits ist es schwierig, eine sinnvolle Erklärung für den Ausdruck „Ruhm gewinnen“ oder „geehrt werden“ zu finden, auch wenn dieser sich leicht durch die besten Belege bestätigen lässt. Dies ist eine der Stellen, bei denen wahrscheinlich ein guter Kommentar nötig sein wird, damit Sie eine eigene Entscheidung treffen können.

Dieses Beispiel ist auch der geeignete Anlass, Sie auf das erste Kapitel zurückzuverweisen. Sie haben gelesen, dass die Wahl des richtigen Textes zu den inhaltlichen Fragen gehört. Ein guter Exeget muss wissen – wenn man es überhaupt feststellen kann –, welches dieser Worte Paulus tatsächlich geschrieben hat. Andererseits sollte hier auch darauf hingewiesen werden, dass die Aussage, um die es Paulus eigentlich ging, durch diese Entscheidung kaum beeinflusst wird. In beiden Fällen meint er, dass es völlig umsonst wäre, wenn jemand seinen Leib für irgendein extremes Opfer hingäbe, dabei aber nicht aus Liebe handelte.

Das meinen wir also, wenn wir sagen, dass Übersetzer Entscheidungen über den Text treffen müssen, und das ist auch einer der Gründe, weshalb Übersetzungen voneinander abweichen – und weshalb die Übersetzer selbst Ausleger sind. Kommen wir nun zu anderen Arten von Entscheidungen, die ein Übersetzer treffen muss.

Fragen zur Sprache

Die nächsten beiden Arten von Entscheidungen – in Bezug auf Wörter und Grammatik – bringen uns zur eigentlichen Wissenschaft des Übersetzens. Hier geht es um die Schwierigkeit, wie Wörter und Gedanken von einer Sprache in eine andere zu übertragen sind. Damit Sie verstehen können, welche unterschiedlichen Theorien unseren modernen Übersetzungen zugrunde liegen, müssen Sie sich mit den folgenden Fachausdrücken vertraut machen:

Ausgangssprache: die Sprache, aus der man übersetzt, in unserem Fall also Hebräisch, Aramäisch oder Griechisch. Der Bequemlichkeit halber werden wir gewöhnlich nur Hebräisch und Griechisch sagen.

Zielsprache: die Sprache, in die man übersetzt, in unserem Fall also Deutsch.

Historische Distanz: Mit dieser Bezeichnung sind die Unterschiede zwischen der Ausgangssprache und der Zielsprache sowohl in Bezug auf Vokabeln, Grammatik und Redewendungen als auch in Bezug auf kulturelle und historische Faktoren gemeint.

Formale Äquivalenz: Das ist der Versuch, sowohl in der Wortwahl wie auch in der Grammatik der Form des Hebräischen oder Griechischen so nahe zu kommen, wie die Lesbarkeit des deutschen Textes es gerade noch erlaubt. Je enger man sich an die hebräische oder griechische Formulierung hält, desto näher kommt man einer Übersetzungstheorie, die man oft als „wörtlich" beschreibt. Übersetzungen dieser Art bewahren die historische Distanz in allen Punkten. Das Problem liegt aber darin, dass lediglich „verständliches" Deutsch nicht das Ziel einer guten Übersetzung ist. Das Ziel ist vielmehr gutes „zeitgemäßes" Deutsch, das in der Sprache und im Sinn mit der ursprünglichen Absicht des Autors vergleichbar ist – soweit man das aus dem Kontext ermitteln kann.

Funktionale Äquivalenz: Damit ist der Versuch gemeint, die Bedeutung des Hebräischen oder Griechischen zu bewahren, aber die einzelnen Wörter und Redewendungen so zu übertragen, wie man diese Bedeutung heute normalerweise im Deutschen ausdrücken würde. Je mehr man bereit ist, von einer formal äquivalenten zu einer funktional äquivalenten Übersetzung überzugehen, desto näher kommt man einer Übersetzungstheorie, die man oft als „dynamisch äquivalent" beschreibt. Solche Übersetzungen erhalten die historische Distanz in allen historischen Fragen und Fakten, „aktualisieren" aber sprachliche, grammatische und stilistische Aspekte.

Freie Übersetzung: Hier versucht man, die Gedanken aus einer Sprache in eine andere zu übersetzen, ohne unbedingt dieselben Wörter wie im Original zu benutzen. Eine freie Übersetzung, manchmal auch Paraphrase genannt, versucht die historische Distanz so weit wie möglich zu beseitigen, aber dem Sinn des ursprünglichen Textes dennoch treu zu bleiben. Hier besteht die Gefahr darin, dass eine freie Übersetzung schnell *zu* frei werden kann und widerspiegelt, wie nach Meinung des Übersetzers die Dinge hätten gesagt werden sollen, statt treu wiederzugeben, wie sie tatsächlich im Original gesagt werden.

Übersetzungstheorie: Hier geht es im Wesentlichen um die Frage, ob man der formalen oder der funktionalen Äquivalenz den Vorrang gibt, das heißt, inwieweit man bereit ist, den zeitlich bedingten Abstand zwischen beiden Sprachen im Gebrauch von Wörtern und grammatischen Strukturen zu überbrücken bzw. den historischen Abstand durch die Wahl einer modernen Entsprechung zu verringern. Sollte man zum Beispiel die Formulierung „Licht anzünden" in Matthäus 5,15 mit „Lampe einschalten" übersetzen, weil in unserer Kultur fast nur elektrisches Licht verwendet wird? Oder sollte man sie wörtlich übersetzen und es dem Leser überlassen, die historische Distanz selbst zu überbrücken? Sollte man statt „heiliger Kuss" die Übersetzung „Händeschütteln der christlichen Liebe" wählen, wenn öffentliches Küssen in der entsprechenden Kultur anstößig ist? Sollte man „Kohlen von Feuer" in „glühende Kohlen" übertragen, da dies der übliche deutsche Ausdruck ist? Sollte die formal äquivalente Übersetzung „Ausharren der Hoffnung" (1. Thessalonicher 1,3), die im Deutschen nahezu unverständlich ist, ersetzt werden durch „ein Ausharren, das von Hoffnung inspiriert wird", was der griechische Ausdruck von Paulus tatsächlich bedeutet? Übersetzer sind in der Wahl ihrer Methode nicht immer konsequent; dennoch bestimmt eine dieser Theorien jeden Grundansatz ihrer Arbeit. Es kommt auch vor, dass die freie oder „wörtliche" Übersetzungsmethode übertrieben wird. So wird der Römerbrief in der Cottonpatch Version („Baumwollacker-Übersetzung") von Clarence Jordan an Washington (!) adressiert. Auf der anderen Seite wird in der „wörtlichen" „DaBhaR-Übersetzung" von F. H. Baader 1. Mose 1,2 so übersetzt: „Und das Erdland wurde Chaos und Durchstörung, und Finsternis war auf dem Angesicht des Tumults, und Geistwind ÄLoHIMs war vibrierend auf dem Angesicht der Wasser." – Das ist überhaupt keine sinnvolle Übersetzung mehr.

Die unterschiedlichen Bibelübersetzungen können entsprechend ihrer formalen oder funktionalen Äquivalenz und ihrer historischen Distanz in etwa so eingeordnet werden, wie folgende Grafik es zeigt:

formal äquivalent („wörtlich")		**funktional äquivalent** („dynamisch")		**freie Übertragungen**	
ELB	SLT	EU	GNB	BRU	
Konkordantes Neues Testament (KNT)	ZÜR			HfA	
DaBhaR	LUT 1912		Basis Bibel (nur NT)	NL	Volxbibel (Übertragung in Jugendsprache und -kultur)
	LUT	NGÜ (bisher nur NT und Ps+Spr)		NeÜ	BigS (Übertragung in eine geschlechtergerechte Sprache, z. B. wird Gott als „Vater und Mutter im Himmel" angeredet)

Unserer Ansicht nach ist die beste Übersetzungstheorie eine, die sowohl der Ausgangs- als auch der Zielsprache möglichst treu bleibt, aber immer dann, wenn eine der beiden „aufgegeben" werden muss, der Zielsprache den Vorzug gibt – natürlich ohne die Bedeutung der Ausgangssprache zu verlieren –, da eine deutsche Übersetzung ja überhaupt nur zu dem Zweck erstellt wird, diese alten Texte deutschsprachigen Lesern zugänglich zu machen, die nicht mit der Ausgangssprache vertraut sind.

Beachten Sie aber: Wenn die beste Übersetzungstheorie die des funktionalen Äquivalents ist, dann ist eine Übersetzung, die sich an das formale Äquivalent hält, oft als zweite Quelle hilfreich; sie bietet dem Leser Aufschluss darüber, wie das Griechische oder Hebräische tatsächlich ausgesehen hat. Eine freie Übersetzung kann ebenfalls hilfreich sein – um zum Nachdenken über die mögliche Bedeutung eines Textes anzuregen. Doch die grundlegende Art der Übersetzung für das Lesen und Studieren der Bibel sollte eine funktional äquivalente sein, wie zum Beispiel die Einheitsübersetzung, die Neue Genfer oder die Gute Nachricht.

Das Problem bei einer formal äquivalenten Übersetzung besteht darin, dass sie an den falschen Stellen die Distanz wahrt – bei der Sprache und der Grammatik. So überträgt der Übersetzer das Griechische oder Hebräische oft in ein Deutsch, das heute nie so geschrieben oder gesprochen wird. Es ist, als würde man das französische maison blanche mit „Haus weiß“ übersetzen. In der englischen King James Version steht zum Beispiel in Römer 12,20 der Ausdruck „Kohlen von Feuer“, eine wörtliche Wiedergabe der griechischen Konstruktion, aber diese Formulierung ist in unserer modernen Sprache nicht gebräuchlich. Der Ausdruck bedeutet „glühende Kohlen“, und so wird er in der Einheitsübersetzung auch wiedergegeben.

Ein zweites Problem bei wörtlichen Übersetzungen ergibt sich, wenn das Deutsche an Stellen mehrdeutig wird, die im ursprünglichen griechischen oder hebräischen Text eindeutig waren. Zum Beispiel lautet der griechische Ausdruck kata sarka in 2. Korinther 5,16 wörtlich übersetzt „nach dem Fleisch“ (kennen), wie unter anderem in der Luther-Übersetzung. Doch so spricht man heute normalerweise nicht. Außerdem ist diese Formulierung mehrdeutig. Bezieht sich der Ausdruck „nach dem Fleisch“ auf denjenigen, den man kennt, was bedeuten würde, ihn „nach der äußeren Erscheinung“ wahrzunehmen? Oder bezieht er sich auf diejenigen, die den anderen kennen, was bedeuten würde, dass sie „von einem weltlichen Standpunkt aus“ wahrnehmen? Da aber der griechische Text in diesem Fall eindeutig ist, legt die Einheitsübersetzung richtig aus: „Also schätzen wir von jetzt an [seit wir zu einem neuen Leben auferweckt wurden, V.15] niemand mehr nur nach menschlichen Maßstäben ein.“

Das Problem bei einer „freien" Übersetzung, besonders wenn man sie für Studienzwecke verwendet, besteht andererseits darin, dass die Worte des Autors zu stark aktualisiert werden. In evangelikalen Gemeinden sind die Übersetzungen „Neues Leben" und „Hoffnung für alle" recht beliebt. Einerseits bringen diese Übersetzungen alte Weisheiten der Bibel manchmal besonders frisch und lebendig zum Ausdruck und tragen damit wesentlich dazu bei, zeitgenössische Christen zu einem neuen Zugang zu ihrer Bibel zu motivieren. Andererseits werden solche „Übersetzungen" oft fast zu einem Kommentar, ohne dem Leser jedoch andere Optionen an die Hand zu geben. So anregend solche Übersetzungen sein können, waren sie nie als einzige Bibel des Lesers gedacht, wie sogar deren Übersetzer bereitwillig zugeben würden. Der Leser muss also diese eher augenfälligen Formulierungen regelmäßig anhand einer anderen Übersetzung oder mithilfe eines Kommentars prüfen, um sicher zu sein, dass die Übersetzung sich nicht zu viele Freiheiten nimmt.

2. Einige Problembereiche

Wie die unterschiedlichen Übersetzungen das Problem der „historischen Distanz" handhaben, lässt sich am besten mithilfe einiger Beispiele illustrieren.

1. *Gewichte, Maße, Geld.* Dies ist ein besonders schwieriges Gebiet. Soll man die griechischen und hebräischen Ausdrücke einfach als Transliteration (das heißt in den entsprechenden lateinischen Buchstaben) wiedergeben („Efa", „Homer" usw.) oder soll man versuchen, deutsche Entsprechungen zu finden (Liter, Meter usw.)? Die Inflation könnte Angaben von Geldwerten innerhalb weniger Jahre absurd erscheinen lassen. Das Problem wird noch dadurch erschwert, dass übertriebene Maße oder Geldwerte oft benutzt werden, um Kontraste oder überraschende Ergebnisse anzudeuten, wie etwa in Matthäus 18,24-28 oder in Jesaja 5,10. Wenn man in sol-

chen Fällen die ursprünglichen Maßangaben wiedergibt, erkennt der Leser wahrscheinlich nicht, worum es eigentlich überhaupt geht.

Die verschiedenen Bibelübersetzungen benutzen nicht immer konsequent dasselbe Verfahren. Die Elberfelder Übersetzung benutzt einerseits deutsche Maßangaben wie „Elle" oder „Handbreit", gibt aber andererseits bestimmte Einheiten auch als Transliteration wieder, wie „Bat" und „Kor" in Lukas 16,6-7. Schwierigkeiten ergeben sich außerdem bei Maßeinheiten, die heute noch in Gebrauch sind.

In der Frage der Geldwerte sind die Übersetzungen manchmal verwirrend, aber man muss fairerweise sagen, dass die Schwierigkeiten hier enorm sind. Nehmen wir beispielsweise die erste Stelle, an der im Neuen Testament die griechischen Worte talanton und denarius erscheinen (im Gleichnis vom unbarmherzigen Knecht in Matthäus 18,23-34). Ein talanton war eine griechische Währungseinheit von unterschiedlicher, aber jedenfalls sehr großer Höhe. Traditionell wurde dieser Begriff im Deutschen mit „Talent" wiedergegeben, den man sofort als problematisch erkennt, da dieses Wort im Laufe der Zeit einen Bedeutungswandel erfahren hat und „Fähigkeit" oder „Begabung" ausdrückt. Ein denarius dagegen war eine römische Währungseinheit in geringer Höhe und entsprach etwa dem Tageslohn eines Arbeiters. Wie ist nun mit solchen Begriffen zu verfahren? Im Gleichnis handelt es sich absichtlich nicht um exakte Beträge, sondern um bewusst übertriebene Gegensätze (siehe Kapitel 8). Die „Gute Nachricht" übersetzt „zehntausend Talente" daher zu Recht mit „einen Millionenbetrag" und „hundert Denare" mit „einen geringen Betrag" und erläutert dann beides in einer Fußnote.

Ist dagegen von einem genauen Betrag oder der Münze selbst die Rede, wählen die meisten formal oder funktional äquivalenten zeitgenössischen Bibelübersetzungen eine Transliteration für „Denar", während sie bei dem Begriff „Talente" nicht einheitlich vorgehen.

Wir sind der Meinung, dass entweder Entsprechungen oder Transliterationen mit entsprechenden Anmerkungen bei den meisten Maßen und Gewichten eine gute Wahl darstellen. Doch bei Angaben wie in Jesaja 5,10 oder dem oben erwähnten Gleichnis aus

Matthäus 18 ist auf jeden Fall der Gebrauch von Entsprechungen zu bevorzugen. Achten Sie einmal darauf, wie viel aussagekräftiger diese Verse in der „Guten Nachricht" sind, wenn auch etwas auf Kosten der Präzision –, wenn man sie zum Beispiel mit der Elberfelder Übersetzung vergleicht:

Jesaja 5,10

ELB: „Denn zehn Juchart Weinberge werden nur ein Bat bringen, und ein Homer Samen wird nur ein Efa bringen." (Anmerkung in der Fußnote: 1 Homer = 12 Efa)

GNB: „Ein Weinberg von zehn Morgen bringt nur noch einen Eimer Wein, und zehn Zentner Aussaat bringen nur einen Zentner Ertrag."

2. *Euphemismen.* In fast allen Sprachen gibt es Euphemismen (beschönigende Umschreibungen) für Angelegenheiten, die mit Sexualität oder der Toilette zu tun haben. Ein Übersetzer hat in solchen Fällen drei Möglichkeiten: 1. Er kann wörtlich übersetzen mit der Gefahr, beim Leser Verwirrung oder Ratlosigkeit hervorzurufen. 2. Er kann formal äquivalent übersetzen, was aber beim Leser unter Umständen Anstoß erregen oder Empörung wecken könnte. 3. Er kann mit einem funktional äquivalenten Euphemismus übersetzen.

Die dritte Möglichkeit ist wahrscheinlich die beste, sofern es einen geeigneten Euphemismus gibt. Sonst wäre die zweite Möglichkeit zu bevorzugen, besonders wenn im Deutschen eigentlich kein Euphemismus mehr nötig ist. Rachel sagen zu lassen: „Ich habe gerade meine Tage" (1. Mose 31,35; GNB) ist sicherlich dem wörtlichen „es geht mir nach der Weise der Frauen" (ELB) vorzuziehen. In ähnlicher Weise wird aus „er tat ihr Gewalt an und lag bei ihr" (2. Samuel 13,14; ELB) in der Guten Nachricht einfach „er vergewaltigte sie".

Doch kann es dabei auch Gefahren geben, besonders wenn die Übersetzer selbst den Sinn eines Ausdrucks missverstehen, wie etwa in der Behauptung, die in 1. Korinther 7,1 angesprochen wird. *Hoff-*

nung für alle übersetzt hier: „Es wäre gut für einen Mann, überhaupt nicht zu heiraten“, was leider falsch und auch irreführend ist. Der griechische Ausdruck „eine Frau berühren“, der hier steht, bedeutet in der antiken Literatur immer „Geschlechtsverkehr mit einer Frau haben“ und hat niemals auch nur annähernd die Bedeutung „heiraten“. Hier hat die *New American Bible* einen entsprechenden Euphemismus gefunden: „Ein Mann ist besser dran, wenn er keinen Verkehr mit einer Frau hat.“ Allerdings kann diese Übersetzung fälschlich so verstanden werden, als wären sämtliche Kontakte – selbst freundschaftliche – ausgeschlossen. In der neueren englischen *Today's New International Version* wurde der Euphemismus ganz weggelassen: „‚Es ist gut für einen Mann, keine sexuellen Beziehungen zu einer Frau zu haben.‘“ Sie setzen es auch richtig als etwas in Anführungszeichen, was die Korinther sagten und worauf Paulus dann sowohl mit Ja als auch mit Nein antwortet und es von den Umständen abhängig macht.

3. *Wortschatz.* Dieses Gebiet hat man meist zuerst vor Augen, wenn man an Übersetzungen denkt. Es scheint eine einfache Aufgabe zu sein: ein deutsches Wort finden, das dieselbe Bedeutung hat wie das hebräische oder griechische Wort. Doch genau das richtige Wort zu finden, das ist es, was diese Aufgabe so schwierig macht. Denn die Schwierigkeit liegt darin, nicht nur ein von der Bedeutung her passendes deutsches Wort zu wählen, sondern ein Wort zu finden, das nicht mit Konnotationen (assoziative Nebenbedeutungen) befrachtet ist, die der Originalsprache fremd sind.

Das Problem wird zusätzlich durch die Tatsache erschwert, dass manche hebräischen oder griechischen Begriffe eine Bedeutungsvielfalt aufweisen, die es im Deutschen einfach nicht gibt. Außerdem haben manche Begriffe mehrere Bedeutungsschattierungen sowie zwei oder mehr völlig abweichende Bedeutungen. Manche Wortspiele können deshalb fast gar nicht von einer Sprache in die andere übertragen werden.

Wir haben bereits festgestellt, wie verschiedene Übersetzungen das Wort „Jungfrau“ in 1. Korinther 7,36 ausgelegt haben oder wie schwierig es ist, Paulus' Gebrauch des Wortes sarx („Fleisch“) zu übertragen. In diesem zweiten Fall ist es fast immer besser, die wörtliche Übersetzung zu umgehen. Gerade für das Wort sarx gibt es in der Bruns-Übersetzung gute Lösungen: „alte Natur“, wenn Paulus „Fleisch“ und „Geist“ gegenüberstellt, aber „menschliche Natur“ in Römer 1,3, wo es sich auf Jesu Abstammung von David bezieht, „äußere Erscheinung“ in 2. Korinther 5,16 (s. o.) und „Leib“, wenn der Körper gemeint ist (wie in Kolosser 1,22).

Solche Fälle, für die sich unzählige Beispiele anführen lassen, sind einer der Gründe, warum eine funktional äquivalente Übersetzung einer wörtlichen vorzuziehen ist, da Letztere oft den Leser in die Irre führen kann und damit den Zweck der Übersetzung verfehlt.

4. *Wortspiele.* Wortspiele gibt es in den meisten Sprachen in großer Fülle, aber sie sind Besonderheiten der Ausgangssprache und können selten, wenn überhaupt, in eine Zielsprache „übersetzt“ werden. Dasselbe gilt für Wortspiele in der Bibel, die in der poetischen Literatur des Alten Testaments reichlich vorkommen und auch überall im Neuen Testament zu finden sind. Wie soll in solchen Fällen bei der Übersetzung verfahren werden?

Nehmen wir zum Beispiel das Spiel mit dem Klang der Wörter „Sommer“ und „Ende“ in Amos 8,1-2; die darin vorkommenden Konsonanten qyṣ bzw. qṣ sind zwar verschieden, aber zu Amos’ Zeit wurden beide Wörter gleich ausgesprochen. Übersetzungen, die zum formalen Äquivalent neigen, übersetzen direkt:

ELB: „Und [Gott] sprach: Was siehst du, Amos?
Und ich sagte: Einen Korb mit Sommer[qyṣ]obst.
Da sprach der HERR zu mir:
Das Ende [qṣ] für mein Volk Israel ist gekommen …“

Übersetzungen, die zum funktionalen Äquivalent übergehen, versuchen das Wortspiel aufzugreifen, auch wenn sie dabei die Bedeutung leicht verändern:

GNB: „[Gott] fragte mich: ‚Amos, was siehst du?‘
Ich antwortete: ‚Einen Korb mit reifem [qyṣ] Obst.‘
Da sagte der HERR:
‚Ja, reif [qṣ] ist mein Volk – zum Gericht!‘“

Ein Beispiel für dieselbe Schwierigkeit findet sich in einigen Fällen, in denen Paulus das oben und im letzten Kapitel (S. 52) erwähnte Wort „Fleisch“ verwendet. Dies gilt insbesondere für Galater 3,3; dort schreibt Paulus (LUT): „Seid ihr so unverständig? Im Geist habt ihr angefangen, wollt ihr's denn nun im Fleisch vollenden?“ Hinter dieser Rhetorik steht das Problem, dass nichtjüdische Christen dem judenchristlichen Druck nachgeben sollten, sich der Beschneidung (des echten Fleisches!) zu unterziehen. Aber aus der gesamten Argumentation des Galaterbriefs wird klar, dass Paulus hier mehr als eine Beschneidung meint, wenn er vom „Fleisch“ spricht. In Galater 5 meint der Hinweis auf das „Fleisch“ ein selbstsüchtiges, dem Willen Gottes widersprechendes Leben im Gegensatz zu einem Leben „nach dem Geist“. Wie soll eine funktional äquivalente Übersetzung also bei Galater 3,3 verfahren? Drei Übersetzungen (GNB, HfA und NL) schreiben hier: „aus eigener Kraft“, verlieren dadurch aber die spätere Gegenüberstellung von „Geist“ und „Fleisch“, die in 4,28 sowie 5,13-26 wieder aufgegriffen wird. Beide Arten der Übersetzung sind natürlich „richtig“, indem sie die jeweilige Übersetzungstheorie befolgen; doch in beiden Fällen geht etwas verloren, einfach weil es diese bestimmten Wortspiele im Deutschen nicht gibt. Und das ist ein weiterer Grund, weshalb man öfter mehr als eine Übersetzung benutzen sollte, besonders wenn „Lesen“ eher „Studieren“ meint.

5. *Grammatik und Satzbau.* Obwohl die meisten indoeuropäischen Sprachen viele Ähnlichkeiten aufweisen, gibt es in jeder Sprache doch bestimmte Strukturen, die bei der Verbindung von Wörtern und Begriffen zu Sätzen bevorzugt werden. Besonders in dieser Hinsicht ist eine funktional äquivalente Übersetzung vorzuziehen. Eine formale Übersetzung neigt dazu, die normalen Strukturen der Zielsprache zu missachten oder aufzuheben, indem sie die Syntax

und die Grammatik der Originalsprache direkt überträgt. Solche direkten Übertragungen sind zwar gewöhnlich in der Zielsprache *möglich*, aber selten *wünschenswert*. Aus Hunderten von Beispielen wählen wir zwei zur Illustration aus, eins aus dem Griechischen und eins aus dem Hebräischen.

a) Ein besonderes Merkmal des Griechischen ist seine Vorliebe für sogenannte Genitivkonstruktionen. Der Genitiv wird gebraucht, um Besitz oder Zugehörigkeit auszudrücken, wie zum Beispiel in „Ulrikes Buch". Wenn jedoch von „Gottes Gnade" die Rede ist, soll ja eigentlich weniger betont werden, dass Gott die Gnade besitzt, als vielmehr, dass er sie gibt. Hier wäre die Konstruktion „Gnade *von* Gott" deutlicher, die im Deutschen aber stilistisch nicht geeignet ist.

Die griechische Sprache besitzt eine Fülle solcher Genitiv-Konstruktionen. Sie dienen zum Beispiel dazu, etwas zu beschreiben, den Ursprung einer Sache zu bezeichnen oder die Beziehung zwischen zwei Substantiven aufzuzeigen. Eine „wörtliche" Übersetzung überträgt diese Konstruktionen fast immer in deutsche Genitivverbindungen. Das führt allerdings manchmal zu seltsamen Resultaten, wie den erwähnten „Kohlen von Feuer" oder dem „Wort seiner Macht" (Hebräer 1,3; ELB). Beide Male handelt es sich eindeutig um einen adjektivisch gebrauchten, also eine Eigenschaft beschreibenden Genitiv; die bessere Übersetzung wäre hier deshalb „glühende Kohlen" oder „machtvolles Wort", wie in der Einheitsübersetzung. Ähnlich wird die „Freude des Heiligen Geistes" (1. Thessalonicher 1,6; ELB) in der Luther-Übersetzung zu „Freuden im Heiligen Geist". Solche Übertragungen sind nicht nur aus stilistischen, sondern auch aus grammatischen Gründen vorzuziehen, weil sie eine passende deutsche Entsprechung wählen, statt die griechische Konstruktion durch eine wörtliche, aber irreführende Formulierung wiederzugeben.

Hier noch ein interessanter Fall aus der King James Version. Diese englische Übersetzung übernimmt die griechischen Genitivkonstruktionen meist sehr wörtlich. Doch in einem der wenigen Fälle, in denen sie eine Entsprechung enthält, haben ihre Übersetzer den Sinn des Genitivs verfehlt. In 1. Korinther 3,9 ließen sie sich offenbar von dem Wort „Mitarbeiter“ in die Irre führen und haben deshalb übersetzt: „Denn wir sind Arbeiter zusammen mit Gott: ihr seid Gottes Ackerfeld, ihr seid Gottes Bau.“ Doch in Paulus’ Satz steht das Wort „Gott“ jedes Mal im Genitiv und jedes Mal ist es eindeutig ein besitzanzeigender Genitiv, wobei betont wird, dass sowohl „wir“ (Paulus und Apollos) als auch „ihr“ (die Gemeinde als Gottes Ackerfeld und Gottes Bau) ihm gehören. Das übersetzt die Lutherbibel korrekt durch: „Denn wir sind Gottes Mitarbeiter; ihr seid Gottes Ackerfeld und Gottes Bau.“

Doch es gibt noch ein größeres Problem mit dem ersten dieser griechischen Sätze, der regelmäßig mit „Gottes Mitarbeiter“ übersetzt wird. Fast jeder versteht hierunter Mitarbeiter, die zusammen *mit* Gott arbeiten, wie es tatsächlich auch so oft verstanden wurde. Doch der Genitiv von Paulus hier ist nahezu sicher besitzanzeigend und bedeutet „Mitarbeiter im Dienst Gottes“, nicht „zusammen mit Gott arbeiten“, wie es die üblichen Übersetzungen auszusagen scheinen und wie es auch oft falsch verstanden und falsch benutzt wird.

b) Ist Ihnen schon einmal aufgefallen, wie viele Verse (oder Sätze) in der Lutherbibel oder in der Elberfelder Übersetzung mit dem Wort „und“ beginnen? Lesen Sie einmal 1. Mose 1 und zählen Sie, wie oft dieses Wort nach einem Punkt oder einem Semikolon, also am Anfang eines Satzes steht: Es taucht dort 35-mal auf. In der King James Version beginnen 30 von 31 Versen in diesem Kapitel mit „und“; die einzige Ausnahme ist der erste Vers. Vergleichen Sie damit nun zum Beispiel die Einheitsübersetzung. Hier beginnt nur ein einziger Satz mit „und“; gleichzeitig verbessert sich der Sprachfluss, sodass der Text sich viel natürlicher anhört.

Die Einheitsübersetzung nimmt die Tatsache ernst, dass die Mehrheit der Prosasätze im Alten Testament im Hebräischen mit einer von zwei Formen des Wortes „und“ beginnt. Das Wort steht sogar dann, wenn absolut nichts vorausgeht, wenn der Satz also gar keine logische Verbindung haben kann. Es gibt im Alten Testament sogar sechs Bücher (Josua, Richter, 1. Samuel, Esra, Ruth und Ester), die im Hebräischen mit dem Wort „und“ beginnen, obwohl sie sich eindeutig auf keine vorangehende Aussage beziehen. So ist es für Kenner der hebräischen Grammatik mittlerweile klar, dass das Wort „und“ am Anfang eines Satzes einfach ein Gegenstück zur deutschen Großschreibung am Satzanfang ist. Das soll nicht heißen, dass man das hebräische „und“ *nie* durch das deutsche „und“ übersetzen dürfte. Es bedeutet einfach, dass diese Übersetzung nur *manchmal* die beste ist. Im Deutschen passt ein einfacher Satz, der mit einem Großbuchstaben beginnt, gewöhnlich am besten.

6. *Fragen zur inklusiven Sprache.* In der Zeit um 1981, als dieses Buch erstmals veröffentlicht wurde, rückte bei der Revision englischer Bibelübersetzungen das Problem maskuliner Formen in Versen, in denen auch von Frauen die Rede war, gerade erst ins Blickfeld. Zum Zeitpunkt der 2. Auflage 1993 war von einer gut etablierten englischen Übersetzung (Revised Standard Version) bereits eine Revision (New Revised Standard Version) erschienen, die in allen solchen Fällen sowohl im Alten wie im Neuen Testament bewusst eine inklusive (Frauen einbeziehende) Sprache verwendet. In den nächsten zehn Jahren folgten weitere führende englische Übersetzungen mehr oder weniger konsequent diesem Trend, während mindestens eine Revision (English Standard Version) „gegen den Strom“ veröffentlicht wurde, sodass Frauen bewusst ausgeklammert wurden, sogar an Stellen, wo dies eigentlich völlig unnötig war. In Deutschland hat sich besonders die „Bibel in gerechter Sprache“ der Geschlechtergerechtigkeit angenommen und will die „oft verborgene Präsenz von Frauen“ in dem einer patriarchalischen Gesellschaft entstammenden Bibeltext sichtbar machen – und auch dem Umstand Rechnung tragen, dass nach Hosea 11,9 Gott kein Mann ist. Auch die Gute Nachricht bietet wo möglich inklusive Formulierungen. Es besteht nun kein Zweifel, dass der normale Sprachgebrauch sehr zu einer inklusiven Sprache übergegangen ist, bei der sowohl Männer als auch Frauen angesprochen bzw. eingeschlossen werden. Kürzliche Umfragen zeigen, dass die Mehrheit der bis zu Siebzigjährigen (!) eine Aussage wie: „Wer ohne Sünde ist, der werfe den ersten Stein“ ausschließlich auf Männer oder Jungen, aber nicht auf Frauen oder Mädchen beziehen.

Aber diese Tatsache macht bei der Übersetzung einige schmerzliche Entscheidungen erforderlich. Es ist zwar nicht schwierig, zum Beispiel die Anrede „Brüder“ in den Briefen des Apostels Paulus mit „Brüder und Schwestern“ oder „Geschwister“ wiederzugeben, da in fast allen Fällen klar ist, dass Frauen ebenfalls gemeint sind – und einige christliche Traditionen (die pfingstliche, zum Beispiel) benutzen diese inklusive Anrede schon seit mehreren Generationen. Andere Fälle dagegen sind problematischer, wie zwei Beispiele veranschaulichen sollen.

Um Frauen nicht auszuschließen, wenn in einem Abschnitt von Menschen im Allgemeinen die Rede ist, wurde es manchmal für notwendig gehalten, bestimmte Ausdrücke im Plural wiederzugeben, die eigentlich im Singular erscheinen (obwohl dies gewöhnlich an sich keine Bedeutung hat). In Psalm 1,1 („Glücklich der Mann …“; ELB) haben viele Revisionen englischer Bibelübersetzungen beispielsweise den Plural gewählt, um Frauen nicht unnötig auszuschließen. Einige deutsche Übersetzungen wählen „Mensch“ (so die GNB), was allerdings in den folgenden Versen maskuline Pronomen erforderlich macht und damit die Inklusivität beeinträchtigt. Auch das neutrale Pronomen „man“ ist keine gute Alternative, da es immer weniger gebräuchlich wird und unpersönlich klingt. Daher bietet sich der Plural als funktionales Äquivalent an, bei dem nur die Tatsache verloren geht, dass der Psalmist selbst vom anfänglichen Singular zum Plural übergeht. In Bezug auf die tatsächliche Bedeutung geht in solchen Fällen nur wenig verloren, wie etwa der beabsichtigte Kontrast in Psalm 1 zwischen dem einzelnen gerechten Menschen (V. 1: „Glücklich der Mann …) und den vielen, die gottlos leben (V. 4: „Nicht so die Gottlosen …“; beide ELB). Die neuere englische New Revised Standard Version setzt einfach den gesamten ersten Psalm in den Plural („Glücklich diejenigen, die …“) und ignoriert den bewussten Kontrast zwischen Singular und Plural – diesen Weg geht im Deutschen die *Bibel in gerechter Sprache:* „Glücklich sind die Frau, der Mann, die nicht nach den Machenschaften der Mächtigen gehen …“ Diese Vorgehensweise entspringt nicht der Absicht, die Bedeutung der Bibel zu ändern; gerade das Gegenteil ist der Fall: Die New Revised Standard Version versucht nur zu verhindern, dass der Leser den Sinn des Psalms entweder falsch interpretiert, indem nur die maskulinen Formen wahrgenommen werden, was der Psalm ursprünglich gar nicht beabsichtigte, oder den Sinn gar nicht erfasst, weil die Kombination von maskulinen und femininen Formen („der/die seine/ihre Frucht bringt zu seiner/ihrer Zeit") eine unnormale, holprige Sprache ergibt. Das Problem ist, dass beide Alternativen die Bedeutung beeinträchtigen. Moderne Übersetzungen können bei dem Bemühen, Gottes Wahrheit über und an Männer und Frauen zu vermitteln, also nicht immer einen perfekten Mittelweg finden zwischen einer holprigen Sprache einerseits und einer subtilen Bedeutungsänderung andererseits.

Zwar wird sich diese Diskussion noch über mehrere Jahre fortsetzen, und auch die beiden Autoren dieses Buchs stimmen nicht völlig darin überein, wie erfolgreich die Wahl des Plurals als Mittel einer inklusiven Sprache tatsächlich ist; aber man sollte zumindest wissen, dass die neueren englischen Revisionen bereits in diese Richtung gegangen sind.

3. Wie man eine Übersetzung auswählt

Wir haben versucht, Ihnen bei der Wahl einer Übersetzung zu helfen. Mit einigen zusammenfassenden Bemerkungen zu verschiedenen Übersetzungen schließen wir dieses Kapitel ab.

Zuerst sollte festgehalten werden, dass unsere Übersicht nicht erschöpfend sein soll. Es gibt noch andere Übersetzungen der ganzen Bibel, die wir hier nicht erwähnt haben, ganz zu schweigen von den vielen Ausgaben des Neuen Testaments, die seit Beginn des 20. Jahrhunderts erschienen sind und von denen einige sehr nützlich sind (z. B. Mülheimer, Wilckens, Albrecht, Pfäfflin, „Das Buch").

Zu den Bibelausgaben, die wir nicht besprochen haben, gehören auch solche, die theologisch einseitig sind, wie die Neue-Welt-Übersetzung der Zeugen Jehovas. Das ist eine extrem wörtliche Übersetzung, in die zahlreiche Irrlehren dieser Sekte eingearbeitet worden sind.

Welche Übersetzung sollte man also lesen? Die Entscheidung fällt im deutschsprachigen Raum nicht ganz so leicht wie bei den englischen Bibeln. Die Autoren der amerikanischen Originalausgabe dieses Buchs empfehlen die Today's New International Version als die wohl beste erhältliche englische Bibelausgabe evangelikaler Tradition, die von einem Ausschuss der besten evangelikalen Wissenschaftler übersetzt wurde. Sie raten außerdem dazu, weitere gute funktional äquivalente Übersetzungen wie die New American Bible oder die Good News Bible sowie eine formal äquivalente Ausgabe wie die New Revised Standard Bible ergänzend hinzuzuziehen.

Wenn man das hier empfohlene Prinzip der funktionalen Äquivalenz zugrunde legt, ist die Einheitsübersetzung eine der besten deutschen Bibelausgaben, die zurzeit erhältlich sind. Da es sich (mit Ausnahme des Neuen Testaments und der Psalmen, die in evangelisch-katholischer Gemeinschaftsarbeit übersetzt wurden) um eine katholische Übersetzung handelt, enthält sie auch die sogenannten Apokryphen, die in anderen Bibelausgaben fehlen, weil sie nicht zum ursprünglichen Kanon der Heiligen Schrift gehören. Für den evangelikalen, bibelgläubigen Leser sind auch die Einführungen zu den einzelnen Büchern sowie ein Teil der Anmerkungen nicht unproblematisch, da sie durch bibelkritisches und katholisches Gedankengut geprägt sind. Die Neue Genfer Bibelübersetzung, von der bisher das NT, Psalmen und Sprüche erschienen sind (das AT ist in Arbeit), verbindet eine hohe Exaktheit der Übersetzung mit dem Prinzip der funktionalen Äquivalenz, weshalb dort, wo um des Sinnes in der Zielsprache willen freier übersetzt werden musste, die wörtliche Übersetzung in einer Anmerkung zu finden ist bzw. es werden, wie in obigem Beispiel von 1. Korinther 7,36, auch verschiedene Interpretationsmöglichkeiten des Urtextes wiedergegeben. Die „Gute Nachricht Bibel" gewann mit der Revision von 1997 spürbar an Genauigkeit und eignet sich ebenfalls als Grundlage für ein intensives Bibelstudium, zumal sie an schwierigen Stellen eine wörtliche Übersetzung und alternative Auslegungsmöglichkeiten anbietet.

Wer eher im traditionellen Rahmen bleiben will, findet in der revidierten Lutherbibel eine gute Textgrundlage, da in dieser Fassung viele Fehler, die auf schlechten Textgrundlagen beruhten, berichtigt worden sind. Ebenso empfehlenswert sind die Übersetzung von Menge und die revidierte Schlachter-Bibel. Bei der Zürcher Bibel ist anzumerken, dass hier oft bibelkritische Ansätze durchscheinen.

Als besonders wörtliche Übersetzung ist die Elberfelder Bibel hervorzuheben. Wer möglichst genau wissen will, was im Grundtext steht, gewinnt hier viele wertvolle Einblicke. Allerdings kommen viele Nachteile des formal äquivalenten Übersetzungsprinzips zum Tragen, derer man sich bewusst sein sollte.

In den folgenden Kapiteln werden wir die Einheitsübersetzung benutzen und auf Ausnahmen speziell hinweisen. Wenn Sie diese Übersetzung regelmäßig lesen (die Einführungen und nicht bibeltreuen Anmerkungen dabei kritisch betrachten) und noch mindestens eine der anderen empfohlenen Ausgaben (NGÜ, GNB, LUT, ELB, SLT oder ME) hinzuziehen, verschaffen Sie sich optimale Voraussetzungen für ein intelligentes Lesen und Studieren der Bibel.

3
Die Briefe – auf den Zusammenhang achten lernen

Wir beginnen unsere Darstellung der verschiedenen biblischen Literaturgattungen mit den neutestamentlichen Briefen. Dafür gibt es zwei Gründe: Erstens sind sie zusammen mit den Evangelien der Teil der Bibel, den die meisten Menschen am besten kennen. Zweitens haben viele Menschen den Eindruck, dass sie im Allgemeinen leicht auszulegen sind. Denn wer braucht besondere Hilfe, um zum Beispiel zu verstehen: „alle haben gesündigt" (Römer 3,23), „der Lohn der Sünde ist der Tod" (Römer 6,23), „aus Gnade seid ihr durch den Glauben gerettet" (Epheser 2,8), „lebt im Geist" (Galater 5,16) und „liebt einander" (Epheser 5,2)?

Andererseits kann die „Leichtigkeit" der Auslegung bei den Briefen auch ziemlich irreführend sein, besonders wenn es um die Ebene der Hermeneutik geht. Wer mit einer Gruppe den 1. Korintherbrief studiert, wird dabei auf viele Schwierigkeiten stoßen. „Wie kann man denn Paulus' Meinung über die ‚Jungfrauen' am Anfang seiner langen Diskussion über die ‚Verheirateten' und die ‚noch nicht verheirateten oder Unverheirateten' (7,25-40) mit Gottes Wort gleichsetzen?", werden einige fragen, besonders wenn ihnen die Konsequenzen dieser Meinung nicht behagen. Und die Fragen gehen weiter. Wie kann man die Exkommunikation des Bruders vorher im Brief (Kap. 5) auf die heutige Gemeinde übertragen, besonders wenn man schon ein paar Straßen weiter eine andere Gemeinde findet? Was ist mit der Korrektur des Missbrauchs von Geistesgaben (Kap. 12–14), wenn man zu einer Gemeinde gehört, in der die hier erwähnten Gaben des Geistes mit der Begründung abgelehnt werden, sie hätten im 21. Jahrhundert keine Gültigkeit mehr? Wie kommen wir um die Schlussfolgerung herum, dass Frauen beim

Beten und Weissagen eine Kopfbedeckung tragen sollen – (11,2-16) – oder was ist mit dem klaren Hinweis, dass sie tatsächlich in der Gemeindeversammlung beten und weissagen?

Offensichtlich sind die Briefe doch nicht so leicht auszulegen, wie es den Anschein hatte. Da sie für den christlichen Glauben eine so große Bedeutung haben und viele wichtige hermeneutische Fragen aufwerfen, wollen wir sie hier als Modell für die exegetischen und hermeneutischen Fragen benutzen, die wir im ganzen Buch ansprechen wollen.

1. Das Wesen der Briefe

Bevor wir uns speziell den 1. Korintherbrief als Modell für die Exegese der Briefe ansehen wollen, müssen hier einige allgemeine Anmerkungen zu der gesamten Sammlung von Briefen (zum gesamten Neuen Testament ohne die vier Evangelien, die Apostelgeschichte und die Offenbarung) gemacht werden.

Erstens ist zu beachten, dass die Briefe selbst keine homogene Einheit bilden. Vor vielen Jahren führte Adolf Deissmann auf der Grundlage zahlreicher Papyrus-Entdeckungen eine Unterscheidung zwischen „Briefen“ und „Episteln“ ein. Die einen, die er „echte Briefe“ nannte, waren nicht als Literatur gedacht, das heißt, sie wurden nicht für die Öffentlichkeit oder die Nachwelt geschrieben, sondern nur an eine bestimmte Person oder Gruppe gerichtet. Im Gegensatz dazu war die „Epistel“ eine künstlerische literarische Form, die für die Öffentlichkeit gedacht war. Deissmann selbst hielt alle Paulusbriefe sowie den 2. und den 3. Johannesbrief für „echte Briefe“. Obwohl manche andere Gelehrte zur Vorsicht mahnten und sagten, dass man nicht alle Briefe des Neuen Testaments auf eine dieser beiden Kategorien reduzieren könne – in manchen Fällen scheint keine absolut endgültige Festlegung möglich zu sein –, hat diese Unterscheidung dennoch Gültigkeit. Der Römer- und der

Philemonbrief unterscheiden sich voneinander nicht nur im Inhalt, sondern auch dadurch, dass der eine viel persönlicher ist als der andere. Und im Vergleich zu allen Paulusbriefen sind der 2. Petrusbrief und der 1. Johannesbrief einer Epistel wesentlich ähnlicher.

Die Gültigkeit dieser Unterscheidung wird erkennbar, wenn man die Form antiker Briefe untersucht. So wie es heute eine Standardform für Briefe gibt (Datum, Anrede, Hauptteil, Schluss und Unterschrift), wurden Briefe auch damals in einer allgemein üblichen Form verfasst. Man hat Tausende von Briefen aus dem Altertum gefunden und die meisten haben fast genau dieselbe Form wie die Briefe des Neuen Testaments (vgl. den Brief des Apostelkonzils in Apostelgeschichte 15,23-29). Sie bestehen aus sechs Teilen:

1. **Name des Absenders**
   (z. B. Paulus)
2. **Name des Empfängers**
   (z. B. an die Gemeinde Gottes in Korinth)
3. **Gruß**
   (z. B. Gnade sei mit euch und Friede von Gott)
4. **Gebet oder Danksagung**
   (z. B. Ich danke Gott jederzeit euretwegen)
5. **Hauptteil**
6. **Abschiedsgruß**
   (z. B. Die Gnade des Herrn Jesus sei mit euch)

Das einzige variable Element in dieser Form ist der vierte Teil, der in antiken Briefen entweder die Form eines Gebetswunsches annahm (fast genauso wie in 3. Johannes 2) oder einfach ganz fehlt (wie im Galater-, 1. Timotheus- und Titusbrief), obwohl man hin und wieder eine eingeschobene Danksagung und ein Gebet finden kann (wie oft in den Paulusbriefen). In drei Briefen des Neuen Testaments wird aus einer solchen Danksagung eine Doxologie (2. Korinther, Epheser, 1. Petrus; vgl. Offenbarung 1,5-6).

Man kann feststellen, dass neutestamentliche Briefe, denen die formalen Elemente 1–3 oder 6 fehlen, keine „echten Briefe“ sind, obwohl sie von der Form her zum Teil Briefe sind. Der Hebräerbrief zum Beispiel, den man als „drei Teile Abhandlung und ein Teil Brief“ beschrieben hat, wurde tatsächlich an eine bestimmte Gruppe von Menschen geschrieben, wie aus zwei Stellen (10,32-34 und 13,1-25) deutlich wird. Beachten Sie besonders die Briefform am Ende (13,22-25). Doch die ersten zehn Kapitel ähneln kaum einem Brief; sie sind in Wirklichkeit eine beredte Homilie: Diese Darstellung der absoluten Überlegenheit Jesu über alles, was vor ihm war, wird nur gelegentlich durch eindringliche Ermahnungen der Leser unterbrochen, an ihrem Glauben an Christus festzuhalten (2,1-4; 3,7-19; 5,11–6,20; 10,19-25). Der Autor selbst bezeichnet es am Ende tatsächlich als „Mahnrede“ (13,22).

Der erste Brief des Apostels Johannes ist in mancher Hinsicht ähnlich, enthält allerdings keines der formalen Briefelemente. Dennoch ist deutlich zu erkennen, dass er sich an eine spezielle Gruppe von Menschen richtete (siehe z. B. 2,7.12-14.19.26). Er gleicht weitgehend dem Hauptteil eines Briefes ohne formale Elemente. Das zeigt in jedem Fall, dass man diesen Brief nicht einfach als theologische Abhandlung für die Gemeinde im Allgemeinen ansehen kann.

Jakobus und 2. Petrus andererseits beginnen beide als Briefe, doch es fehlen ihnen die Abschiedsgrüße; ganz zu schweigen von den fehlenden Hinweisen auf einen Empfänger und den persönlichen Anmerkungen des Schreibers. Diese beiden neutestamentlichen Schriften kommen einer „Epistel“ am nächsten, das heißt einer Abhandlung für die gesamte Gemeinde, obwohl der 2. Petrusbrief offenbar durch einige Leute veranlasst wurde, die die Wiederkunft Christi leugneten (3,1-7). Dem Jakobusbrief dagegen fehlt jede durchgängige Argumentation, sodass er eher wie eine Sammlung von Predigtnotizen über vielfältige ethische Fragen wirkt.

Trotz dieser formellen Vielfalt haben alle Briefe dennoch ein Merkmal gemeinsam, das für das Lesen und die Auslegung ganz entscheidend ist: Sie sind alle *situativ bedingt* (sie wurden durch eine bestimmte Situation veranlasst und beschäftigen sich mit dieser konkreten Situation) und *alle* stammen *aus dem 1. Jahrhundert*. Da sie vom Heiligen Geist inspiriert wurden, sind sie zwar für alle Zeiten gültig, aber sie wurden zuerst aus dem Kontext des Autors für den Kontext der ursprünglichen Empfänger geschrieben. Gerade diese beiden Aspekte – die situative Bedingtheit und die Entstehung im 1. Jahrhundert – sind es, die eine Auslegung hin und wieder so schwierig machen.

Vor allem aber muss die Tatsache ernst genommen werden, dass die Briefe *aus einem konkreten Anlass* geschrieben wurden. Es gab bestimmte Umstände beim Empfänger oder beim Absender, die ihre Abfassung erforderlich machten. Bei fast allen neutestamentlichen Briefen liegt der Anlass auf der Seite der Leser (Ausnahmen sind der Brief an Philemon und möglicherweise auch der Jakobus- und der Römerbrief). Der Auslöser war meist ein bestimmtes Verhalten, das eine Korrektur erforderlich machte, ein lehrmäßiger Irrtum, der berichtigt werden musste, oder ein Missverständnis, das aufgeklärt werden sollte.

Die meisten Probleme, die wir beim Auslegen der Briefe haben, ergeben sich aus ihrem situativen Charakter. Wir kennen die Antworten, wissen aber nicht immer, um welche Fragen oder Probleme es ging – falls überhaupt welche existierten. Es ist ungefähr so, als würde man die eine Hälfte eines Telefongesprächs hören und herauszufinden versuchen, wer sich am anderen Ende der Leitung befindet und was diese Person sagt. In vielen Fällen ist es außerordentlich wichtig, dass wir versuchen herauszuhören, was „die andere Seite" sagt, damit wir wissen, worauf unser Textabschnitt eine Antwort gibt.

Und noch etwas ist hier wichtig. Dass die Briefe auf einen bestimmten Anlass zurückgehen, bedeutet, dass sie *nicht* in erster Linie theologische Abhandlungen sind; es handelt sich auch nicht um eine Zusammenfassung der Theologie von Petrus oder Paulus. Sie enthalten zwar Theologie, aber es ist eine „aufgabenbezogene Theologie", die für eine spezielle Situation geschrieben wurde. Das gilt sogar für den Römerbrief, obwohl man nirgendwo eine vollständigere und systematischere Darlegung der Theologie des Apostels Paulus findet. Dennoch handelt es sich nur um einen Teil seiner Theologie; in diesem Fall sind es theologische Erörterungen, die aus seinem speziellen

Auftrag als Apostel für die Heiden geboren wurden. Sein besonderes Anliegen, dass Juden und Heiden allein durch Gottes Gnade und unabhängig vom Gesetz das eine Volk Gottes werden, ist der Grund, warum die Erörterungen die konkrete Gestalt annehmen, die sie im Römerbrief haben, und warum die „Rechtfertigung" hier als wichtigste Metapher für das Heil verwendet wird. Tatsächlich erscheint das Wort „rechtfertigen", das im Römerbrief (fünfzehnmal) und im Galaterbrief (achtmal) vorherrscht, in allen anderen Paulusbriefen nur noch zweimal (1. Korinther 6,11; Titus 3,7).

Man wird sich also in Fragen zur christlichen Theologie immer wieder an die Briefe wenden; sie sind voll davon. Dabei ist aber unbedingt zu beachten, dass sie nicht in erster Linie als Abhandlung christlicher Theologie geschrieben wurden. Es ist vielmehr eine Theologie, die auf eine konkrete Situation angewandt wurde oder einem bestimmten Bedürfnis begegnen sollte. Welche Auswirkungen das für die Hermeneutik hat, werden wir im nächsten Kapitel näher besprechen.

Nach diesen wichtigen Vorbemerkungen stellt sich nun die Frage, wie man an eine Exegese oder ein informiertes exegetisches Lesen der Briefe herangehen sollte. Wir werden zunächst durch eine Fallstudie des 1. Korintherbriefs auf diese Frage eingehen. Uns ist sehr wohl klar, dass nicht jeder Brief so wie dieser ist, doch werden hier fast alle Fragen angesprochen, die bei einem neutestamentlichen Brief von Bedeutung sind.

2. Der historische Kontext

Das Erste, was bei jedem Brief geleistet werden muss, ist eine vorläufige, aber möglichst gut recherchierte Rekonstruktion der Situation, in die der Autor hineinspricht. Was ging in Korinth vor sich, das Paulus veranlasste, seinen Brief zu schreiben? Wie erfuhr er von der Situation? Welche Beziehung bestand zwischen ihm und den

Korinthern, und welche früheren Kontakte hatte es gegeben? Welche Haltungen des Verfassers und der Empfänger werden in diesem Brief deutlich? Das sind die Arten von Fragen, auf die Sie eine Antwort brauchen. Was müssen Sie also tun?

Zuerst sollten Sie Ihr Bibellexikon oder die Einführung Ihres Kommentars befragen, um möglichst viel über Korinth und seine Einwohner herauszufinden. Neben anderen wichtigen Merkmalen sollte Ihnen dabei auffallen, dass es sich um eine für antike Verhältnisse relativ junge Stadt handelte: Sie war erst 94 Jahre alt, als Paulus sie zum ersten Mal besuchte. Doch wegen ihrer wirtschaftlich günstigen Lage am Isthmus war Korinth eine kosmopolitische Stadt – wohlhabend, religiös (es gab mindestens 26 Tempel und Heiligtümer), die Künste fördernd und bekannt für ihre Sinnlichkeit. Mit ein wenig Lesen und Fantasie kann man sich Korinth als eine Mischung aus New York, Los Angeles und Las Vegas vorstellen. Der Korintherbrief kann daher kaum als Schreiben an eine kleine Ortsgemeinde irgendwo draußen auf dem Land betrachtet werden. All das muss man beim Lesen in Erinnerung behalten, um wahrnehmen zu können, wie sehr das Verständnis des Briefes durch diese Informationen beeinflusst wird.

Zweitens müssen Sie für den speziellen Zweck des Bibelstudiums die Angewohnheit entwickeln, einen neutestamentlichen Brief zuerst einmal ohne Unterbrechung ganz durchzulesen, und am besten laut, damit der Mund und das Ohr dem Auge helfen. Sie werden vielleicht überrascht sein, wie viel mehr sie behalten, wenn sie lernen, auf diese Weise zu lesen. Sie müssen sich dazu beim 1. Korintherbrief ungefähr eine Stunde Zeit einplanen, aber das Lesen des ganzen Briefes an einem Stück lässt sich durch nichts anderes ersetzen. So liest man ja auch jeden anderen Brief; und ein Brief in der Bibel sollte nicht anders behandelt werden. Es gibt einige Dinge, auf die man beim Lesen achten sollte, aber man versucht an dieser Stelle nicht, die Bedeutung jedes einzelnen Wortes oder Satzes zu begreifen. Es geht hier zunächst um die Sicht des Ganzen.

Wir können gar nicht genug betonen, wie wichtig es ist, zu lesen und noch einmal zu lesen. Nachdem Sie den Brief in logische

Abschnitte gegliedert haben, werden Sie das Studium der einzelnen Teile ganz genauso beginnen – indem Sie sie immer wieder lesen und dabei die Augen offen halten! Und noch einmal, gewöhnen Sie sich an, die Bibel so oft wie möglich laut zu lesen – das Wort Gottes nicht nur zu sehen, sondern auch zu hören.

Während Sie den ganzen Brief durchlesen, wäre es hilfreich, sich einige sehr kurze Notizen mit entsprechenden Versangaben zu machen, besonders wenn es Ihnen schwerfällt, sich Einzelheiten zu merken. Was sollte man also notieren, wenn man beim Lesen auf das Gesamtbild achtet? Denken Sie daran, es geht hier vor allen Dingen um eine Rekonstruktion des Problems. Deshalb schlagen wir vier Punkte vor, zu denen man sich Notizen machen sollte:

1. Informationen über die Empfänger, zum Beispiel ob sie Juden oder Griechen, wohlhabend oder versklavt waren, welche Probleme oder Einstellungen sie hatten usw.,
2. Hinweise auf die Haltung des Verfassers (Paulus),
3. Angaben über den spezifischen Anlass des Briefes,
4. Anmerkungen zur logischen Gliederung des Briefes.

Wenn Ihnen das alles beim ersten Lesen zu viel ist und Ihnen der Gewinn der Lektüre an einem Stück verloren zu gehen droht, dann können Sie den Brief auch zuerst ohne Notizen lesen und ihn anschließend noch einmal kurz überfliegen, um die genannten Hinweise schriftlich festhalten zu können. Diese Notizen könnten, gegliedert nach den vier oben genannten Kategorien, bei der Lektüre des 1. Korintherbriefes wie folgt aussehen:

1. Die Gläubigen in Korinth sind vorwiegend Griechen, obwohl es auch einige Juden unter ihnen gibt (siehe 6,9-11; 8,10; 12,2.13). Offenbar schätzen sie Weisheit und Erkenntnis sehr (1,18–2,5; 4,10; 8,1-13; daher die Ironie in 6,5). Sie sind so stolz und eingebildet (4,18; 5,2.6), dass sie sogar über Paulus urteilen wollen (4,1-5; 9,1-18), doch haben sie zahlreiche interne Probleme.

2. Die Antwort des Apostels Paulus schwankt zwischen Tadel

(4,8-21; 5,2; 6,1-8), Bitte (4,14-17; 16,10-11) und Ermahnung (6,18-20; 16,12-14).

3. Zum Anlass des Briefes haben Sie vielleicht vorher notiert (1,10-12), dass Paulus auf Informationen hinweist, die ihm von Leuten aus Chloës Haushalt berichtet wurden. Der Beginn des nächsten Hauptabschnitts (5,1) bezieht sich ebenfalls auf diesen Bericht. Etwa nach einem Drittel des Briefes sagt er: „Nun zu den Anfragen eures Briefes" (1. Korinther 7,1), und geht jetzt offenbar auf einen Brief ein, den er von der Gemeinde bekommen hat. Sind Ihnen auch die Ausdrücke „Was … angeht", „Nun zur Frage …" und „Auch über …" in dem Folgenden aufgefallen (7,25; 8,1; 12,1 und 16,12)? Wahrscheinlich handelt es sich hier auch um Fragen aus ihrem Brief, auf die er nacheinander eingeht. Und noch etwas: Haben Sie bemerkt, dass Stephanas, Fortunatus und Achaikus zum Schluss „zu [Paulus] gekommen sind" (16,17)? Da die Korinther sich Stephanas unterordnen sollten (V. 16), kann man davon ausgehen, dass diese Männer Leiter in der Gemeinde waren. Wahrscheinlich überbrachten sie Paulus den Brief als eine Art offizielle Delegation.

Wenn Sie nicht alle diese Einzelheiten bemerkt haben, geben Sie nicht auf! Wir haben diese Abschnitte unzählige Male durchgelesen, sodass sie jetzt vertrautes Terrain für uns sind. Wichtig ist, dass Sie lernen, mit offenen Augen zu lesen und solchen Hinweisen Beachtung zu schenken.

4. Wir kommen nun zu dem entscheidenden Schritt, einen Grundriss des Briefes zu skizzieren. Das ist besonders für den 1. Korintherbrief wichtig, weil es leichter ist, den Brief in „verdaulichen Happen" zu studieren. Nicht alle Paulusbriefe setzen sich aus so vielen Einzelthemen zusammen; dennoch ist ein solcher Grundriss immer nützlich.

Beginnen sollte man mit den offensichtlichen Hauptteilen. In diesem Fall ist der Anfang von Kapitel 7 der entscheidende Hinweis. Da Paulus hier zum ersten Mal den Brief der Korinther erwähnt und da er vorher (1,10-12 und 5,1) Dinge anspricht, die ihm berichtet wurden, können wir zunächst davon ausgehen, dass die vorangehenden Themen (Kap. 1–6) Antworten auf Angelegenheiten darstellen, von denen er durch den Bericht erfahren hat. Einleitende Ausdrücke sowie der Inhalt sind Anhaltspunkte für alle weiteren Unterteilungen des Briefes. In den ersten sechs Kapiteln gibt es vier thematische Abschnitte:

- das Problem der Spaltung in der Gemeinde (1,10–4,21),
- das Problem des Inzests (5,1-13),
- das Problem der Rechtsstreitigkeiten (6,1-11),
- das Problem sexueller Unmoral (6,12-20).

Wir haben bereits Anhaltspunkte gefunden, anhand derer wir den größten Teil der Kapitel 7 bis 16 gliedern können, nämlich Formulierungen wie: „Was … angeht" und ähnliche Ausdrücke. Es gibt drei Themen, die nicht durch derartige Formulierungen eingeleitet werden (11,2-16; 11,17-34; 15,1-58). Wahrscheinlich erfuhr Paulus auch von den Angelegenheiten aus Kapitel 11 (zumindest 11,17-34) durch einen Bericht. Doch werden sie an dieser Stelle behandelt, weil sich alles in den Kapiteln 8 bis 14 in irgendeiner Hinsicht mit dem Gottesdienst der Gemeinde beschäftigt. Bei Kapitel 15 ist es schwierig festzustellen, ob es sich um eine Antwort auf den Bericht oder auf den Brief handelt. Der Ausdruck „wie können dann einige von euch sagen" in V. 12 hilft hier auch nicht weiter, denn Paulus könnte ebenso aus dem Bericht wie aus ihrem Brief zitieren. Der Rest von Paulus' Brief lässt sich jedenfalls leicht gliedern:

- Über das Verhalten in der Ehe (7,1-24)
- Über Jungfrauen (7,25-40)
- Über Götzenopferfleisch (8,1–11,1)
- Die Kopfbedeckung der Frauen im Gottesdienst (11,2-16)
- Ein Missbrauch der Abendmahlsfeier (11,17-34)
- Über geistliche Gaben (12–14)
- Die leibliche Auferstehung der Gläubigen (15,1-58)
- Über die Sammlung (16,1-11)
- Über die Rückkehr von Apollos (16,12)
- Abschließende Ermunterungen und Grüße (16,13-24)

Möglicherweise haben Sie die Kapitel 1 bis 4, 8 bis 10 und 12 bis 14 noch weiter unterteilt. Doch sehen Sie auch, dass diese drei Teile in sich geschlossene Einheiten darstellen? Beachten Sie zum Beispiel, wie fest Kapitel 13 in das ganze Argument von 12 bis 14 eingebunden ist, indem in den Versen 1 bis 2 und 8 spezifische Geistesgaben erwähnt werden!

Bevor wir fortfahren, sollten Sie zwei weitere Tatsachen sorgfältig beachten: 1. Die einzige andere Stelle in Paulus' Briefen, an der er eine Reihe unabhängiger Themen in dieser Weise behandelt, ist sein erster Brief an die Thessalonicher (Kap. 4–5). Die anderen Briefe bilden im Wesentlichen ein einziges langes Argument, auch wenn dieses manchmal in mehrere Teile gegliedert ist. 2. Dieser Grundriss ist nur eine vorläufige Skizze. Wir wissen nur oberflächlich, was den Brief veranlasste – ein Bericht und ein Brief. Was wir aber wirklich herausfinden wollen, ist *das genaue Wesen jedes einzelnen Problems in Korinth*, das Paulus jeweils zu einer spezifischen Antwort veranlasste. Daher wollen wir uns im weiteren Verlauf unserer Nachforschungen nur auf den ersten Aspekt konzentrieren – nämlich das Problem der Spaltung in der Gemeinde (Kap. 1–4).

3. Der historische Kontext in 1. Korinther 1–4

Wenn Sie nun die einzelnen kleineren Abschnitte des Briefes untersuchen, werden Sie viel von dem wiederholen müssen, was wir soeben getan haben. Wenn wir Ihnen eine Aufgabenstellung geben sollten, würde sie so aussehen: 1) Lesen Sie 1. Korinther 1–4 mindestens zweimal durch (möglichst in zwei verschiedenen Übersetzungen). Auch hier sollten Sie so lesen, dass Sie eine Gesamtsicht – sozusagen ein „Gefühl" für die gesamte Argumentation – bekommen. Wenn Sie den Abschnitt das zweite Mal gelesen haben (oder das dritte oder vierte Mal, wenn Sie ihn in allen Ihren Übersetzungen lesen wollen), gehen Sie zurück und zählen Sie 2) in einem Notizheft alle Hinweise auf, die Ihnen Aufschluss über die Empfänger und ihr Problem geben. Versuchen Sie hier gründlich zu sein und alles aufzulisten, selbst wenn Sie nach genauerem Hinsehen einige Punkte später wieder streichen werden, weil sie doch nicht so wesentlich sind. 3) Erstellen Sie dann eine Liste von Schlüsselbegriffen und wiederholten Ausdrücken, die auf den Inhalt von Paulus' Antwort hinweisen.

Wir haben diesen Abschnitt nicht nur deshalb als Beispiel gewählt, weil er für den 1. Korintherbrief insgesamt so entscheidend ist, sondern auch weil er – offen gesagt – schwierig ist. Wenn Sie diese vier Kapitel sorgfältig durchgelesen haben, werden Sie wahrscheinlich – und vielleicht frustriert – festgestellt haben, dass Paulus das Problem zwar zu Beginn deutlich nennt (1,10-12), aber in seiner Antwort (1,18–3,4) zuerst überhaupt nicht darauf einzugehen scheint. Man könnte diesen ersten Abschnitt zunächst sogar für eine Abschweifung halten, wäre da nicht die Tatsache, dass Paulus keineswegs wie jemand argumentiert, der vom Thema abkommt. Außerdem werden in der Schlussfolgerung (3,18-23) die Begriffe „Weisheit“ und „Torheit“ (Schlüsselgedanken in 1,18–3,4) mit dem Ausdruck „sich eines Menschen rühmen“ sowie mit dem Hinweis auf Paulus, Apollos und Kephas in Beziehung gesetzt. Die entscheidende Frage zur Identifikation des eigentlichen Themas lautet also, wie all diese Faktoren zusammenpassen könnten.

Man beginnt damit, genau zu beobachten, was Paulus im Einzelnen sagt. Zu Anfang 1,10-12 erklärt er, dass die Korinther in Bezug auf ihre Leiter gespalten sind (vgl. 3,4-9; 3,21-22 und 4,6). Ist Ihnen jedoch auch aufgefallen, dass die Spaltung sich nicht einfach auf Meinungsverschiedenheiten beschränkt? Sie streiten regelrecht miteinander (1,11; 3,3) und machen sich „zugunsten des einen und zum Nachteil des andern“ wichtig (4,6; vgl. 3,21).

All das scheint klar genug zu sein. Doch sollten bei aufmerksamem Lesen mit einem Blick für das eigentliche Problem noch zwei Dinge an die Oberfläche kommen:

1. Offenbar gab es auch „böses Blut“ zwischen der Gemeinde und Paulus. Das wird besonders zu Beginn und am Ende unseres Ka-

pitels deutlich (4,1-5 und 4,18-21). Wenn man diese Tatsache berücksichtigt, könnte man den Streit und die Spaltungen mit Recht darauf zurückführen, dass manche Korinther nicht nur Apollos *bevorzugten*, sondern sogar *gegen* Paulus eingestellt waren.

2. Ein Schlüsselwort dieses Abschnitts ist „Weisheit" oder „weise" (26-mal in Kapitel 1–3, aber nur 18-mal in allen anderen Paulusbriefen), ein Begriff, der hier offensichtlich häufiger abwertend als positiv verwendet wird. Gott ist entschlossen, die Weisheit dieser Welt zunichte zu machen (1,18-22.27-28; 3,18-20). Das tat er auf drei Weisen: durch das Kreuz (1,18-25), durch die Erwählung der Gläubigen in Korinth (1,26-31) und durch die Schwachheit der Predigt des Apostels Paulus (2,1-5). Christus wurde durch das Kreuz „für uns zur Weisheit gemacht" (1,30), und *diese* Weisheit wird *durch* den Geist denen offenbart, die den Geist haben (2,10-16). Dass Paulus den Begriff „Weisheit" in dieser Weise verwendet, macht es fast sicher, dass dies auch mit dem Problem der Spaltung in der Gemeinde zu tun hat. Aber wie? Auf jeden Fall können wir vermuten, dass die Korinther die Spaltung aufgrund ihrer Parteinahme für einen Leiter und ihre Opposition gegen Paulus im Namen der Weisheit aufrechterhielten, was sie auch unter Weisheit verstanden haben mögen.

Alles, was wir darüber hinaus sagen, bewegt sich im Bereich der Spekulation oder Vermutung. Da der Begriff „Weisheit" auch fast ein Fachbegriff der Philosophie ist und da alle möglichen wandernden Philosophen zur Zeit von Paulus die griechische Welt überfluteten, vermuten wir, dass die Gläubigen in Korinth begonnen hatten, ihren neuen Glauben als neue „göttliche Weisheit" zu betrachten und ihre Leiter deshalb nach rein menschlichen Maßstäben zu beurteilen, wie sie es auch bei den wandernden Philosophen taten. Beachten Sie jedoch, dass diese Vermutung, so hilfreich sie auch sein mag, weit über das hinausgeht, was man sicher aus dem belegen kann, was Paulus hier tatsächlich beschreibt.

Aus Paulus' Antwort kann man drei wichtige Punkte ableiten, über die größtmögliche Gewissheit besteht:

1. Auf der Grundlage von 3,5-23 wird deutlich, dass die Korin-

ther das Wesen und die Funktion von Leiterschaft in der Gemeinde gründlich missverstanden hatten.

2. In ähnlicher Weise scheinen sie auch das eigentliche Wesen des Evangeliums missverstanden zu haben, was durch die Stelle vorher deutlich wird (1,18–3,4).

3. Am Ende wird klar (4,1-21), dass sie außerdem in ihrer Beurteilung des Apostels Paulus unrecht hatten und ihre Beziehung zu ihm neu überdenken mussten. Sie werden merken, dass wir jetzt auch angefangen haben, zu einer Analyse der Antwort von Paulus überzugehen.

4. Der literarische Kontext

Der nächste Schritt beim Studium des Briefes besteht darin, Paulus' Argumentation als Antwort auf das Problem nachzuvollziehen, das wir oben versuchsweise formulierten. Wie wir im ersten Kapitel gesehen haben, ist auch das etwas, das Sie selbst tun können, ohne von vornherein auf die Arbeit von Theologen angewiesen zu sein.

Falls wir Ihnen für diesen Teil unserer Lektion eine Aufgabe stellen sollten, würde sie so aussehen: Verfolgen Sie das Argument in 1. Korinther 1,10–4,21 Absatz für Absatz und erklären Sie jeweils in ein oder zwei Sätzen, welchen Beitrag jeder Absatz zum gesamten Argument leistet – oder erläutern Sie, wie er als Teil von Paulus' Antwort auf das Problem der Spaltung funktioniert.

Wir können gar nicht genug betonen, wie wichtig es ist zu lernen, *in Absätzen zu denken*. Dabei kommt es darauf an, die Absätze in den verschiedenen Briefen nicht nur als natürliche gedankliche Einheiten zu betrachten, sondern als absolut notwendigen Schlüssel zum Verständnis der Argumentation. Sie werden sich noch daran erinnern, dass Sie immer wieder die Frage stellen sollten: *Worum geht es hier?* Deshalb sollten Sie zwei Dinge tun können: 1. In kompakter Weise den *Inhalt* jedes Absatzes nennen. *Was* sagt Paulus in diesem

Absatz? 2. In ein oder zwei weiteren Sätzen zu erklären versuchen, *warum* Sie glauben, dass Paulus dies gerade an dieser Stelle sagt. Welchen Beitrag leistet dieser Inhalt zur Argumentation?

Da wir das hier nicht für diesen gesamten Abschnitt tun können, wollen wir drei entscheidende Absätze im zweiten Teil von Paulus' Antwort, nämlich 3,5-16, genauer analysieren. Bis zu diesem Punkt ist Paulus unter der Inspiration des Heiligen Geistes auf das unangemessene Verständnis des Evangeliums eingegangen. Er zeigte nämlich, dass das Herz dieses Evangeliums – ein gekreuzigter Messias – einen Gegensatz zur menschlichen Weisheit darstellt (1. Korinther 1,18-25), ebenso wie die Wahl der Menschen, die Gott zu seinem neuen Volk gemacht hat (1,26-31). Es ist, als wollte er ihnen sagen: „Ihr glaubt also, dass das Evangelium eine neue Art von Weisheit ist? Wie kann das sein? Wer hätte denn im Namen der Weisheit gerade euch erwählt, Gottes neues Volk zu werden?" Auch Paulus' eigenes Predigen dient als Beispiel für diesen göttlichen Widerspruch (2,1-5). Nun ist all das tatsächlich Weisheit, was Paulus ihnen weiterhin bestätigt (1. Korinther 2,6-16), aber es ist eine Weisheit, die dem neuen Volk Gottes durch den Geist offenbart wird – denen, die den Geist haben. Da die Korinther den Geist *haben*, fährt er fort und schafft so einen Übergang, sollen sie aufhören, wie Menschen zu handeln, die ihn *nicht* haben (3,1-4). Dass sie immer noch „wie bloße Menschen" handeln, zeigt sich daran, dass sie sich wegen Paulus und Apollos streiten.

Welche Funktion haben nun die nächsten drei Absätze in dieser Argumentation? Beachten Sie zuerst, wie der Inhalt des ersten Abschnitts (V. 5-9) sich mit dem Wesen und der Funktion der Leiter beschäftigt, über die sie sich streiten. Paulus betont, dass sie nur Diener sind, keine Herren, wie es die Korinther ihren Parolen zufolge offenbar glaubten. Als Nächstes (V. 6-9) macht er mithilfe einer Analogie aus der Landwirtschaft zwei Aussagen über die Stellung von ihm und Apollos als Diener, die beide für das falsche Verständnis der Korinther wesentlich sind:

1. Er und Apollos sind in einem gemeinsamen Anliegen eins, auch wenn sich ihre Aufgaben unterscheiden und jeder seinen „be-

sonderen Lohn“ empfängt. 2. Alles und alle gehören Gott: die Gemeinde, die Diener und das Wachstum.

Beachten Sie, welche große Bedeutung diese beiden Aspekte für das Problem haben. Die Korinther spalten die Gemeinde in Bezug auf ihre Leiter. Doch diese Leiter sind keine *Herren*, denen man gehört. Sie sind vielmehr Diener, die zwar unterschiedliche Dienste haben, aber in ihrem gemeinsamen Anliegen eins sind. Und diese Diener, wie auch die Korinther selbst, gehören Gott.

Der nächste Text (3,10-15) wurde besonders falsch ausgelegt, weil man es versäumte, in Absätzen zu denken. Beachten Sie hier zwei Tatsachen: 1. Am Ende des vorangehenden Abschnittes (V. 9) wechselt Paulus von der Metapher der Landwirtschaft zur Metapher des Bauwesens, bei der er von nun an bleibt. 2. Die Einzelheiten sind bei beiden Metaphern gleich: Paulus pflanzt/legt den Grund; Apollos begießt/baut auf dem Grund weiter; die Gemeinde in Korinth ist das Ackerfeld/der Bau; Gott besitzt das Ackerfeld/den Bau. Doch eigentlich geht es in jedem Absatz um einen anderen Punkt. Die *Hauptaussage* steht eindeutig am Anfang (V. 10): „Aber jeder soll darauf achten, wie er darauf weiterbaut.“ Aus der weiteren Ausführung dieser Metapher wird auch deutlich, dass man gut oder schlecht bauen kann, mit unterschiedlichen Konsequenzen. Beachten Sie, dass das, was hier gebaut wird, im ganzen Absatz die Gemeinde ist; es gibt nicht die geringste Andeutung dafür, dass Paulus darüber sprechen wollte, wie einzelne Christen ihr Leben auf Christus aufbauen sollten, was ja für die Argumentation völlig irrelevant ist. Was Paulus hier durch eine leichte Wendung seiner Argumentation beabsichtigt, ist eine Warnung an die Leiter innerhalb der Gemeinde Jesu, ihre Aufgabe mit großer Sorgfalt zu versehen, weil ein Tag der Prüfung kommen wird. Wer die Gemeinde mit menschlicher Weisheit und eindrucksvollen Reden zu bauen versucht und dabei am Kreuz vorbeigeht, baut mit Holz, Heu und Stroh.

Auch die Fragestellung, die im folgenden Text beginnt (3,16-17), wurde oft falsch ausgelegt, unter anderem deshalb, weil Paulus etwas später (6,19) den Leib des Christen als „Tempel des Heiligen Geistes“ bezeichnet. Analog dazu wurde auch die direkte Konfrontation in 3,5-17 auf den einzelnen Christen und den Missbrauch seines Körpers oder die Vernachlässigung seines geistlichen Lebens bezogen. An anderer Stelle benutzt Paulus die Metapher des Tempels jedoch in kollektivem Sinn für die Gemeinde als Tempel Gottes (2. Korinther 6,16; Epheser 2,19-22). Das ist auch ganz bestimmt hier seine Absicht.

Was will Paulus also in diesem Kontext sagen? Die Gemeinde in Korinth sollte *Gottes* Tempel in Korinth sein – im Gegensatz zu allen anderen Tempeln in der Stadt. Um es mit unseren Worten zu sagen, sie war Gottes Volk, seine Alternative zum korinthischen Lebensstil. Was sie zu seinem Tempel machte, war die Gegenwart seines Geistes in ihrer Mitte. Aber durch ihre Spaltungen zerstörten die Korinther den Tempel Gottes. Wer für diese Zerstörung der Gemeinde verantwortlich ist, sagt Paulus, wird selbst von Gott vernichtet werden, weil die Gemeinde in Korinth ihm so kostbar (heilig) ist.

Hier schließt sich der Kreis dieser Argumentation wieder. Paulus begann damit, die Korinther auf ihr unangemessenes Verständnis des Evangeliums hinzuweisen, eines Evangeliums, das in keiner Weise auf menschlicher Weisheit beruht, sondern ihr in jeder Hinsicht widerspricht. Dann deckte er ihr falsches Verständnis über Leiterschaft in der Gemeinde auf und warnte die Leiter ebenso wie die ganze Gemeinde, dass Gottes Gericht über diejenigen kommen würde, die Spaltungen hervorrufen. Am Ende des Kapitels (3,18-23) fasste er die beiden Themen dann in einer abschließenden Aussage zusammen: Menschliche Weisheit ist Torheit; deshalb soll niemand „sich menschlicher Leiter rühmen"!

Beachten Sie noch einmal folgende wichtigen Aspekte unserer Analyse: 1. Die Exegese beruhte ausschließlich auf dem Text; wir brauchten keine zusätzlichen Quellen, um zu verstehen, worauf Paulus hinauswill. 2. Es gibt keine Aussage innerhalb des Abschnittes, die nicht in die Argumentation hineinpasst. 3. Alle Einzelheiten ergeben einen wirklich schlüssigen Sinn. Das ist es also, worum es bei einer Exegese geht. Das war Gottes Wort an die *damaligen Empfänger*. Vielleicht haben Sie noch weitere Fragen zu spezifischen Punkten des Inhalts, die Sie mithilfe Ihres Kommentars beantworten können. Aber alles, was wir bisher getan haben, können Sie selbst leisten. Es mag etwas Übung erfordern – in einigen Fällen auch intensives Nachdenken –, aber es ist zu schaffen und die Mühe lohnt sich!

5. Zur Wiederholung noch ein Beispiel

Bevor wir dieses Kapitel abschließen, wollen wir den Vorgang der Exegese zur Übung noch einmal wiederholen, und zwar diesmal anhand eines etwas leichteren Abschnitts, der in einem späteren Brief steht, aber ebenfalls mit Spannungen innerhalb der Gemeinde zu tun hat: Philipper 1,27–2,18.

Lesen Sie Philipper 1,12–2,18 mehrmals durch. Beachten Sie, dass Paulus' Argumentation bis zu diesem Punkt ungefähr so verlaufen ist: Der *Anlass* war, dass Paulus sich im Gefängnis befand (1,13.17) und von der Gemeinde in Philippi durch einen Abgesandten namens Epaphroditus ein Geschenk erhalten hatte (siehe 2,25.30 und 4,14-18). Offensichtlich hatte Epaphroditus eine Krankheit bekommen, die gewöhnlich mit dem Tod endete, und die Gemeinde hatte besorgt reagiert, als sie davon erfuhr (2,26). Doch Gott hatte sein Leben verschont, sodass Paulus ihn mit einem Brief zurücksenden konnte (2,25-30). In diesem Brief will er nun erstens berichten, wie es um ihn steht (1,12-26), zweitens sich für ihr Geschenk bedanken (4,10.14-19) und drittens die Philipper ermahnen, in Eintracht zu leben (1,27–2,18; 4,2-3) und die Irrlehre der Judaisten zu meiden (3,1–4,1).

Paulus hat gerade den Abschnitt (1,12-26) beendet, in dem er den Philippern mitteilt, wie es ihm im Gefängnis geht. Der neue Abschnitt (1,27–2,18), dem unser Interesse gilt, ist der erste Teil der Ermahnung. Beachten Sie zum Beispiel, dass er jetzt nicht mehr über sich selbst redet wie vorher (V. 12-26). Ist Ihnen der deutliche

Übergang von ich/mein/mir zu ihr/euch zu Beginn des nächsten Abschnitts aufgefallen (V. 27)?

Worum geht es also in den einzelnen Absätzen dieses Teils?

Der erste Absatz mit den Versen 27 bis 30 leitet die Ermahnung ein. Was er sagen will, scheint gleich am Anfang zu stehen, nämlich dass sie „in dem einen Geist feststehen“ sollen. Dies ist eine Ermahnung zur Einigkeit, besonders weil die Gläubigen in Philippi Widerstand erlebten. (Anmerkung: Wenn wir zu dem Schluss kommen, dass V. 27 wirklich die Hauptaussage des Absatzes ist, müssen wir anschließend fragen: „Worum geht es dann in den Versen 28-30, in denen Widerstand und Leiden betont werden?“ Beachten Sie, wie wir versucht haben, diese Frage zu beantworten.)

In welcher Beziehung steht dann das Folgende (2,1-4) zum Thema der Einigkeit? Zuerst wiederholt Paulus hier die Ermahnung (V. 1-2, was uns nun die Gewissheit gibt, dass wir mit unserer Auslegung des ersten Absatzes recht hatten). Doch nun geht es ihm darum, dass Demut die richtige Einstellung der Gläubigen ist, wenn sie Einigkeit erleben wollen.

Versuchen Sie es nun einmal mit dem nächsten Abschnitt (2,5-11). Worum geht es hier? Warum verweist Paulus auf die Erniedrigung und Erhöhung Christi? Ihre Antwort muss nicht genauso formuliert sein wie unsere, sollte aber folgende Elemente enthalten. Jesus ist in seiner Menschwerdung und seinem Tod das beste Vorbild der Demut, das Paulus sich für sie wünschen kann. (Sie werden merken: Wenn man die Fragen so stellt, geht es in diesem Absatz *nicht* darum, etwas Neues über Christus zu lernen. Paulus beruft sich vielmehr auf diese großen Wahrheiten über Christus, damit die Philipper *dieselbe Gesinnung haben wie Christus* und nicht nur etwas *über ihn wissen.)*

Gehen Sie nun weiter zum nächsten Abschnitt (2,12-13). Worum geht es jetzt? Beachten Sie, wie das Wort „darum“ ankündigt, dass dies die Schlussfolgerung ist. Nachdem die Philipper das Vorbild Christi gesehen haben, sollen sie nun Paulus gehorchen, aber worin? Ganz sicher darin, dass sie Einigkeit haben, was auch Demut voraussetzt.

Fragen Sie sich zum Schluss, wie die folgenden Verse (2,14-18) in dieses Argument passen und in welcher Beziehung sie zu dem oben genannten Problem stehen: Uneinigkeit in der Gemeinde, während die Gläubigen in Philippi mit Widerstand konfrontiert werden.

Abschließend könnten Sie aus der Art und Weise, wie Paulus hier gegen das Problem der Uneinigkeit vorgeht, noch folgern, dass das ähnliche Problem in Korinth offensichtlich viel schwerwiegender und komplexer war. Diese Tatsache kann als weitere Bestätigung für unsere Rekonstruktion des Problems in Philippi dienen.

6. Die problematischen Abschnitte

Wir haben Sie ganz bewusst durch zwei Abschnitte geführt, bei denen Sie diese Art von Exegese auch allein durchführen können, vorausgesetzt Sie haben gelernt, in Absätzen zu denken und die richtigen Fragen zur Geschichte und zum Zusammenhang zu stellen. Doch wissen wir natürlich auch, dass es da noch die vielen anderen Textstellen gibt, zu denen wir Autoren ständig befragt werden: was „mit Rücksicht auf die Engel" in 1. Korinther 11,10 bedeutet, wie die „Taufe für die Toten" in 1. Korinther 15,29 zu verstehen ist, was in 1. Petrus 3,19 damit gemeint war, dass Jesus den „Geistern, die im Gefängnis waren" predigte oder wie der Ausdruck „Mensch der Gesetzwidrigkeit" in 2. Thessalonicher 2,3 auszulegen ist. Wie geht man also vor, um die Bedeutung problematischer Abschnitte herauszufinden?

Hier sind einige Richtlinien:

1. In vielen Fällen sind diese problematischen Texte deshalb so schwierig, weil sie nicht an uns geschrieben wurden. Da der Autor und die ursprünglichen Leser sozusagen auf einer ähnlichen Wellenlänge waren, konnte der inspirierte Schreiber bei seinen Lesern viele Informationen voraussetzen. Wenn Paulus zum Beispiel die Thessalonicher auffordert, sich daran zu erinnern, dass er ihnen „das schon

gesagt" hat und dass sie deshalb wissen, „was ihn jetzt noch zurückhält" (2. Thessalonicher 2,5-6), dann müssen wir vielleicht lernen, uns mit unserem Mangel an Wissen zu begnügen. Was er ihnen mündlich mitgeteilt hatte, konnten sie nun in seinem Brief ergänzen. Da uns diese mündliche Information fehlt, wird die schriftliche Mitteilung für uns besonders schwer verständlich. Aber wir können natürlich davon ausgehen, dass Gott uns alles mitgeteilt hat, was wir wissen sollen; was Gott uns nicht gesagt hat, mag zwar auch interessant sein; da wir an diesen Stellen aber nicht sicher sein können, sollten wir vermeiden, hier dogmatisch zu werden.

2. Trotz mancher Ungewissheiten über einige genaue Einzelheiten müssen wir lernen zu fragen, was wir mit Gewissheit über einen vorliegenden Text sagen können und welche Aussagen zwar möglich, aber nicht gewiss sind. Betrachten wir zum Beispiel die verwirrenden Worte in einer rhetorischen Frage, mit der Paulus ein neues Argument für die Gläubigen in Korinth für die *leibliche* Auferstehung der Toten einleitet (1. Korinther 15,29). Was kann man mit Gewissheit sagen? Einige Korinther ließen sich tatsächlich „für die Toten taufen", ob uns das gefällt oder nicht. Außerdem sehen wir, dass Paulus diese Praxis weder verurteilt noch gutheißt; er verweist nur darauf – und zwar aus einem völlig anderen Grund, der überhaupt nichts mit der Praxis selbst zu tun hat. Aber wir wissen nicht und werden es wahrscheinlich nie wissen, wer dies praktizierte, *für wen* es geschah und warum man es tat. Die Einzelheiten und die Bedeutung der Praxis bleiben uns wahrscheinlich für immer verborgen.

3. Nichtsdestoweniger können wir, wie gesagt, sehr oft erfassen, was der entscheidende Punkt des ganzen Abschnitts war, auch wenn wir bei einigen Einzelheiten keine völlige Gewissheit haben. Was immer die Korinther taten, indem sie sich für die Toten taufen ließen: Wir wissen jedenfalls, warum Paulus auf diese Praxis verwies. Das eigene Handeln der Korinther war eine Art „Beweis aufgrund eigener Erfahrung", dass sie inkonsequent waren, wenn sie eine zukünftige körperliche Auferweckung der Gläubigen ablehnten.

4. Zu einem Abschnitt wie diesem muss man gewöhnlich einen guten Kommentar befragen. Wie wir im Anhang noch zeigen wer-

den, ist es die Behandlung solcher Abschnitte, die einen besseren Kommentar auszeichnet. Gute Kommentare nennen die verschiedenen Möglichkeiten, die als Lösung vorgeschlagen worden sind, und erörtern mindestens kurz, welche Gründe für oder gegen diese Lösungen sprechen. Sie mögen nicht immer mit der Entscheidung des Autors einverstanden sein, aber Sie müssen zumindest über die verschiedenen Möglichkeiten informiert werden – und bessere Kommentare werden Ihnen diese Information bieten.

Zum Schluss wollen wir darauf hinweisen, dass nicht einmal die Theologen alle Antworten kennen. Sie können sich weitgehend darauf verlassen, dass Stellen, zu denen vier bis vierzehn annehmbare Auslegungen genannt werden, sogar für Theologen ungewiss bleiben! Texte wie 1. Korinther 15,29 (zu dem es mindestens vierzig verschiedene Vermutungen gibt) sollten uns zur rechten Demut veranlassen.

Was wir in diesem Kapitel getan haben, ist nur die Hälfte der Aufgabe. Es ist die entscheidend wichtige erste Hälfte, aber wir müssen nun fortfahren zu fragen, wie sich diese einzelnen Texte auf uns anwenden lassen. Wir haben gelernt, Gottes Wort an *sie* zu hören. Wie ist es mit seinem Wort an *uns?* Darum geht es im nächsten Kapitel.

4 Die Briefe – die hermeneutischen Fragen

Wir kommen nun zu den sogenannten hermeneutischen Fragen. Was bedeuten diese Texte für uns? Das ist immer das Entscheidende und im Vergleich dazu ist Exegese eine relativ leichte Aufgabe. Selbst wenn es da an bestimmten Punkten Meinungsverschiedenheiten gibt, sind sich die meisten Exegeten zumindest in Bezug auf den Bedeutungsrahmen einig, denn die Möglichkeiten der Auslegung werden durch den historischen und den literarischen Kontext begrenzt. Paulus kann zum Beispiel nicht etwas gemeint haben, wovon er und seine Leser damals nie gehört hatten; die Bedeutung seines Briefes muss im Bereich dessen liegen, was im 1. Jahrhundert möglich war.

Doch für die Hermeneutik (bei der wir lernen, die Bedeutung im Kontext unserer Zeit zu hören) scheint es keine solche Übereinstimmung über die Rahmenbedingungen zu geben. Alle „betreiben" Hermeneutik, auch wenn sie nichts von Exegese verstehen und gar nicht wissen, was diese beiden Wörter bedeuten! Da verwundert es nicht, dass unter den Christen so viele Meinungsverschiedenheiten bestehen; worüber man sich wundern sollte ist, dass es nicht noch weit mehr Differenzen gibt. Das liegt daran, dass wir tatsächlich eine gemeinsame Basis für die Hermeneutik haben, auch wenn sie nicht immer ausdrücklich formuliert wird.

In diesem Kapitel wollen wir zuerst die gemeinsame hermeneutische Basis der meisten Gläubigen skizzieren, die Stärken und Schwächen dieser Hermeneutik aufzeigen und schließlich Richtlinien für einige Bereiche erörtern, in denen sich diese gemeinsame Hermeneutik als unzureichend erweist.

Die entscheidende Frage für Christen, die der Bibel als dem Wort Gottes verpflichtet sind, bezieht sich auf das Problem der kulturellen Relativität – was ist kulturell bedingt und gehört deshalb nur ins 1. Jahrhundert, und was übersteigt die Kultur und gilt somit für alle Zeiten?

Diesem Problem müssen wir deshalb besondere Aufmerksamkeit widmen.

1. Unsere gemeinsame Hermeneutik

Selbst wenn Sie zu denjenigen gehören, die gefragt haben: „Welcher Hermann?“, als sie zum ersten Mal mit dem Begriff *Hermeneutik* konfrontiert wurden, haben Sie doch ständig mit Hermeneutik zu tun. Was tun wir denn alle, wenn wir die Briefe des Neuen Testaments lesen? Wir gehen ganz einfach mit unserem eigenen Verstand an den Text heran und wenden den Inhalt, soweit wir es können, auf unsere eigene Situation an. Was sich scheinbar nicht auf unsere Situation übertragen lässt, lassen wir einfach im 1. Jahrhundert.

So hatte wohl keiner von uns je den Eindruck, er sei durch den Heiligen Geist berufen, eine Wallfahrt nach Troas zu unternehmen, um Paulus' Mantel bei Karpus abzuholen und ihn dem Apostel nach Rom ins Gefängnis zu bringen (2. Timotheus 4,13), obwohl der Text diese Aufforderung eindeutig enthält. Doch aufgrund desselben Briefes glauben die meisten Christen, dass Gott uns in Schwierigkeiten sagt: „Leide mit … als guter Soldat Christi“ (2,3), ebenfalls ein Wort an Timotheus, das aber tatsächlich auf uns anwendbar erscheint. Keiner von uns würde je infrage stellen, wie diese beiden Texte ausgelegt wurden – obwohl viele von uns hin und wieder darum ringen müssen, dem zweiten Text bereitwillig zu gehorchen.

Es soll hier betont werden, dass die meisten Angelegenheiten in den Briefen schön in diese „Hermeneutik des gesunden Menschenverstandes“ passen. Die meisten Texte werfen nicht die Frage auf, ob man danach handeln sollte oder nicht, sondern es geht eher darum, „einander durch die Erinnerung anzuspornen“ (2. Petrus 1,13 – nach der King James Version).

Unsere Probleme – und Differenzen – ergeben sich aus Texten, die irgendwo dazwischenliegen, Texte, bei denen die einen glauben, man sollte dem Wort einfach so gehorchen, wie es geschrieben steht, während die anderen sich da nicht so sicher sind. Bei solchen Texten haben wir vielfältige hermeneutische Schwierigkeiten, die sich jedoch alle auf eine einzige Ursache zurückführen lassen – auf unseren Mangel an Konsequenz. Das ist der große Schwachpunkt in unserer gemeinsamen Hermeneutik. Ohne es unbedingt zu wollen, tragen wir unser theologisches Erbe, unsere kirchlichen Traditionen, unsere kulturellen Normen oder unsere Alltagssorgen beim Lesen in die Briefe hinein. Und das führt dazu, dass man in vieler Hinsicht eine Auswahl trifft oder um bestimmte Stellen einfach „einen Bogen macht“.

Es ist zum Beispiel eine interessante Feststellung, dass fast jeder evangelikale Christ in Amerika mit unserem hermeneutischen Standpunkt zu den beiden Stellen in 2. Timotheus übereinstimmen würde (2,3 und 4,13). Doch das kulturelle Milieu derselben Christen veranlasst die meisten von ihnen zu der Argumentation, man solle die Aufforderung in einem früheren Text in 1. Timotheus 5,23 nicht befolgen: „Trinke nicht nur Wasser, sondern nimm auch etwas Wein, mit Rücksicht auf deinen Magen und deine häufigen Krankheiten.“ Diese Aufforderung beziehe sich nur auf Timotheus und nicht auf uns, wird argumentiert, denn damals sei es nicht immer unbedenklich gewesen, Wasser zu trinken. Manche behaupten sogar, dass „Wein“ eigentlich „Traubensaft“ bedeuten müsse – obwohl man sich fragt, wie das sein kann, wo es doch keine modernen Konservierungsverfahren und Kühlschränke gab! Aber warum wird dieser persönliche Rat auf Timotheus beschränkt, während die ebenfalls nur an ihn gerichtete Ermahnung, im Wort Gottes zu bleiben (2. Timotheus 3,14-16), als Aufforderung an alle Menschen aller Zeiten verstanden wird? Es könnte ja durchaus richtig sein, „nimm auch etwas Wein“ als Vers ohne allgemeingültigen, auf uns anzuwendenden Bezug zu übergehen, aber auf welcher hermeneutischen Grundlage?

Oder nehmen Sie das Problem, das viele traditionelle Gemeindemitglieder mit den „Jesus People" der späten 1960er- und frühen 70er-Jahre hatten. Langes Haar war für viele junge Männer zum Symbol einer neuen Ära der Hippie-Kultur geworden. Vielen Christen erschien dieses Symbol als offene Missachtung Gottes, vor allem aufgrund dessen, was Paulus den Christen in Korinth sagt: „Lehrt euch nicht schon die Natur, dass es für den Mann eine Schande … ist, lange Haare zu tragen?" (1. Korinther 11,14-15). Doch die meisten derer, die diesen Text gegen die Jugendkultur zitierten, hatten nichts dagegen einzuwenden, dass christliche Frauen ihre Haare kurz trugen (trotz V. 15) und im Gottesdienst ihren Kopf nicht bedeckten. Sie bedachten auch nie, dass die „Natur" durch ein sehr unnatürliches Mittel zustande gekommen sein könnte – durch das Haareschneiden.

Diese zwei Beispiele illustrieren einfach, wie die Kultur dazu neigt zu diktieren, was bei einer heutigen Anwendung der gesunde Menschenverstand ist. Doch auch andere Dinge wirken sich darauf aus – kirchliche Traditionen zum Beispiel. Wie kommt es, dass in vielen evangelikalen Gemeinden den Frauen aufgrund eines wahrscheinlich falschen Arguments in 1. Korinther 14,34-35 verboten wird, im Gottesdienst zu sprechen (falsch deshalb, weil es eine nebensächliche Anmerkung ist, die sich an zwei unterschiedlichen Stellen der Manuskripttradition findet, und weil sie eindeutig 11,2-3 widerspricht), während die meisten dieser Gemeinden gleichzeitig bei fast allen anderen Aussagen desselben Kapitels argumentieren, sie gehörten *nicht* in das 21. Jahrhundert? Warum gelten die Verse 34-35 für alle Zeiten und alle Kulturen, die Verse 1-5, 26-33 oder 39-40 mit ihren Anordnungen für prophetisches Reden und die Sprachenrede dagegen nur für die Gemeinde des 1. Jahrhunderts?

Beachten Sie außerdem, wie leicht es für Christen unseres Jahrhunderts ist, eigene traditionelle Gemeindestrukturen in den 1. Timotheus- oder den Titusbrief hineinzulesen. Doch nur sehr wenige Gemeinden teilen die Leiterschaft auf mehrere Personen auf, wie es dort eindeutig der Fall war (1. Timotheus 5,17 und Titus 1,5; Timotheus war *nicht* der Pastor, sondern kam nur zeitweilig als Abgesandter von Paulus in die Gemeinde, um Dinge zu ordnen und Missstände zu korrigieren). Und noch weniger Gemeinden tragen Witwen nach den Richtlinien von 1. Timotheus 5,3-15 in eine Versorgungsliste ein.

Ist Ihnen schon einmal aufgefallen, wie unsere theologische Prägung uns oft veranlasst, diese Prägung in manche Texte hineinzulesen, während wir sie bei anderen Texten „umgehen“? Manche Christen sind völlig überrascht, wenn sie herausfinden, dass andere Christen in Texten wie 1. Korinther 1,16; 7,14 oder Kolosser 2,11-12 Belege für die Kindertaufe finden, während andere aufgrund von 2. Thessalonicher 2,1 an eine Wiederkunft Christi in zwei Phasen glauben und wieder andere in Titus 3,5 einen Beleg dafür sehen, dass die Heiligung ein zweites Werk der Gnade ist. Viele Anhänger der arminianischen Tradition, die den freien Willen und die Verantwortung des Gläubigen betont, geraten durch Texte wie Römer 8,30; 9,18-24, Galater 1,15 und Epheser 1,4-5 in Verlegenheit. Genauso haben viele Calvinisten ihre eigene Methode entwickelt, das zu umgehen, was in Texten wie 1. Korinther 10,1-13; 2. Petrus 2,20-22 und Hebräer 6,4-6 ziemlich deutlich gesagt wird. Unsere Erfahrung als Lehrer hat uns sogar gezeigt, dass Studenten aus diesen Traditionen selten fragen, was diese Texte bedeuten; sie wollen nur wissen, „wie man das umgehen kann“, was diese verschiedenen Stellen deutlich zu sagen scheinen!

Nach den letzten Absätzen haben wir sicher eine Menge Freunde verloren, aber wir versuchen zu illustrieren, wie tief gehend das Problem ist und wie nötig es ist, dass Christen mehr gesittet miteinander über dieses entscheidende Gebiet reden. Welche Richtlinien sind also nötig, um eine konsequentere Hermeneutik für die Briefe zu entwickeln?

2. Die wichtigste Regel

Aus Kapitel 1 wissen Sie sicher noch, dass wir als Grundregel die Prämisse aufstellten, dass *ein Text nicht etwas bedeuten kann, was er für den Autor oder die Leser nicht bedeutet haben kann.* Das ist der Grund, warum die Exegese immer zuerst kommen muss. Es ist außerordentlich wichtig, diese Grundregel hier zu wiederholen, weil durch sie der Bedeutungsrahmen eines Textes zumindest teilweise eindeutig abgegrenzt wird. Diese Regel hilft natürlich nicht immer herauszufinden, was ein vorliegender Text bedeutet, aber sie hilft abzugrenzen, was er *nicht bedeuten kann.*

Zum Beispiel ignorieren viele Christen die Aufforderung in 1. Korinther 14, nach geistlichen Gaben zu streben, und begründen diese Entscheidung durch eine bestimmte Auslegung einer vorangehenden Stelle, wo es heißt: „Wenn das Vollendete kommt, vergeht alles Stückwerk" (1. Korinther 13,10). Sie erklären, dass das Vollendete in Form des Neuen Testaments schon gekommen sei, sodass auch das Stückwerk (prophetisches Reden und Sprachenreden) in der Gemeinde der Vergangenheit angehören müsse. Doch *das ist eine Bedeutung, die der Text gar nicht beinhalten kann*, weil eine gute Exegese sie völlig ausschließt. Paulus kann dies unter keinen Umständen *möglicherweise* gemeint haben; schließlich wussten seine Leser nicht, dass es einmal ein Neues Testament geben würde, und der Heilige Geist hätte Paulus nicht erlaubt, etwas zu schreiben, was ihnen völlig unverständlich gewesen wäre.

3. Die zweite Regel

Die zweite Grundregel ist eigentlich eine etwas andere Formulierung unserer gemeinsamen Hermeneutik: Sie lautet etwa so: *Wenn es vergleichbare Einzelheiten (das heißt ähnliche spezifische Lebenssituationen) gibt, die wir mit dem 1. Jahrhundert gemeinsam haben, ist Gottes Wort an uns dasselbe wie sein Wort an die Menschen damals.* Diese Regel ist der Grund dafür, dass die meisten theologischen Texte und die gemeindebezogenen ethischen Gebote in den neutestamentlichen Briefen den Christen des 21. Jahrhunderts ein Empfinden unmittelbarer Verbundenheit mit dem 1. Jahrhundert vermitteln. Auch heute noch gilt: „alle haben gesündigt" (Römer 3,23) und werden „aus Gnade durch den Glauben gerettet" (Epheser 2,8). Auch heute noch sagt uns Gottes Wort, dass wir uns „mit aufrichtigem Erbarmen, mit Güte, Demut, Milde, Geduld" kleiden sollen (Kolosser 3,12). Unser Problem hier ist nicht das Verstehen als solches, sondern dass wir es ganz gut verstehen, es dann aber nicht schaffen, „diese Kleidung zu tragen".

Die beiden längeren Texte, für die wir im letzten Kapitel eine Exegese durchgeführt haben (1. Korinther 1-4; Philipper 1,27–2,18), scheinen ebenfalls in diese Kategorie zu gehören. Nachdem wir unsere Exegese abgeschlossen und Gottes Wort an die damaligen Empfänger entdeckt haben, sind auch wir unmittelbar demselben Wort unterstellt. Auch wir haben noch Ortsgemeinden mit Leitern, die das Wort Gottes hören und darauf achten müssen, wie sie die Gemeinde bauen. Offensichtlich wurde die Gemeinde zu oft mit Holz, Heu und Stroh gebaut statt mit Gold, Silber und kostbaren Steinen, und es hat sich herausgestellt, dass ein solcher Bau eine echte „Feuerprobe" nicht bestehen kann. Wir sind der Meinung, dass die Warnung von Paulus an die Korinther, dass sie den Tempel Gottes zerstören, die Gemeinde (siehe 1. Korinther 3,16-17) immer noch Gottes Botschaft an uns ist und unsere Verantwortung der Gemeinde gegenüber verdeutlicht. Die Gemeinde muss ein Ort sein, an dem der Heilige Geist wohnt und die deshalb Gottes Alternative zur Sünde und Entfremdung der weltlichen Gesellschaft darstellt.

Wir müssen also mit großer Sorgfalt darauf bedacht sein, eine gute Exegese vorzunehmen, damit wir die Gewissheit haben, dass unsere Situation und ihre näheren Umstände wirklich mit der Situation des 1. Jahrhunderts zu vergleichen sind. Deshalb ist eine sorgfältige Rekonstruktion des Problems so wichtig. Für unsere Hermeneutik ist zum Beispiel sehr wesentlich, dass der Rechtsstreit zwischen zwei Christen, der in 1. Korinther 6,1-11 beschrieben wird, vor einem heidnischen Richter auf dem öffentlichen Marktplatz von Korinth ausgetragen wurde. Wir meinen, dass sich die Hauptaussage nicht ändern würde, wenn der Richter zufällig Christ wäre oder das Verfahren in einem Gerichtsgebäude stattfände. Das Falsche an der Situation ist, dass Christen vor ein Gericht außerhalb der Gemeinde gehen, statt die Angelegenheit intern zu regeln, wie Paulus eigene Argumentation (V. 6-11) eindeutig erkennen lässt. Andererseits könnte man zu Recht fragen, ob sich der Text auch dann anwenden lässt, wenn ein Christ in heutiger Zeit ein Unternehmen verklagt, denn in diesem Fall sind die näheren Umstände nicht mehr identisch – obwohl man bei dieser Entscheidung gewiss Paulus' Hinweis auf die Vergeltungsethik Jesu (V. 7) berücksichtigen muss.

Alles, was bis jetzt gesagt wurde, scheint relativ leicht zu sein. Doch die Frage, unter welchen Voraussetzungen ein Text mit einem besonderen Fall wie einem Rechtsstreit unter Christen (1. Korinther 6,1-11) sich über seine spezifischen Einzelheiten hinaus anwenden lässt, ist nur eine der verschiedenen Fragen, die erörtert werden müssen. Im folgenden Teil dieses Kapitels werden wir vier solche Probleme ansprechen.

4. Das Problem der erweiterten Anwendung

Wir greifen zuerst das eben genannte Thema auf. Wenn es vergleichbare Einzelheiten und einen vergleichbaren Kontext in der heutigen Gemeinde gibt, ist es dann legitim, die Anwendung des Textes auf einen anderen Kontext zu übertragen oder eine besondere Lage aus dem 1. Jahrhundert so anzuwenden, dass er mit der Situation des 1. Jahrhunderts gar nicht mehr vergleichbar ist?

Man könnte zum Beispiel die Meinung vertreten, dass die Warnung von Paulus über die Zerstörung des Tempels Gottes in Korinth (1. Korinther 3,16-17) sich zwar auf die Ortsgemeinde bezieht, aber gleichzeitig das Prinzip beinhaltet, dass alles heilig ist, was Gott durch die Innewohnung seines Geistes für sich ausgesondert hat, und dass deshalb jeder unter Gottes furchtbares Gericht kommen wird, der etwas von ihm Geheiligtes zerstört. Könnte man dieses Prinzip also nicht auf den einzelnen Christen anwenden und deshalb folgern, dass Gott denjenigen richten wird, der seinen Leib zugrunde richtet? In ähnlicher Weise richtet sich Paulus in 1. Korinther 3,10-15 an diejenigen, die für den „Bau" der Gemeinde Verantwortung tragen, und warnt sie vor dem Verlust, den sie erleiden werden, wenn sie schlecht bauen. Da dieser Text von Gericht und Errettung „wie durch Feuer hindurch" spricht, ist es deshalb legitim, ihn als Illustration für die Heilsgewissheit des Gläubigen zu benutzen?

Wenn solche Anwendungen als legitim beurteilt würden, hätten wir allen Grund zur Besorgnis, denn sie lassen die Exegese völlig außer Acht. So haben viele Christen in der Gemeinde Jesu diese Aussage in 1. Korinther 3,16-17 jahrhundertelang irrtümlich auf den einzelnen Christen bezogen. Warum überhaupt noch Exegese betreiben? Warum nicht einfach bei dem scheinbaren Sinn bleiben, mit dem Hier und Jetzt beginnen – und jahrhundertealte Irrtümer fortsetzen?

Wir sind also der Auffassung, dass Gottes Wort *an uns* immer auf die ursprünglich beabsichtigte Aussage solcher Texte begrenzt bleiben muss, wenn es vergleichbare Situationen und vergleichbare Einzelheiten gibt. Außerdem sollte beachtet werden, dass die erweiterte Anwendung gewöhnlich deshalb als legitim gilt, weil sie wahr ist, das heißt, weil sie in anderen Texten deutlich als *beabsichtigte Aussage* enthalten ist. Wenn das der Fall ist, sollte man fragen, ob etwas, das man *nur* durch erweiterte Auslegung erfährt, überhaupt Gottes Wort für alle Zeiten und Situationen sein kann.

Einen schwierigeren Fall stellt eine Aufforderung in dem nächsten Brief von Paulus an die Christen in Korinth dar: „Beugt euch nicht mit Ungläubigen unter das gleiche Joch!“ (2. Korinther 6,14). Traditionell nimmt man hier eine neuere Metapher und legt es so aus, dass es eine Ehe zwischen Christen und Nichtchristen verbietet. Doch die Metapher des Jochs wird in der Antike selten auf die Ehe bezogen, und auch im Kontext deutet nichts auch nur im Entferntesten darauf hin, dass es hier um die Ehe geht.

Unser Problem in solchen Fällen ist die Tatsache, dass wir nicht sicher sein können, was der Text eigentlich verbieten soll. Höchstwahrscheinlich hat er mit Götzendienst zu tun, vielleicht als weiteres Verbot der Teilnahme an einem Götzenopfermahl (vgl. 1. Korinther 10,14-22). Aber dürfen wir dann nicht zu Recht das Prinzip dieses Textes „erweitern“, da wir ohnehin keine Gewissheit über die ursprüngliche Bedeutung haben? Wahrscheinlich ja, allerdings auch hier genau deshalb, weil es sich tatsächlich um ein biblisches Prinzip handelt, das unabhängig von diesem einzelnen Text aufrechterhalten werden kann.

5. Das Problem nicht vergleichbarer Einzelheiten

Das nächste Problem ergibt sich aus zwei Arten von Texten in den Briefen: solchen, die sich auf Fragen des 1. Jahrhunderts beziehen, zu denen es zum größten Teil im 21. Jahrhundert keine Entsprechung gibt, und solchen, die auch heute auftreten könnten, was aber höchst unwahrscheinlich ist. Was macht man mit solchen Texten und wie können sie zu uns reden? Tun sie das überhaupt?

Ein Beispiel für die erste Art von Texten kann man in 1. Korinther 8–10 finden, wo Paulus auf drei Themenbereiche eingeht: 1. dass Christen das Recht beanspruchten, weiter mit ihren heidnischen Nachbarn an Festen in den Götzentempeln teilzunehmen (siehe 8,10 und 10,14-22), 2. dass die Korinther Paulus' apostolische Autorität infrage stellten (siehe 9,1-23) und 3. dass Speisen, die den Götzen geopfert worden waren, auf dem Markt verkauft wurden (10,23–11,1).

Eine gründliche Exegese dieser Stellen zeigt, dass Paulus die Probleme wie folgt beantwortet: 1. Die Korinther dürfen aus drei Gründen auf keinen Fall an den Essen im Tempel teilnehmen: Es verstößt gegen das Prinzip, anderen Christen keinen Anstoß zu geben (8,7-13); es ist mit dem Leben in Christus, wie man es im Abendmahl erfährt (10,16-17), nicht zu vereinbaren; und es bedeutet Teilhabe am Dämonischen (10,19-22). 2. Paulus verteidigt sein Recht auf finanzielle Unterstützung als Apostel, obwohl er auf dieses Recht verzichtet hat; und er verteidigt sein Verhalten in Situationen, die keine absoluten ethischen Maßstäbe verlangen (9,19-23). 3. Den Götzen geopferte Speisen, die jetzt auf dem Markt angeboten werden, dürfen gekauft und gegessen werden. Solche Speisen darf man auch im Haus anderer essen, sollte sie allerdings dann ablehnen, wenn andere darin ein Problem sehen. Christen sollten alles zur Ehre Gottes essen und nichts tun, wodurch man anderen bewusst Anstoß bereiten würde.

Sicherlich haben diese Texte für Christen in vielen asiatischen Kulturen immer noch sehr existenzielle Bedeutung, doch diese Art des Götzendienstes ist in westlichen Kulturen weitgehend unbekannt; das erste und das dritte Problem haben wir also nicht gemeinsam – es sei denn wir essen regelmäßig in einem Restaurant, dessen Inhaber die Speisen bei der Zubereitung einem „Gott" weihen. Außerdem haben wir im Hinblick auf das zweite Problem keine Apostel mehr wie Paulus, die tatsächlich dem auferstandenen Herrn begegnet sind (9,1; vgl. 15,8) und neue Gemeinden gegründet haben, über die sie Autorität ausüben (9,1-2; vgl. 2. Korinther 10,16).

Die zweite Art von Texten lässt sich durch den Fall des Inzests bei einem Christen in 1. Korinther 5,1-11 veranschaulichen, durch die Missachtung der „nichts Habenden“ durch die „Habenden“, die bei der Feier des Abendmahls ihre Mahlzeiten essen (1. Korinther 11,17-22), oder durch den Versuch, unbeschnittenen Christen die Beschneidung aufzuzwingen (Galater 6,12). Solche Situationen könnten auch heute vorkommen, obwohl sie in unserer Kultur höchst unwahrscheinlich sind.

Die Frage lautet, was die Antworten des Apostels auf nicht zeitgenössische Probleme den Christen des 21. Jahrhunderts zu sagen haben. Wir schlagen zwei Schritte vor, die eine korrekte Hermeneutik richtigerweise leisten muss:

Erstens müssen wir unsere Exegese mit besonderer Sorgfalt durchführen, damit wir hören können, was Gottes Wort für die Christen damals wirklich war. In den sehr vielen dieser Fälle wurde ein deutliches *Prinzip* zum Ausdruck gebracht, das gewöhnlich über die besondere historische Situation hinausgeht, auf die es angewandt wurde.

Zweitens, und das ist der wesentliche Punkt, wird das „Prinzip“ nun nicht zeitlos, sodass es nach Belieben auf jede mögliche Situation bezogen werden könnte. Wir sind der Meinung, dass es auf *wirklich vergleichbare Situationen* angewandt werden muss.

Diese beiden Punkte möchten wir genauer erläutern: Erstens verbietet Paulus die Teilnahme an den Tempelmahlzeiten aufgrund des Prinzips, anderen keinen Anstoß zu geben. Beachten Sie jedoch, dass dieses Verbot sich nicht auf Dinge bezieht, die einen anderen Gläubigen nur ärgern. Es bezieht sich vielmehr auf etwas, von dem ein Christ glaubt, es mit gutem Gewissen tun zu können, und der dann durch sein Handeln oder durch seine Überzeugung andere Christen zu veranlassen versucht, dasselbe zu tun, die es jedoch nicht mit gutem Gewissen tun können. Die Sprache von Paulus ist scharf. Letztendlich geht es darum, dass der andere Christ durch das *Nachahmen* „zugrunde geht“ und nicht nur verärgert wird. Das Prinzip lässt sich also nur auf wirklich vergleichbare Situationen anwenden. Auf jeden Fall wird das Prinzip missbraucht, wenn langjährige Christen es benutzen, um jüngere Christen für ihr Handeln zu verurteilen!

Zweitens verbietet Paulus die Teilnahme an Tempelmahlzeiten zum Schluss völlig, weil sie Gemeinschaft mit Dämonen bedeutet. Manche Nachfolger Jesu waren sicher zuweilen unsicher in Bezug auf die Frage, was eigentlich eine dämonische Aktivität ausmacht. Dennoch scheint es sich hier um ein definitives Verbot für Christen zu handeln, an irgendeiner Form von Spiritismus, Magie, Astrologie usw. teilzunehmen.

Wie schon gesagt, mögen wir zwar keine Apostel haben, und die meisten Protestanten betrachten ihre Geistlichen nicht als Leute, die in der apostolischen Sukzession stehen. Doch das Prinzip, dass diejenigen, „die das Evangelium verkündigen, … vom Evangelium … leben" sollen (1. Korinther 9,14), gilt wohl mit Sicherheit auch für die heutigen Diener Gottes, zumal es auch durch andere Aussagen in der Schrift bestätigt wird (z. B. 1. Timotheus 5,17-18).

Das Problem mit dem Essen von Götzenopferspeisen, die auf dem Markt angeboten wurden (1. Korinther 10,23–11,1), stellt eine besonders schwierige Dimension dieses hermeneutischen Problems dar. Das Essen selbst hatte – für Gott und für Paulus – keinen besonderen Stellenwert. Doch aufgrund von früheren Überzeugungen und früherem Umgang ließ sich das für manche Christen nicht behaupten. Dasselbe galt für bestimmte Speisen und Getränke sowie die Einhaltung bestimmter Tage (Römer 14) und verschiedene ähnliche Angelegenheiten in seinem Brief an die Christen in Kolossä (Kolosser 2,16-23).

Für uns, die wir an einem viel späteren Punkt in der Geschichte stehen, lautet das Problem: Wie kann man Dinge ohne absoluten ethischen Wert von solchen unterscheiden, die wirklich relevant sind? Erschwerend kommt hinzu, dass diese Dinge je nach Kultur und christlicher Gruppe verschieden sind, wie es offenbar auch im 1. Jahrhundert der Fall war. Dazu gehören zum Beispiel im 20. und 21. Jahrhundert in Nordamerika Kleidung (Kleiderlänge, Krawatten, Damenhosen), gefärbte Haare, Piercen, Tätowierungen, Kosmetik, Schmuck, Unterhaltung und Freizeitgestaltung (Fernsehen, Kino, Kartenspiele, Tanzen oder gemeinsames Schwimmen von Frauen und Männern), Sport, Essen und Trinken. Paulus wurde wegen seiner Freiheit in der Frage des Götzenopferfleisches von anderen verurteilt. Und so gilt auch heute, dass diejenigen, die den Verzicht auf einige dieser Dinge als Heiligung vor Gott betrachten, sie *nicht* als belanglos ansehen. Das ist auch das Dauerproblem vieler Christen heute.

Wie lässt sich entscheiden, welche *Dinge keinen absoluten ethischen Wert* haben? Wir schlagen folgende Richtlinien vor:

1. Wenn etwas in den Briefen ausdrücklich dieser Kategorie zugeordnet wird, kann es auch heute noch als Sache ohne absoluten Wert angesehen werden: bestimmte Speisen und Getränke, das Einhalten besonderer Tage usw.

2. Fragen ohne absoluten ethischen Wert sind von ihrem Wesen her keine moralischen, sondern kulturelle Angelegenheiten, selbst wenn sie aus der religiösen Kultur stammen. Verhaltensweisen, die sich auch unter aufrichtigen Gläubigen meist von Kultur zu Kultur unterscheiden, können daher als ethisch belanglos betrachtet werden (z. B. Wein- und Nicht-Wein-Kulturen).

3. Es ist besonders wichtig zu beachten, dass die Sündenaufzählungen in den Briefen (z. B. Römer 1,29-30, 1. Korinther 5,11 sowie 6,9-10 und 2. Timotheus 3,2-4) nie Entsprechungen aus dem 1. Jahrhundert zu den oben genannten Punkten enthalten. Solche Entsprechungen sind auch nirgendwo in den verschiedenen Listen mit Anweisungen für Christen zu finden (Römer 12, Epheser 5, Kolosser 3 usw.).

Wir wissen, dass nicht alle mit unserer Einschätzung dieser Dinge übereinstimmen werden. Doch nach Römer 14 sollen die Menschen, die in solchen Fragen entweder auf der einen oder auf der anderen Seite stehen, andere weder richten noch herabsetzen. Der Freie soll nicht mit seiner Freiheit prahlen, und wer solche Dinge aus tiefer persönlicher Überzeugung ablehnt, darf den anderen nicht verurteilen.

6. Das Problem der kulturellen Relativität

Auf diesem Gebiet liegen die meisten Schwierigkeiten – und Auseinandersetzungen –, mit denen wir es heute zu tun haben. Das Problem, dass Gottes *ewiges Wort* unter *besonderen historischen Umständen* mitgeteilt wurde, kommt hier am stärksten zum Tragen. Es ist auf folgende Tatsachen zurückzuführen: 1. Briefe sind Dokumente, die auf einen bestimmten Anlass im 1. Jahrhundert zurückgehen, von der Sprache und Kultur ihrer Zeit beeinflusst sind und spezifische Situationen in der Gemeinde des 1. Jahrhunderts ansprechen. 2. Viele spezifische Situationen in den Briefen sind so stark durch das historische Umfeld des 1. Jahrhunderts bedingt, dass allgemein anerkannt wird, dass sie sich gar nicht oder kaum als Wort für heute persönlich anwenden lassen, abgesehen vielleicht von irgendeinem Prinzip, das sich im entferntesten Sinn aus dem Text ableiten lässt (z. B. in Bezug auf Paulus' Mantel, den Timotheus bei Karpus abholen sollte). 3. Andere Abschnitte sind zwar ebenfalls stark durch die Situation des 1. Jahrhunderts beeinflusst, aber das darin enthaltene Wort kann auf neue, vergleichbare Rahmenbedingungen übertragen werden. 4. Deshalb wäre zu fragen, ob es nicht wieder andere Texte gibt, die zwar vergleichbare Einzelheiten aufzuweisen scheinen, aber auch durch das historische Umfeld des 1. Jahrhundert bedingt sind und deshalb entweder auf eine neue Situation übertragen oder einfach im 1. Jahrhundert belassen werden sollten?

Fast alle Christen übertragen biblische Texte auf neue Rahmenbedingungen, zumindest in begrenztem Maße. Auch wenn sie es nicht ausdrücklich so formulieren, benutzen Evangelikale des 21. Jahrhunderts dieses Prinzip, wenn sie die Anweisung „etwas Wein, mit Rücksicht auf deinen Magen" im 1. Jahrhundert belassen, wenn sie nicht darauf beharren, dass Frauen heute Kopfbedeckungen und lange Haare tragen müssen, und wenn sie den „heiligen Kuss" nicht praktizieren. Viele derselben Evangelikalen zucken jedoch zusammen, wenn auf derselben Grundlage verteidigt wird, dass eine Frau in der Gemeinde lehren kann (wenn Männer anwesend sind), und wenn jemand versucht, gleichgeschlechtliche Partnerschaften auf dieser Basis zu rechtfertigen.

Häufig haben Menschen versucht, die Möglichkeit kultureller Relativität ganz abzulehnen, was sie dazu veranlasste, sich mehr oder weniger für eine Übernahme der Kultur des 1. Jahrhunderts als göttliche Norm einzusetzen. Eine solche Ablehnung ist aber gewöhnlich nur zum Teil erfolgreich. Diese Leute mögen ihre Töchter zu Hause behalten, ihnen eine Ausbildung verweigern und es den Vätern überlassen, Ehepartner für ihre Töchter zu finden; aber normalerweise erlauben sie ihnen doch, lesen zu lernen und in der Öffentlichkeit auszugehen. Es ist also außerordentlich schwierig, hier konsequent zu sein, gerade weil es so etwas wie eine von Gott festgelegte Kultur nicht gibt. Die Kulturen sind nun einmal verschieden und variieren nicht nur vom 1. zum 21. Jahrhundert, sondern auch in jeder erdenklichen Form im 21. Jahrhundert selbst.

Wir würden daher vorschlagen, ein gewisses Maß an kultureller Relativität als gültiges hermeneutisches Verfahren sowie als notwendige Folge der Tatsache anzuerkennen, dass die Briefe auf einen konkreten Anlass zurückgehen. Allerdings sind wir auch der Auffassung, dass die Hermeneutik, wenn sie gültig sein soll, innerhalb klarer Richtlinien operieren muss.

Wir schlagen deshalb die folgenden Richtlinien vor für eine Unterscheidung zwischen kulturell relativen Elementen einerseits und solchen Aussagen andererseits, die über den ursprünglichen Kontext hinausgehen und deshalb für alle Christen aller Zeiten verbindlich sind. Wir behaupten nicht, dass diese Richtlinien „ein für alle Mal gültig" sind. Sie geben jedoch unsere aktuelle Auffassung zu diesem Thema wieder und wir möchten zu weiteren Diskussionen und zum Austausch darüber anregen. (Viele dieser Punkte wurden gemeinsam mit unserem ehemaligen Kollegen David M. Scholer entwickelt.)

1. Man sollte zunächst zwischen dem zentralen Kern der biblischen Botschaft und den davon abhängigen untergeordneten Elementen unterscheiden. Das soll nicht heißen, dass wir für einen Ka-

non innerhalb des Kanons argumentieren (indem bestimmte Teile des Neuen Testaments zur Norm für das Lesen anderer Teile erhoben werden). Vielmehr soll das Evangelium davor geschützt werden, entweder durch Kultur und religiösen Brauch in ein Gesetz verwandelt zu werden oder sich so verwandeln zu lassen, dass es jede beliebige kulturelle Ausdrucksform widerspiegeln könnte.

Zum zentralen Kern der biblischen Botschaft gehören unter anderem der gefallene Zustand der gesamten Menschheit, die Erlösung aus diesem Zustand durch die Gnade Gottes mittels des Todes und der Auferstehung Christi sowie die Vollendung des Erlösungswerks durch die Wiederkunft Christi. Der „heilige Kuss", die Kopfbedeckung der Frauen und die charismatischen Dienste und Gaben scheinen dagegen eher untergeordnete Fragen zu sein.

2. In ähnlicher Weise sollte man unterscheiden, was das Neue Testament selbst als unabdingbar moralische Frage sieht und was nicht. Alle vom Wesen her moralischen Fragen haben absolute und für alle Kulturen gültige Bedeutung, während die anderen Aspekte kulturelle Ausdrucksformen sind und je nach Kultur unterschiedlich sein können.

Paulus' Aufzählungen von Sünden enthalten zum Beispiel niemals kulturelle Dinge. Manche dieser Sünden mögen zwar in einer Kultur stärker auftreten als in einer anderen, aber es gibt nie Situationen, in denen sie als *christliche* Haltungen und Taten betrachtet werden könnten. Sexuelle Unmoral, Ehebruch, Götzendienst, Trunksucht, Homosexualität, Diebstahl, Habgier usw. sind also immer falsch (1. Korinther 6,9-10). Das heißt nicht, dass Christen sich in diesen Bereichen nicht hin und wieder schuldig gemacht hätten. Doch handelt es sich nicht um akzeptable moralische Alternativen. Schließlich fährt Paulus fort: „Und solche gab es unter euch. Aber ihr seid reingewaschen ..."

Andererseits sind die Fußwaschung, der heilige Kuss, das Essen von Götzenopferspeisen, die auf dem Markt gekauft wurden, die Kopfbedeckung der Frauen beim Beten oder Weissagen, Paulus' persönliche Bevorzugung der Ehelosigkeit oder das Lehren einer Frau in der Gemeinde keine Fragen, die *von Natur aus* moralisch sind.

Moralisch werden sie nur durch ihren Gebrauch oder Missbrauch unter bestimmten Umständen, wenn Ungehorsam oder Lieblosigkeit das Verhalten kennzeichnen.

3. Man muss besonders auf Bereiche achten, zu denen es im Neuen Testament einheitliche und konsequente Aussagen gibt, und auf Bereiche, in denen Unterschiede deutlich werden. Bereiche, zu denen das Neue Testament eine einheitliche Meinung vertritt, sind zum Beispiel Liebe als ethische Verhaltensgrundlage des Christen, die Nichtvergeltungsethik oder die Ablehnung von Streit, Hass, Mord, Diebstahl, homosexuellen Praktiken, Trunksucht und Unzucht in jeder Form.

Andererseits scheint das Neue Testament in bestimmten Fragen keine einheitliche Meinung zu äußern, wie etwa:

- über den Dienst der Frauen in der Gemeinde (siehe Römer 16,1-2, wo Phöbe als „Dienerin" der Gemeinde von Kenchreä bezeichnet wird; Römer 16,7, wo Junia – *nicht* Junias, was als Männername nicht bekannt ist – unter den Aposteln aufgezählt wird; Römer 16,3, wo Priska als Mitarbeiterin von Paulus bezeichnet wird [vgl. Philipper 4,2-3] – dasselbe Wort wird in 1. Korinther 3,9 für Apollos benutzt; und 1. Korinther 11,5 im Gegensatz zu 1. Timotheus 2,12 [und 1. Korinther 14,34-35, wo der Text fraglich ist]),
- über die politische Beurteilung Roms (siehe Römer 13,1-5 und 1. Petrus 2,13-14 im Gegensatz zu Offenbarung 13–18),
- über den Umgang mit Reichtum (Lukas 12,33; 18,22 im Gegensatz zu 1. Timotheus 6,17-19) oder
- über das Essen von Götzenopferfleisch (1. Korinther 10,23-29 im Gegensatz zu Apostelgeschichte 15,29 und Offenbarung 2,14.20).

Sollte übrigens einer dieser Vorschläge bei Ihnen eine emotionale Reaktion hervorgerufen haben, können Sie sich einmal nach dem Grund fragen, da in diesen Fällen die neutestamentlichen Belege nicht einheitlich sind, ob uns das nun gefällt oder nicht.

Eine gründliche Exegese könnte ergeben, dass die Behandlung dieser Fragen einheitlicher ist, als sie es jetzt zu sein scheint. Bei der

Frage des Götzenopferfleisches lässt sich zum Beispiel überzeugend nachweisen, dass das griechische Wort in der Apostelgeschichte und in der Offenbarung auf Besuche *im Tempel* bezogen ist, in denen Götzenopferfleisch gegessen wurde. In diesem Fall würde die Aussage mit dem übereinstimmen, was Paulus in 1. Korinther 10,14-22 sagt. Doch gerade weil diese anderen Dinge eher kultureller als moralischer Natur zu sein scheinen, sollte man sich von einem Mangel an Einheitlichkeit nicht beunruhigen lassen. Genauso sollte man die Exegese nicht nur als Mittel benutzen, um Einheitlichkeit zu finden, selbst dabei wenn der gesunde Menschenverstand missachtet wird oder die eigentliche Bedeutung des Textes verloren geht.

4. Wichtig ist, auch innerhalb des Neuen Testaments zwischen Prinzip und spezifischer Anwendung unterscheiden zu können. So kann ein neutestamentlicher Autor eine relative Anwendung mithilfe eines absoluten Prinzips unterstützen, ohne die Anwendung absolut werden zu lassen. In 1. Korinther 11,2-16 zum Beispiel verweist Paulus (offenbar) auf die göttliche Schöpfungsordnung und die Erlösung (V. 3) und stellt das Prinzip auf, dass man im Gottesdienst nichts tun sollte, was von der Herrlichkeit Gottes ablenken würde (besonders durch die Missachtung von Konventionen; V. 7.10). Die spezifische Anwendung in Bezug auf die Kopfbedeckung scheint aber relativ zu sein, da Paulus wiederholt die „Natur“ oder einen damaligen „Brauch“ zugrunde legt (V. 6.13-14.16).

Das führt uns zu dem Schluss, dass man bei solchen spezifischen Anwendungen zu Recht fragen darf: „Wäre diese Frage für uns auch dann ein Thema gewesen, wenn wir nicht im Neuen Testament darauf gestoßen wären?“ In westlichen Kulturen erregt eine Frau gewiss keinen Anstoß, wenn sie ihren Kopf (oder speziell ihr Haar) nicht mit einem langen Schleier bedeckt. Würde sie diesem Text dagegen aufs Wort gehorchen und sich verschleiern, würde sie in den meisten heutigen Gemeinden sogar mit Sicherheit dem „Geist“ dieses Textes zuwiderhandeln, indem sie die Aufmerksamkeit auf sich lenkt. Und mit ein wenig Nachdenken kann man sich einige Arten der Bekleidung vorstellen – sowohl bei Frauen als auch bei Männern –, die so unangebracht wären, dass sie den Gottesdienst genauso stören würden (zum Beispiel wäre ein Mann in Badehose so auffällig, dass er andere ablenken würde).

5. Es könnte auch wichtig sein zu ermitteln, aus welchen kulturellen Alternativen die Schreiber des Neuen Testaments wählen konnten – soweit sich das mit aller gebotenen Vorsicht feststellen lässt. Das Ausmaß, in dem ein neutestamentlicher Autor mit einer kulturellen Situation übereinstimmt, in der es *nur eine Möglichkeit* gab, *erhöht die Wahrscheinlichkeit der kulturellen Relativität* seiner Position. Zum Beispiel wurden homosexuelle Aktivitäten von Autoren der Antike sowohl befürwortet als auch verurteilt, während das Neue Testament sich immer dagegen ausspricht. Andererseits gab es im Wesentlichen nur eine Einstellung zur Sklavenhaltung oder zur Stellung und Rolle der Frau; niemand verurteilte die Sklavenhaltung als schlecht und Frauen wurden durchgängig von den Philosophen als minderwertiges Geschlecht dargestellt. Die Autoren des Neuen Testaments bezeichnen Sklavenhaltung ebenfalls nicht als Übel – obwohl sie die Sklaverei unterlaufen, indem sie betonen, dass der Hausherr und seine Sklaven Brüder und Schwestern in Christus waren (siehe Philemon 16; vgl. Epheser 6,9). Andererseits gehen sie in der Frage der Frauenrolle deutlich über die Einstellung ihrer Zeitgenossen hinaus. In beiden Fällen reflektieren sie jedoch, wenn auch in unterschiedlichem Maß, die einzige kulturelle Möglichkeit ihrer sozialen Umwelt.

6. Man muss auf mögliche kulturelle Unterschiede zwischen dem 1. und dem 21. Jahrhundert achten, die manchmal nicht so offensichtlich sind. Zum Beispiel sollte man in Bezug auf die Rolle der Frau in der Gemeinde des 21. Jahrhunderts berücksichtigen, dass es im 1. Jahrhundert kaum Bildungsmöglichkeiten für Frauen gab, während eine Schulbildung für Frauen in unserer Gesellschaft die Norm ist. Dies kann unser Verständnis von Stellen wie der über die Kleidung und das Verhalten von Frauen in Paulus ersten Brief an Timotheus (2,9-15) beeinflussen. Genauso ist eine Demokratie, wie wir sie heute kennen, nicht mit der Regierung zu vergleichen, von der Paulus in seiner Ermahnung an die Christen in Rom spricht (13,1-7). In einer Demokratie erwarten wir, dass schlechte Gesetze

geändert und schlechte Beamte oder Funktionäre abgesetzt werden. Dieser Unterschied muss die Art und Weise beeinflussen, wie man solch einen Text auf das 21. Jahrhundert überträgt, wenn man in einer Demokratie lebt.

7. Schließlich müssen wir in dieser Hinsicht christliche Liebe praktizieren. Als Christen sollten wir die Schwierigkeiten anerkennen, das Gespräch miteinander suchen, mit der Definition einiger Prinzipien beginnen und denen gegenüber vor allem Liebe und Vergebungsbereitschaft zeigen, die anderer Meinung sind als wir.

Bevor wir diese Erörterung abschließen, mag es hilfreich sein zu sehen, wie sich diese Richtlinien auf zwei aktuelle Fragen anwenden lassen: den geistlichen Dienst der Frauen und homosexuelle Praktiken – besonders weil einige, die sich für den geistlichen Dienst der Frauen einsetzen, dieselben Argumente benutzen, um gleichgeschlechtliche Partnerschaften als gültige christliche Alternative zu rechtfertigen.

Wir beginnen mit der Frage der Rolle der Frau in der Gemeinde als Lehrerin oder Predigerin. Diese Diskussion konzentrierte sich im Wesentlichen auf zwei Texte, die nicht miteinander in Verbindung stehen (1. Korinther 14,34-35 und 1. Timotheus 2,11-12). Bei der ersten Stelle ist es aber sehr fraglich, ob sie überhaupt von Paulus geschrieben wurde, denn es ist die einzige Stelle in der ganzen Überlieferung der Schrift, dass ein solcher Text an zwei verschiedenen Stellen in den griechischen Manuskripten vorkommt und höchstwahrscheinlich von jemandem als nebensächliche Erläuterung mit hineingenommen wurde, der nicht damit einverstanden war, dass Paulus sagte, dass Frauen im Gottesdienst beten und auch weissagen (wie in 11,2-5). Im zweiten Fall werden Schweigen und Unterordnung oder ein stilles Verhalten miteinander verbunden – obwohl die Unterordnung in keinem dieser Fälle unbedingt auf den Ehemann bezogen wird –, und in 1. Timotheus 2 wird der Frau nicht erlaubt, zu lehren oder über den Mann zu „herrschen". Eine völlig unveränderte Übertragung dieses Textes auf das 21. Jahrhundert würde nicht nur ausschließen, dass Frauen in der Ortsgemeinde predigen und lehren, sondern auch, dass sie Bücher über biblische Themen schreiben, die dann von Männern gelesen werden, dass sie über die Bibel und verwandte Themen (wie auch Kinder- und Jugendarbeit) an Bibelschulen lehren, wenn Männer zu den Unterrichtsgruppen gehören, und dass sie auf dem Missionsfeld Männer lehren. Doch nur selten gehen diejenigen, die es ablehnen, dass Frauen in der heutigen Gemeinde lehren, mit der Auslegung des Textes so weit. Und fast immer behandeln sie den vorhergehenden Vers über die Kleidung (1. Timotheus 2,9) als kulturell relativ.

Auf der anderen Seite lässt sich die These der kulturellen Relativität von 1. Timotheus vor allem durch die Exegese aller drei Pastoralbriefe unterstützen. Einige Frauen sorgten in der Gemeinde in Ephesus für Schwierigkeiten (1. Timotheus 5,11-15 und 2. Timotheus 3,6-9) und trugen offenbar auch entscheidend dazu bei, dass Irrlehrer in der Gemeinde Fuß fassen konnten. Da andere Stellen im Neuen Testament erkennen lassen, dass Frauen lehrten (Apostelgeschichte 18,26) und weissagten (Apostelgeschichte 21,9 und 1. Korinther 11,5), können wir mit hoher Wahrscheinlichkeit voraussetzen, dass die Aussagen in 1. Timotheus auf ein örtliches Problem bezogen sind. In jedem Fall bestätigen die oben aufgeführten Richtlinien die Annahme, dass dieses einzigartige (unsichere) Verbot kulturell relativ ist.

Ganz anders verhält es sich mit der Frage der Homosexualität, denn hier sprechen die Richtlinien gegen eine kulturelle Relativität. Die gesamte Bibel wendet sich konsequent gegen homosexuellen Geschlechtsverkehr und bezeichnet ihn als moralisch falsch.

In den vergangenen Jahren haben einige Ausleger argumentiert, das Neue Testament wende sich nur gegen eine Form der Homosexualität, bei der Menschen missbraucht werden, während die private, monogame Homosexualität zwischen einvernehmlichen Erwachsenen eine andere Sache sei. Sie behaupten, man könne auf exegetischer Grundlage nicht beweisen, dass diese Form gleichgeschlechtlicher Sexualität verboten sei. Einige vertreten auch die Meinung, dass es sich um kulturelle Möglichkeiten unserer Gegenwart handele, die in neutestamentlicher Zeit überhaupt nicht existiert hätten. Auf dieser Grundlage meinen sie also, dass einige unserer Richtlinien (z. B. 5 und 6) die Möglichkeit eröffnen, auch die neutestamentlichen Verbote der Homosexualität als kulturell relativ einzustufen; außerdem behaupten sie, dass manche der Richtlinien nicht wahr oder einfach irrelevant seien.

Diese Argumentation lässt sich jedoch weder aus exegetischer noch aus historischer Sicht aufrechterhalten. Die Homosexualität, die Paulus am Anfang seines Briefes an die Christen in Rom vor Augen hatte (1,24-28), ist eindeutig *nicht* von der Art, die einen Missbrauch einschließt; es handelt sich vielmehr um freiwillige Homosexualität unter Männern oder Frauen. Außerdem bezeichnet das Wort in 1. Korinther 6,9, das meist mit „Knabenschänder" übersetzt wird, genau genommen den Geschlechtsverkehr zwischen Männern. Da die ganze Bibel gegen Homosexualität spricht und sie ausschließlich in ethisch-moralischem Zusammenhang anführt, und da es einfach nicht erwiesen ist, dass die Möglichkeiten homosexueller Praktiken heute anders wären als im 1. Jahrhundert, scheint es keine gültige Grundlage dafür zu geben, sie als kulturell relative Angelegenheit für Paulus zu betrachten. Es gefällt uns vielleicht nicht, was Paulus sagt, doch wenn wir ihn uns für unsere heutige Kultur passend „neu erschaffen", gehen wir mit Sicherheit in die Irre.

7. Das Problem der situativen Theologie

Im letzten Kapitel haben wir festgestellt, dass ein Großteil der Theologie in den Briefen für eine spezielle Situation geschrieben wurde und deshalb nicht systematisch dargelegt wird. Das soll allerdings nicht so verstanden werden, als könne man die Theologie, die in den Briefen zum Ausdruck kommt oder sich aus ihren Aussagen ableiten lässt, überhaupt nicht systematisch darstellen. Ganz im Gegenteil liegt darin eine der obligatorischen Aufgaben des Bibelstudiums. Man muss ständig darum bemüht sein, auf der Basis einer gründlichen Exegese eine biblische Theologie zu entwickeln und immer wieder zu korrigieren. Und sehr oft, das gestehen wir bereitwillig ein, lässt sich die Theologie eines biblischen Autors sowohl in seinen Voraussetzungen und Andeutungen als auch in seinen expliziten Aussagen erkennen.

An dieser Stelle wollen wir nur einige Warnungen aussprechen, die man in diesem Zusammenhang unbedingt berücksichtigen sollte – Warnungen, die sich direkt auf die Tatsache zurückführen lassen, dass die Briefe durch konkrete Situationen veranlasst wurden.

1. Weil Briefe entweder von dem Autoren oder den Empfängern „veranlasst" sind, müssen wir hin und wieder einige Beschränkungen für unser theologisches Verständnis in Kauf nehmen. Zum Beispiel wollte Paulus den Korinthern zeigen, wie absurd es war, zwei Brüder vor einen heidnischen Richter ziehen zu lassen, und erwähnte deshalb, dass die Christen eines Tages die Welt und die Engel richten werden (1. Korinther 6,2-3). Darüber hinaus sagen die Texte nichts aus. So können wir im Rahmen der christlichen Eschatologie (unseres Verständnisses von der Vollendung aller Dinge) zwar festhalten, dass die Christen an jenem Tag wirklich Recht sprechen werden. Aber wir wissen sehr wenig darüber, was das genau bedeutet und wie es geschehen wird. *Alles darüber hinaus ist bloße Spekulation.*

In ähnlicher Weise argumentiert Paulus *auf der Grundlage* der Teilnahme am Abendmahl, dass die Korinther nicht in gleicher Weise an den Mahlzeiten im Götzentempel teilnehmen dürfen (1.Korinther 10,16-17). Was er hier über die Teilnahme sagt, scheint wirklich über die Theologie des Abendmahls hinauszugehen, die im evangelikalen Protestantismus meistens zu finden ist. Hier geht es nicht nur um das „Gedächtnis", sondern um tatsächliche Teilhabe am Herrn selbst. Aus anderen neutestamentlichen Texten könnten wir noch hinzufügen, dass die Teilhabe durch den Geist möglich wurde und die Segnungen durch den Glauben kamen. Doch selbst hier verlassen wir bereits den Rahmen des unmittelbaren Textes, um Paulus' Verständnis theologisch zu formulieren, und viele werden wahrscheinlich mit unserer Auswahl der zusätzlichen Texte nicht übereinstimmen. Entscheidend ist hier jedoch, dass uns einfach nicht mitgeteilt wird, wie diese Teilhabe eigentlich genau zu verstehen ist und wie der Gläubige die Segnungen empfangen kann. Wir alle *möchten* es vielleicht gern wissen, aber unser Wissen ist unvollständig, gerade weil die Aussagen auf einen bestimmten Anlass zurückgehen. Was über den Rahmen des Textes selbst hinausgeht, kann nicht dieselbe biblische oder hermeneutische Bedeutung haben wie Aussagen, die auf einer gründlichen Exegese beruhen. Wir wollen damit sagen, dass Gott uns in der Bibel alles gegeben hat, was wir wissen *müssen*, aber nicht unbedingt alles, was wir wissen *wollen*.

2. Manchmal ergeben sich unsere theologischen Probleme bei den Briefen aus der Tatsache, dass wir *unsere* Fragen an Texte richten, die eigentlich *ihre* Fragen beantworten sollten. Wenn wir eine Antwort auf Fragen zur Abtreibung, Wiederverheiratung oder Kindertaufe erwarten, verlangen wir, dass die Texte Fragen einer späteren Zeit beantworten. Manchmal mögen sie das tun, und sei es mitunter indirekt, aber oft tun sie es nicht, weil diese Fragen damals einfach noch nicht gestellt wurden.

Dazu gibt es ein deutliches Beispiel im Neuen Testament selbst. Zur Frage der Scheidung sagt Paulus: „nicht ich, sondern der Herr" (1. Korinther 7,10), was bedeutet, dass Jesus sich zu diesem Thema selbst geäußert hatte. Doch bei der Frage, die in einer griechischen Umwelt gestellt wurde, ob ein Gläubiger sich von einem ungläubigen Partner scheiden lassen sollte, bestand für Jesus offensichtlich kein Anlass, sich zu äußern. Das Problem lag einfach außerhalb seiner jüdischen Kultur. Da Paulus jedoch merkte, dass er sich dazu äußern musste, sagte er: „ich, nicht der Herr" (V. 12). Ein Problem liegt natürlich darin, dass wir Paulus' apostolische Autorität und Inspiration nicht haben. Wir können deshalb nur aufgrund einer umfassenden biblischen Theologie, die unser Verständnis der Schöpfung, des Sündenfalls, der Erlösung und der Vollendung aller Dinge einschließt, etwas zu solchen Fragen sagen. Das heißt: Wir müssen versuchen, eine biblische Weltanschauung an das Problem heranzutragen. Aber wenn es keine unmittelbar relevanten Texte gibt, kann man auch keine Texte als Belege heranziehen!

Dies sind also einige unserer hermeneutischen Vorschläge zum

Lesen und zur Auslegung der neutestamentlichen Briefe. Unser erstes, direktes Anliegen ist größere Genauigkeit und ein konsequenteres Vorgehen; unser höheres Ziel besteht jedoch darin, uns alle zu mehr Gehorsam gegenüber dem aufzurufen, was wir tatsächlich hören und verstehen – und zu einer Offenheit und Barmherzigkeit gegenüber denen, die nicht unserer Meinung sind. Vielleicht würde die Welt mehr auf unseren Heiland schauen, wenn wir das tatsächlich tun würden.

5
Die Erzählungen des Alten Testaments – ihr richtiger Gebrauch

Die literarische Gattung, die in der Bibel am häufigsten vorkommt, sind narrative Texte. Erzählungen machen mehr als 40 Prozent des Alten Testaments aus – und das Alte Testament selbst umfasst drei Viertel der ganzen Bibel. Die folgenden Bücher des Alten Testaments bestehen im Wesentlichen oder sogar ganz aus narrativen Texten: 1. Mose, Josua, Richter, Rut, 1. und 2. Samuel, 1. und 2. Könige, 1. und 2. Chronik, Esra, Nehemia, Daniel, Jona und Haggai. Außerdem enthalten auch 2. Mose, 4. Mose, Jeremia, Hesekiel, Jesaja und Hiob in beträchtlichem Umfang erzählende Elemente. Obwohl auch ein großer Teil des Neuen Testaments narrativ ist (Evangelien, Apostelgeschichte), gilt unser spezielles Interesse in diesem Kapitel den hebräischen Erzählungen – der besonderen Art und Weise, wie die Menschen des Alten Testaments vom Heiligen Geist inspiriert wurden, ihre Geschichte zu erzählen.

In diesem Kapitel geht es darum, einen guten Einblick in die besondere „Funktionsweise“ hebräischer Erzähltexte zu gewinnen, damit Sie Ihre Bibel mit größerer Sachkenntnis lesen können und die Geschichte Gottes noch mehr schätzen lernen. Leider haben viele Christen in der Vergangenheit die alttestamentlichen Geschichten nur wenig gelesen, weil sie die Hintergründe und den besonderen Charakter der hebräischen Erzählform nicht kannten. Wenn Sie Christ sind, dann ist das Alte Testament *Ihre* Geschichte. Die Verheißungen Gottes für Israel und Israels Berufung von Gott sind *Ihre* historischen Verheißungen und Ihre Berufung. Doch haben wir die Erfahrung gemacht, dass Menschen die narrativen Teile der Bibel ebenso unzutreffend interpretieren und falsch anwenden wie die anderen Teile, wenn nicht sogar noch mehr. Ihr vom Autor beabsichtigter Wert und Sinn wird durch Ideen ersetzt, die eher in den Text hinein- als herausgelesen werden. Deshalb werden wir in diesem Kapitel besonderen Wert darauf legen, den literarischen Charakter von Erzählungen im Allgemeinen zu beschreiben und die gefährlichsten „Klippen“ zu nennen, die beim Lesen narrativer Texte in der Bibel umschifft werden können.

1. Das Wesen der Erzählungen

Was Erzählungen sind

Erzählungen sind Geschichten – absichtsvolle Geschichten, die von den *historischen Ereignissen* der Vergangenheit erzählen, um einem Volk *in der Gegenwart* Sinn und Ziel zu vermitteln. So war es in allen Völkern aller Kulturen und in dieser Hinsicht unterscheiden sich die biblischen Erzählungen nicht von anderen Geschichten dieser Art. Dennoch gibt es einen wesentlichen Unterschied zwischen den narrativen Texten der Bibel und anderer narrativer Literatur: Da die biblischen Erzählungen vom Heiligen Geist inspiriert sind, erzählen sie weniger unsere Geschichte als Gottes Geschichte – und diese wird zu unserer eigenen, indem er uns „hineinschreibt“. Die biblischen Geschichten erzählen also die „ultimative“ Geschichte – eine Geschichte, die zwar oft sehr komplex, aber durch und durch wahr und außerordentlich wichtig ist. Es ist in der Tat eine großartige Geschichte; sie übertrifft jedes große Epos, ist reicher an Handlung und bedeutungsvoller in ihren Personen und Beschreibungen, als jede von Menschen erdachte Geschichte es sein könnte. Doch um diese Geschichte wirklich schätzen zu können, muss man einige grundlegende Dinge über narrative Texte wissen – was sie sind und wie sie „funktionieren“.

Auf der elementaren Ebene berichten die biblischen Erzählungen uns von den Ereignissen der Vergangenheit. Alle narrativen Texte haben drei Grundelemente: Charaktere, eine Handlung und eine

Lösung. Die meisten Erzählungen beschäftigen sich nämlich mit einer Konfliktsituation oder Spannung, die gelöst werden muss. In der traditionellen literarischen Terminologie spricht man bei den Charakteren einer Geschichte vom „Protagonisten" (der Hauptperson), vom „Antagonisten" (der Person, die den Konflikt oder die Spannung verursacht) und (manchmal) von den „Agonisten" (anderen Personen, die an der Auseinandersetzung beteiligt sind).

In der biblischen Geschichte ist Gott der Protagonist, Satan (oder sich widersetzende Menschen bzw. böse Mächte) die Antagonisten und Gottes Volk die Agonisten. Die grundlegende „Handlung" der biblischen Geschichte berichtet, dass der Schöpfergott sich ein Volk für seinen Namen – in seinem Ebenbild – geschaffen hat und dass diese Menschen als Träger seines Ebenbildes die Erde verwalten sollen, die er zu ihrem Wohl geschaffen hat. Aber der Feind betrat den Schauplatz und überredete die Menschen, stattdessen *sein* „Bild" zu tragen und so zu Feinden Gottes zu werden. Die Lösung der Handlung ist die lange Geschichte der „Erlösung", die zeigt, wie Gott sein Volk aus den Klauen des Feindes befreit, sie zu seinem Ebenbild erneuert und sie (am Ende) in „einem neuen Himmel und einer neuen Erde" wiederherstellt.

Drei Ebenen der Erzählung

Es wird Ihnen beim Lesen und Studieren der alttestamentlichen Erzählungen helfen, wenn Sie verstehen, dass die Geschichte eigentlich auf drei Ebenen berichtet wird. Die *oberste* („dritte") *Ebene*, die wir gerade beschrieben haben, wird oft als „meta-narrative" Ebene bezeichnet. Sie bezieht sich auf den gesamten universalen Plan Gottes, der sich in seiner Schöpfung erfüllt. Sie konzentriert sich vor allem auf Gottes erwähltes Volk. Schlüsselaspekte der Handlung auf dieser oberen Ebene sind die anfängliche Schöpfung selbst, der Sündenfall der Menschheit, die Macht und Allgegenwart der Sünde, die Notwendigkeit der Erlösung sowie die Fleischwerdung und das Opfer Christi. Diese Ebene wird manchmal auch als „Geschichte der Erlösung“ oder „Heilsgeschichte“ bezeichnet (siehe *How to Read the Bible Book by Book*, S. 14–20).

Die zweite Ebene ist die Geschichte von dem Volk, das Gott für seinen Namen erlöst. Dieses Volk wird zweimal begründet – durch einen ersten Bund und einen „neuen“ Bund (siehe Kapitel 9). Unser Interesse in diesem Kapitel gilt der Geschichte des ersten Bundes, der Geschichte des Volkes Israel: die Berufung Abrahams, die Begründung des abrahamitischen Geschlechts durch die Patriarchen, die Versklavung Israels in Ägypten, die Befreiung aus der Knechtschaft und der Bundesschluss am Sinai, gefolgt von der Einnahme des verheißenen Landes Kanaan, Israels häufige Sünden und zunehmende Untreue, Gottes geduldiger Schutz und ständiges Nachgehen, die endgültige Vernichtung des Nordreiches Israel und dann Judas und die Wiederherstellung des heiligen Volkes nach dem Exil (siehe *How to Read the Bible Book by Book*, S. 21–23).

Schließlich gibt es die „erste“ Ebene. Hier finden wir die vielen Hundert einzelnen Erzählungen, auf denen die anderen beiden Ebenen beruhen. Dazu gehören sowohl vielschichtige narrative Komplexe – etwa die Geschichte(n) der Genesis über Abraham, Isaak, Jakob oder Josef insgesamt – als auch die kleineren Einheiten, aus denen sich die umfassendere Geschichte zusammensetzt. Unser Anliegen in diesem Kapitel zielt vor allem darauf, Ihnen beim Lesen und Verstehen der Erzählungen auf dieser Ebene zu helfen. Aber es ist sehr wichtig, dass Sie sich ständig fragen, wie diese Erzählungen der ersten Ebene sich in die zweite und dritte Ebene der biblischen Geschichte einfügen.

Ein Bewusstsein dieser „Hierarchie von Erzählungen“ kann Ihnen helfen, die alttestamentlichen Erzähltexte zu verstehen und anzuwenden. Als Jesus in Bezug auf die Schriften lehrte: „Gerade sie legen Zeugnis über mich ab“ (Johannes 5,37-39), sprach er von der letzten, höchsten Ebene der Geschichte, mit seinem Sühnetod als zentralem Akt und der Unterwerfung der ganzen Schöpfung unter ihn als dem Höhepunkt der Handlung. Es ist offensichtlich, dass er *nicht* jeden einzelnen kurzen Abschnitt des Alten Testaments meinte. Diese einzelnen Abschnitte einschließlich der Erzählungen, die messianisch sind oder im Neuen Testament typologisch auf Christus gedeutet werden (vgl. 1. Korinther 10,4), sind zwar tatsächlich ein wichtiger Bestandteil des Alten Testaments, umfassen aber nur einen kleinen Ausschnitt seiner gesamten Offenbarung. Jesus lehrte also, dass die Schriften in ihrer Gesamtheit von ihm Zeugnis ablegen und sich auf seine Herrschaft aus Liebe konzentrieren.

Was Erzählungen nicht sind

Da die alttestamentlichen Erzählungen in der Gemeinde oft in bedauerlicher Weise missverstanden wurden, ist es notwendig, noch einmal daran zu erinnern, wie sie nicht zu verstehen sind.

1. Die alttestamentlichen Erzählungen sind *keine Allegorie oder Geschichten voller versteckter Bedeutungen.* Sie können zwar narrative Aspekte enthalten, die nicht leicht zu verstehen sind, aber man sollte immer davon ausgehen, dass sie für die ursprünglichen Hörer einen Sinn hatten. Doch was immer sie sind: Es handelt sich nicht um Allegorien. Der Bericht von Mose, der auf den Berg Sinai steigt und wieder herunterkommt (2. Mose 19–34), ist keine Allegorie für den Auf- und Abstieg der Seele zu Gott. Elias Kampf gegen die Baalspriester auf dem Berg Karmel (1. Könige 18) ist keine Allegorie für den Triumph Jesu über die bösen Geister im Neuen Testament. Die Geschichte, wie Abraham für Isaak eine Braut findet (1. Mose 24), ist keine Allegorie für Christus (Isaak), für den der Heilige Geist (der Knecht) eine Braut (die Gemeinde/Rebekka) bereitet.

2. Die einzelnen alttestamentlichen Erzählungen *dienen nicht dazu, eine Morallehre zu vermitteln.* Die verschiedenen einzelnen Geschichten haben nicht die Absicht, Beispiele für moralisch richtiges oder falsches Verhalten zu nennen, sondern zu erzählen, was Gott in der Geschichte Israels tat. Oft hört man Leute sagen: „Aus dieser Geschichte lernen wir, dass es falsch ist, wenn wir …" Doch wenn der biblische Erzähler diese Schlussfolgerung nicht selbst zieht, auf welcher Grundlage ziehen wir sie dann? Wir können in der Geschichte von Jakob und Esau zwar erkennen, welche negativen Folgen es hat,

wenn Eltern ein Kind bevorzugen, aber das ist nicht der Grund dafür, dass wir diese Geschichte in der Genesis haben. Sie soll uns vielmehr mitteilen, wie die Abstammungslinie Abrahams durch Jakob fortgesetzt wurde und nicht durch Esau; sie ist ein weiteres Beispiel dafür, wie Gott etwas nicht „richtig" – nicht nach allgemeinen kulturellen Normen – handhabt, indem er nicht den Erstgeborenen der Abstammungslinie auswählt. Die Erzählung kann zwar nebenbei die Folgen elterlicher Rivalität veranschaulichen, aber das hat wenig mit der eigentlichen Absicht dieser Erzählung zu tun.

3. Die alttestamentlichen Erzählungen lehren zwar nicht unbedingt direkt moralische Werte, aber sie veranschaulichen oft, was an anderer Stelle ausdrücklich und kategorisch gelehrt wird. Es ist eine *implizite* Art der Lehre durch Veranschaulichung der entsprechenden *expliziten* Lehren der Bibel. Im Bericht über Davids Ehebruch mit Batseba (2. Samuel 11) findet man zum Beispiel keine Erklärung wie: „David machte sich schuldig, indem er Ehebruch beging." Das Wissen, dass Ehebruch falsch ist, wird vorausgesetzt, weil dies ausdrücklich in den Zehn Geboten gelehrt wird (2. Mose 20,14), die David eigentlich sehr gut kannte. Der narrative Bericht veranschaulicht die negativen Konsequenzen des Ehebruchs von König David für sein persönliches Leben und für seine Fähigkeit zu regieren. Der Bericht vermittelt keine systematische Lehre über Ehebruch und kann nicht als alleinige Grundlage für eine solche Lehre herangezogen werden. Aber als einzelne Illustration für die Auswirkungen des Ehebruchs in einem konkreten Fall vermittelt sie eine eindringliche Botschaft, die sich einem aufmerksamen Leser vielleicht nachhaltiger einprägt, als es bei einer direkten, kategorischen Lehre der Fall wäre.

2. Charakteristische Merkmale hebräischer Erzählungen

Hebräische Erzählungen haben einige besondere Merkmale und wenn man diese beachtet und erkennt, ist man viel besser in der Lage, die Geschichte aus der Perspektive des göttlich inspirierten Erzählers zu hören. Diese Merkmale werden wir am Beispiel der Josefsgeschichte veranschaulichen, die Mose so geschickt erzählt (1. Mose 37–50). Abgesehen von den eingefügten Geschichten über Juda und Tamar (Kap. 38), der Genealogie (46,8-27) und Jakobs Segnung seiner Söhne (49,1-28) ist dies übrigens die längste biblische Erzählung über einen einzelnen Handlungsstrang. Und die „eingeschobenen" Elemente haben eine besondere Bedeutung für die gesamte Geschichte in ihrer gegenwärtigen Form in der Genesis.

Der Erzähler

Zu Beginn wenden wir unsere Aufmerksamkeit der einen Person zu, die im Verlauf der Erzählung nicht direkt genannt wird: dem Erzähler. Um zu verstehen, wie narrative Texte „funktionieren", muss man zwei wichtige Dinge über die Rolle des Erzählers in der Darstellung der Geschichte wissen.

Erstens ist der Erzähler sozusagen „allwissend", denn er ist es, der entscheidet, was in der Geschichte mitgeteilt wird. Er ist überall dabei und weiß alles über die Geschichte, die er erzählt. Aber nie teilt er alles mit, was er weiß, und die eigentliche Erzählung wird normalerweise nicht von ihm kommentiert, erläutert oder bewertet. Seine Rolle besteht darin, die Geschichte so zu erzählen, dass der Leser einbezogen wird und die Dinge selbst betrachtet.

Zweitens ist der Erzähler für die „Perspektive" der Geschichte verantwortlich, das heißt für den Standpunkt, von dem sie erzählt wird. Letztlich vermittelt er so natürlich die göttliche Sicht. Manchmal wird Gottes Sicht direkt mitgeteilt, wie in der wiederholten

Feststellung: „Der Herr war mit Josef" (1. Mose 39,2.3.21.23); beachten Sie, dass diese vierfache Wiederholung sehr früh in der Erzählung erscheint, als Josef in Ägypten ankommt. Sehr oft drückt sich die Erzählperspektive in einem der Charaktere aus. So sehen wir zum Beispiel, wie Josef am Ende der Erzählung (50,20) dem Leser die göttliche Perspektive der ganzen Geschichte mitteilt: „Ihr habt Böses gegen mich im Sinne gehabt, Gott aber hatte dabei Gutes im Sinn, um zu erreichen, was heute geschieht: viel Volk am Leben zu erhalten"!

Beim Lesen der verschiedenen Erzählungen sollten Sie ständig darauf achten, wie der inspirierte Erzähler die Perspektive vermittelt, aus der die Geschichte verstanden werden soll.

Die Szenen

Statt die Geschichte um den „Charakter" einer der Figuren aufzubauen, wird in den hebräischen Erzählungen eine „szenische" Darstellung bevorzugt. Die Handlung entwickelt sich in einer Serie von Szenen, die gemeinsam das Ganze bilden. Diese Technik wurde mit der Art und Weise verglichen, wie ein Kinofilm oder ein Fernsehspiel eine Geschichte in einer Reihe von Szenen zeigt. Jede Szene steht für sich, aber erst die progressive Kombination von Szenen ergibt die ganze Geschichte.

Beachten Sie zum Beispiel, wie dies in der einleitenden Episode in 1. Mose 37 geschieht. In der Eröffnungsszene verpfeift Josef seine Brüder (V. 2), worauf uns der eigentliche Grund mitgeteilt wird, weshalb seine Brüder ihn hassen: Bevorzugung durch seine Eltern – wieder einmal (V. 3-4)! Rasch wechselt der Schauplatz zu zwei Szenen, in denen Josef von zwei Träumen erzählt (V. 5-11), die uns auf die nächste Szene vorbereiten (V. 12-17), in der Josef seine Brüder sucht, aber nicht findet. Diese Szene dient als eine Art Pause in der Geschichte, damit der Leser klar erkennt, dass das „Timing" der entscheidenden Szene – die Ankunft von Josef, der Mordplan und die Ankunft der Midianiter – göttlich verordnet ist. Die nächsten drei Szenen (der Plan, Josef zu töten, und der Einspruch Rubens; die Rolle Judas, der Josef „rettet", indem er anregt, ihn zu verkaufen; und die Trauer von Ruben und Juda) werden außerordentlich geschickt miteinander verknüpft; doch der entscheidende Punkt kommt im letzten Vers, als Josef in Ägypten Diener eines hohen ägyptischen Hofbeamten wird (V. 36).

Es sind die „Szenen", jede für sich und alle gemeinsam, die eine Erzählung ergeben. Ein weiteres Merkmal des szenischen Aufbaus dieser Geschichte ist die Tatsache, dass in den meisten Szenen nur zwei oder drei Personen (oder Gruppen) auftreten. Wären es mehr, würde dies den eigentlichen Handlungsstrang beeinträchtigen.

Die Charaktere

Im szenischen Aufbau hebräischer Erzähltexte spielen die Charaktere eine absolut zentrale Rolle. Aber Sie werden auch feststellen, dass ihre „Charakterisierung" kaum Hinweise auf ihre äußere Erscheinung enthält – und zwar so selten, dass man, falls sich doch entsprechende Bemerkungen finden (z. B. über Ehud, der Linkshänder ist; Richter 3,15), immer nach dem Grund fragen muss. Hebräische Erzählungen legen einfach keinen Wert darauf, einen „visuellen Eindruck" der Personen zu vermitteln. Wichtiger sind Einzelheiten wie ihr Status (weise, wohlhabend usw.), ihr Beruf („Oberster der Leibwache" in 1. Mose 37,36; „Frau", „Mundschenk" und „Hofbäcker" in den Kapiteln 39 und 40) oder ihre Stammeszugehörigkeit („Midianiter" in 1. Mose 37,36).

Zwei Merkmale der Charakterisierung ragen heraus:

1. Charaktere werden oft entweder in Kontrast gesetzt oder parallel dargestellt. Bei einer kontrastiven Darstellung müssen sie in ihrer Wechselbeziehung verstanden werden. In unserer Geschichte bildet der Kontrast zwischen Josef und seinen Brüdern, der in Kapitel 37 beginnt, den Mittelpunkt der Erzählung, die sich in den Kapiteln 42 bis 45 (besonders die „Veränderungen" sowohl bei Josef als auch bei Juda) und etwas später entfaltet (50,15-21). Parallel

gesetzte Charaktere erscheinen gewöhnlich auf der zweiten Ebene der Erzählung; Johannes der Täufer ist beispielsweise eine „Wiederaufführung" Elias, und Marias Geschichte (Lukas 1–2) ist ein deutliches Echo der Geschichte Hannas (1. Samuel 1–2).

2. Die primäre Art der Charakterisierung erfolgt durch die Worte und Taten der Personen, nicht durch die eigenen Beschreibungen des Erzählers. In unserer Erzählung gilt das besonders für die Hauptperson, Josef, und für die wichtigste Nebenfigur, Juda. Ein zentrales Thema ist vor allem die moralische Charakterentwicklung Josefs vom Negativen zum Positiven. Zu Beginn wird Josef, der einer stark beziehungsgestörten Familie angehört, als „verzogener Balg, Petzer, Aufschneider" (Bruce K. Waltke, *Genesis: A Commentary*, Grand Rapids 2001, S. 498) beschrieben. Bei dem Zwischenfall mit Potifars Frau zeigt sich sein moralischer Charakter, der durch den Dialog explizit hervorgehoben wird, und seine Treue in Bezug auf die sexuelle Moral bringt ihn ins Gefängnis (Kap. 39). Das Entscheidende ist jedoch seine liebevolle, aber energische Vorgehensweise im Umgang mit seinen Brüdern in den Kapiteln 42 bis 45; er weint um sie, offenbart sich ihnen aber erst nach einer Bewährungsprobe, als feststeht, dass sie sich geändert haben.

In ähnlicher Weise zeigt der Erzähler auch ein besonderes Interesse für Juda. Juda ist derjenige, der sich dafür einsetzt, Josef zu verkaufen, statt ihn zu töten (37,26-27); doch sein eigenes moralisches Leben ist höchst fragwürdig (Kap. 38) – eine Geschichte, die unter anderem auch deshalb erzählt wird, weil Juda das Erstgeborenenrecht in Anspruch nehmen wird, sodass durch ihn der zukünftige König Israels kommen wird [49,10], und weil seine Nachkommen das Motiv der Wahl des jüngeren Sohnes fortsetzen [38,27-30]). Doch das Hauptinteresse des Erzählers für Juda gilt dem radikalen Wandel seines Charakters, der in den Kapiteln 42 bis 45 deutlich wird.

Dialog

Dialoge sind ein Wesenselement hebräischer Erzählungen und eine der wichtigsten Methoden der Charakterisierung. Tatsächlich wird ein beträchtlicher Teil aller Erzählungen vom Rhythmus zwischen Erzählung und Dialog getragen. Hier sind drei Dinge zu beachten:

Erstens bietet der erste Punkt des Dialogs oft einen wichtigen Schlüssel sowohl für die Handlung der Geschichte als auch für den Charakter des Sprechers. Sehen Sie sich zum Beispiel an, wie dies in den kurzen Szenen zu Beginn der Josefsgeschichte passiert (1. Mose 37,5-11). In der Art und Weise, wie Josef seine Träume schildert, spiegelt sich seine unverhohlene Arroganz (V. 6-7); die Reaktion seiner Brüder (und seines Vaters) setzt die eigentliche Handlung in Gang („Willst du etwa König über uns werden") und wird erzählerisch am Ende explizit zum Abschluss gebracht (50,18). Doch im Gegensatz zum Hass seiner Brüder, dachte Josefs Vater über die Sache nach: „... sein Vater aber vergaß die Sache nicht" (37,11 – ein erzählerischer Appell an den Leser, dasselbe zu tun).

Zweitens hat der kontrastive Dialog oft ebenfalls die Funktion einer Charakterisierung. Beachten Sie die lange Antwort von Josef (39,8-9) im Vergleich zu der auffallend kurzen Einladung von Potifars Frau (V. 7). Eine andere Art des kontrastiven Dialogs sehen wir in den abschließenden Reden von Juda und Josef in 44,18-34 und 45,4-13, mit denen die Lösung der ersten Handlung erreicht ist.

Drittens betont der Erzähler sehr oft die entscheidenden Teile der Erzählung, indem er die Geschichte durch einen der Charaktere wiederholen oder zusammenfassen lässt. Dies geschieht besonders in den Reden der Brüder in 42,30-34 und in der Rede von Juda in 44,18-34. Widerstehen Sie deshalb der Versuchung, diese Wiederholungen zu rasch durchzulesen; sie geben uns oft wichtige Hinweise auf die Erzählperspektive.

Handlung

Es kann keine Erzählung ohne Handlung und Lösung geben. Das bedeutet natürlich, dass die Geschichte einen Anfang, einen Hauptteil und ein Ende haben muss, die so zusammenwirken, dass eine dramatische Spannung aufgebaut und am Ende gelöst wird. Die Handlung wird gewöhnlich durch irgendeinen Konflikt vorangetrieben, der beim Leser/Hörer das Interesse weckt, die Lösung zu erfahren. Handlungen können sehr einfach sein (wie in der eingefügten Geschichte von Juda und Tamar in 1. Mose 38) oder so komplex wie in der ganzen Josefsgeschichte, in der mehrere Nebenhandlungen um die Aufmerksamkeit konkurrieren, während sich die Haupthandlung entfaltet: wie der Konflikt zwischen Josef und seinen Brüdern Israel nach Ägypten brachte, was wiederum den Weg für den nächsten Hauptteil der Geschichte Israels ebnete(den Auszug aus Ägypten).

Sie werden feststellen, dass die Handlung in der hebräischen Erzählung wesentlich schneller fortschreitet als in den meisten modernen Erzählungen – selbst im Genre der Kurzgeschichte. Deshalb sollten Sie bei der Suche nach der Haupthandlung und der Lösung hebräischer Geschichten aufmerksam auf die verschiedenen erzählerischen Mittel achten, mit denen der Erzähler das Tempo der Geschichte verlangsamt. Gewöhnlich geschieht das durch Dialoge, durch die plötzliche Erläuterung von Details oder durch andere Formen der Wiederholung. Ein verlangsamtes Tempo ist sehr oft ein Hinweis auf den Schwerpunkt oder die Perspektive des Erzählers, also noch einmal, widerstehen Sie der Versuchung, sie zu überfliegen.

Strukturmerkmale

In einer Art und Weise, wie Leser unserer modernen Welt es kaum zu schätzen wissen, bedienen sich hebräische Erzählungen einer Fülle struktureller Mittel, um die Aufmerksamkeit der Hörer zu wecken und an den Verlauf der Geschichte zu fesseln. Der Grund für diese Mittel ist etwas, das uns oft fehlt und uns deshalb veranlasst, sie zu übersehen, nämlich die Tatsache, dass diese Erzählungen selbst dann, wenn sie aufgeschrieben wurden, vor allem *für Hörer, nicht für Leser* bestimmt waren. In einer Zeit, in der unsere Sinne schon bei einem dreißig Sekunden langen Werbespot mit Dutzenden Bildern bombardiert werden, ist die Muße, einen gelesenen Text zu „hören", eine fast verlorene Kunst. Doch diese Texte wurden im Blick auf den Hörer verfasst und enthalten so spezielle strukturelle Merkmale, um die Geschichte einprägsam zu machen. Einige dieser Merkmale haben wir bereits erwähnt. Nun werden wir sie noch einmal losgelöst betrachten und durch weitere ergänzen, damit Sie lernen, beim Lesen ständig nach ihnen Ausschau zu halten.

Wiederholung. Die vielfältigen Wiederholungen, von denen hebräische Erzählungen durchdrungen sind, können unterschiedliche Formen annehmen, von denen wir hier nur einige hervorheben. Die erste und wahrscheinlich wichtigste Form ist die Wiederholung von *Schlüsselwörtern.* Fällt Ihnen beispielsweise die Betonung von „Bruder" (oder „Brüder") in Kapitel 37 auf – ein Wort, das in diesem Abschnitt der Erzählung 16-mal vorkommt? Beachten Sie auch, wie die Dimension des Konflikts in der Handlung durch die Wiederholung von „hassten" fortgeführt wird (37,4.5.8; vgl. „eifersüchtig" in V. 11).

Wiederholungen erscheinen auch als *Wiederaufnahme* der Erzählung nach einer Unterbrechung oder Abschweifung; beachten Sie etwa, wie der abschließende Satz, als Josef von seinen Brüdern verkauft wird (37,36), bei der Wiederaufnahme der Josefserzählung wiederholt wird (39,1). In anderen Fällen geschieht die Wiederholung in Form *stereotyper Muster* wie in den Richterzyklen oder bei den einleitenden und abschließenden Versen in der Geschichte von jedem der Könige Israels.

Inklusion. Der Begriff „Inklusion" bezeichnet eine Form der Wiederholung, bei der eine Erzählung mit der gleichen Anmerkung oder auf die gleiche Art und Weise begonnen und beendet wird. Ein Beispiel dafür fanden wir in dem Motiv der Brüder Josefs, die sich vor ihm verneigen (37,6-78 sowie 50,18). Eine häufige und besondere Form der Inklusion ist der Chiasmus, bei dem ganze Bücher oder kleinere Erzählungen in einer Variante der Abfolge ABCBA strukturiert sind. In *How to Read the Bible Book by Book* (S. 55–56) verdeutlichen wir, wie das gesamte Deuteronomium (5. Mose) diese Struktur aufweist. Eine andere Art und Weise, wie dies geschieht, ist die *Vorausdeutung:* etwas, das in einem frühen Teil einer Erzählung kurz erwähnt wurde, wird später wieder aufgegriffen und genauer erläutert (z. B. die Geburt von Perez und Serach in 1. Mose 38,27 als Vorausdeutung auf ihr Erscheinen in der Genealogie in 46,12 und besonders die Rolle von Perez als „Erstgeborener" später in der Geschichte des Alten Testaments).

Neben den hier erwähnten Merkmalen biblischer Erzählungen werden Sie in den besseren Kommentaren auch Hinweise auf weitere, manchmal wesentlich komplexere rhetorische Eigenschaften finden. Doch die bisher genannten strukturellen Merkmale geben Ihnen einige grundlegende Aspekte an die Hand, die Sie beim Lesen jeder kürzeren oder längeren hebräischen Geschichte bedenken können.

Eine abschließende Bemerkung

Als unsere eigene Form der „Inklusion" erinnern wir Sie am Ende dieses Abschnitts noch einmal daran, dass die Gegenwart Gottes in der Geschichte das eine, entscheidende Element ist, das beim Lesen jeder hebräischen Erzählung beachtet werden muss. In jeder biblischen Erzählung ist Gott der *entscheidende* Charakter, der höchste Held der Geschichte. Manchmal wird dies ausdrücklich formuliert: „Der Herr war mit Josef" (39,2 usw.); „Ist nicht das Träumedeuten Sache Gottes?" (40,8 usw.); „Gott aber hat mich vor euch hergeschickt, um von euch im Land einen Rest zu erhalten und viele von euch eine große Rettungstat erleben zu lassen" (45,7); „Gott aber hatte dabei Gutes im Sinn" (50,20). So gipfelt die ganze Geschichte in der Prophetie Josefs: „Gott wird sich euer annehmen, er wird euch aus diesem Land heraus und in jenes Land hinaufführen" (50,24; beachten Sie die „Wiederholung" in V. 25, die wiederum eine Vorausdeutung auf 2. Mose 13,19 und Josua 24,32 ist).

Wer diese Dimension der Erzählung nicht beachtet, verfehlt unweigerlich die ganze Erzählperspektive; und gerade aufgrund dieser expliziten Erklärungen über Gottes Gegenwart in der Geschichte sollten wir uns auch der Gegenwart Gottes in den impliziten Hinweisen ständig bewusst sein (z. B. die Quelle der Träume Josefs in Kapitel 37 oder der Zeitpunkt in der Geschichte, der Josef und seine Brüder mit den Midianitern zusammentreffen ließ, in 37,25-28; usw.).

3. Über das Lesen „zwischen den Zeilen"

Wir wenden uns dem Buch Rut zu, um an einer weiteren Erzählung zu illustrieren, wie viel man aus den *impliziten* Hinweisen eines narrativen Textes erfahren kann – aus den Dingen, die der Erzähler in die Geschichte eingebettet hat, die man aber bei einem ersten oder beiläufigen Lesen des Buchs leicht übersieht. Die Geschichte von Rut eignet sich dafür sehr gut, da sie kurz und in sich geschlossen ist; und ein erstes aufmerksames Lesen des Textes wird uns die wesentlichen Merkmale verdeutlichen, die er als großartiges Beispiel hebräischer Erzählkunst aufweist. Was immer das Buch Rut auch sein mag, es ist jedenfalls keine „Liebesgeschichte"; es ist vielmehr die Geschichte der „Freundlichkeit" Gottes (1,8; der erste Punkt des Dialogs; 2,20; 3,10), die sich im Leben dreier Menschen erweist, die in dieser Handlung die Hauptpersonen sind; außerdem enthält sie mehrere Nebenhandlungen (z. B. über die Nichtjüdin, die Freundlichkeit beweist und einen Platz in der Abstammungslinie von König David erhält).

Noch einmal zur Erinnerung: Als implizit bezeichnet man das, was in der Geschichte zwar klar enthalten, aber nicht ausdrücklich formuliert wird. Hier geht es um die Tatsache, dass der Erzähler und die Hörer/Leser, an die er sich wendet, dieselben Voraussetzungen haben, sodass er viele Einzelheiten nicht explizit nennen muss, von denen er annehmen kann, dass sie einfach durch die Art und Weise verstanden werden, wie er die Geschichte erzählt. Statt nach versteckten Bedeutungen zu suchen, müssen wir versuchen, diese gemeinsamen Voraussetzungen zu ermitteln, die ihnen die Geschichte leicht verständlich machten, während sie uns den Zugang verstellen können. Was wir herausfinden wollen, ist also das, was in der Geschichte „inbegriffen" ist – das, was man nicht direkt aus dem Text ablesen kann. Es kann ziemlich einfach sein, Dinge zu verstehen, die explizit mitgeteilt werden. Implizit vermittelte Einzelheiten sind schwerer zu erkennen. Es verlangt Können, harte Arbeit, Umsicht und ein betendes Lesen aus Respekt vor der Sorgfalt des Heiligen Geistes, der den Text inspirierte. Schließlich möchten wir etwas aus der Erzählung *heraus-* und nicht etwa *hineinlesen.*

Ruts Geschichte lässt sich wie folgt zusammenfassen: Die Witwe Rut, eine Moabiterin, wandert mit ihrer israelitischen Schwiegermutter Noomi, die ebenfalls Witwe ist, von Moab nach Israel aus (Rut 1). Rut sammelt übrig gebliebene Ähren auf dem Feld von Boas, der sich ihrer annimmt, nachdem er von ihrem Glauben und ihrer Treue zu Noomi gehört hat, mit der er verwandt ist (Rut 2). Auf Noomis Vorschlag hin lässt Rut Boas wissen, dass sie hofft, dass er bereit ist, sie zu heiraten (Rut 3). Boas unternimmt die nötigen rechtlichen Schritte, um Rut heiraten und die Eigentumsrechte ihres verstorbenen Mannes Machlon schützen zu können. Die Geburt des ersten Sohnes von Rut und Boas, Obed, ist für Noomi ein großer Trost. Obeds Enkel schließlich ist König David (Rut 4).

Wenn Sie mit Ruts Geschichte nicht vertraut sind, schlagen wir vor, dass Sie das Buch mindestens zweimal durchlesen. Überfliegen Sie es dann noch einmal und achten Sie auf die folgenden impliziten Aussagen, die in der Erzählung gemacht werden.

1. Die Erzählung berichtet, dass Rut sich zum Glauben an den Herrn, den Gott Israels, bekehrte. Und zwar kommt dies durch Ruts Worte an Noomi zum Ausdruck: „Dein Volk ist mein Volk,

und dein Gott ist mein Gott" (1,16), ohne dass ausdrücklich gesagt würde: „Rut bekehrte sich zum Herrn." Es wird von uns erwartet, dass wir dies aus der ersten Äußerung Ruts erkennen (V. 10 ist Aussage beider Schwiegertöchter). Die Echtheit ihrer Bekehrung wird außerdem implizit durch ihre nächsten Worte bestätigt: „Der Herr soll mir dies und das antun ..." (1,17), mit denen sie einen Eid auf den Namen Gottes leistet. Wir können sicher sein, dass die ursprünglichen Hörer/Leser dies klar verstanden.

2. Die Erzählung zeigt uns implizit, dass *Boas ein gerechter Israelit war*, der das mosaische Gesetz hielt, obwohl viele andere Israeliten dies nicht taten. Betrachten Sie sorgfältig vier bestimmte Stellen in der Erzählung (2,3-13.22; 3,10-12 und 4,9-10). Wieder macht der Erzähler seinen Lesern durch den Dialog klar, dass Boas dem Herrn treu ist, weil er das Gesetz hält. Wie Boas kannten auch sie das Gesetz aus 3. Mose über die Nachlese der Ernte (19,9-10). Hier kann man anmerken, dass Rut beide Voraussetzungen dieses Gesetzes erfüllte – sie war arm *und* fremd; ganz zu schweigen von ihrer Witwenschaft. Die ersten Leser werden auch das Gesetz über das „Lösen" von Grundbesitz gekannt haben, das später in 3. Mose genannt wurde (25,23-24). Ebenfalls implizit enthalten ist die Tatsache, dass nicht alle Israeliten dem Gesetz gegenüber so treu waren – es war sogar gefährlich, auf den Feldern derjenigen zu sammeln, die sich nicht an die Bestimmungen über die Nachlese hielten (2,22). Wieder können wir der Erzählung wichtige, *implizite* Informationen entnehmen, die uns nicht *explizit* mitgeteilt werden.

3. Die Erzählung teilt uns implizit mit, dass *eine Nichtjüdin zu den Vorfahren König Davids gehört* – und somit auch Teil der Genealogie von Jesus Christus ist. Schauen Sie, wie das am Ende der Geschichte entfaltet wird (4,17-21). Sowohl der kurze Stammbaum, mit dem es beginnt (V. 17), als auch der folgende vollständigere (V. 18-21) enden mit dem Namen David. Dieser David ist offensichtlich der Brennpunkt – der eigentliche Endpunkt – dieses Erzählabschnitts. Wir wissen aus mehreren anderen Genealogien in der Bibel, dass es sich bei dieser Person um König David, den Begründer Israels als Nation auf der größeren politischen Bühne und damit um

den ersten großen israelitischen König handelt. Aus dem Neuen Testament wissen wir außerdem, dass Jesus Christus – aus menschlicher Sicht – ein Nachkomme Davids war. Rut war also Davids Urgroßmutter und eine Vorfahrin von Jesus! Das ist ein wichtiger Aspekt der Lehre dieser gesamten Erzählung. Es ist eine Geschichte nicht nur über Ruts und Boas' Treue zu Jahwe, sondern auch über ihre Stellung in der Geschichte Israels. Sie wussten es zwar nicht, aber Gott wollte sie gebrauchen, um Vorfahren Davids und des „Sohnes Davids", nämlich Jesu, zu werden.

4. Die Erzählung lässt implizit erkennen, dass zur Zeit der Richter *Bethlehem als Stadt eine Ausnahme darstellte*, und zwar aufgrund der Treue ihrer Einwohner. Diese Aussage ist der Geschichte nicht leicht oder automatisch zu entnehmen, sondern erfordert ein aufmerksames Lesen der ganzen Erzählung, mit besonderer Beachtung der Äußerungen und Taten aller Beteiligten. Vorausgesetzt wird auch das Wissen darüber, wie die Verhältnisse in den anderen Teilen Israels im Gegensatz zur Situation in Bethlehem aussahen. Dazu muss man mit den wichtigsten Ereignissen und Themen des Richterbuches vertraut sein, da Rut vom Erzähler ausdrücklich in diesen Zeitabschnitt eingeordnet wird (1,1).

Wenn Sie das Buch der Richter schon einmal aufmerksam gelesen haben (siehe *How to Read the Bible Book by Book*, S. 70–77), werden Sie wissen, dass die Zeit der Richter (ca. 1240–1030 v. Chr.) im Allgemeinen durch weitverbreiteten Götzendienst, Synkretismus (Vermischung von Elementen heidnischer Religionen mit dem wahren Glauben Israels), soziale Ungerechtigkeit, sozialen Aufruhr, Stammesfehden, Unzucht und andere Formen der Untreue gegen Jahwe gekennzeichnet war. Das Bild, das uns im Richterbuch präsentiert wird, ist in der Tat gewiss kein schönes, obwohl es auch Fälle gab, in denen Gott Israel oder einzelne Stämme trotz dieser allgemeinen Rebellion segnete, weil er gnädig war.

Welche Aussagen im Buch Rut zeigen uns, dass Bethlehem eine Ausnahme von dieser allgemeinen Untreue bildete? Praktisch das gesamte Buch außer einem Satz (2,22) und selbst diese Geschichte zeigt dem Leser die Schwierigkeiten in dieser Zeit. Es wird angedeutet, dass nicht alle Bethlehemiter das Gesetz über die Nachlese so befolgten, wie es vorgeschrieben war. Sonst ist das Bild bemerkenswert einheitlich. Die Äußerungen der Charaktere zeigen, wie bewusst die Leute dieser Stadt an der Treue zu Gott festhielten.

Denken Sie daran, dass alle handelnden Personen (mit Ausnahme von Rut und ihrer Schwägerin Orpa) Einwohner Bethlehems sind. Beachten Sie Noomi, die in bitteren (1,8-9.13.20-21) wie in glücklichen Zeiten (Rut 1,6 und 2,19-20) immer den Willen des Herrn anerkennt und sich ihm fügt. Auch Boas erweist sich durch seine Worte konsequent als Anbeter und Nachfolger Jahwes (2,11-12 und 3,10.13) und alle seine Taten bestätigen seine Worte.

Selbst die Art der Bewohner, einander zu grüßen, zeigt einen hohen Grad an bewusster Verbundenheit mit ihrem Gott (2,4). Auch die Ältesten, welche die Ehe und die daraus hervorgehenden Kinder segnen (4,11-12), und die Frauen der Stadt mit ihrem Segensgruß an Noomi (4,14) beweisen implizit ihren Glauben, denn sie haben die bekehrte Moabiterin Rut in ihr Volk aufgenommen.

Wir wollen damit sagen, dass man die Erzählung (besonders im Vergleich zu Richter) nicht aufmerksam lesen kann, ohne immer wieder festzustellen, welche Ausnahme Bethlehem war! Nie wird ausdrücklich gesagt: „Bethlehem war eine ganz besondere Stadt wegen der Frömmigkeit, die in jenen Tagen dort herrschte." Dennoch bringt die Erzählung genau das zum Ausdruck – und zwar nicht weniger eindrücklich und überzeugend, als direkte Aussagen es tun könnten.

Diese Beispiele, so hoffen wir, machen deutlich, dass eine sorgfältige Berücksichtigung der Einzelheiten und des Gesamtverlaufs einer Erzählung und ihres Kontextes notwendig sind, um ihre volle Bedeutung zu erfassen. Was implizit enthalten ist, kann genauso bedeutsam sein wie das, was explizit dort steht.

Achtung: Implizit bedeutet nicht geheim! Man gerät in alle erdenklichen Schwierigkeiten, wenn man in einer Erzählung Bedeutungen zu finden versucht, von denen man meint, Gott habe sie darin „versteckt". Das ist mit dem Begriff implizit auf keinen Fall gemeint. „Implizit" bedeutet, dass eine Dimension der Botschaft aus den Aussagen des Textes klar zu entnehmen ist, obwohl sie nicht direkt in Worte gefasst wird. Ihre Aufgabe besteht nicht darin, Dinge aufzustöbern, die nicht von allen verstanden werden können. Sie sollen vielmehr alles festhalten, was Ihnen die Erzählung wirklich sagt – direkt und indirekt, aber *niemals* mystisch oder privat. Wenn Sie anderen nicht mit Gewissheit weitergeben können, was implizit gelehrt wird, sodass diese es auch verstehen, dann haben Sie den Text wahrscheinlich falsch verstanden. Was der Heilige Geist inspiriert hat, ist für alle Gläubigen von Nutzen. Finden Sie das heraus, was die Geschichte erkennbar enthält, und geben Sie es weiter, aber erfinden Sie keine neue Geschichte (2. Petrus 2,3)!

4. Einige letzte Vorsichtsmaßnahmen

Wir sind überzeugt, dass diese Tatsache, die wir schon zu Beginn dieses Buchs erwähnten, der wichtigste Grund ist, weshalb Christen die alttestamentlichen Erzählungen oft so unzulänglich verstehen und Dinge darin finden, die eigentlich gar nicht enthalten sind: Sie neigen dazu, alles zu „nivellieren", weil sie glauben, dass alles, was Gott in der Heiligen Schrift sagt, damit zugleich auch ein direktes Wort an sie ist. Sie erwarten irrtümlich, dass alles in der Bibel eine direkte Anweisung für ihr eigenes Leben ist. Die Bibel ist natürlich tatsächlich eine unerschöpfliche Quelle. Sie enthält alles, was ein Christ an Führung Gottes für sein Leben wirklich braucht. Und wir sind immer von der Annahme ausgegangen, dass die alttestamentlichen Erzählungen in der Tat eine reiche Quelle für uns sind, um von Gott zu hören. Das bedeutet aber nicht, dass jede einzelne Geschichte auf irgendeine Weise als direktes Wort von Gott für jeden Einzelnen von uns zu verstehen ist oder uns anhand von Beispielen moralische Lehren vermittelt.

Damit Sie diese Gefahr vermeiden können, nennen wir im Folgenden einige der häufigsten Fehler, die einzelne Menschen bei der

Auslegung biblischer Erzählungen begehen, obwohl viele dieser Irrtümer sich nicht auf narrative Texte beschränken.

Allegorisieren. Statt sich auf die klare Bedeutung zu konzentrieren, werten manche den Text mit der Behauptung ab, dass er bloß eine andere Bedeutung widerspiegelt, die über ihn hinausgeht. Es gibt tatsächlich allegorische Abschnitte in der Bibel (z. B. Hesekiel 23 und Teile der Offenbarung), aber keine historische Erzählung sollte je gleichzeitig eine Allegorie sein.

Aus dem Zusammenhang reißen. Man ignoriert den ganzen historischen und literarischen Kontext und oft sogar die einzelne Erzählung, konzentriert sich stattdessen nur auf kleine Ausschnitte und übersieht deshalb wichtige Anhaltspunkte für die Auslegung. Im Extremfall kann man dadurch fast jedem Teil der Bibel jede beliebige Bedeutung zuschreiben. Doch in dem Augenblick *lesen* Sie die Bibel nicht mehr, sondern Sie missbrauchen sie.

Selektiv lesen. Dabei geht man analog zum vorigen Punkt vor. Man greift bestimmte Wörter und Ausdrücke heraus, auf die man sich konzentriert, während andere Aussagen ebenso ignoriert werden wie die Gesamtausrichtung des betreffenden Abschnitts. Statt das Ganze wahrzunehmen, um zu verstehen, wie Gott in der Geschichte Israels handelte, werden einzelne Teile und der Gesamtzusammenhang völlig ignoriert.

Moralisieren. Ein moralisierender Leser geht von der Annahme aus, dass sich aus allen Texten Prinzipien für das Leben ableiten lassen, und stellt am Ende jeder Erzählung bewusst oder unbewusst die Frage: „Was ist die Moral dieser Geschichte?" Ein Beispiel wäre: „Was können wir aus der Art und Weise, wie die Israeliten die Jahre ihrer Gefangenschaft in Ägypten ertrugen, über den Umgang mit widrigen Situationen lernen?" Dieser Ansatz ist fehlerhaft, weil er die Tatsache ignoriert, dass die Erzählungen nicht geschrieben wurden, um Prinzipien zu veranschaulichen, sondern um den Fortschritt der Heilsgeschichte Gottes zu zeigen. Es sind historische Erzählungen, keine erzählerischen Illustrationen.

Personalisieren. Hier wird die Bibel in der Annahme gelesen, dass jede Einzelheit für den individuellen Leser oder seine Gruppe in einer Weise gilt, die nicht auch für alle anderen zutrifft. Das ist im Grunde ein selbstbezogenes Lesen der Bibel, wie folgende Beispiele zeigen: „Die Geschichte über Bileams sprechenden Esel erinnert mich daran, dass ich zu viel rede." Oder: „Mit der Geschichte über den Bau des Tempels will Gott uns sagen, dass wir ein neues Gemeindehaus bauen sollen."

Falsche Zuordnung. Dieser Fehler ist dem gerade genannten ähnlich: Der Text wird auf eine Absicht bezogen, die dem Grund vollkommen fremd ist, weshalb er dort steht. Das geschieht zum Beispiel, wenn Menschen auf der Grundlage der Geschichte von Gideon (Richter 6,36-40) vor Gott ein „Vlies" auslegen, um seinen Willen zu erkennen! Hier wird der Text offensichtlich nicht nur falsch zugeordnet, sondern auch aus dem Zusammenhang gerissen, denn der Erzähler verdeutlicht, dass Gott Israel durch Gideon rettete, obwohl es ihm an Vertrauen auf Gottes Wort mangelte. Sie ist einfach eine weitere Erzählung von Gottes Barmherzigkeit, keine Methode, um den Willen Gottes herauszufinden!

Falsche Anwendung. Auch bei dieser Form wird der Kontext biblischer Aussagen missachtet, indem Vorstellungen oder Ideen der zeitgenössischen Kultur in eine biblische Erzählung hineingelesen werden, die der Absicht des Erzählers fremd sind und seiner Erzählperspektive widersprechen. Ein klassisches Beispiel ist der „Hinweis" auf eine vermeintliche homosexuelle Beziehung zwischen David und Jonatan in den Worten: „Jonatan … liebte ihn wie sein eigenes Leben" (1. Samuel 20,17), was von: „Dann küssten sie einander …" gefolgt wird (V. 41) – aber in dieser Kultur natürlich nicht auf die Lippen! Aber ein solcher Hinweis ist nicht nur gar nicht im Text enthalten, sondern steht auch völlig außerhalb der Perspektive des Erzählers: Die „Liebe" zwischen David und Jonatan bedeutet eine Bündnisbeziehung und wird mit Gottes Liebe verglichen (V. 14 und 42); außerdem erzählt der Erzähler die Geschichte des größten Königs Israels und setzt dabei Israels Gesetz voraus, das ein solches Verhalten ausschloss.

Falsche Kombination. Bei diesem Ansatz werden einzelne Elemente aus verschiedenen Stellen eines Abschnitts kombiniert und aus dieser Kombination Schlüsse gezogen, obwohl die Elemente selbst in dem Abschnitt nicht direkt miteinander verbunden sind. Ein Beispiel für diesen allzu häufigen Auslegungsfehler ist die Schlussfolgerung, der Bericht über die Einnahme Jerusalems durch David (2. Samuel 5,6-7) beziehe sich in Wirklichkeit auf eine *Wiedereinnahme* der Stadt, da in Richter 1,8 – einem früheren Teil derselben umfassenden Geschichte, die sich von Josua bis zu 2. Könige erstreckt – erklärt wird, dass die Israeliten die Stadt bereits eingenommen hatten. Was man wissen muss (was der Erzähler und die ursprünglichen Hörer/Leser wussten), ist, dass es zwei Jerusalems gab – ein „größeres" Jerusalem und darin eingeschlossen die mit Mauern befestigte innere Stadt Jerusalem (auch als Zion bekannt). Die Geschichte in Richter bezieht sich auf die Einnahme der größeren Stadt; David eroberte die innere Stadt und vollendete damit die Eroberung, die hundert Jahre zuvor begonnen hatte, dann zum Erliegen kam, bis sich schließlich die Verheißungen erfüllten, die bis auf Abraham zurückreichten (1. Mose 15,18-21).

Neudefinition. Wenn die eigentliche Bedeutung des Textes die Menschen kalt lässt, keine unmittelbare geistliche Freude weckt oder etwas anderes sagt, als sie hören wollen, sind sie oft versucht, ihn so umzudefinieren, dass er eine andere Bedeutung erhält. Ein Beispiel ist der häufige Umgang mit der Verheißung an Salomo, wie sie in 2. Chronik beschrieben wird (2. Chronik 7,14-15). Der Kontext dieser Erzählung bezieht die Verheißung klar auf „diese Stätte" (den Tempel in Jerusalem) und „ihr Land" (Israel, das Land Salomos und der Israeliten). Doch viele heutige Christen möchten verständlicherweise so gerne, dass dies für *ihr* Land gilt – wo immer sie in der modernen Welt leben –, deshalb ignorieren sie meist die Tatsache, dass Gottes Verheißung: „so will ich vom Himmel her hören und ihre Sünde vergeben und ihr Land heilen" das einzige Land auf der Erde betraf, das Gottes Volk je als sein „eigenes" bezeichnen konnte – das alttestamentliche Land Israel. Im Neuen Bund haben die Kinder Gottes kein irdisches Land, das sie als „ihres" bezeichnen können – obwohl einige amerikanische Christen etwas anderes über die Welt glauben möchten. Das Land, zu dem alle Christen jetzt wirklich gehören müssen, ist ein himmlisches Reich (Hebräer 11,16).

Die wohl wichtigste Vorsichtsmaßnahme, die wir Ihnen für das Lesen und Lernen aus den Erzählungen mitgeben können, lautet: Seien Sie kein Bibelleser, der das Gelesene sofort nachahmt. Keine Erzählung in der Bibel wurde speziell über *Sie* geschrieben. Die Josefsgeschichte handelt von Josef und speziell davon, wie Gott durch ihn seinen Plan erfüllte – sie ist keine Erzählung direkt über Sie. Die Erzählung von Rut verherrlicht Gottes Schutz und Segen für Rut und die Bethlehemiter – nicht für uns. Sie können aus diesen Erzählungen, wie aus allen anderen in der Bibel, immer eine Menge lernen; aber Sie können nie davon ausgehen, dass Gott von Ihnen genau dieselben Handlungen erwartet wie von den Personen der biblischen Erzählungen oder dass Ihnen dieselben Dinge geschehen. Weitere Erörterungen über diesen Aspekt finden Sie in Kapitel 6.

Die Charaktere in der Bibel sind manchmal gut und manchmal schlecht, manchmal weise und manchmal töricht. Sie werden manchmal bestraft und manchmal begnadigt, manchmal geht es ihnen gut und manchmal schlecht. Unsere Aufgabe besteht darin, aus den Erzählungen über diese Menschen Gottes Wort kennenzulernen, und nicht darin, alles nachzuahmen, was in der Bibel getan wurde. Die Tatsache, dass eine Person in einer biblischen Geschichte etwas tat, bedeutet noch lange nicht, dass der moderne Leser die Erlaubnis oder die Verpflichtung hätte, es auch zu tun.

Was wir tun können und sollten, ist, gehorsam zu befolgen, was Gott christlichen Gläubigen in der Bibel tatsächlich gebietet. Die biblischen Erzählungen sind für uns wertvoll, weil sie Gottes Wirken in der Welt so lebendig *demonstrieren* und seine Prinzipien und seine Berufung *illustrieren*. Auf diese Weise lehren sie uns sehr viel – aber das, was sie uns direkt lehren, enthält keine systematische persönliche Ethik. Für diesen Bereich unseres Lebens müssen wir andere Stellen der Bibel aufschlagen, in denen eine persönliche Ethik tatsächlich verbindlich und explizit gelehrt wird. Wir müssen den Reichtum und die Vielfalt der Schrift als Verbündeten betrachten – als willkommene Quelle und nicht als komplizierte Last.

5. Prinzipien für die Auslegung von Erzählungen

Wir schließen dieses Kapitel mit einer Zusammenfassung zehn einzelner Prinzipien für die Auslegung alttestamentlicher Erzählungen, die dem Leser auch helfen können, beim Lesen gewisse Fehlerquellen zu vermeiden.

1. Eine alttestamentliche Erzählung vermittelt gewöhnlich nicht direkt ein Dogma.
2. Alttestamentliche Erzählungen illustrieren gewöhnlich ein oder mehrere Dogmen, die an anderer Stelle ausdrücklich gelehrt werden.
3. Erzählungen geben wieder, was geschehen ist – nicht unbedingt, was hätte geschehen sollen oder was immer geschehen müsste. Deshalb findet man nicht in jeder Erzählung eine eigene erkennbare Moral für die Anwendung im eigenen Leben.
4. Was die Menschen in den Erzählungen tun, ist nicht unbedingt ein gutes Vorbild für uns; häufig ist sogar das Gegenteil der Fall.
5. Viele (wenn nicht die meisten) Charaktere der alttestamentlichen Erzählungen sind bei Weitem nicht vollkommen – auch ihre Taten nicht.
6. Am Ende einer Geschichte wird uns nicht immer gesagt, ob das, was geschehen ist, gut oder schlecht war. Es wird von uns erwartet, das selbst beurteilen zu können, und zwar auf der Grundlage dessen, was Gott an anderer Stelle in der Schrift direkt und verbindlich gelehrt hat.
7. Alle Erzählungen sind unvollständig. Nicht immer werden alle wesentlichen Einzelheiten wiedergegeben (vgl. Johannes 21,25). Was in der Erzählung erscheint, ist alles, was der inspirierte Autor für so wichtig hielt, dass er es uns mitteilte.
8. Erzählungen wurden nicht geschrieben, um alle unsere theologischen Fragen zu beantworten. Sie verfolgen gewisse, begrenzte Ziele und befassen sich mit bestimmten Themen, während sie andere auslassen, die anderswo in anderer Weise behandelt werden.

9. Erzählungen können entweder explizit (indem sie etwas ausdrücklich sagen) oder implizit lehren (indem sie etwas klar andeuten, ohne es direkt auszusprechen).
10. Bei genauer Analyse erweist sich Gott immer als Held der biblischen Erzählung.

6 Die Apostelgeschichte – das Problem des historischen Präzedenzfalls

In gewissem Sinne ist ein eigenes Kapitel über die Apostelgeschichte ein bisschen überflüssig, denn fast alles, was im letzten Kapitel gesagt wurde, lässt sich auch hier anwenden. Doch aus einem sehr praktischen hermeneutischen Grund erfordert die Apostelgeschichte dennoch ein separates Kapitel. Der Grund ist einfach: Die meisten Christen lesen die Apostelgeschichte nicht in derselben Weise, wie das Buch der Richter oder 2. Samuel, auch wenn ihnen das nicht völlig bewusst ist.

Wenn wir die alttestamentlichen Erzählungen lesen, neigen wir zu den Auslegungsfehlern, von denen im letzten Kapitel die Rede war – wir moralisieren, allegorisieren, personalisieren und so weiter. Nur selten glauben wir, dass diese Erzählungen als Muster für unser Verhalten als Christen oder für unser Gemeindeleben dienen können. Und auch in den wenigen Fällen, wo wir dies tun – und zum Beispiel ein „Vlies" auslegen, um Gottes Willen herauszufinden –, handeln wir nicht genauso wie die Menschen damals. Das heißt, wir legen nie ein wirkliches Vlies aus, um zu sehen, ob Gott es feucht werden oder trocken bleiben lässt. Stattdessen legen wir Gott eine Reihe von Umständen hin: „Wenn in dieser Woche jemand aus Hessen anruft, dann soll das Gottes Hinweis sein, dass wir dorthin gehen sollen." Und kein einziges Mal denken wir bei der Nachahmung dieses „Musters" daran, dass Gideons Verhalten eigentlich gar nicht gut war, denn es offenbarte zuallererst sein mangelndes Vertrauen auf das Wort Gottes, das er schon längst erhalten hatte.

Wir betrachten die historischen Berichte des Alten Testaments also selten als biblische Präzedenzfälle für unser eigenes Leben heute. Andererseits ist genau das die Art und Weise, wie viele Christen die Apostelgeschichte lesen. Sie berichtet nicht nur über die historische Entwicklung der Urgemeinde, sondern dient uns auch als normatives Modell für die Gemeinde aller Zeiten. Und genau das ist unser hermeneutisches Problem.

In weiten Teilen des evangelikalen Protestantismus herrscht im Allgemeinen eine „Wiederherstellungsmentalität". Wir schauen ständig zur Urgemeinde und der christlichen Erfahrung im 1. Jahrhundert zurück und betrachten sie entweder als Norm, die wiederherzustellen ist, oder als Ideal, dem man näher kommen sollte. So sagen wir oft Dinge wie: „Die Apostelgeschichte lehrt eindeutig, dass …" Doch offensichtlich ist diese „eindeutige Lehre" längst nicht für alle so eindeutig.

Gerade dieser Mangel an hermeneutischer Genauigkeit in Bezug auf die Lehre der Apostelgeschichte hat zu einem Großteil der heutigen Spaltungen in der Gemeinde Jesu geführt. Unterschiedliche Praktiken wie die Taufe entweder nur von Kindern oder nur von Gläubigen, die kongregationalistische gegenüber der episkopalen Kirchenverwaltung, die Notwendigkeit einer sonntäglichen Abendmahlsfeier, die Wahl von Diakonen durch Gemeindeabstimmung, der Verkauf privater Güter und die Behandlung allen Besitzes als Gemeinschaftseigentum, sogar der rituelle Umgang mit Schlangen im Gottesdienst (!) wurden ganz oder teilweise mit der Apostelgeschichte begründet.

Die Hauptabsicht dieses Kapitels richtet sich darauf, einige hermeneutische Vorschläge für das Problem des biblischen Präzedenzfalls anzubieten. Was hier gesagt wird, lässt sich auf alle historischen Erzählungen der Bibel sowie auf einen Teil des Materials in den Evangelien anwenden. Doch zuvor müssen wir noch besprechen, wie man die Apostelgeschichte selbst lesen und studieren sollte.

In der folgenden Besprechung werden wir regelmäßig auf Lukas' Absicht beim Schreiben der Apostelgeschichte Bezug nehmen. Es muss unterstrichen werden, dass wir dabei immer meinen, dass der Heilige Geist hinter Lukas' Absicht steht. So wie Gott in uns „das

Wollen und das Vollbringen bewirkt" (Philipper 2,12-13), während wir uns „mit Furcht und Zittern um [unser] Heil [mühen]", verfolgte Lukas bestimmte Interessen und Anliegen bei der Niederschrift seines Evangeliums und der Apostelgeschichte. Doch hinter all dem stand, so glauben wir, das Wirken des Heiligen Geistes, der alles überwachte.

1. Die Exegese der Apostelgeschichte

Trotz ihrer Lesbarkeit ist die Apostelgeschichte ein schwieriges Buch für ein gemeinsames Bibelstudium in der Gruppe. Das liegt daran, dass ihre Leser aus vielfältigen Gründen an dieses Buch der Bibel herangehen und es studieren. Manche sind besonders an den historischen Details über die Geschichte der Urgemeinde interessiert. Bei anderen liegt das Interesse auf apologetischem Gebiet; sie wollen beweisen, dass die Bibel wahr ist, indem sie zeigen, wie genau Lukas als Historiker arbeitete. Die meisten lesen die Apostelgeschichte jedoch ausschließlich aus Glaubensgründen und zur persönlichen Erbauung. Sie wollen wissen, wie die ersten Christen lebten, um sich von ihnen inspirieren zu lassen oder sie zum Vorbild zu nehmen.

Diese unterschiedlichen Interessen, die Menschen zur Lektüre der Apostelgeschichte veranlassen, führen zu einem hohen Maß an Selektivität beim Lesen oder Studieren. Wer persönlich erbaut werden möchte, interessiert sich zum Beispiel weniger für Gamaliels Rede (Apostelgeschichte 5,35-39) als für Paulus' Bekehrung etwas später (9,1-19) oder Petrus' übernatürliche Rettung aus dem Gefängnis (12,1-19). Bei einer solchen Lektüre überspringt man gewöhnlich die chronologischen oder historischen Fragen. Wenn man beispielsweise die ersten 11 Kapitel liest, kann man sich kaum vorstellen, dass die dort beschriebenen Ereignisse tatsächlich in einem Zeitraum von 10 oder 15 Jahren geschehen waren.

Unser jetziges Anliegen besteht also darin, Ihnen einige Hilfen zu geben, damit Sie das Buch aufmerksam lesen und studieren können, damit Sie es unter dem Gesichtspunkt der Absicht von *Lukas* betrachten können und damit Sie beim Lesen einige neue Fragen an den Text stellen können.

Die Apostelgeschichte als historischer Bericht

Viele der exegetischen Vorschläge des vorigen Kapitels gelten auch für die Apostelgeschichte. Wichtig ist hier, dass Lukas ein Heidenchrist war und dass seine vom Heiligen Geist inspirierte Erzählung gleichzeitig ein hervorragendes Beispiel der hellenistischen Geschichtsschreibung ist, die ihre Wurzeln bei Thukydides (ca. 460–400 v. Chr.) hatte und während des hellenistischen Zeitalters (ca. 300 v. Chr. – 200 n. Chr.) ihre Blüte erlebte. Dabei ging es nicht einfach darum, Aufzeichnungen zu führen oder eine Chronik der Vergangenheit zusammenzustellen. Diese Form der Geschichtsschreibung diente vielmehr dazu, sowohl zu ermutigen als auch/oder zu unterhalten (also guter Lesestoff zu sein), als auch zu informieren, über ethische Fragen zu lehren oder eine Apologie zu bieten. Natürlich stand Lukas zugleich unter dem starken Einfluss der alttestamentlichen Erzählungen, die er gelesen hatte und die Teil seines Lebens waren, sodass auch diese Art von göttlich inspirierten und religiös motivierten historischen Texten in seinem Bericht über die Geschichte der frühen Christen erkennbar wird.

Die beiden Bände von Lukas (Evangelium und Apostelgeschichte) passen sehr gut in diese beiden Kategorien der Geschichtsschreibung. Einerseits sind sie ausgezeichneter Lesestoff; andererseits verfolgte Lukas aber – in Übereinstimmung mit den alttestamentlichen historischen Texten wie auch der besten hellenistischen Geschichtsschreibung – weitergehende Absichten, als den Leser nur zu unterhalten oder zu informieren. In dieser Geschichte vollzieht sich ein göttliches Handeln und Lukas ist sehr darauf bedacht, dass seine Leser dies verstehen. Für ihn ist das göttliche Handeln, das mit

Jesus begann und sich durch den Dienst des Heiligen Geistes in der Gemeinde fortsetzt, eine Fortsetzung der Geschichte Gottes, die im Alten Testament begann. Deshalb ist es beim Lesen oder Studieren der Apostelgeschichte besonders wichtig, auf die theologischen Absichten von Lukas zu achten. Zur Exegese gehören also nicht nur rein historische Fragen wie „Was ist geschehen?", sondern auch die theologischen wie „Welche Absicht verfolgte Lukas bei seiner Auswahl und Gestaltung des Materials?"

Die Frage nach Lukas' Intention ist die wichtigste und schwierigste zugleich. Außerordentlich wichtig ist sie, weil sie für unsere Hermeneutik entscheidend ist. Wenn man zeigen kann, dass Lukas in der Apostelgeschichte ein Muster für die Gemeinde aller Zeiten hatte festhalten wollen, dann wird dieses Muster zur Norm, zu etwas, das Gott von allen Christen in allen und jeden Situationen fordert. Wenn er jedoch andere Absichten hatte, müssen wir die hermeneutischen Fragen anders stellen. Es kann allerdings auch schwierig sein, Lukas' Intention herauszufinden, denn einerseits wissen wir nicht, wer Theophilus war und warum Lukas ihm schrieb, und andererseits schien Lukas selbst so viele verschiedene Absichten zu verfolgen.

Doch weil Lukas' Absicht für die Hermeneutik so entscheidend ist, ist es besonders wichtig, dass Sie diese Frage beim Lesen oder Studieren auf exegetischer Ebene immer vor Augen behalten. In gewisser Weise entspricht das dem Denken in Absätzen bei der Exegese der Briefe. In diesem Fall haben wir es allerdings nicht nur mit einzelnen Absätzen, sondern mit ganzen Erzählungen und Teilen des Buchs zu tun.

Unser exegetisches Interesse gilt daher dem Was und dem Warum. Wie wir schon gelernt haben, muss man mit dem *Was* anfangen, bevor man nach dem *Warum* fragen kann.

Der erste Schritt

Wie immer beginnt man mit einer ersten Lektüre des Buches, am besten ohne Unterbrechung. Lernen Sie, beim Lesen Beobachtungen zu machen und Fragen zu stellen. Das Problem bei dieser Aufgabe liegt natürlich darin, dass die Erzählung so fesselnd ist, dass man häufig einfach vergisst, exegetische Fragen zu stellen.

Wenn wir Ihnen hier eine Aufgabe stellen müssten, würde sie wie vorher lauten: 1. Lesen Sie die Apostelgeschichte einmal möglichst ohne Unterbrechung durch. 2. Merken Sie sich beim Lesen bestimmte Aspekte wie Schlüsselpersonen und wichtige Orte, Wiederholungen (was interessiert Lukas wirklich?) und die natürliche Gliederung des Buchs. 3. Gehen Sie den Text nun noch einmal durch und notieren Sie Ihre bisherigen Beobachtungen mit Versangabe. 4. Stellen Sie sich die Frage: Warum hat Lukas dieses Buch geschrieben? Und überlegen Sie, weshalb genau *diese* Geschichte aufgenommen wurde.

Da die Apostelgeschichte das einzige Buch dieser Art im Neuen Testament ist, können wir Ihnen hier spezifischere Anleitungen für Ihre Lektüre und Ihr Studium geben als sonst.

Die Apostelgeschichte – ein Überblick

Wir wollen unsere Suche nach dem *Was* damit beginnen, dass wir die natürliche Gliederung herausarbeiten, wie Lukas selbst sie vorgibt. Die Apostelgeschichte wurde häufig nach Lukas' Konzentration auf Petrus (Kap. 1–12) und Paulus (Kap. 13–28) oder nach der geografischen Ausbreitung des Evangeliums zu Beginn unterteilt (1,8; Kap. 1–7: Jerusalem; Kap. 8–10: Samaria und Judäa; Kap. 11–28: bis an die Grenzen der Erde). Obwohl beide Gliederungen aus dem Inhalt abzuleiten sind, gibt es einen anderen Anhaltspunkt, den Lukas selbst uns gibt und der alles viel besser zu verbinden scheint.

Beachten Sie beim Lesen die verschiedenen kurzen zusammenfassenden Aussagen, deren erstes Beispiel ist: „Und das Wort Gottes breitete sich aus. Die Zahl der Jünger in Jerusalem nahm rapide zu, es wurde auch eine große Zahl von Priestern dem Glauben gehorsam (6,7; vgl. 9,31; 12,24; 16,5 und 19,20). In diesen Versen scheint die Erzählung immer einen Augenblick innezuhalten, bevor sie in einer neuen Richtung fortgesetzt wird. Auf dieser Grundlage lassen sich in der Apostelgeschichte sechs Abschnitte unterscheiden, die der Erzählung eine kontinuierliche Vorwärtsbewegung verleihen: von ihrem jüdischen Hintergrund in Jerusalem mit Petrus als zentralem Leiter führt sie zu einer vorwiegend heidenchristlichen Gemeinde mit Paulus als zentralem Leiter, bis sie in Rom, der Hauptstadt der heidnischen Welt, endet. Mit der Ankunft des Apostels Paulus in Rom, wo er sich wieder den Heiden zuwendet, weil sie ihm zuhören wollen (28,28), erreicht die Erzählung ihr Ende.

Sie sollten nun beim Lesen darauf achten, wie jeder Teil zu dieser „Bewegung“ beiträgt. Vielleicht möchten Sie jeden einzelnen Abschnitt mit eigenen Worten beschreiben, sowohl was den Inhalt als auch was den Beitrag zur Vorwärtsbewegung betrifft. Was scheint der Schlüssel zu jedem neuen Vorstoß zu sein? Hier ist unser Versuch, diese Zusammenhänge zu rekonstruieren:

1,1–6,7: Eine Beschreibung der ersten Gemeinde in Jerusalem, ihrer frühen Verkündigung, ihres gemeinsamen Lebens, ihrer Ausdehnung und erster Widerstände. Besonders beachtenswert ist, wie jüdisch alles ist, auch die Predigten, der Widerstand und die Tatsache, dass die ersten Gläubigen ihre Verbindung zum Tempel und zu den Synagogen aufrechterhalten. Dieser einleitende Abschnitt schließt mit einer Erzählung, die darauf hindeutet, dass eine Trennung zwischen den griechisch- und den aramäischsprachigen Gläubigen eingesetzt hatte.

6,8–9,31: Eine Beschreibung der ersten geografischen Ausbreitung, in der die „Hellenisten“ (griechischsprachige Judenchristen) den Juden in der Diaspora oder den „fast-Juden“ (den Samaritern und einem Proselyten) das Evangelium brachten. Lukas berichtet hier auch über die Bekehrung von Paulus, der 1. ein Hellenist, 2. ein jüdischer Gegner und 3. derjenige war, der benutzt werden sollte, die Ausbreitung des Evangeliums in den heidenchristlichen

Raum voranzutreiben. Stephanus' Märtyrertod ist der Schlüssel dieser ersten Ausbreitung.

9,33–12,24: Eine Beschreibung der ersten Ausbreitung zu den Heiden. Der Schlüssel hier ist die Bekehrung von Kornelius, was sich daran zeigt, dass seine Geschichte zweimal erzählt wird, einmal in der Vision von Petrus und dann später durch eine vollständige Erläuterung. Bedeutsam an Kornelius ist, dass seine Bekehrung ein direktes Handeln Gottes war, der sie durch Petrus ausführte, den Leiter der *judenchristlichen* Mission (hätte Gott dazu die Hellenisten gebraucht, wäre das Ereignis in Jerusalem mit noch größeren Vorbehalten aufgefasst worden). In diesen Abschnitt gehört auch die Geschichte der Gemeinde in Antiochia, deren Bedeutung darin liegt, dass Hellenisten nun bewusst auf die Bekehrung von Heiden hinarbeiteten.

12,25–16,5: Eine Beschreibung der ersten geografischen Ausbreitung in die heidnische Welt mit Paulus als jetzt führende Gestalt der Erzählung. Die Juden lehnen das Evangelium nun regelmäßig ab, weil es auch die Heiden einschließt. Die Gemeinde trifft sich zum Konzil und beschließt, die heidenchristlichen Bekehrten weder auszustoßen noch ihnen jüdische religiöse Pflichten aufzuerlegen. Der zweite Punkt wird zum Schlüssel für die vollständige Ausbreitung in die heidnische Welt.

16,6–19,20: Eine Beschreibung der weiteren, ständig nach Westen gerichteten Ausbreitung in die heidnische Welt, nun bis nach Europa. Das ständig wiederkehrende Motiv ist, dass die Juden in der Diaspora das Evangelium ablehnen, während die Heiden es annehmen.

19,21–28,30: Eine Beschreibung der Ereignisse, die Paulus und das Evangelium bis nach Rom bringen. Ein deutlicher Schwerpunkt liegt auf den Gerichtsverfahren, in denen dreimal bestätigt wird, dass er nichts Unrechtes getan hat.

Wenn Sie versuchen, die Apostelgeschichte unter dem Blickwinkel dieser Struktur oder „Bewegung" zu lesen, werden Sie selbst feststellen können, dass das Geschehen auf diese Weise richtig eingefangen wird. Beim Lesen sollten Sie auch merken, dass unsere

Beschreibung des Inhalts einen wichtigen Faktor – ja, sogar *den* entscheidenden Faktor – auslässt, nämlich die Rolle des Heiligen Geistes in alledem. Sie werden sehen, dass der Heilige Geist an jedem Wendepunkt und bei jeder Schlüsselperson die absolut führende Rolle spielt. Lukas zeigt, dass diese Vorwärtsbewegung nicht durch menschliche Absicht geschah; sie geschah, weil Gott es so wollte und der Heilige Geist es ausführte.

Lukas' Absicht

Wir müssen darauf achten, nicht zu schnell von diesem Überblick zu einer leichtfertigen oder dogmatischen Formulierung der Absicht überzugehen, die Lukas – vom Heiligen Geist inspiriert – mit dieser Vorgehensweise verband. Einige Bemerkungen sind jedoch in diesem Fall angebracht, die teilweise auch auf dem beruhen, was Lukas *nicht* tat.

1. Der Schlüssel zum Verständnis der Apostelgeschichte scheint in Lukas' Interesse an dieser Bewegung des Evangeliums zu liegen, die vom Heiligen Geist gelenkt war und von den jüdisch orientierten Anfängen in Jerusalem bis zur Entstehung eines weltweiten, vorwiegend nichtjüdischen Phänomens reichte. Sobald der größte Verfechter der Bekehrung der Heiden die Hauptstadt der heidnischen Welt erreicht (Rom), beendet Lukas rasch seine Erzählung. Allein auf der Grundlage der Struktur und des Inhalts lässt sich also sagen, dass jede Aussage über die Absicht völlig unzutreffend ist, die die Missionierung der Heiden und die Rolle des Heiligen Geistes in dieser Missionierung übergeht.

2. Dieses Interesse an der „Bewegung“ wird auch durch das bestätigt, was Lukas uns nicht sagt.

Erstens zeigt er kein Interesse für das „Leben“, das heißt die Biografie der Apostel. Jakobus (der Sohn des Zebedäus) ist tatsächlich der Einzige, über dessen Tod wir etwas erfahren (12,2). Und sobald die Bewegung unter den Heiden Fuß gefasst hat, verlieren wir auch Petrus aus den Augen, abgesehen von Kapitel 15, wo er die Missionierung der Heiden bestätigt. Außer Johannes werden die anderen Apostel überhaupt nicht erwähnt und auch bei Paulus konzentriert sich Lukas fast völlig auf den Aspekt der Heidenmission.

Zweitens zeigt Lukas wenig oder kein Interesse an Gemeindeorganisation oder -aufbau. Die Sieben in Kapitel 6 werden nicht als Diakone bezeichnet und im Übrigen verlassen sie Jerusalem bald. Lukas sagt uns auch nicht, warum und wie es dazu kam, dass die Gemeinde in Jerusalem die Leitung von Petrus und den anderen Aposteln auf Jakobus, den Bruder Jesu, übertrug (12,17; 15,13; 21,18). Genauso wenig erklärt er, wie irgendeine Ortsgemeinde organisiert war oder welche Struktur ihre Leitung hatte; er erwähnt nur einmal, dass „Älteste bestellt" wurden (14,23).

Drittens finden wir kein Wort über die Verbreitung des Evangeliums in anderen geografischen Gebieten; es geht immer nur um die eine direkte Bewegung von Jerusalem nach Rom. Nirgendwo werden Kreta (Titus 1,5), Illyrien (Römer 15,19 – im heutigen Kroatien) oder Pontus, Kappadozien und Bithynien (1. Petrus 1,1) erwähnt, ganz zu schweigen von der Ausbreitung der Gemeinde nach Mesopotamien im Osten oder nach Ägypten im Süden.

Zusammengenommen zeigen diese Faktoren, dass die Kirchengeschichte an sich einfach nicht der hauptsächliche Grund war, aus dem Lukas schrieb.

3. Lukas war offenbar auch nicht daran interessiert, Dinge zu standardisieren oder in ein einheitliches Schema zu zwingen. Wenn er über einzelne Bekehrungen berichtet, nennt er gewöhnlich zwei Elemente: die Gabe des Geistes und die Wassertaufe. Aber diese beiden Elemente können auch in umgekehrter Reihenfolge berichtet werden, mit oder ohne Handauflegung, mit oder ohne Erwähnung des Sprachenredens und im Übrigen ganz selten mit spezifischer Erwähnung von Buße, und das nach allem, was Petrus in seiner einleitenden Rede im Buch sagt (2,38-39). Genauso berichtet Lukas weder direkt noch in Andeutungen, ob die heidenchristlichen Gemeinden in ähnlicher Gemeinschaft gelebt haben wie die Gemeinde in Jerusalem, die er zweimal erwähnt (2,42-47 und 4,32-35). Eine solche Vielfalt soll fast sicher so verstanden werden, dass kein spe-

zifisches Beispiel als *das* Modell der christlichen Erfahrung oder des Gemeindelebens herausgestellt werden soll.

Soll dies aber heißen, dass Lukas nicht versucht, uns durch diese spezifischen Erzählungen etwas zu sagen? Nicht unbedingt. Die eigentliche Frage lautet nun, was wollte er damals den ersten Lesern sagen?

4. Trotz allem glauben wir, dass ein großer Teil der Apostelgeschichte von Lukas als Modell gedacht ist. Das Modell zeigt sich jedoch weniger in den Einzelheiten als im Gesamtbild. Gerade die Art, wie der Heilige Geist ihn seine Geschichte aufbauen und erzählen ließ, macht es wahrscheinlich, dass diese siegreiche, freudige, vorwärtsstrebende Ausbreitung des Evangeliums in die nicht jüdische Welt, die durch die Kraft des Heiligen Geistes möglich wurde und Menschenleben und ganze Städte veränderte, uns zeigen soll, was Gott auch für die zukünftige Gemeinde beabsichtigt. Und gerade weil dies Gottes Plan für die Gemeinde ist, kann nichts sie aufhalten, weder Hoher Rat noch Synagoge, weder Meinungsverschiedenheiten noch Engstirnigkeit, weder Gefängnis noch Verschwörung. Wahrscheinlich wollte Lukas also zeigen, dass die Gemeinde heute so sein soll „wie jene“, allerdings in dem umfassenderen Sinn, dass die gute Nachricht in der ganzen Welt verkündigt wird, und nicht durch die Nachahmung eines spezifischen Modells.

Zwei exegetische Beispiele

Mit diesem inhaltlichen Überblick und unserer vorläufigen Einschätzung der Absicht wollen wir nun zwei Erzählungen untersuchen: 6,1-7 und 8,5-25. Dabei wollen wir lernen, welche exegetischen Fragen man unter anderem an den Text der Apostelgeschichte stellen muss.

Wie immer beginnt man damit, den ausgewählten Abschnitt mit seinem unmittelbaren Kontext immer und immer wieder zu lesen. Wie in den Briefen muss man auch in der Apostelgeschichte wiederholt Fragen zum Kontext stellen: „Worum geht es in dieser Erzählung oder Rede? Welche Funktion hat sie innerhalb des gesamten Berichts? Warum hat Lukas sie an dieser Stelle eingefügt?“ Solche Fragen können wir normalerweise nach der ersten oder zweiten aufmerksamen Lektüre provisorisch beantworten. Doch manchmal muss man, besonders in der Apostelgeschichte, auch anderswo nachlesen, um einige Fragen zum *Inhalt* zu beantworten, bevor man sicher sein kann, dass man auf dem richtigen Weg ist.

Beginnen wir mit der Erzählung der Wahl der sieben (6,1-7). Welche Funktion haben diese Verse im Gesamtbild? Zwei Dinge können sofort festgehalten werden: Erstens haben sie die Funktion, den ersten Teil der Apostelgeschichte abzuschließen (1,1–6,7), und zweitens leiten sie zum zweiten Teil über (6,8–9,31). Beachten Sie, wie Lukas das erreicht. Seine Absicht zu Beginn in 1,1–6,7 bestand darin, uns ein Bild vom Leben der ersten christlichen Gemeinschaft und ihrer Ausbreitung *innerhalb Jerusalems* zu vermitteln. Der abschließende Abschnitt dieser Geschichte (6,1-7) enthält beide Elemente. Zugleich deutet er jedoch auch auf die erste Spannung innerhalb der Gemeinschaft hin, eine Spannung, die sich aus dem traditionellen Judentum ergab, das zwischen den Aramäisch sprechenden Juden in Jerusalem und den Griechisch sprechenden Juden in der Diaspora einen Unterschied machte. In der Gemeinde wurde diese Spannung durch die offizielle Anerkennung der Leiterschaft überwunden, die sich unter den griechischsprachigen Judenchristen zu entwickeln begann.

Den letzten Satz haben wir bewusst so formuliert, weil man an diesem Punkt zusätzliche Informationen über den historischen Kontext haben sollte. Wenn Sie ein wenig nachforschen (Artikel über „Diakone“ und „Hellenisten“ in einem Bibellexikon, Kommentare und Bücher mit Hintergrundinformationen wie J. Jeremias: *Jerusalem zur Zeit Jesu.* Vandenhoeck & Ruprecht), können Sie die folgenden wichtigen Fakten in Erfahrung bringen:

1. Über die Hellenisten lässt sich fast mit Bestimmtheit sagen, dass sie griechischsprachige Juden waren, das heißt, Juden aus der Diaspora (Nachkommen der im Alten Testament genannten Juden

aus der Babylonischen Gefangenschaft), die nach Jerusalem zurückgekehrt waren.

2. Viele dieser Hellenisten kehrten im Alter nach Jerusalem zurück, um dort zu sterben und nahe am Berg Zion begraben zu werden. Da sie nicht in Jerusalem gebürtig waren, gab es für die Witwe keinen regulären Lebensunterhalt, wenn der Mann starb.

3. Diese Witwen wurden darum durch tägliche Zuteilungen versorgt, was in Jerusalem eine beträchtliche wirtschaftliche Belastung verursachte.

4. Aus der Geschichte von Stephanus (6,8-15) wird deutlich, dass die Hellenisten eine eigene griechischsprachige Synagoge hatten, zu der auch Stephanus und Saulus von Tarsus (im griechischsprachigen Zilizien gelegen) gehörten.

5. Apostelgeschichte 6 zeigt, dass die frühe Gemeinde in beträchtlichem Umfang Einlass in die Synagoge gefunden hatte – beachten Sie den Ausdruck „ihre Witwen" (V. 1), die Tatsache, dass alle sieben gewählten Männer griechische Namen haben, und den Hinweis, dass der starke Widerstand aus der Diaspora-Synagoge stammte.

6. Schließlich ist es auch wichtig zu beachten, dass die sieben Männer nie als Diakone bezeichnet werden. Es sind einfach „die Sieben" (Apostelgeschichte 21,8), die nicht nur für die tägliche Nahrungszuteilung an die griechischsprachigen Witwen verantwortlich waren, sondern offensichtlich auch das Wort verkündigten (Stephanus, Philippus).

Dieses inhaltliche Wissen lässt uns den nachfolgenden Bericht viel besser verstehen. Denn in der folgenden Geschichte (6,8–8,1) konzentriert sich Lukas auf einen der sieben Männer als Schlüsselfigur der ersten Ausbreitung des Evangeliums außerhalb von Jerusalem. Er sagt uns ausdrücklich, dass Stephanus' Märtyrertod diese Auswirkung hatte (8,1-4). In diesem späteren Abschnitt sollten Sie auch beachten, wie wichtig diese griechischsprachige Gemeinschaft der Christen in Jerusalem für Gottes größeren Plan ist. Die Verfolgung zwingt sie, Jerusalem zu verlassen, da sie dort allerdings ohnehin nicht einheimisch waren, ziehen sie einfach los und verkündigen das Wort „in den Gegenden von Judäa und Samarien" (8,1).

Der einleitende Bericht (6,1-7) soll uns also nicht über die organisatorische Struktur der ersten Gemeinde informieren, insbesondere nicht in Bezug auf geistliche Leiter und Laiendiakone. Er dient vielmehr dazu, den Bericht über die erste Ausbreitung der Gemeinde außerhalb Jerusalems vorzubereiten.

Mit der folgenden Geschichte (8,5-25) verhält es sich ganz anders. Dieser Text enthält die eigentliche Geschichte der ersten bekannten Ausbreitung der frühen Gemeinde. Diese Erzählung ist für unser jetziges Anliegen besonders wichtig, weil sie erstens einige exegetische Schwierigkeiten enthält und zweitens in der späteren Gemeinde oft als hermeneutisches „Schlachtfeld" herhalten musste.

Wie immer müssen wir damit anfangen, eine sorgfältige Exegese zu versuchen, und es gibt auch hier keinen Ersatz für das wiederholte Lesen des Textes, wobei man Beobachtungen und Anmerkungen schriftlich notieren sollte. Um das *Was* der Erzählung herauszuarbeiten, könnten Sie in diesem Fall einmal versuchen, den Inhalt mit eigenen Worten wiederzugeben. Unsere Beobachtungen lassen sich so zusammenfassen:

Die Geschichte ist recht einfach. Sie berichtet vom Anfang des Dienstes von Philippus in Samarien, der von Heilungen und Dämonenaustreibungen begleitet war (8,5-7). Viele Samariter wurden offensichtlich „Anhänger des Weges", da sie glaubten und sich taufen ließen. Die Wunder waren so gewaltig, dass selbst Simon, ein berüchtigter Anhänger der schwarzen Magie, gläubig wurde (8,9-13). Als die Gemeinde in Jerusalem von diesen Vorgängen hörte, sandte sie Petrus und Johannes dorthin, und erst dann empfingen die Samariter den Heiligen Geist (8,14-17). Daraufhin wollte Simon selbst diese Macht bekommen, indem er das, was Petrus und Johannes hatten, zu kaufen versuchte. Petrus tadelte Simon deswegen, doch lässt sich Simons letzter Äußerung (8,24) nicht entnehmen, ob er Buße tat oder das Gericht zu erwarten hatte, das Petrus über ihn aussprach (8,20-23).

Die Art, wie Lukas diese Erzählung aufbaute, macht deutlich, dass es ihm vor allem um zwei Aspekte ging: die Bekehrung der Samariter und die Angelegenheit mit Simon. Die meisten unserer späteren exegetischen Probleme, die wir mit diesen beiden Aspekten haben, beruhen meist auf den Vorkenntnissen und bisherigen Überzeugungen, die jemand mitbringt. Wir neigen zu der Annahme, dass die Dinge einfach nicht in dieser Weise ablaufen. Schließlich sagt Paulus ja in seinem Brief an die Christen in Rom (Kap. 8), dass man ohne den Heiligen Geist kein Christ sein kann, aber wie ist es da zu erklären, dass diese Gläubigen den Heiligen Geist noch nicht empfangen hatten? Und war Simon wirklich ein Gläubiger, der „abfiel", oder hatte er nur ein Lippenbekenntnis gesprochen, ohne den erlösenden Glauben erfahren zu haben?

Doch höchstwahrscheinlich beruht das eigentliche Problem von späteren Lesern auf der Tatsache, dass Lukas selbst nicht versucht, alles für den Leser in Einklang zu bringen. Es ist schwierig, einen solchen Abschnitt auf sich wirken zu lassen, ohne von vorgefassten Meinungen beeinflusst zu werden. Gegen diese Gefahr sind auch die Autoren dieses Buchs nicht immun. Dennoch sollten wir versuchen, die Ereignisse von Lukas' Standpunkt aus zu betrachten. Was interessiert *ihn* an dieser Geschichte? Welche Funktion erfüllt sie in *seiner* übergreifenden Absicht?

Erstens, in Bezug auf die Bekehrung der Samariter scheinen ihm zwei Dinge wesentlich zu sein: 1. Die Missionsarbeit in Samarien, die die erste geografische Ausbreitung des Evangeliums darstellt, geschah durch einen der sieben Männer, einen Hellenisten, völlig unabhängig von jedem Vorhaben oder Programm der Apostel. 2. Dennoch ist es für Lukas' Leser wichtig zu wissen, dass dieser Dienst sowohl von Gott als auch von den Aposteln gutgeheißen wurde, was daran erkennbar ist, dass der Heilige Geist zurückgehalten wurde, bis die Apostel den Samaritern die Hände auflegten. Seiner Gesamtabsicht entsprechend betont Lukas hier, dass die Missionsarbeit der Hellenisten keine abgespaltene Bewegung war, obwohl sie völlig losgelöst von irgendeiner apostolischen Konferenz über Gemeindewachstum geschah.

Zweitens, obwohl wir es nicht beweisen können – weil der Text nichts darüber sagt und es nicht zu Lukas' Schwerpunkten gehört –, handelt es sich bei dem, was bis zur Ankunft von Petrus und

Johannes zurückgehalten wurde, wahrscheinlich um einen sichtbaren charismatischen Ausdruck als Nachweis der Gegenwart des Heiligen Geistes. Wir haben drei Gründe für diese Annahme: 1. Alles, was vor der Ankunft von Petrus und Johannes über die Samariter berichtet wird, wird sonst in der Apostelgeschichte über wahre Christen gesagt. Das geistliche Leben muss bei ihnen also tatsächlich schon begonnen haben. 2. An anderen Stellen in der Apostelgeschichte ist die Gegenwart des Heiligen Geistes – wie hier – das entscheidende Element im Christenleben. Wie konnten die Samariter dann ohne dieses entscheidende Element angefangen haben, ein christliches Leben zu führen? 3. Lukas zeigt in der Apostelgeschichte, dass die Gegenwart des Heiligen Geistes Kraft bedeutete (1,8; 6,8; 10,38), die sich normalerweise durch ein sichtbares Zeichen manifestiert. Deshalb ist es wahrscheinlich genau diese kraftvolle, sichtbare Manifestation der Gegenwart des Heiligen Geistes, die in Samarien noch nicht stattgefunden hatte und von Lukas mit dem „Kommen" oder „Empfangen" des Geistes gleichgesetzt wird.

Die Rolle Simons in dieser Erzählung ist genauso komplex. Doch lässt sich aus zahlreichen außerbiblischen Nachweisen schließen, dass Simon ein weithin bekannter Gegner der frühen Christen wurde. Vermutlich hat Lukas deshalb diesen Bericht eingeschlossen, um die flüchtige Beziehung Simons zu der christlichen Gemeinschaft zu erklären und seinen Lesern zu zeigen, dass Simon keine göttliche oder apostolische Bestätigung besaß. Simons letzter Satz erscheint nur dann mehrdeutig, wenn man an Bekehrungsgeschichten aus der frühchristlichen Zeit interessiert ist. Lukas' gesamter Bericht zeigt eine negative Einstellung zu Simon. Ob dieser tatsächlich gerettet war oder nicht, ist für den Bericht letztlich nicht entscheidend. Von Interesse ist, dass Simon für kurze Zeit Kontakt zur Gemeinde hatte und zumindest von sich behauptete, Christ zu sein. Doch Petrus' Worte scheinen Lukas' eigene Beurteilung über das Christsein Simons widerzuspiegeln – es war nicht echt!

Wir räumen ein, dass eine solche Exegese zur Ermittlung des *Was* und *Warum* der Apostelgeschichte nicht unbedingt aufregend ist, wenn es um die persönliche Erbauung geht. Doch wir meinen, dass dieser erste Schritt unerlässlich ist, um die Apostelgeschichte als Gottes Wort richtig zu verstehen. Nicht jeder Satz in jeder Erzählung oder Rede soll *uns* etwas mitteilen. Aber jeder Satz in jeder Erzählung oder Rede enthält einen Beitrag zu dem, was Gott insgesamt durch die Apostelgeschichte sagen will. Dabei können wir aus den einzelnen Erzählungen etwas über die Vielfalt der Methoden und Menschen lernen, die Gott gebraucht, um sein Werk zu tun.

2. Die Hermeneutik der Apostelgeschichte

Wie schon bemerkt, geht es uns hier nur um eine Frage: Inwiefern dienen die einzelnen Erzählungen der Apostelgeschichte oder andere biblische Erzählungen als Präzedenzfälle für die spätere Gemeinde, oder tun sie das überhaupt? Oder anders gesagt, enthält die Apostelgeschichte Informationen, die nicht nur die Urgemeinde *beschreiben*, sondern für die Gemeinde aller Zeiten *als Norm gelten*? Wenn ja, wie kann man sie ermitteln oder Prinzipien aufstellen, um sie richtig zu verstehen? Wenn nicht, was tun wir dann mit dem Konzept des Präzedenzfalls? Kurz gesagt, welche Rolle spielt der historische Präzedenzfall für die christliche Dogmatik und für das Verständnis der christlichen Erfahrung?

Es muss gleich zu Anfang festgehalten werden, dass fast alle bibelgläubigen Christen dazu neigen, Präzedenzfälle in gewissem Maß als etwas zu betrachten, das normative Autorität hat. Doch wird das selten konsequent gehandhabt. Einerseits neigt man dazu, manche Erzählungen als verbindliche Vorbilder zu betrachten, während man andere übergeht. Andererseits neigt man dazu, ein bestimmtes Muster als verbindlich zu bezeichnen, obwohl die Apostelgeschichte selbst vielfältige andere Muster enthält.

Die folgenden Vorschläge sollen nicht als etwas Absolutes verstanden werden; wir hoffen jedoch, dass sie Ihnen helfen, dieses hermeneutische Problem zu verstehen.

Einige allgemeine Prinzipien

Die entscheidende hermeneutische Frage lautet, ob biblische Erzählungen, die beschreiben, was in der frühen Gemeinde *geschah*, auch normativ für das sind, was in der heutigen Gemeinde *geschehen sollte oder muss*. Gibt es Beispiele aus der Apostelgeschichte, bei denen man zu Recht behaupten kann: „Wir müssen das tun“, oder sollte man nur sagen: „Wir können das tun“?

Unsere Annahme, die von vielen anderen geteilt wird, lautet: Wenn die Bibel uns nicht ausdrücklich sagt, dass wir etwas tun sollen, gilt das, was nur erzählt oder beschrieben wird, nicht als Norm (d. h. Vorschrift) – es sei denn, es kann auf anderer Grundlage nachgewiesen werden, dass der Verfasser diese normative Funktion beabsichtigte. Für diese Annahme gibt es gute Gründe.

Im Allgemeinen lassen sich aus der Bibel abgeleitete dogmatische Sätze in drei (oder vier) Kategorien fassen: 1. die christliche Theologie (was Christen glauben), 2. die christliche Ethik (wie Christen in der Beziehung zu Gott und zu anderen Menschen leben sollten) und 3. die christliche Erfahrung und Praxis (was Christen als gläubige/geistliche Menschen tun). Innerhalb dieser Kategorien lassen sich zwei weitere Ebenen der Aussage unterscheiden, die wir als primäre und als sekundäre bezeichnen wollen. Auf der primären Ebene findet man dogmatische Sätze, die von ausdrücklichen Lehraussagen und Geboten der Bibel abgeleitet sind (Dinge, die die Bibel zu lehren beabsichtigt). Auf der zweiten Ebene sind Aussagen zu finden, die nur indirekt anhand von Implikationen oder von Präzedenzfällen abgeleitet werden können.

In der Kategorie der christlichen Theologie werden Feststellungen wie: „Es gibt nur einen Gott“, „Gott ist Liebe“, „Alle haben gesündigt“, „Jesus starb für unsere Sünden“, „Erlösung beruht auf Gnade“ und „Jesus Christus ist Gott“ aus Bibelstellen abgeleitet, die diese Lehre beabsichtigen; es handelt sich also um Aussagen der primären Ebene. Auf der sekundären Ebene liegen Aussagen, die sich als logische Konsequenz aus der primären Ebene ergeben oder durch Implikation aus der Bibel abgeleitet wurden. Die Tatsache der Gottheit Christi gehört also zur ersten Ebene, die Frage, wie seine Gottheit und sein Menschsein zur Einheit werden, zur zweiten.

Eine ähnliche Unterscheidung lässt sich in Bezug auf Aussagen über das Wesen der Bibel treffen. Zur primären Ebene gehört die Lehre, dass sie das inspirierte Wort Gottes ist, was an verschiedenen Stellen in der Bibel selbst bestätigt wird; das eigentliche Wesen dieser Inspiration dagegen ist eine Aussage der sekundären Ebene. Das soll nicht heißen, dass sekundäre Aussagen unwichtig wären. Oft haben sie im Zusammenhang mit den primären Aussagen bedeutende Auswirkungen auf den persönlichen Glauben. Ihr eigentlicher theologischer Wert kann sogar mit der Frage in Verbindung gebracht werden, wie gut sie die Einheit der primären Aussagen wahren.

Was wir hier unbedingt festhalten müssen, ist die Tatsache, dass fast alle Aussagen, die Christen aus den Präzedenzfällen der Bibel ableiten, zur dritten Kategorie – der christlichen Erfahrung oder Praxis – gehören, und zwar immer auf der sekundären Ebene. So gehört etwa die Aussage, dass die Gemeinde immer wieder das Abendmahl feiern sollte, zur primären Ebene. Jesus selbst hat es geboten, und die Briefe sowie die Apostelgeschichte bezeugen diese Praxis. Die Entscheidung, wie oft es gefeiert werden soll – darüber sind die Christen sich nicht einig –, beruht dagegen auf Traditionen und biblischen Präzedenzfällen und ist daher gewiss nicht verbindlich. Die Bibel enthält selbst einfach keine direkte Aussage darüber. Das gilt unserer Auffassung nach auch für die Notwendigkeit der Taufe (primär) und die Art ihrer Durchführung (sekundär) oder das Zusammenkommen der Christen (primär) und die Häufigkeit sowie den Wochentag (sekundär). Wir möchten noch einmal wiederholen, dass sekundäre Aussagen deshalb nicht unwichtig sind. Zum Beispiel wäre es gewiss schwierig, beweisen zu müssen, ob die Christen sich am Samstag oder am Sonntag versammeln sollten; doch in beiden Fällen bringt man durch das eigene Handeln etwas zum Ausdruck, das theologische Bedeutung hat.

Eng damit verbunden ist das Konzept der Intentionalität oder Aussageabsicht. Es ist allgemein üblich zu sagen: „Die Bibel lehrt uns, dass …“ Normalerweise meint man damit, dass etwas durch explizite Aussagen „gelehrt" wird. In diesem Fall entstehen dann Probleme, wenn man zum Bereich der biblischen Geschichte übergeht. Wird etwas schon allein dadurch gelehrt, dass es aufgezeichnet wurde – selbst wenn es so aufgezeichnet ist, dass es uns positiv erscheint?

Es ist eine allgemeine Maxime der Hermeneutik, dass Gottes Wort in der Aussageabsicht der Heiligen Schrift zu finden ist. Das ist besonders für die Hermeneutik der historischen Erzählungen entscheidend. Denn es ist eine Sache, wenn der Geschichtsschreiber ein Ereignis berichtet, weil es der Zielsetzung seines Werkes dient, und eine ganz andere, wenn der Ausleger diesem Ereignis einen lehrmäßigen Wert unabhängig von der Intention des Geschichtsschreibers zuschreibt.

Obwohl Lukas' inspirierte Gesamtintention immer noch umstritten ist, vertreten wir aufgrund der oben genannten Exegese folgende Hypothese: Er wollte die Gemeinde als ein vorwiegend unter den Nichtjuden verbreitetes, weltweites Phänomen zeigen, das in einer judaistisch orientierten Gemeinschaft gläubiger Juden in Jerusalem ihren Ursprung nahm, und verdeutlichen, dass dieses Phänomen des Heils für alle Menschen aus reiner Gnade direkt auf das Wirken des Heiligen Geistes zurückzuführen war. Das Leitmotiv einer unaufhaltsamen – vom Heiligen Geist bevollmächtigten – Vorwärtsbewegung der Gemeinde lässt uns folgern, dass Lukas seinen Lesern auch ein Modell für ihr eigenes Leben geben wollte. Und aus der Tatsache, dass die Apostelgeschichte zum Kanon gehört, schließen wir außerdem, dass das Wesen der Gemeinde immer von diesem Vorbild geprägt sein sollte: evangelistisch, gemeinschaftlich, freudig und vom Heiligen Geist bevollmächtigt.

Doch was ist mit den spezifischen Details in diesen Erzählungen, die uns nur alle zusammen helfen, Lukas' Gesamtabsicht zu erkennen? Besitzen diese Einzelheiten denselben lehrmäßigen Wert? Dienen sie auch als normative Modelle? Wir sind nicht dieser Ansicht, vor allem weil die meisten dieser Details der Hauptaussage der Erzählung untergeordnet sind, und weil sie von Erzählung zu Erzählung mehrdeutig verwendet werden.

Bei der Untersuchung der Erzählung von Apostelgeschichte 6,1-7 haben wir gesehen, welche Funktion sie in Lukas' Gesamtplan erhält: Sie dient als Abschluss seines ersten Hauptteils und gleichzeitig als Einführung der Hellenisten. Es mag auch in seiner Absicht gelegen haben, die einvernehmliche Lösung jener ersten Spannung innerhalb der christlichen Gemeinschaft zu zeigen; es ist auf jeden Fall leicht für uns, es auf diese Weise zu verstehen.

Aus dieser Erzählung könnten wir nebenbei noch verschiedene andere Dinge lernen; etwa, dass man einer Minderheit in der Gemeinde gut helfen kann, indem man sie eine eigene Leitung wählen lässt. So ging die Gemeinde damals vor. Müssen wir es genauso machen? Nicht unbedingt, da Lukas das nicht verlangt; es gibt auch keinen Grund anzunehmen, dass er dies mit seiner Erzählung bezweckte. Andererseits ist ein solches Vorgehen so sinnvoll, dass man sich fragt, warum irgendjemand etwas dagegen haben sollte.

Damit wollen wir sagen, dass jede Schlussfolgerung, die man aus einer solchen Geschichte zieht, der eigentlichen Absicht von Lukas untergeordnet ist. Das heißt nicht, dass sie keinen theologischen Wert hätte; es bedeutet einfach, dass Gottes Wort an uns in dieser Erzählung vor allem auf dem beruht, was sie zu lehren beabsichtigt.

Auf der Grundlage dieser Erörterung lassen sich die folgenden Prinzipien zur Hermeneutik historischer Erzählungen ableiten:

1. Das Wort Gottes in der Apostelgeschichte, das für Christen als normativ betrachtet werden kann, beruht primär auf dem, was die jeweilige Erzählung zu lehren beabsichtigt.

2. Was der primären Absicht der Erzählung untergeordnet ist, kann zwar tatsächlich das Verständnis des inspirierten Autors widerspiegeln, hat aber nicht denselben lehrmäßigen Wert wie das, was die Erzählung zu lehren beabsichtigt. Das soll die nebengeordneten Aussagen nicht abwerten und bedeutet auch nicht, dass sie keine Bedeutung für uns haben. Aber sie dürfen nicht primär verstanden werden, sondern können immer nur als Bestätigung für etwas dienen, das an anderer Stelle eindeutig gelehrt wird.

3. Historische Präzedenzfälle müssen, um normativen Wert zu

haben, auf die Absicht bezogen sein. Wenn also gezeigt werden kann, dass der Zweck einer bestimmten Erzählung darin besteht, einen Modellfall darzustellen, dann sollte dieser als normativ betrachtet werden. Wenn man zum Beispiel auf exegetischer Grundlage beweisen könnte, dass Lukas in Apostelgeschichte 6,1-7 die Absicht hatte, der Gemeinde ein Modell für die Auswahl ihrer Leiter zu liefern, dann müssten alle Christen diesem Vorbild folgen. Wenn die Vorgabe eines Modells jedoch nicht Absicht der Erzählung ist, dann sollte ihr Wert als Präzedenzfall für spätere Christen anhand der spezifischen Prinzipien beurteilt werden, die im folgenden Abschnitt erörtert werden.

Das Problem bei alledem ist natürlich, dass uns so nur wenig bleibt, was für die zwei Interessengebiete der christlichen Erfahrung und Praxis normativ wäre. Es gibt keine ausdrückliche Lehre über die Art und Weise der Taufe, das Alter der Täuflinge, irgendwelche spezifischen äußerlich erkennbaren Phänomene, wenn jemand den Heiligen Geist empfängt, oder die Häufigkeit des Abendmahls, um nur wenige Beispiele zu nennen. Doch gerade das sind die Fragen, über die unter den Christen so viel Uneinigkeit herrscht. In solchen Fällen wird immer wieder argumentiert, dass die ersten Christen es damals so machten, ob die betreffende Praxis in den Erzählungen der Apostelgeschichte nur beschrieben wird oder sich implizit aus den Aussagen der Briefe ableiten lässt.

Die Bibel sagt einfach nicht ausdrücklich, dass die Taufe durch Untertauchen geschehen muss oder dass Kinder getauft werden sollen oder dass alle echten Bekehrungen so dramatisch wie die von Paulus geschehen müssen oder dass Christen im Heiligen Geist getauft werden müssen, begleitet vom Zeichen der Sprachenrede als zweitem Gnadenwerk, oder dass an jedem Sonntag das Abendmahl gefeiert werden muss. Wie verfahren wir dann zum Beispiel mit dem Thema der Taufe durch Untertauchen? Was sagt die Bibel tatsächlich? In diesem Fall kann man von der Bedeutung des Wortes selbst, von der einen Beschreibung in der Apostelgeschichte, in der der Täufling „in das Wasser hinab" und hinterher „aus dem Wasser" heraufstieg (8,38-39), und von Paulus' Analogie der Taufe als

Tod, Begräbnis und Auferstehung (Römer 6,1-3) her argumentieren, dass das Untertauchen in der frühen Gemeinde einfach vorausgesetzt wurde. Es wird nie ausdrücklich geboten, weil es vorausgesetzt wurde.

Andererseits kann man auch darauf hinweisen, dass es ohne Taufbecken in der Ortsgemeinde in Samarien sehr schwierig gewesen sein muss, die Bekehrten durch Untertauchen zu taufen. Soweit bekannt ist, gab es einfach geografisch kein Vorkommen von Wasser, das ein Untertauchen ermöglicht hätte. Goss man deshalb einfach Wasser über die Täuflinge, wie es das frühe Kirchenhandbuch, die Didache (ca. 100 n. Chr.) für den Fall vorschlug, dass nicht genug kaltes fließendes oder lauwarmes stehendes Wasser zur Verfügung stand? Natürlich wissen wir es einfach nicht. Die Didache lässt klar erkennen, dass Untertauchen die Norm war, aber sie zeigt auch eindeutig, dass nicht die Art und Weise, sondern die Handlung selbst das Entscheidende ist. Obwohl die Didache nicht zur Bibel gehört, kann sie uns als sehr frühes, orthodoxes christliches Dokument helfen, indem sie uns zeigt, wie die frühe Gemeinde pragmatische Anpassungen auf diesem Gebiet vornahm, das die Bibel nicht eindeutig festlegt. Die normale (regelmäßige) Praxis diente als Norm; aber da sie nur normal war, wurde sie nicht normativ. Wir täten bestimmt gut daran, diesem Vorbild zu folgen und Normalität nicht mit Normativität zu verwechseln, im Sinne einer Vorschrift, die alle Christen befolgen müssen, wenn sie Gottes Wort nicht missachten wollen.

Einige spezifische Prinzipien

Auf der Grundlage dieser allgemeinen Beobachtungen schlagen wir folgende Prinzipien für die Hermeneutik biblischer Präzedenzfälle vor:

1. Es ist wahrscheinlich nie zulässig, eine Analogie, die auf einem biblischen Präzedenzfall beruht, zur biblischen Autorisierung heutiger Praktiken heranzuziehen. So wurde zum Beispiel Gideons Vlies

oft als Analogie für die Art und Weise benutzt, wie man Gottes Willen erkennt. Da Gott gnädig auf Gideons Mangel an Vertrauen einging, kann es sein, dass er auch bei anderen Menschen so handelt; es gibt jedoch keine biblische Begründung oder Ermutigung zu einer solchen Vorgehensweise.

Ähnlich wurden aus dem Bericht über das Herabkommen des Heiligen Geistes auf Jesus bei seiner Taufe zwei verschiedene Analogien abgeleitet, die sich in unterschiedliche Richtungen bewegen. Einige sehen darin einen Beweis, dass Christen den Heiligen Geist bei der Taufe empfangen, und leiten daraus per Analogie eine Bestätigung für eine Neuwerdung bei der Taufe ab. Im Gegensatz dazu sehen andere darin einen Beweis für eine Taufe im Heiligen Geist nach der Erlösung (da Jesus zuvor aus dem Geist geboren worden war).

Es kann kaum bezweifelt werden, dass Lukas selbst das Ereignis als Augenblick der Bevollmächtigung für den öffentlichen Dienst Jesu betrachtete (vgl. Lukas 4,1.14.18 mit Apostelgeschichte 10,38). Zweifelhaft ist aber, ob die Erzählung sich auch gut als Analogie für eine der späteren theologischen Positionen eignet, besonders wenn man sie über ihre Funktion als Analogie hinaus als biblische Bestätigung für eine solche Doktrin heranziehen will. Das Leben Jesu ist für spätere Christen zwar in vielfältiger Weise ein Vorbild, doch nicht alle Einzelheiten seines Lebens können für uns normative Bedeutung haben. So wird von uns zwar erwartet, dass wir ein Kreuz auf uns nehmen, nicht aber, dass wir durch Kreuzigung sterben und nach drei Tagen auferweckt werden.

2. Auch wenn dies nicht die primäre Absicht des Autors war, haben biblische Erzählungen illustrativen Wert und manchmal auch „Modellcharakter". In diesem Sinn haben auch Personen des Neuen Testaments gelegentlich bestimmte historische Präzedenzfälle aus dem Alten Testament verwendet. So zitierte Paulus einige alttestamentliche Beispiele als Warnung für diejenigen, die sich in falscher Sicherheit über ihre göttliche Erwählung wähnten (1. Korinther 10,1-13), und Jesus benutzte das Beispiel Davids als historischen Präzedenzfall, um das Verhalten seiner Jünger am

Sabbat zu rechtfertigen (Matthäus 12,1-8; Markus 2,23-28; Lukas 6,1-5).

Doch keiner von uns ist von Gott autorisiert, dieselbe Art der Exegese und analogischen Analyse zu reproduzieren, die die neutestamentlichen Autoren gelegentlich auf das Alte Testament anwandten. Besonders in Fällen, in denen heutige Vorgehensweisen durch einen Präzedenzfall gerechtfertigt werden sollen, ist zu beachten, dass *ein Präzedenzfall keine Norm für ein spezifisches Handeln darstellt*. Es wird nicht von uns erwartet, regelmäßig vom Schaubrot zu essen oder am Sabbat Ähren zu pflücken, um zu zeigen, dass der Sabbat für den Menschen gemacht wurde. Der Präzedenzfall veranschaulicht vielmehr ein Prinzip in Bezug auf den Sabbat.

Hier ist eine Warnung angebracht. Wenn man einen biblischen Präzedenzfall dazu benutzen möchte, eine heutige Vorgehensweise zu rechtfertigen, hat man eine bessere Grundlage, wenn das entsprechende Prinzip des Handelns an anderer Stelle als primäre Absicht gelehrt wird. Ein Missbrauch dieses Prinzips wäre es zum Beispiel, die Reinigung des Tempels durch Jesus als Rechtfertigung für den eigenen vermeintlich gerechten Zorn – gewöhnlich ein Euphemismus für selbstsüchtige Wut – heranzuziehen. Die heutige Erfahrung des Sprachenredens lässt sich hingegen nicht nur mit den wiederholt auftretenden Präzedenzfällen (in der Apostelgeschichte), sondern auch mit der Lehre über die geistlichen Gaben in 1. Korinther 12–14 begründen.

3. In Fragen der christlichen Erfahrung und noch mehr in solchen der christlichen Praxis können biblische Präzedenzfälle manchmal als *wiederholbare Muster* angesehen werden – wenn sie auch nicht als normativ betrachtet werden dürfen. Bei vielen Praktiken scheint es also völlig gerechtfertigt zu sein, dass die spätere Gemeinde biblische Vorgaben wiederholte; aber es wäre vermessen zu argumentieren, dass alle Christen an jedem Ort und zu jeder Zeit dieses Modell wiederholen *müssen*, um Gottes Wort nicht ungehorsam zu sein. Dies gilt besonders, wenn zwar die Praxis selbst verbindlich ist, nicht aber die Art und Weise, in der sie stattfand.

(Man sollte hier anmerken, dass nicht alle Christen mit dieser Auffassung völlig übereinstimmen werden. Einige Bewegungen und Denominationen wurden teilweise auf die Prämisse gegründet, dass buchstäblich alle neutestamentlichen Muster in der modernen Zeit möglichst vollständig wiederherzustellen sind; im Lauf der Zeit haben sie eine umfassende Hermeneutik über den verbindlichen Charakter vieler Dinge entwickelt, die in der Apostelgeschichte nur erzählt werden. Andere würden in ähnlicher Weise argumentieren, dass Lukas selbst beispielsweise zu zeigen beabsichtigte, dass der Empfang des Heiligen Geistes durch die damit verbundene Gabe der Sprachenrede bestätigt wird. Doch in beiden Fällen geht es letztlich weniger um die Frage, ob das gegenwärtige Prinzip richtig oder falsch ist, sondern um die Interpretation der Apostelgeschichte und der übergreifenden – wie auch spezifischen – Absicht, in der Lukas die Geschichte erzählt.)

Die Entscheidung darüber, ob gewisse Praktiken oder Muster wiederholbar sind, sollte von folgenden Überlegungen abhängig sein. Erstens kann man eine Vorgehensweise dann am stärksten befürworten, wenn nur ein einziges Muster vorliegt (obwohl auch das Schweigen der Bibel nicht überbetont werden darf) und wenn dieses eine Muster innerhalb des Neuen Testaments wiederholt wird. Wenn zweitens die vorliegenden Muster mehrdeutig sind oder ein Muster nur ein einziges Mal erscheint, ist es für spätere Christen nur dann wiederholbar, wenn Gott es bestätigt zu haben scheint oder wenn es mit dem übereinstimmt, was an anderer Stelle der Bibel gelehrt wird. Drittens sind kulturell bedingte Praktiken entweder überhaupt nicht wiederholbar oder sie müssen in die neue oder andere Kultur übertragen werden.

Auf der Basis dieser Prinzipien gibt es sehr gute Argumente für das Untertauchen bei der Taufe, weniger gute für das Feiern des Abendmahls an jedem Sonntag und überhaupt keine für die Kindertaufe (diese lässt sich zwar durch Präzedenzfälle aus der Kirchengeschichte begründen, aber nicht so leicht durch biblische Präzedenzfälle, um die es hier geht). Ebenso lässt sich auf biblischer Grundlage nicht aufrechterhalten, dass ein christlicher Pastor eine Priesterfunktion (aufgrund alttestamentlicher Analogie!) hätte.

Wir bilden uns nicht ein, hiermit alle Probleme gelöst zu haben, halten die genannten Vorschläge jedoch für praktikabel und hoffen, dass sie Ihnen helfen werden, exegetisch zu denken und die biblischen Erzählungen mit größerer hermeneutischer Präzision zu erfassen.

7
Die Evangelien – eine Geschichte, viele Dimensionen

Wie die Briefe und die Apostelgeschichte scheint die Auslegung der Evangelien auf den ersten Blick recht leicht zu sein. Da sich das Material der Evangelien grob in Reden und Erzählungen unterteilen lässt – das heißt, in Lehren *von* Jesus und in Berichte *über* Jesus –, müsste es theoretisch möglich sein, die Prinzipien für die Auslegung der Briefe auf die einen und die Prinzipien für die historischen Erzählungen auf die anderen anzuwenden.

In gewissem Sinne stimmt das auch; doch ganz so leicht ist es nicht. Die vier Evangelien bilden eine einzigartige Literaturgattung, mit der nur wenige Texte wirklich vergleichbar sind. Das Einzigartige an ihnen, das wir gleich untersuchen wollen, ist zugleich das, was uns die meisten exegetischen Probleme bereitet. Doch gibt es auch einige hermeneutische Schwierigkeiten. Dazu gehören natürlich die verschiedenen „harten Reden“ in den Evangelien. Aber die eigentliche hermeneutische Schwierigkeit liegt im Verständnis des Begriffs „Reich Gottes“, der für den gesamten Dienst Jesu absolut entscheidend ist, aber in der jüdischen Sprache und Denkweise des 1. Jahrhunderts vermittelt wird. Das Problem besteht in der Frage, wie diese Gedanken auf neuere Kulturen zu übertragen sind.

1. Das Wesen der Evangelien

Die Schwierigkeiten, auf die man beim Auslegen der Evangelien stößt, lassen sich fast immer auf zwei offensichtliche Fakten zurückführen: 1. Jesus selbst schrieb kein Evangelium; die Evangelien stammen also nicht direkt von ihm, sondern wurden von anderen geschrieben. 2. Es gibt vier Evangelien, drei von ihnen sind bemerkenswert ähnlich, während das von Johannes die Geschichte auf eine ganz andere Weise erzählt.

1. Die Tatsache, dass die vier Evangelien nicht von Jesus selbst stammen, ist ein sehr wichtiger Gesichtspunkt. Hätte er selbst etwas geschrieben, hätte es kaum wie unsere Evangelien ausgesehen, sondern eher wie die Bücher der Propheten des Alten Testaments, etwa das Buch Amos – eine Sammlung prophetischer Reden mit einigen kurzen persönlichen Berichten (Amos 7,10-17). Unsere Evangelien enthalten tatsächlich einige gesammelte Aussprüche, die aber als fester Bestandteil in eine historische Erzählung über das Leben und den Dienst Jesu eingewoben sind. Es handelt sich also nicht um Bücher *von* Jesus, sondern um Bücher *über* Jesus, die zugleich eine umfangreiche Sammlung seiner verschiedenen Reden und Lehren enthalten.

Man sollte die dadurch bedingten Schwierigkeiten zwar nicht überbewerten, aber da es sie nun einmal gibt, müssen sie angesprochen werden. Ihr Wesen lässt sich wohl am besten illustrieren, wenn man einen Vergleich mit Paulus in der Apostelgeschichte und in seinen Briefen heranzieht. Wenn wir zum Beispiel die Apostelgeschichte nicht hätten, könnten wir zwar einige Aspekte seines Lebens aus den Briefen zusammentragen, doch unsere Darstellung wäre recht dürftig. Genauso dürftig – und etwas unausgewogen – wäre unser Verständnis seiner Theologie, wenn wir seine Briefe nicht hätten und ausschließlich auf seine Reden in der Apostelgeschichte angewiesen wären. Schlüsselmomente in Paulus' Leben lesen wir deshalb in der Apostelgeschichte nach und ergänzen sie durch die Informationen, die wir in den Briefen finden. Um seine

Lehre kennenzulernen, beginnen wir dagegen nicht mit der Apostelgeschichte, sondern mit den Briefen, und benutzen die Apostelgeschichte als zusätzliche Quelle.

Die Evangelien sind jedoch *nicht* mit der Apostelgeschichte zu vergleichen, denn sie enthalten sowohl Berichte über das Leben Jesu als auch längere Auszüge aus seinen Reden (seiner Lehre), die ein absolut wesentlicher Teil seines Lebens waren. Die Reden wurden allerdings nicht von ihm selbst *aufgeschrieben*, so wie es bei den Briefen des Apostels Paulus der Fall ist. Die Muttersprache Jesu war Aramäisch, was wir nur einmal haben, nämlich in seinem Ruf am Kreuz; seine Lehren sind uns also nur auf Griechisch überliefert. Außerdem findet sich häufig derselbe Ausspruch in zwei oder drei Evangelien, und selbst wenn er in genau derselben chronologischen Abfolge oder demselben historischen Rahmen steht, ist der Wortlaut selten absolut identisch.

Manche empfinden diese Tatsache als beunruhigend, doch das muss sie nicht sein. Es stimmt natürlich, dass bestimmte Theologen diese Tatsache so überzogen haben, dass sie den Schluss nahelegen, in den vier Evangelien sei gar nichts glaubwürdig. Aber das ist eine historisch problematische Schlussfolgerung. Andere ebenso sorgfältige Wissenschaftler haben die historische Zuverlässigkeit des Materials in den Evangelien nachgewiesen.

Es geht uns hier um eine ganz einfache Tatsache: Gott gab uns das, was wir über den irdischen Dienst Jesu wissen, auf *diese* und nicht auf eine andere Weise, die der Mentalität bestimmter Leute, welche von einer mechanischen, tonbandartigen Wiedergabe ausgehen, vielleicht eher entsprochen hätte. Und auf jeden Fall, meinen wir, ist die Tatsache, dass die Evangelien nicht von Jesus, sondern über ihn geschrieben wurden und vieles enthalten, was von ihm gesagt wurde, ein Aspekt ihrer besonderen Stärke, nicht ihrer Schwäche.

2. Es gibt also vier davon. Wie kam es dazu und warum? Schließlich haben wir ja auch keine vier Apostelgeschichten. Außerdem ist der Stoff in den ersten drei Evangelien oft so ähnlich, dass man sie als synoptische *(Synopse* = „Zusammenschau“) Evangelien bezeich-

net. Man könnte sogar fragen, ob das Markusevangelium nicht weggelassen werden könnte, wo doch das Material, das nur in ihm zu finden ist, gerade zwei Buchseiten füllen würde. Aber auch in dieser Hinsicht halten wir gerade die Tatsache, dass es vier Evangelien gibt, für eine ihrer besonderen Stärken.

Was also ist das Wesen der Evangelien und warum ist ihr einzigartiges Wesen ein Aspekt ihrer Stärke? Das kann man am besten beantworten, indem man zuerst auf die Frage „Warum vier?" eingeht. Darauf können wir aus der Distanz schwerlich eine absolut zuverlässige Antwort geben, aber es gibt zumindest einen einfachen und pragmatischen Grund: Verschiedene christliche Gruppen benötigten jeweils ein Buch über Jesus. Aus mehreren Gründen erfüllte das Evangelium, das für eine Gemeinschaft oder Gruppe von Gläubigen geschrieben wurde, nicht unbedingt alle Bedürfnisse der anderen Gemeinschaften. So wurde zuerst ein Evangelium geschrieben (Markus, wie allgemein angenommen wird) und dann zweimal „umgeschrieben" (Matthäus und Lukas), und zwar aus sehr unterschiedlichen Gründen und im Hinblick auf sehr unterschiedliche Bedürfnisse. Unabhängig von ihnen (auch dies nach allgemeiner Übereinstimmung) schrieb Johannes ein Evangelium anderer Art, und zwar wieder aus völlig verschiedenen Gründen. All das, glauben wir, wurde vom Heiligen Geist koordiniert.

Für die spätere Gemeinde ersetzt keines der vier Evangelien die anderen, sondern jedes ist gleichermaßen wertvoll und autoritativ. Warum? *Weil das Interesse an Jesus in jedem Fall zwei Ebenen hat.* Erstens gab es das rein historische Anliegen zu wissen: So war Jesus, das tat er und das sagte er; das ist der Jesus – gekreuzigt und von den Toten auferweckt –, den wir nun als auferstandenen und erhöhten Herrn anbeten. Zweitens gab es das Anliegen, die Geschichte so wiederzugeben, dass sie den Bedürfnissen späterer Gemeinschaften entsprach, die nicht Aramäisch, sondern Griechisch sprachen und die nicht in einer eher ländlichen, jüdischen Umgebung, sondern in Rom oder Ephesus oder Antiochia lebten, wo das Evangelium auf eine städtische, heidnische Umgebung traf.

Auf diese Weise dienen die Evangelien für uns bereits als hermeneutische Modelle, die gerade durch ihr Wesen darauf bestehen, dass auch wir dieselbe Geschichte in den Kontexten unseres eigenen 21. Jahrhunderts wiedergeben.

Daher sind diese Bücher, die uns praktisch alles erzählen, was wir über Jesus wissen, dennoch keine Biografien. Auch mit zeitgenössischen Lebensbeschreibungen großer Menschen sind sie nicht zu vergleichen – obwohl sie über das Leben des größten Menschen überhaupt berichten. Es handelt sich, wie der Kirchenvater Justin der Märtyrer im 2. Jahrhundert schrieb, um „Erinnerungen der Apostel". Keine vier Biografien könnten gleichwertig nebeneinander stehen; die Evangelien tun es, weil sie gleichzeitig Tatsachen *über* Jesus berichten, *an* seine Lehren erinnern und Zeugnis *von* ihm ablegen. Das ist ihr Wesen und ihre Stärke, und das ist für Exegese und Hermeneutik gleichermaßen wichtig.

Die Exegese der vier Evangelien verlangt deshalb von uns, sowohl vom historischen Hintergrund Jesu als auch vom historischen Hintergrund der Autoren her zu denken.

2. Der historische Kontext

Sie wissen sicher noch, dass die erste Aufgabe der Exegese darin besteht, den historischen Kontext wahrzunehmen. Man muss nicht nur den historischen Kontext im Allgemeinen kennen, sondern auch eine vorläufige, aber gut recherchierte Rekonstruktion der Situation vornehmen, auf die der Autor sich bezieht. Dies kann, aufgrund der erörterten zwei Ebenen im Wesen der Evangelien, unter Umständen sehr komplex werden. Der historische Kontext hat zuerst mit Jesus selbst zu tun. So muss man unter anderem die Kultur und Religion – des palästinischen Judentums im 1. Jahrhundert, in dem er lebte – betrachten und versuchen, den speziellen Kontext der Rede oder des Gleichnisses zu verstehen. Doch der historische Kontext hat auch mit den einzelnen Autoren (Evangelisten) und ihren Gründen für das Schreiben der Evangelien zu tun.

Uns ist bewusst, dass der Versuch, über diese verschiedenen Kontexte nachzudenken, für den normalen Leser eine gewaltige Aufgabe darstellen kann. Außerdem ist uns klar, dass auf diesem Gebiet mehr spekulative Wissenschaft betrieben wird als auf allen anderen Gebieten der neutestamentlichen Forschung. Doch das Wesen der Evangelien steht fest; es sind Dokumente, die auf zwei Ebenen arbeiten, ob einem das gefällt oder nicht. Wir behaupten nicht, dass wir Sie zu Experten in diesen Fragen machen können. Wir hoffen einfach, Ihnen diese Aspekte stärker bewusst machen zu können, sodass Sie die Evangelien in ihrer Besonderheit mehr schätzen lernen und einen guten Einblick gewinnen, welche Art von Fragen Sie beim Lesen stellen müssen.

Der historische Kontext Jesu im Allgemeinen

Wenn man Jesus verstehen will, ist es unerlässlich, dass der Leser sich in das Judentum des 1. Jahrhunderts vertieft, zu dem er gehörte. Und das bedeutet weit mehr, als nur zu wissen, dass die Sadduzäer nicht an die Auferstehung glaubten (und deshalb nicht selig waren). Man muss wissen, *warum* sie nicht daran glaubten und *warum* Jesus so wenig Kontakt zu ihnen hatte.

Bei dieser Art von Hintergrundinformation gibt es einfach keine Alternative zu guter weiterführender Literatur. In dieser Hinsicht wären folgende Bücher von großem Wert: Joachim Jeremias, *Jerusalem zur Zeit Jesu* (Vandenhoeck & Ruprecht) und Eduard Lohse, *Umwelt des Neuen Testaments* (Vandenhoeck & Ruprecht).

Ein wichtiges Merkmal dieser Dimension des historischen Kontextes, das aber oft übersehen wird, hat mit der *Form* der Lehre Jesu zu tun. Jeder weiß, dass Jesus häufig durch Gleichnisse lehrte. Weniger bewusst ist den meisten jedoch, dass er eine große Vielfalt solcher Formen benutzte. Er war zum Beispiel ein Meister der absichtlichen Übertreibung (Hyperbel). So sagte er seinen Jüngern einmal, man solle sich ein Auge ausreißen oder eine Hand abhauen, wenn sie einen zum Bösen verführen (Matthäus 5,29-30; Markus 9,43-48). Nun wissen wir alle: „Jesus meinte das eigentlich nicht so." Er wollte sagen, dass wir gegen alles bei uns „operativ" vorgehen sollen, was uns Anlass zur Sünde gibt. Doch woher wissen wir, dass er das nicht so gemeint hat? Weil wir alle eine Übertreibung als höchst wirkungsvolle Lehrtechnik erkennen und wissen, dass wir dem Lehrer das abnehmen sollen, was er meint, nicht das, was er sagt!

Sehr wirkungsvoll benutzte Jesus auch Sprichwörter (z. B. Matthäus 6,21 und Markus 3,24), Vergleiche und Metaphern (z. B. Matthäus 10,16 und Matthäus 5,13), Dichtung (z. B. Matthäus 7,6-8 und Lukas 6,27-28), Fragen (z. B. Matthäus 17,25) und Ironie (z. B. Matthäus 16,2-3), um nur einige Formen zu nennen. Zu diesem und zu anderen Punkten in diesem Kapitel empfehlen wir Ihnen das Buch: Robert H. Stein, *The Method and Message of Jesus' Teaching* (Philadelphia: Westminster 1978; leider nur in englischer Sprache erhältlich).

Der historische Kontext Jesu im Besonderen

Dieser Aspekt in dem Versuch, den historischen Kontext Jesu zu rekonstruieren, ist vor allem deshalb schwieriger, weil so viele seiner Lehren in den vier Evangelien mit sehr wenig Kontext wiedergegeben werden. Der Grund dafür ist, dass die Worte und Taten Jesu in einem Zeitraum von dreißig oder mehr Jahren mündlich überliefert wurden, als noch keine ganzen Evangelien existierten. Der Inhalt der Evangelien wurde vielmehr in einzelnen Geschichten und Aussprüchen *(Perikopen* = Bibelabschnitte) weitergegeben. Viele dieser Aussprüche Jesu wurden zusammen mit ihrem ursprünglichen Kontext überliefert. Diese Perikopen werden von Theologen als Verkündigungsgeschichten bezeichnet, weil die Erzählung selbst nur wegen des Ausspruchs weitergegeben wurde, der sie beschließt. In einer typischen *Verkündigungsgeschichte* bildet die Frage nach der Zahlung von Steuern an die Römer den Kontext (Markus 12,13-17). Sie endet mit dem berühmten Ausspruch Jesu: „So gebt dem Kaiser, was dem Kaiser gehört, und Gott, was Gott gehört!" Können Sie sich vorstellen, wie wir bei der Rekonstruktion des ursprünglichen Kontextes vorgegangen wären, wenn dieser Ausspruch ohne ihn überliefert worden wäre?

Die eigentliche Schwierigkeit liegt natürlich darin, dass so viele Aussprüche und Lehren Jesu ohne ihren Kontext überliefert wurden. Paulus selbst zitiert dreimal Aussprüche Jesu (1. Korinther 7,10; 9,14; Apostelgeschichte 20,35), ohne ihren ursprünglichen historischen Kontext zu erwähnen – was wir auch gar nicht von ihm erwarten sollten. Die beiden Aussprüche im 1. Korintherbrief sind auch in den Evangelien enthalten. So findet sich die Aussage zur Ehescheidung in zwei unterschiedlichen Kontexten (in Matthäus 5,31-32, wo die Jünger unterwiesen werden, und in Matthäus 19,1-10 sowie Markus 10,1-12, wo eine Kontroverse wiedergegeben wird). Die Aussage Jesu über das „Recht auf Vergütung" steht in Matthäus 10,10 sowie in der Parallelstelle in Lukas 10,7 im Zusammenhang mit der Aussendung der Zwölf (Matthäus) und der Zweiundsiebzig (Lukas). Der Ausspruch in der Apostelgeschichte ist in keinem der Evangelien zu finden, bleibt für uns also völlig ohne Kontext.

Es sollte uns also nicht überraschen zu erfahren, dass den Evangelisten viele solcher Aussprüche (ohne Kontext) zur Verfügung standen und dass es die Evangelisten selbst waren, die ihnen unter der Inspiration des Heiligen Geistes ihren jetzigen Kontext gaben. Das ist einer der Gründe, weshalb wir dieselben Aussprüche oder Lehren in den Evangelien oft in unterschiedlichen Kontexten wiederfinden und weshalb Aussprüche zu ähnlichen Themen oder Inhalten in den Evangelien oft zusammengefasst sind.

Matthäus zum Beispiel erstellt fünf große thematische Sammlungen (die jeweils mit einer Formulierung schließen wie: „Als Jesus diese Rede beendet hatte …"): das Leben im Reich Gottes (die sogenannte Bergpredigt, Kap. 5–7), Unterweisungen für die Diener dieses Reiches (10,5-42), Gleichnisse über das Wirken des Reiches Gottes in der Welt (13,1-52), Lehren über Beziehungen und Zucht im Reich Gottes (18,1-35), die Eschatologie oder Vollendung des Reiches Gottes (Kap. 23–25).

Dass diese Sammlungen von Matthäus zusammengestellt wurden, lässt sich anhand der Sammlung in Kapitel 10 zweifach illustrieren: 1. Der Kontext ist die historische Mission der Zwölf und die Anweisungen, die Jesus ihnen bei ihrer Aussendung (V. 5-15) gab. Die Anweisungen, die ein wenig später kommen (V. 16-20) beziehen sich jedoch auf eine viel spätere Zeit. Denn vorher wurden die Jünger aufgefordert, nur zu den verlorenen Schafen des Hauses Israel zu gehen (V. 5-6), während Jesus später davon spricht, dass man sie vor „Statthalter", „Könige" und „Heiden" führen wird, was im Verlauf ihrer ursprünglichen Mission jedoch noch nicht geschah. 2. Die hier wohlgeordneten Aussprüche bei Matthäus finden sich im Lukasevangelium völlig verstreut in dieser Reihenfolge: 9,2-5; 10,3; 21,12-17; 12,11-12; 6,40; 12,2-9; 12,51-53; 14,25-27; 17,33; 10,16. Das lässt vermuten, dass die meisten dieser Aussprüche auch Lukas als separate Einheiten zugänglich waren, die er dann in unterschiedliche Kontexte einfügte, denn er war auch vom Geist geleitet.

Beim Lesen der Evangelien sollten Sie daher unter anderem die Frage stellen – auch wenn Sie diese nicht völlig sicher beantworten können –, ob die jeweilige Lehre Jesu an seine engsten Jünger, an die Volksmenge oder an seine Gegner gerichtet war. Die Kenntnis des historischen Kontextes oder der Zuhörer Jesu beeinflusst zwar nicht unbedingt die grundsätzliche Bedeutung des Ausspruchs, aber sie wird Ihre Perspektive erweitern und kann Ihnen oft helfen, den *eigentlichen Sinn* der Aussagen Jesu zu verstehen.

Der historische Kontext des Evangelisten

Es geht uns hier nicht um den literarischen Kontext, in den jeder Evangelist sein Material aus den Reden Jesu gestellt hat, sondern um den historischen Kontext, der ihn überhaupt dazu veranlasste, ein Evangelium zu schreiben. Wieder sind wir in gewissem Umfang auf wissenschaftliche Vermutungen angewiesen, denn die Evangelien selbst sind anonyme Werke (der Name ihrer Autoren wird nicht genannt), und auch ihr Ursprungsort lässt sich nicht nachweisen. Wir können jedoch ziemlich genau ermitteln, welche Interessen und Anliegen die jeweiligen Evangelisten hatten, wenn wir auf die Auswahl, Gestaltung und Anordnung ihres Materials achten.

Das Markusevangelium ist besonders daran interessiert, das Wesen Jesu als Messias auf dem Hintergrund von Jesajas Motiv des „zweiten Exodus" (siehe *How to Read the Bible Book by Book*, S. 279–280) zu erklären. Obwohl Markus weiß, dass der Messias der starke Sohn Gottes ist (1,1), der voll Kraft und Barmherzigkeit durch Galiläa zieht (1,1–8,26), weiß er auch, dass Jesus wiederholt seine Stellung als Messias verborgen hielt (z. B. 1,34; 1,43; 3,12; 4,11; 5,43; 7,24; 7,36; 8,26; 8,30). Der Grund für dieses Schweigen ist, dass nur Jesus das wahre Wesen seiner messianischen Bestimmung versteht – das des „leidenden Knechtes" in Jesaja, der durch den Tod überwindet. Auch die Jünger verstehen es nicht, obwohl es ihnen dreimal erklärt wird (8,27-33; 9,30-32; 10,32-45). Wie der Mann, dem zweimal die Hände aufgelegt wurden (8,22-26), brauchten auch sie eine zweite Berührung – die Auferstehung –, um klar sehen zu können.

Die Tatsache, dass Markus erst nach der ersten Leidensankündigung Jesu (8,31-33) etwas von seiner Lehre über Jüngerschaft wiedergibt, zeigt noch deutlicher, dass dieser Evangelist den Schwerpunkt auf die messianische Bestimmung Jesu als leidender Knecht legt. Die implizite Aussage ist ebenso offensichtlich wie die explizite Lehre: Das Kreuz und die Knechtschaft, die Jesus erlitt, sind auch die Kennzeichen wahrer Jüngerschaft. Der Dichter Horatius Bonar formulierte es so: „Dies ist der Weg, den der Meister ging. Sollte nicht auch der Jünger ihn gehen?"

All das kann man durch sorgfältiges Lesen des Markusevangeliums feststellen. Das ist der allgemeine historische Kontext des Evangelisten. Jede spezifischere Einordnung kann nur auf Vermutungen beruhen, doch wir sehen keinen Grund, nicht der traditionellen Auslegung zu folgen, dass Markus in seinem Evangelium Petrus' „Memoiren" wiedergibt und dass es in Rom kurz nach

Petrus' Märtyrertod erschien, in einer Zeit, als die Christen Roms in großer Bedrängnis waren. In jedem Fall ist ein solches kontextorientiertes Lesen und Studieren bei den Evangelien genauso wichtig wie bei den Briefen.

3. Der literarische Kontext

Diesen Aspekt haben wir teilweise schon im Abschnitt „Der historische Kontext Jesu im Besonderen" angesprochen. Der literarische Kontext hat mit der Stellung einer bestimmten Perikope innerhalb des jeweiligen Kontextes im Evangelium zu tun, das heißt, in den sich die Evangelisten entschlossen, die Taten und Lehren zu stellen. In gewissem Umfang wurde dieser Kontext vermutlich bereits durch den ursprünglichen historischen Kontext festgelegt, der dem Evangelisten möglicherweise bekannt war. Doch wie wir bereits gesehen haben, erhielt ein Großteil des Materials seinen jetzigen Kontext in den Evangelien von den Evangelisten selbst, die dabei vom Heiligen Geist inspiriert wurden.

Mit unseren Ausführungen verbinden wir ein zweifaches Anliegen: Wir wollen Ihnen die Voraussetzungen vermitteln, 1. einen bestimmten Ausspruch oder eine Erzählung innerhalb des jetzigen Kontextes in den Evangelien zu lesen oder dafür eine Exegese durchzuführen und 2. die Art der Zusammensetzung der Evangelien als Ganzes zu verstehen, damit Sie auf diese Weise jedes der Evangelien selbst auslegen können (wie in *How to Read the Bible Book by Book*) und nicht nur isolierte Fakten aus dem Leben Jesu.

Die Auslegung einzelner Perikopen

Als wir über die Auslegung der Briefe sprachen, stellten wir fest, dass man lernen muss, „in Absätzen zu denken“. Das ist bei den Evangelien nicht ganz so wichtig, obwohl es auch hier gelegentlich von Bedeutung ist, besonders bei längeren Lehrabschnitten. Wie zu Beginn bereits gesagt, kann man bei diesen Lehrabschnitten auch gewisse Ähnlichkeiten mit unserem Ansatz bei den Briefen feststellen. Aufgrund der Einzigartigkeit der Evangelien müssen Sie hier jedoch zwei Dinge tun: horizontal denken und vertikal denken.

Damit wollen wir einfach sagen, dass man beim Lesen oder Auslegen der Evangelien die beiden erwähnten Tatsachen berücksichtigen muss: Es gibt vier Evangelien und sie sind auf zwei Ebenen angelegt.

Horizontal denken

Horizontal zu denken bedeutet, dass man sich beim Studium einer Perikope der jeweiligen Parallelen in den anderen Evangelien bewusst sein sollte. Dieser Punkt darf gewiss nicht überbetont werden, da kein Evangelist sein Werk schrieb, damit es parallel zu den anderen gelesen würde. Aus der Tatsache, dass Gott für die Aufnahme der vier Evangelien in den Kanon sorgte, ist jedoch zu schließen, dass sie nicht völlig isoliert voneinander gelesen werden dürfen.

Zuerst wollen wir hier eine Warnung aussprechen. Wenn man die Evangelien parallel studiert, verfolgt man dabei nicht die Absicht, den Bericht eines Evangeliums durch Einzelheiten aus den anderen aufzufüllen. Ein solches Lesen führt gewöhnlich dazu, dass alle Details harmonisiert werden und die besonderen, vom Heiligen Geist inspirierten Eigenarten der einzelnen Evangelien verloren gehen. Ein solches „Auffüllen“ mag uns auf der Ebene des historischen Jesus interessieren, aber *nicht* auf der Ebene des biblischen Kanons, die unser erstes Anliegen sein sollte. Uns geht es wieder um zwei

Ebenen: die von Jesus selbst in seinem eigenen Kontext und die des Autors des Evangeliums, der beim Schreiben seine ursprünglichen Leser im Blick hatte.

Es gibt zwei wesentliche Gründe, horizontal zu denken. Erstens werden die Parallelen uns oft dazu verhelfen, die charakteristischen Merkmale der einzelnen Evangelien mehr zu schätzen. Schließlich sind ihre Unterschiede ja der Hauptgrund dafür, dass es überhaupt vier Evangelien gibt. Zweitens werden die Parallelen uns helfen, die unterschiedlichen Kontexte wahrzunehmen, in denen dasselbe oder ein ähnliches Material in der sich entwickelnden Gemeinde im Umlauf war. Wir werden beide Punkte veranschaulichen, aber betrachten Sie zuerst folgende wichtige Anmerkung über Präsuppositionen (grundlegende Annahmen, die vorausgesetzt werden).

Es ist unmöglich, die vier Evangelien zu lesen, ohne bestimmte Annahmen über ihre wechselseitige Beziehung vorauszusetzen – selbst wenn man nie darüber nachgedacht hat. Die am weitesten verbreitete, aber am wenigsten wahrscheinliche Annahme lautet, dass jedes Evangelium unabhängig von den anderen geschrieben wurde. Es gibt einfach zu viele Beweise gegen diese These, um sie als gültige Alternative aufrechtzuerhalten.

Nehmen Sie zum Beispiel die Tatsache, dass die synoptischen Evangelien von Matthäus, Markus und Lukas sowohl in den *Erzählungen* als auch in den Aufzeichnungen der *Reden* Jesu sprachlich so große Ähnlichkeit aufweisen. Nicht verwundern sollte uns diese Tatsache bei den *Reden* dessen, über den gesagt wurde: „Noch nie hat ein Mensch so gesprochen" (Johannes 7,46). Bei den *Erzählungen* ist es jedoch wieder etwas anderes, besonders wenn man Folgendes bedenkt: 1. Diese Geschichten wurden zuerst auf Aramäisch erzählt, während wir hier über den Gebrauch der griechischen Sprache reden. 2. Obwohl die Wortstellung im Griechischen sehr frei ist, reichen die Ähnlichkeiten oft bis in die genaue Wortfolge hinein. 3. Es ist höchst unwahrscheinlich, dass drei Männer in drei verschiedenen Teilen des Römischen Reiches dieselbe Geschichte mit denselben Worten erzählen – bis hin zu Übereinstimmungen bei Präpositionen und Konjunktionen, die ja zum persönlichen Stil gehören.

Dennoch sind all diese Aspekte in den ersten drei Evangelien immer wieder anzutreffen.

Das lässt sich am Beispiel der Speisung der Fünftausend gut illustrieren, die als eine der wenigen Erzählungen in allen vier Evangelien enthalten ist. Betrachten Sie einmal folgende Statistik (bezogen auf die englische *Today's New International Version):*

1. Umfang der Geschichte in Wörtern

Matthäus	157
Markus	194
Lukas	153
Johannes	199

2. Zahl der Wörter, die alle drei synoptischen Evangelien gemeinsam haben: 53

3. Zahl der Wörter, die Johannes mit den drei synoptischen Evangelien gemeinsam hat:
   8 (fünf, zwei, fünftausend, nahm Brote, zwölf Körbe mit Stücken)

4. Prozentsatz der Übereinstimmung

Matthäus und Markus	59,0 Prozent
Matthäus und Lukas	44,0 Prozent
Lukas und Markus	40,0 Prozent
Johannes und Matthäus	8,5 Prozent
Johannes und Markus	8,5 Prozent
Johannes und Lukas	6,5 Prozent

Das führt uns unausweichlich zu der Schlussfolgerung, dass Johannes eine völlig *unabhängige* Version dieser Geschichte erzählt. Er benutzt nur diejenigen Wörter aus dem Wortschatz der anderen Evangelien, die für die Erzählung absolut notwendig sind, und verwendet sogar ein anderes griechisches Wort für „Fisch"! Die anderen drei Evangelien sind genauso offensichtlich voneinander *abhängig*. Kenner der griechischen Sprache werden wissen, wie unwahrscheinlich es ist, dass zwei Menschen unabhängig voneinander dieselbe Geschichte in Erzählform wiedergeben und dabei zu 60 Prozent in ihrer Wortwahl und oft sogar in der genauen Wortfolge übereinstimmen.

Als weiteres Beispiel wollen wir die Worte aus Markus 13,14 und die Parallele in Matthäus 24,15 betrachten: „der Leser begreife". Diese Worte können kaum Teil der *mündlichen Tradition* gewesen sein (es heißt hier Leser, nicht *Zuhörer*, und da in der frühesten Fassung – im Markusevangelium – Daniel nicht erwähnt wird, ist es unwahrscheinlich, dass Jesus selbst von Daniel sprach). Diese Worte wurden folglich von einem der Evangelisten für seine Leser in den Ausspruch Jesu eingefügt (Matthäus). Es scheint höchst unwahrscheinlich, dass zwei Autoren unabhängig voneinander genau denselben Einschub an genau derselben Stelle bringen.

Die beste Erklärung für all diese Befunde ist die bereits angedeutete – dass Markus sein Evangelium als Erster schrieb, wahrscheinlich zumindest teilweise aus seiner Erinnerung an Petrus' Predigten und Lehren. Lukas und Matthäus hatten Zugang zu diesem Evangelium und benutzten es unabhängig voneinander als Hauptquelle für ihr eigenes. Aber sie hatten auch andere Quellen über Jesus, von denen einige ihnen gemeinsam zur Verfügung standen. Dieses gemeinsame Material wird in den beiden Evangelien jedoch kaum in derselben Reihenfolge wiedergegeben – was darauf hindeutet, dass keiner von beiden Zugang zum Evangelium des anderen hatte. Johannes schließlich schrieb sein Evangelium unabhängig von den anderen und hat nur wenig Material mit ihnen gemeinsam. Das ist unserer Auffassung nach die Art, wie der Heilige Geist die Abfassung der Evangelien inspirierte.

Die Art und Weise, wie Ihnen dies beim Auslegen der Evangelien hilft, lässt sich an folgendem Beispiel aus der Einheitsübersetzung zeigen. Beachten Sie, wie der Ausspruch Jesu über den „unheilvollen Gräuel" aussieht, wenn man ihn parallel liest:

Matthäus 24,15-16	**Markus 13,14**	**Lukas 21,20-21**
Wenn ihr dann	Wenn ihr aber	Wenn ihr aber seht,
am heiligen Ort		dass Jerusalem von einem Heer eingeschlossen wird, dann könnt ihr daran erkennen,
den unheilvollen Gräuel stehen seht, der durch den Propheten Daniel vorhergesagt worden ist	den unheilvollen Gräuel an dem Ort seht, wo er nicht stehen darf	dass die Stadt bald verwüstet wird.
– der Leser begreife –,	– der Leser begreife –,	
dann sollen die Bewohner von Judäa in die Berge fliehen;	dann sollen die Bewohner von Judäa in die Berge fliehen;	Dann sollen die Bewohner von Judäa in die Berge fliehen.

Zuerst sollte beachtet werden, dass dieser Ausspruch in der Endzeitrede Jesu in allen drei Evangelien in genau derselben Abfolge steht. Als Markus diese Worte aufzeichnete, forderte er seine Leser auf nachzudenken, was Jesus mit dem „unheilvollen Gräuel an dem Ort, wo er nicht stehen darf" meinte. Matthäus, ebenfalls vom Heiligen Geist inspiriert, half seinen Lesern noch, indem er den Ausspruch etwas deutlicher machte. Er erinnert sie daran, dass im Propheten Daniel über den „unheilvollen Gräuel" geschrieben wurde, und dass Jesus mit dem Ort, „wo er nicht stehen darf", den „heiligen Ort" (den Tempel in Jerusalem) meinte. Lukas, ebenso vom Geist inspiriert, legte den ganzen Ausspruch einfach für seine nichtjüdischen Leser aus. Er sorgte dafür, dass seine Leser es wirklich begreifen konnten! Was Jesus mit all dem meinte, war: „Wenn Jerusalem von einem Heer eingeschlossen wird, dann könnt ihr erkennen, dass die Stadt bald verwüstet wird."

So wird erkennbar, wie horizontales Denken und das Wissen,

dass Matthäus und Lukas das Markusevangelium als Grundlage benutzten, uns helfen, diese drei Evangelien auszulegen. Das Wissen über die Parallelen in den Evangelien hilft uns auch zu erkennen, wie sich dasselbe Material in den neuen Kontexten der heutigen, sich entwickelnden Gemeinde anwenden lässt.

Nehmen wir als weiteres Beispiel Jesu Klage über Jerusalem, einen jener Aussprüche, die Matthäus und Lukas gemeinsam haben, ohne dass sie bei Markus erscheinen. Der Ausspruch wird in den beiden Evangelien fast wörtlich gleich wiedergegeben, aber in jedem an einem völlig anderen Ort. In Lukas 13,34-35 steht er in einer langen Sammlung von Erzählungen und Lehren Jesu auf dem Weg nach Jerusalem (9,51–19,44; siehe *How to Read the Bible Book by Book*, S. 292-293). Er folgt unmittelbar auf die Warnung vor Herodes und die Antwort Jesu darauf, die mit den Worten schließt: „Ein Prophet darf nirgendwo anders als in Jerusalem umkommen." Die Ablehnung des Boten Gottes führt zum Gericht über Israel.

In Matthäus beschließt die Klage eine Sammlung von sieben Weherufen die Jesus über die Pharisäer ausspricht (23,37-39), deren letzter von den Propheten spricht, die in Jerusalem getötet werden. Beachten Sie, dass der Ausspruch genau dieselbe Aussage macht, obwohl er in völlig unterschiedlichen Kontexten steht.

Dasselbe gilt auch für viele andere Aussprüche. Das Vaterunser steht in beiden Evangelien (Matthäus 6,7-13 und Lukas 11,2-4) im Kontext der Lehre über das Gebet, obwohl die Hauptaussagen dieser Abschnitte eine deutlich andere Ausrichtung haben. Beachten Sie auch, dass es bei Matthäus als Vorbild dient: „So sollt ihr beten: ...", während bei Lukas eine Wiederholung erwünscht ist: „Wenn ihr betet, so sprecht: ..." Beachten Sie genauso die Seligpreisungen (Matthäus 5,3-11 und Lukas 6,20-23). Bei Matthäus sind es „die im Geist Armen" (Fußnote der Einheitsübersetzung); bei Lukas handelt es sich einfach um „ihr Armen" (6,20) im Gegensatz zu „euch, die ihr reich seid" (6,24). Bei solchen Parallelstellen neigen manche Menschen dazu, sich auf einen halben Bibelkanon zu beschränken. Traditionelle Evangelikale beziehen sich nur auf „die im Geist Armen", sozial engagierte Aktivisten dagegen nur auf

„ihr Armen". Wir betonen, dass *beide* Stellen zum Kanon gehören und Gottes Wort für uns sind! In einer wirklich tiefen Bedeutung sind die wahren Armen diejenigen, die sich selbst als vor Gott verarmt erkennen. Doch der Gott der Bibel, der in Jesus von Nazareth Mensch wurde, ist ein Gott, der sich für die Sache der Unterdrückten und Entrechteten einsetzt. Man kann Lukas' Evangelium kaum lesen, ohne sein Interesse an diesem Aspekt der göttlichen Offenbarung zu erkennen (siehe 14,12-14; vgl. 12,33-34 mit der Parallele in Matthäus 6,19-21; siehe hierzu auch *How to Read the Bible Book by Book*, S. 289).

Schließlich, wenn Sie an einem ernsthaften Studium der Evangelien interessiert sind, brauchen Sie unbedingt eine Synopse (eine Ausgabe der Evangelien in paralleler Anordnung). Die beste ist die von Kurt Aland herausgegebene *Synopse der vier Evangelien* (Deutsche Bibelgesellschaft, Stuttgart), die den griechischen Text und den deutschen Text der Luther- und der Einheitsübersetzung enthält.

Vertikal denken

Vertikal zu denken bedeutet, dass man beim Lesen oder Studieren einer Erzählung oder einer Lehre in den Evangelien versucht, sich beide historischen Kontexte bewusst zu machen – den Kontext Jesu und den des Evangelisten.

Auch hier müssen wir mit einer Warnung beginnen. Ein vertikales Denken verfolgt nicht in erster Linie die Absicht, das Leben des historischen Jesus zu studieren. Das sollte für uns natürlich immer von Interesse sein. Aber *die Evangelien in ihrer jetzigen Form* sind Gottes Wort an uns; unsere eigenen *Rekonstruktionen* des Lebens Jesu dagegen sind es nicht. Und auch bei diesem Ansatz gilt, dass man ihn nicht übertreiben darf. Man sollte nur berücksichtigen, dass ein Großteil des Materials in den Evangelien seinen dortigen Kontext den Evangelisten verdankt und dass eine gute Auslegung unter Umständen erfordert, einen Ausspruch zunächst innerhalb seines historischen Kontextes zu betrachten, bevor man ihn in seinem jetzigen Kontext im biblischen Kanon verstehen kann.

Dies lässt sich anhand eines Abschnitts wie Matthäus 20,1-16 illustrieren, dem Gleichnis Jesu von den Arbeitern im Weinberg. Hier lautet unsere Frage: Was bedeutet dies im vorliegenden Kontext im Matthäusevangelium? Wenn wir zuerst horizontal denken, werden wir feststellen, dass Matthäus das Gleichnis in lange Abschnitte einbettet, worin er sich eng an Markus anlehnt (Matthäus 19,1-30; 20,17-34 entspricht Markus 10,1-52). In 10,31 steht bei Markus der Ausspruch: „Viele aber, die jetzt die Ersten sind, werden dann die Letzten sein, und die Letzten werden die Ersten sein", den Matthäus in 19,30 übernimmt. Doch genau an dieser Stelle fügt er dieses Gleichnis ein, das dann mit einer Wiederholung genau dieses Ausspruchs schließt (20,16), jetzt allerdings in umgekehrter Reihenfolge. Im Matthäusevangelium ist der unmittelbare Kontext für dieses Gleichnis also der Ausspruch über die umgekehrte Reihenfolge der Ersten und der Letzten.

Wenn Sie sich nun das eigentliche Gleichnis ansehen (20,1-15), werden Sie feststellen, dass es mit der Rechtfertigung des Gutsbesitzers für seine Großzügigkeit endet. Eine Belohnung im Reich Gottes, sagt Jesus, gründet sich nicht auf das, was fair ist, sondern auf Gottes Gnade! In seinem ursprünglichen Kontext diente dieses Gleichnis sicherlich dazu, gegenüber der Kritik der Pharisäer zu rechtfertigen, dass Jesus selbst die Sünder annahm. Die Pharisäer meinten, sie hätten „den ganzen Tag über die Last der Arbeit und die Hitze ertragen" und verdienten deshalb mehr Lohn. Doch Gott ist großzügig und gnädig und nimmt die Sünder ebenso bedingungslos an wie die „Gerechten".

Wenn dies der wahrscheinlichste Originalkontext ist, welche Funktion erfüllt dieses Gleichnis dann im Matthäusevangelium? Die Kernaussage des Gleichnisses, Gottes gnädige Großzügigkeit für Menschen, die es nicht verdient haben, bleibt sicher gleich. Doch dient diese Aussage nun nicht mehr dazu, Jesu eigenes Handeln zu rechtfertigen. Das tut das Matthäusevangelium an anderer Stelle auf andere Weise. Hier steht das Gleichnis im Kontext der Jüngerschaft:

diejenigen, die alles aufgegeben haben, um Jesus zu folgen, sind die Letzten, die die Ersten werden (vielleicht tatsächlich im Gegensatz zu den führenden Juden, was Matthäus wiederholt herausstellt).

Sehr oft wird vertikales Denken erkennbar machen, dass auf beiden Ebenen dieselbe Aussage gemacht werden soll. Die obige Illustration zeigt jedoch, wie fruchtbar dieses Denken für die Exegese sein kann.

Jedes Evangelium als Einheit auslegen

Ein wichtiger Aspekt des literarischen Kontextes besteht darin, die verschiedenen Anliegen wahrnehmen zu lernen, die bei der Abfassung der Evangelien eine Rolle spielten und die jedes von ihnen so einzigartig machten.

Wir haben in diesem Kapitel bisher festgestellt, dass man beim Lesen und Studieren der Evangelien nicht nur das Interesse der Evangelisten an Jesus selbst – an dem, was er tat und sagte – ernst nehmen muss, sondern auch ihre Gründe dafür, diese Geschichte für ihre eigenen Leser jeweils neu zu erzählen. Die Evangelisten, so stellten wir fest, waren Autoren und nicht nur Kompilatoren ihrer Werke. Damit ist jedoch nicht gemeint, dass sie das Material selbst geschaffen hätten; das Gegenteil ist der Fall. Verschiedene Faktoren schließen größere Kreativität aus, darunter die Tatsache, dass es sich um *die Worte Jesu* handelte, für dessen Nachfolge sie alles aufgegeben hatten, und der relativ festgelegte Charakter des Materials beim Übertragungsprozess. Sie waren also Autoren in dem Sinne, dass sie mit der Hilfe des Heiligen Geistes das Material kreativ strukturierten und neu aufschrieben, um den Bedürfnissen ihrer Leser zu begegnen. Es kommt uns hier darauf an, dass Sie sich der Anliegen und der Technik der einzelnen Evangelisten bewusst sind, wenn Sie ihr Evangelium lesen oder studieren.

Bei der Abfassung der Evangelien waren drei Prinzipien entscheidend: Auswahl, Anordnung und Anpassung. Einerseits *wählten* die Evangelisten diejenigen Erzählungen und Lehren *aus*, die ihren Absichten am besten dienten. Es stimmt natürlich, dass einfach der Wunsch zur Erhaltung des verfügbaren Materials eine dieser Absichten gewesen sein mag. Doch betont Johannes, der in seinem Evangelium weniger, dafür aber ausführlichere Erzählungen und Reden bringt, dass er sein Material sehr gezielt ausgewählt hat (20,30-31; 21,25). Dieses letzte Wort – das letzte Wort seines Evangeliums und als Hyperbel formuliert („ich vermute, dass selbst die ganze Welt die Bücher nicht fassen würde, die man schreiben könnte") – trifft wahrscheinlich auch auf die anderen drei Evangelien zu. Lukas traf zum Beispiel die Entscheidung, einen beträchtlichen Abschnitt des Markusevangeliums nicht zu übernehmen (6,45–8,26).

Gleichzeitig hatten die Evangelisten und ihre Gemeinden besondere Interessen, nach denen sie das ausgewählte Material auch *anordneten* und *anpassten.* Johannes sagt uns zum Beispiel ganz klar, dass seine Absicht eine theologische war, nämlich „damit ihr glaubt, dass Jesus der Messias ist, der Sohn Gottes" (Johannes 20,31). Dieses Interesse an Jesus als dem jüdischen Messias ist wahrscheinlich der Hauptgrund dafür, dass der Großteil seines Materials mit dem Dienst Jesu in Judäa und Jerusalem zu tun hat, im Gegensatz zu den Synoptikern, die fast ausschließlich den Dienst in Galiläa berücksichtigen. Für die Juden war Jerusalem die wahre Heimat des Messias. Johannes weiß von Jesu Aussage, dass ein Prophet in seiner Heimatstadt oder seinem Heimatland nicht geehrt wird. Dies wurde ursprünglich zu dem Zeitpunkt gesagt, als man Jesus in Nazareth ablehnte (Matthäus 13,57; Markus 6,4 und Lukas 4,24). Im Johannesevangelium wird dieser Ausspruch als Erklärung für die Ablehnung des Messias in Jerusalem überliefert (4,44) – eine tiefe theologische Einsicht in den Dienst Jesu.

Dieses Prinzip der Anpassung erklärt auch die meisten sogenannten Diskrepanzen zwischen den Evangelien. Eine der bekanntesten ist zum Beispiel die Verfluchung des Feigenbaums (Markus 11,12-14.20-25; Matthäus 21,18-22). Im Markusevangelium wird diese Geschichte aufgrund ihrer symbolischen theologischen Bedeutung erzählt. Beachten Sie, dass zwischen der Verfluchung und dem Verdorren des Feigenbaums berichtet wird, wie Jesus durch die

Reinigung des Tempels ein ähnliches Gericht über das Judentum verhängt. Die Geschichte vom Feigenbaum hatte für die frühe Gemeinde aber auch deshalb große Bedeutung, weil sie mit einer Lektion über den Glauben endet. Im Matthäusevangelium gilt das Interesse der Geschichte ausschließlich dieser Lektion: Die Verfluchung und das Verdorren des Feigenbaums werden hintereinander berichtet, um den Aspekt des Glaubens herauszustellen. Denken Sie daran, dass das Erzählen der Geschichte in beiden Fällen das Werk des Heiligen Geistes ist, der *beide* Evangelisten inspirierte.

Um diesen Abfassungsprozess in etwas größerem Maßstab zu illustrieren, wollen wir die ersten Kapitel bei Markus (1,14–3,6) betrachten. Sie sind ein künstlerisches Meisterstück und so geschickt konstruiert, dass wohl die meisten Leser erfassen, worum es Markus geht, auch wenn sie nicht erkennen, wie er dabei vorgegangen ist.

Es handelt sich um drei Aspekte des öffentlichen Dienstes Jesu, die Markus besonders interessieren: seine Popularität beim Volk, die Nachfolge der Wenigen und die Opposition der jüdischen Obrigkeit. Beachten Sie, wie geschickt Markus uns diese drei Dinge durch die Auswahl und Anordnung der Erzählungen darbietet. Nach der Ankündigung des öffentlichen Wirkens Jesu (1,14-15) berichtet die erste Erzählung von der Berufung der ersten Jünger. Dieses Motiv wird in den nachfolgenden Abschnitten weiter ausgeführt (3,13-19; 4,10-12; 4,34-41 u. a.), während es in den ersten beiden Kapiteln mehr um die anderen zwei Aspekte geht. Ab V. 21 bringt Markus nur vier Perikopen: ein Tag in Kapernaum (1,21-28 sowie 29-34), ein kurzer Predigtrundgang am nächsten Tag (V. 35-39) und die Heilung eines Aussätzigen (V. 40-45). Das gemeinsame Motiv ist immer die rasch wachsende Berühmtheit und Popularität Jesu (V. 27-28.32-33.37 und 45), was dazu führte, „dass sich Jesus in keiner Stadt mehr zeigen konnte … Dennoch kamen die Leute von überallher zu ihm." Alles wirkt atemberaubend, obwohl Markus nur vier Erzählungen benutzt, außerdem den Ausdruck „alsbald" oder „sogleich" oft wiederholt (1,21.23.28.29.30.42; leider fehlt dieses Wort in deutschen Übersetzungen oft) und fast jeden Satz mit „und" beginnt. (Beachten Sie, dass dieses Merkmal aus stilistischen

Gründen in modernen Übersetzungen oft weggelassen wird. In der Luther-Übersetzung ist es noch gut zu erkennen.)

Nachdem Markus uns dieses Bild vor Augen gezeichnet hat, wählt er als Nächstes fünf andere Erzählungen aus, die zusammengenommen ein Bild der Opposition ergeben und uns die Gründe für diesen Widerstand nennen. Beachten Sie, dass der gemeinsame Nenner der ersten vier Perikopen die Frage „Wie?“ oder „Warum?“ ist (2,7.16.18.24; in V. 24 wird das in der Einheitsübersetzung leider nicht so deutlich). Widerstand kommt auf, weil Jesus Sünde vergibt, mit Sündern isst, die Tradition des Fastens vernachlässigt und den Sabbat „bricht“. Dass die Juden diesen letzten Punkt als unerhörte Beleidigung ihrer Tradition betrachteten, macht Markus deutlich, indem er eine zweite Erzählung dieser Art anfügt (3,1-6).

Wir wollen hier nicht den Eindruck erwecken, als könnte man in allen Abschnitten der vier Evangelien die Intention der Evangelisten bei der Abfassung so leicht herausarbeiten. Aber wir halten es für erforderlich, die Evangelien unter diesem Aspekt zu betrachten, um sie umfassender zu verstehen.

4. Einige hermeneutische Beobachtungen

Die hermeneutischen Prinzipien für die Evangelien sind zum größten Teil eine Kombination dessen, was in den vorangegangenen Kapiteln über die Briefe und über die historischen Erzählungen gesagt wurde.

Die Lehren und die Gebote

Ausgehend von einer sorgfältigen Exegese sollten die Lehren und Gebote Jesu in den Evangelien in derselben Weise ins 21. Jahrhundert übertragen werden, wie wir das bei Paulus – oder Petrus oder

Jakobus – in den Briefen tun. Sogar die Fragen der kulturellen Relativität müssen in derselben Weise gestellt werden. Eine Scheidung ist für Ehepartner, die beide Nachfolger Jesu sind, kaum eine gültige Möglichkeit – eine Aussage, die Paulus wiederholt (1. Korinther 7,10-11). Doch in unserer heutigen westlichen Kultur, wo jeder zweite Neubekehrte eine Scheidung hinter sich hat, sollte die Frage der Wiederheirat sicher nicht mechanisch, gedankenlos und ohne helfende Anteilnahme beantwortet werden. Wir müssen unsere anfängliche Annahme über die Bedeutung der Worte Jesu, die in einer völlig anderen kulturellen Umgebung gesprochen wurden, sorgfältig überprüfen. Genauso wenig werden wir ja erleben, dass ein römischer Soldat uns zwingt, eine Meile mit ihm zu gehen (Matthäus 5,41). Doch in diesem Fall ist das Anliegen Jesu – als Christ über das Geforderte hinauszugehen – sicherlich auf viele vergleichbare Situationen übertragbar.

Eine weitere wichtige Anmerkung muss noch hinzugefügt werden. Weil viele Gebote Jesu im Kontext alttestamentlicher Gesetzesauslegung stehen und für viele Menschen ein unerreichbares Ideal darzustellen scheinen, hat man eine Vielfalt hermeneutischer Kunstgriffe versucht, um ihre normative Autorität für die Gemeinde zu umgehen. Wir haben hier nicht die Zeit, diese verschiedenen Versuche darzustellen und zu widerlegen; einige Sätze dazu sind jedoch angebracht. (Ein hervorragender Überblick dazu findet sich im 6. Kapitel des bereits empfohlenen Werkes von Robert H. Stein.)

Die meisten dieser hermeneutischen Kunstgriffe entstanden, weil die Gebote wie ein Gesetz aussehen – noch dazu wie ein unerfüllbares! Aber das Leben des Christen basiert nach dem Neuen Testament auf Gottes Gnade und nicht auf dem Gehorsam gegen das Gesetz. Es ist ein Missverständnis, die Gebote als Gesetz aufzufassen. Sie sind *kein* Gesetz in dem Sinne, dass man ihnen gehorchen müsste, *um* Christ zu werden oder Christ zu bleiben; unser Heil hängt nicht von einem vollkommenen Gehorsam in diesen Punkten ab. Es handelt sich vielmehr um Beschreibungen in Form von Geboten, wie das Leben des Christen *aufgrund* der bereits geschehenen Annahme durch Gott aussehen sollte. Eine Nichtvergeltungsethik

(Matthäus 5,38-42) ist tatsächlich die Ethik des Reiches Gottes – für dieses gegenwärtige Zeitalter. Doch sie beruht auf Gottes Liebe zu uns, die keine Vergeltung übt; und in seinem Reich gilt: „Wie der Vater, so das Kind." Als Erstes machen wir selbst die Erfahrung der bedingungslosen, unbegrenzten Vergebung Gottes; doch dann soll auch anderen Menschen mit bedingungsloser, unbegrenzter Vergebung begegnet werden. Jemand hat einmal gesagt, im Christentum sei Religion Gnade und Ethik Dankbarkeit. Demnach sind die Gebote Jesu ein Wort für uns, gleichen aber nicht dem Gesetz des Alten Testaments. Sie beschreiben die in unserem neuen Leben als Gottes geliebte und erlöste Kinder praktizierte Liebe – eine Liebe, die uns natürlich nicht freigestellt ist!

Die Erzählungen

Die Erzählungen haben in den Evangelien meist mehrere Funktionen. Die Wunderberichte wurden zum Beispiel nicht aufgezeichnet, um eine Moral zu vermitteln oder als Präzedenzfälle zu dienen. Sie sollen vielmehr als lebendige Illustrationen für die Macht des Reiches Gottes fungieren, das durch den Dienst Jesu anbrach. Indirekt können sie auch Glauben, Furcht oder Versagen illustrieren, was aber nicht ihre primäre Absicht ist. Andererseits stehen Geschichten wie die des vermögenden Mannes (Matthäus 19,16-22; Markus 10,17-22; Lukas 18,18-23)oder der Bitte, zur Rechten Jesu sitzen zu dürfen (Matthäus 20,20-28; Markus 10,35-45; Lukas 22,24-27) im Kontext einer Lehre, sodass die Geschichte selbst als Illustration für das Gelehrte dient. Es scheint uns die korrekte hermeneutische Praxis zu sein, diese Erzählung in genau dieser Weise zu benutzen.

In der Erzählung vom vermögenden Mann geht es also nicht darum, dass alle Jünger Jesu ihren gesamten Besitz verkaufen müssten, um ihm nachzufolgen. Es gibt deutliche Beispiele in den Evangelien, dass dies nicht der Fall war (vgl. Lukas 5,27-30 und 8,3 sowie Markus 14,3-9). Die Geschichte illustriert stattdessen, wie schwierig es für Reiche ist, ins Reich Gottes zu kommen, eben weil sie an den Wohlstand an sich gebunden sind und ihr Leben dadurch abzusichern versuchen. Doch Gottes Liebe kann auch an Vermögenden Wunder tun, fährt Jesus fort. Die Geschichte von Zachäus (Lukas 19,1-10) illustriert diese Tatsache.

Auch an dieser Stelle wird deutlich, wie wichtig eine gute Exegese ist, damit das Anliegen, das wir aus solchen Erzählungen herausholen, auch wirklich das Anliegen ist, das im Evangelium vertreten wird.

Eine sehr wichtige Bemerkung zum Schluss

Unsere letzte Aussage lässt sich auch auf unsere Besprechung des historischen Kontextes Jesu anwenden, doch sie steht hier an dieser Stelle, weil sie für die hermeneutische Frage so entscheidend ist. Es geht um Folgendes: *Man wage nicht zu glauben, man könne die Evangelien auslegen, ohne das Konzept vom Reich Gottes im Dienst Jesu klar zu verstehen.* (Eine kurze, aber gute Einführung in diesen Zusammenhang ist im 4. Kapitel von Stein, *The Method and Message of Jesus' Teaching,* zu finden.) An dieser Stelle können wir leider nur einen kurzen Abriss darüber geben und einige Worte über die Auswirkungen auf die Hermeneutik sagen.

Zuallererst sollten Sie wissen, dass die grundlegende theologische Struktur des gesamten Neuen Testaments eschatologisch ist. Die Eschatologie bezieht sich auf das Ende aller Dinge, wenn Gott dieses Zeitalter zu seinem Ende führt. Die meisten Juden zur Zeit Jesu dachten eschatologisch: Sie glaubten, unmittelbar vor dem Zeitpunkt zu leben, an dem Gott in die Geschichte eingreifen, das gegenwärtige Zeitalter zu Ende führen und das kommende einleiten würde. Das griechische Wort für das Ende, das sie erwarteten, heißt *eschatos*. Dass die Juden eschatologisch dachten, bedeutet also, dass sie auf dieses Ende ausgerichtet waren.

Die eschatologische Hoffnung der Juden
Das Eschaton

Dieses Zeitalter (Satans Zeit)	**Das kommende Zeitalter (Die Zeit der Herrschaft Gottes)**
Kennzeichen: Sünde Krankheit Besessenheit Sieg des Bösen	**Kennzeichen:** Gegenwart des Geistes Gerechtigkeit Gesundheit Friede

Die ersten Christen verstanden diese eschatologische Sicht des Lebens natürlich sehr gut. Für sie standen die Ereignisse des Kommens, Sterbens und Auferstehens Jesu und der Ausgießung seines Geistes alle in Verbindung mit ihren Erwartungen in Bezug auf das kommende Ende.

Das Kommen des Endes bedeutete für sie zugleich einen neuen Anfang – den Anfang des neuen Zeitalters Gottes, des messianischen Zeitalters. Dieses neue Zeitalter wurde als Reich Gottes bezeichnet, womit „die Zeit der Herrschaft Gottes" gemeint war. Es würde eine Zeit der Gerechtigkeit sein (z. B. Jesaja 11,4-5), in der die Menschen in Frieden leben (z. B. Jesaja 2,2-4). Es würde eine Zeit der Fülle des Geistes sein (Joel 3,1-3), eine Zeit der Verwirklichung des Neuen Bundes, von dem Jeremia gesprochen hatte (Jeremia 31,31-34; 32,38-40). Sünde und Krankheit würden beseitigt werden (z. B. Sacharja 13,1; Jesaja 53,5). Selbst die physische Schöpfung würde die freudigen Auswirkungen dieses neuen Zeitalters spüren (z. B. Jesaja 11,6-9).

Als dann Johannes der Täufer ankündigte, dass das Ende sehr nahe gekommen sei, und als er Gottes Messias im Jordan taufte, erreichte die eschatologische Begeisterung den Höhepunkt. Der Messias war nahe, der das neue Zeitalter des Geistes einleiten würde (Lukas 3,1-17).

Jesus kam und verkündigte mit seinem Dienst, dass das Reich Gottes nahe gekommen war (z. B. Markus 1,14-15; Lukas 17,20-21). Er trieb Dämonen aus, tat Wunder und nahm die Ausgestoßenen und Sünder unvoreingenommen an – alles Zeichen dafür, dass das Ende begonnen hatte (z. B. Matthäus 11,2-6; Lukas 11,20; 14,21; 15,1-2). Jeder beobachtete ihn, um herauszufinden, ob er *wirklich* der Kommende war. Würde er tatsächlich das messianische Zeitalter in all seiner Herrlichkeit herbeiführen? Doch dann wurde er plötzlich gekreuzigt – und alles war aus.

Doch nein! Es gab eine herrliche Fortsetzung. Am dritten Tag wurde er von den Toten auferweckt und erschien vielen seiner Nachfolger. Bestimmt würde er *jetzt* „das Reich für Israel wiederherstellen" (Apostelgeschichte 1,6). Doch stattdessen kehrte er zum Vater zurück und goss den versprochenen Heiligen Geist aus. Hier entstehen die Probleme für die frühe Gemeinde und für uns. Jesus verkündete, dass das Reich Gottes mit seinem eigenen Kommen schon eingetroffen war. Das Kommen des Geistes in Fülle und Macht, mit Zeichen und Wundern, und die Einsetzung des Neuen Bundes zeigten, dass das neue Zeitalter gekommen war. Dennoch war das Ende des *jetzigen* Zeitalters offensichtlich noch nicht eingetreten. Wie sollten sie das verstehen?

Sehr früh – schon mit Petrus' Rede vor den erstaunten Zuschauern in Apostelgeschichte 3 – gelangten die ersten Christen zu der Erkenntnis, dass Jesus nicht gekommen war, um das „letzte Ende", sondern um den „Anfang vom Ende" einzuleiten. So erkannten sie, dass mit dem Tod und der Auferstehung Jesu und mit dem Kommen des Geistes die Segnungen und Vorzüge der Zukunft bereits begonnen hatten. In gewissem Sinne war die Zukunft deshalb schon da. In anderer Hinsicht war das Ende jedoch noch nicht in vollem Umfang eingetreten. Es war *schon jetzt*, aber dennoch *noch nicht*.

Die ersten Gläubigen lernten deshalb, ein wahrhaft eschatologisches Volk zu werden. Sie lebten zwischen den Zeiten – das heißt, zwischen dem *Anfang* und der *Vollendung* des Endes. Am Tisch des Herrn feierten sie ihre eschatologische Existenz, indem sie „den Tod des Herrn [verkündigten], bis er kommt" (1. Korinther 11,26). *Schon jetzt* kannten sie Gottes bedingungslose und vollständige Vergebung, waren aber *noch nicht* vollendet (Philipper 3,7-14). Der Sieg über den Tod gehörte ihnen *schon jetzt* (1. Korinther 3,22), doch sie mussten *noch* sterben (Philipper 3,20-21). *Schon jetzt* lebten sie im Geist, aber zugleich lebten sie *noch* in der Welt, in der Satan sie angreifen konnte (z.B. Epheser 6,10-17). *Schon jetzt* waren sie gerechtfertigt und hatten keine Verurteilung mehr zu erwarten (Römer 8,1), aber dennoch sollte es *noch* ein zukünftiges Gericht geben (2. Korinther 5,10). Sie waren Gottes zukünftiges Volk; sie waren von dieser Zukunft geprägt. Sie kannten die Vorzüge ihrer Zukunft, mussten diese Vorzüge und Werte jedoch, wie auch wir, in der gegenwärtigen Welt ausleben. Der grundlegende theologische Rahmen für das Verständnis des Neuen Testaments lässt sich also so darstellen:

Die eschatologische Sicht im Neuen Testament

Das Eschaton

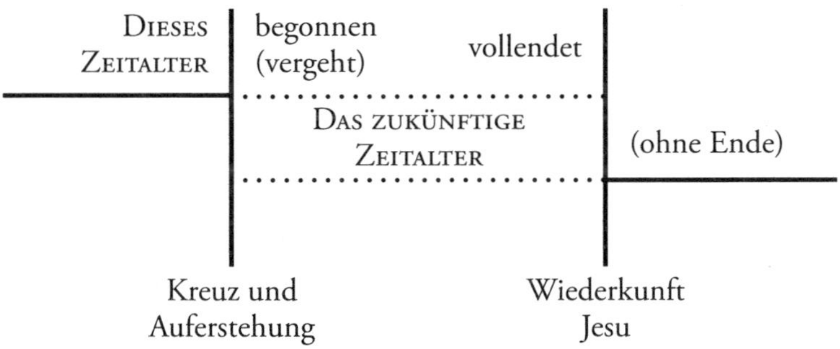

Schon jetzt:	***Noch nicht:***
Gerechtigkeit	völlige Gerechtigkeit
Friede	völliger Friede
Gesundheit	weder Krankheit noch Tod
Geist	in der ganzen Fülle

Der hermeneutische Schlüssel zu einem Großteil des Neuen Testaments und besonders zum Dienst und zur Lehre Jesu ist in dieser Art von „Spannung" zu finden. Gerade weil das Reich Gottes – die Zeit seiner Herrschaft – durch das Kommen Jesu eingeleitet wurde, sind wir dazu berufen, in diesem Reich – also unter seiner Herrschaft – *zu leben*, und zwar als Menschen, die bedingungslos angenommen wurden und Vergebung empfangen haben, die aber dazu verpflichtet sind, die Ethik dieses neuen Zeitalters in ihrem Leben und in ihrer heutigen Welt umzusetzen.

Wenn wir also beten: „Dein Reich komme", beten wir zuerst um seine Vollendung. Doch weil das Reich – die Zeit der Herrschaft Gottes –, dessen Vollendung wir ersehnen, bereits begonnen hat, enthält dasselbe Gebet viele Implikationen für die Gegenwart – durch den Geist sollen wir bereits jetzt das Leben und die Werte des „kommenden Zeitalters", das mit der Auferstehung Jesu bereits begonnen hat, verwirklichen.

8
Die Gleichnisse – begreifen Sie die „Pointe“?

Gleich zu Anfang sollte gesagt werden, dass sämtliche Ausführungen des vorigen Kapitels über die Lehren Jesu auch für seine Gleichnisse gelten. Warum wird ihnen dann überhaupt ein eigenes Kapitel gewidmet? Welche Probleme könnten diese einfachen, direkten kleinen Geschichten Jesu dem Leser oder Ausleger denn bereiten? Es scheint, als müsse man sich schon außerordentlich dumm anstellen, um nicht mitzubekommen, worum es beim „barmherzigen Samariter“ oder beim „verlorenen Sohn“ geht. Schon das Lesen einer dieser Geschichten versetzt dem Herz einen Stich oder vermittelt Trost.

Ein besonderes Kapitel ist nötig, weil die Gleichnisse in der Gemeinde Jesu starken Fehlinterpretationen ausgesetzt sind. Nur bei dem Buch Offenbarung finden sich noch schlimmere Auslegungsfehler.

1. Die Gleichnisse in der Geschichte

Der Grund für die lange Geschichte dieser Fehlinterpretationen lässt sich auf etwas zurückführen, was Jesus in Markus 4,10-12 (Matthäus 13,10-13; Lukas 8,9-10) selbst gesagt hat. Nach dem Zweck der Gleichnisse befragt, schien er anzudeuten, dass sie Geheimnisse für die „Insider“ enthielten, während sie die „Outsider“ nur noch verhärteten. Die Tatsache, dass er dann fortfuhr, das Gleichnis vom Sämann in halb allegorischer Weise auszulegen, wurde später als Bestätigung der „Verhärtungstheorie“ und als Freibrief für endlose allegorische Auslegungen betrachtet. Man sah in den Gleichnissen einfache Geschichten für die „Outsider", denen die „eigentliche Bedeutung" – das „Geheimnis" – verborgen blieb; man glaubte, diese tiefere Bedeutung gehöre nur der Gemeinde Jesu und könne nur durch allegorische Auslegung enthüllt werden.

So bietet selbst der bedeutende, brillante Theologe Augustinus diese Auslegung für das Gleichnis vom barmherzigen Samariter:

Ein Mann, der von Jerusalem nach Jericho hinabging = Adam
Jerusalem = die himmlische Stadt des Friedens, aus der Adam fiel
Jericho = der Mond; Symbol für Adams Sterblichkeit
Räuber = der Teufel und seine Engel
plünderten ihn aus = raubten ihm seine Unsterblichkeit
schlugen ihn nieder = indem sie ihn zur Sünde überredeten
und ließen ihn halb tot liegen = als Mensch lebt er, doch er starb geistlich; deswegen ist er halb tot
Priester und Levit = Priestertum und Dienst des Alten Testaments
Samariter = soll Wächter bedeuten; daher ist Christus selbst gemeint
verband seine Wunden = meint das Binden der Macht der Sünde
Öl = Trost der guten Hoffnung
Wein = Mahnung, mit einem brennenden Geist zu dienen
Reittier = das Fleisch der Menschwerdung Christi
Herberge = die Gemeinde
am andern Morgen = nach der Auferstehung
zwei Denare = Verheißung dieses Lebens und des kommenden Lebens
Wirt = Paulus

So interessant diese Auslegung auch sein mag: Man kann absolut sicher sein, dass sie nicht dem entspricht, was Jesus mit dem Gleichnis sagen wollte. Schließlich geht es im Kontext eindeutig um ein Verständnis zwischenmenschlicher Beziehungen („Wer ist mein Nächster?") und nicht der Beziehung zwischen Mensch und Gott. Außerdem gibt es keinen Grund für die Annahme, Jesus habe auf diese umständliche Weise die Gemeinde und Paulus *vorhersagen* wollen!

Es ist sogar äußerst zweifelhaft, ob die meisten Gleichnisse wirklich für Insider bestimmt waren. In mindestens drei Fällen sagt Lukas ausdrücklich, dass Jesus *den Menschen* („ihnen"; siehe Lukas 15,3, 18,9; 19,11) Gleichnisse erzählte, wobei klar vorausgesetzt wird, dass diese auch verstanden werden sollten, zumindest auf einer Ebene. Außerdem konnte der Gesetzeslehrer das Gleichnis vom barmherzigen Samariter, das Jesus ihm erzählte (Lukas 10,25-37), ebenso verstehen (V. 36-37), wie die Hohenpriester und die Pharisäer das Gleichnis von den Winzern (Matthäus 21,45).

Wenn wir bei den Gleichnissen hin und wieder Verständnisschwierigkeiten haben, so liegt das nicht daran, dass es Allegorien sind, für deren Auslegung wir einige besondere Schlüssel brauchen. Diese Probleme haben vielmehr mit Dingen zu tun, von denen wir im vorangegangenen Kapitel über die Evangelien gesprochen haben. Ein Schlüssel zum Verständnis liegt in der Feststellung, welchen Zuhörern sie erzählt wurden; wie bereits erwähnt, wurden sie den Autoren der Evangelien oft ohne Kontext weitergegeben.

Wenn die Gleichnisse keine allegorischen Geheimnisse für die Gemeinde sind, was meinte Jesus dann, als er auf die Frage der Jünger nach den Gleichnissen (Markus 4,10-12) mit einem Satz über das Geheimnis des Reiches Gottes antwortete? Höchstwahrscheinlich liegt der Schlüssel zu diesem Ausspruch in einem Wortspiel in der aramäischen Muttersprache Jesu. Der aramäische Begriff *methal*, das in griechischer Übersetzung *parabolē* lautet, wurde für eine ganze Palette von Sprachfiguren der Kategorie Rätsel/Denkspiel/Gleichnis verwendet, und nicht nur für die spezielle Form, die wir als „Gleichnis" bezeichnen. Wahrscheinlich meint der Satz, „denen, die draußen sind, wird alles in Gleichnissen gesagt" (V. 11), dass die Bedeutung des Dienstes Jesu (das Geheimnis des Reiches Gottes) von Außenstehenden nicht wahrgenommen werden konnte, sondern für sie ein *methal* darstellte, ein Rätsel. Damit war sein Reden in *mathelin* (Gleichnissen) ein Teil des umfassenden *methal* (Rätsels) seines gesamten Dienstes. Sie sahen, erkannten jedoch nicht; sie hörten die Gleichnisse – und verstanden sie sogar –, hörten sie aber nicht in einer Weise, die zum Gehorsam führte. Sie suchten nach etwas, das ihrer Vorstellung von Macht und Herrlichkeit entsprach, nicht nach einem demütigen Galiläer, der sich um jede Art von verkehrten Menschen kümmerte.

Unsere Exegese der Gleichnisse muss daher mit denselben Annahmen beginnen, die wir auch bei allen anderen Gattungen vorausgesetzt haben. Jesus wollte nicht umständlich und unverständlich reden; er wollte wirklich verstanden werden. Unsere Aufgabe besteht zunächst darin, das zu hören, was die Menschen damals hörten. Doch bevor wir das in angemessener Weise tun können, müssen wir mit der Frage beginnen: Was ist ein Gleichnis? Denn hinter diesem Wort verbirgt sich eine Reihe von indirekten Aussagen.

2. Das Wesen der Gleichnisse

Die Vielfalt der Arten

Als Erstes müssen wir festhalten, dass nicht alle Aussprüche, die wir als Gleichnisse bezeichnen, in dieselbe Kategorie fallen. Es gibt zum Beispiel einen grundlegenden Unterschied zwischen dem „barmherzigen Samariter“ (ein echtes Gleichnis) und dem „Sauerteig im Mehl“ (ein Vergleich); und diese beiden unterscheiden sich ihrerseits von Aussprüchen wie: „Ihr seid das Salz der Erde“ (eine Metapher) oder: „Erntet man etwa von Dornen Trauben oder von Disteln Feigen?“ (ein Epigramm). Doch alle diese Formen wurden von Zeit zu Zeit in Erörterungen über Gleichnisse genannt.

Der „barmherzige Samariter“ ist ein gutes Beispiel für ein *echtes Gleichnis*. Es handelt sich ganz einfach um eine *Geschichte*, mit einem Anfang, einem Ende und einer gewissen „Handlung“. Solche Gleichnisse in Form einer Geschichte sind auch das „verlorene Schaf“, der „verlorene Sohn“, das „Festmahl“, die „Arbeiter im Weinberg“, der „Reiche und Lazarus“ und die „zehn Jungfrauen“.

Der „Sauerteig im Mehl“ ist dagegen eher ein *bildhafter Vergleich*. Was über den Sauerteig, den Sämann oder das Senfkorn gesagt wird, gilt immer für Sauerteig, Säen oder Senfkörner. Solche „Gleichnisse" sind eher Illustrationen aus dem täglichen Leben, die Jesus für eine bestimmte Aussage benutzte.

Darüber hinaus unterscheiden sich Aussprüche wie „Ihr seid das Salz der Erde" von beiden genannten Formen. Sie werden manchmal als gleichnishafte Aussprüche bezeichnet, doch in Wirklichkeit sind es *Metaphern* und *Similes*. Hin und wieder scheinen sie wie ein Vergleich zu funktionieren, doch ihre Kernaussage – der Grund für das Erzählen – ist ganz anders.

Außerdem sollte beachtet werden, dass in einigen Fällen – besonders bei den „bösen Winzern" (Matthäus 21,33-44; Markus 12,1-11; Lukas 20,9-18) – ein Gleichnis einer Allegorie sehr ähnlich sein kann, bei der viele Einzelheiten der Geschichte etwas anderes repräsentieren (wie etwa in Augustinus' Fehlinterpretation des „barmherzigen Samariters"). *Die Gleichnisse sind jedoch keine Allegorien* – auch dann nicht, wenn sie scheinbar allegorische Züge aufweisen. Der Grund dafür, dass wir hier so sicher sein können, ist ihre unterschiedliche Funktion.

Weil die Gleichnisse nicht alle von derselben Art sind, kann man nicht unbedingt Regeln festlegen, die für alle gelten. Was wir hier sagen, bezieht sich auf die eigentlichen Gleichnisse, obwohl vieles auch für die anderen Arten gilt.

Welche Funktion die Gleichnisse erfüllen

Den besten Zugang zur Bedeutung der Gleichnisse findet man, wenn man sie von ihrer Funktion her betrachtet. Im Gegensatz zu den meisten gleichnishaften Aussprüchen, wie den „Feigen, die man nicht von den Dornen erntet"(Lukas 6,44), dienen die Gleichnisse in Geschichtenform nicht dazu, die in Prosa formulierten Lehren Jesu durch Wortbilder zu veranschaulichen. Ebenso wenig dienen sie als Mittel, das die Wahrheit transportieren soll – obwohl sie diese Funktion am Ende doch ganz deutlich erfüllen. Stattdessen sind die Gleichnisgeschichten ein starkes Mittel, beim Zuhörer *eine Re-*

aktion hervorzurufen. In gewissem Sinn ist das Gleichnis selbst die Botschaft. Es wird erzählt, um die Zuhörer anzusprechen, ihre Aufmerksamkeit zu fesseln, sie über ihr eigenes Handeln zum Nachdenken zu bringen oder sie zu einer bestimmten Reaktion auf Jesus und seinen Dienst zu veranlassen. Kurz bevor wir dieses Kapitel überarbeitet haben, haben wir Spielbergs wunderbaren Film über Abraham Lincoln gesehen. Lincolns Esprit und seine Art, Geschichten zu erzählen, hatten eine ähnliche Wirkung auf seine Hörer – man liebte ihn oder man hasste ihn.

Es ist dieses „eine Reaktion hervorrufende" Wesen der Gleichnisse, das unser großes Dilemma bei der Auslegung verursacht. Denn in mancher Hinsicht geht durch das Auslegen eines Gleichnisses sein eigentlicher Charakter verloren. Das Gleiche geschieht, wenn man einen Witz erklärt. Das, was einen Witz ausmacht und ihn komisch wirken lässt, ist die unmittelbare Reaktion des Zuhörers. Ein Zuhörer empfindet einen Witz gerade deshalb komisch, weil er den Kern spontan erfasst, sozusagen „gepackt" wird. Ein Witz endet nicht so, wie man instinktiv erwartet, wenn man seinen Anfang hört. Das geschieht jedoch nur, wenn er die *Anspielungen* im Witz versteht. Wenn man ihm den Witz erst „auslegen" muss, indem man diese Anspielungen erklärt, „packt" der Witz den Zuhörer nicht und erreicht deshalb auch nicht dieselbe Qualität des Lachens. Wird der Witz erklärt, kann man ihn natürlich richtig verstehen, und er mag auch noch lustig sein (zumindest versteht man, worüber man hätte lachen *sollen*), aber er hat nicht mehr dieselbe Wirkung. Er funktioniert nicht mehr in derselben Weise.

Genauso ist es bei den Gleichnissen. Sie wurden mündlich erzählt und wir dürfen annehmen, dass die meisten Zuhörer sich sofort mit den Anspielungen identifizieren konnten, sodass sie die Pointe begriffen – oder selber davon ergriffen wurden. Für uns liegen die Gleichnisse jedoch in schriftlicher Form vor. Wir begreifen die Anspielungen vielleicht sofort, vielleicht aber auch nicht sofort; deshalb können die Gleichnisse für uns niemals dieselbe Funktion haben wie für die ursprünglichen Zuhörer. Durch die Auslegung können wir jedoch normalerweise verstehen, was sie damals begriffen haben oder was wir begriffen hätten, wenn wir dort gewesen wären. Und das ist es, was wir in der Exegese leisten müssen. Die hermeneutische Aufgabe reicht noch darüber hinaus: Wie können wir die „Pointe" der Gleichnisse in unserer Zeit und in unserem Rahmen wiedererwecken?

3. Die Exegese der Gleichnisse

Die Bezugspunkte erkennen

Lassen Sie uns noch einmal zur Analogie des Witzes zurückkehren. Die beiden Elemente eines Witzes, die den Zuhörer fesseln und ihn zum Lachen bringen, sind dieselben, die auch die Zuhörer der Gleichnisse Jesu fesselten: Sie verstanden die Anspielungen, weil sie die die *Bezugspunkte* kannten und daher auch die *unerwartete Wendung* der Geschichte erfassten. Der Schlüssel zum Verständnis liegt in den Anspielungen, den verschiedenen Bezugspunkten der Geschichte, mit denen man sich automatisch identifizieren kann. Wenn man sie in einem Witz überhört, gibt es keine unerwartete Wendung, weil es diese Bezugspunkte sind, die die normale Erwartung erzeugen. Um es geradeheraus zu sagen: Ein erklärter Witz ist gar kein Witz. Und ähnlich ist es, wenn man die Bezugspunkte in einem Gleichnis verpasst – dann verpasst man den Schwerpunkt und die Pointe dessen, was Jesus gesagt hat.

Was wir mit „Bezugspunkten" meinen, lässt sich am besten durch ein Gleichnis Jesu (Lukas 7,40-42) illustrieren, das in seinem vollständigen Originalkontext aufgezeichnet ist (V. 36-50). Im Kontext wird beschrieben, dass Jesus von einem Pharisäer namens Simon zum Essen eingeladen worden war. Diese Einladung war jedoch nicht als „Ehrung eines berühmten Rabbi" gedacht. Dass man es unterließ, Jesus selbst die damals üblichen Gesten der Gastfreundschaft zu erweisen, entsprang sicher der Absicht, ihn zu demütigen. Als die stadtbekannte Prostituierte sich einen Weg zur Tafel der Geladenen bahnte und sich wegen Jesus zum Gespött machte, indem sie seine Füße mit ihren Tränen wusch und mit ihrem Haar abtrocknete, erhärtete das nur den Verdacht der Pharisäer: Jesus konnte unmöglich ein Prophet sein, wenn er eine solche öffentliche Schande ungetadelt ließ.

Da er ihre Gedanken kannte, erzählte Jesus seinem Gastgeber eine einfache Geschichte. Zwei Männer schuldeten einem Geldverleiher einen gewissen Betrag; bei dem einen waren es fünfhundert Denare (ein Denar war ein Tageslohn), bei dem anderen fünfzig. Keiner von ihnen konnte das Geld zurückzahlen, also erließ der Geldverleiher beiden ihre Schulden. Der eigentliche Kern (die „Pointe", wenn man so will) lautete: „Wer von ihnen wird ihn nun mehr lieben?"

Diese Geschichte bedurfte keiner Auslegung, obwohl Jesus fortfuhr und seinem Punkt noch Nachdruck verlieh. Die drei Bezugspunkte dieser Geschichte sind leicht zu identifizieren: Sie beziehen sich auf den Geldverleiher und die beiden Schuldner. Der Geldverleiher steht für Gott, die beiden Schuldner stehen für die Prostituierte und Simon. Das Gleichnis ist ein Gerichtswort, das bei Simon eine Reaktion hervorrufen sollte. Er wird diese Pointe kaum überhört haben. Hinterher sitzt er da wie ein begossener Pudel. Das zeigt, welche Kraft in einem Gleichnis steckt.

Wir sollten weiter beachten, dass auch die Frau dieses Gleichnis hörte. Sie identifizierte sich ebenso mit dieser Geschichte. Doch was sie zu hören bekam, war nicht Verurteilung, sondern Annahme durch Jesus und damit durch Gott.

Bitte beachten Sie, dass es sich hier *nicht* um eine Allegorie handelt, sondern um ein Gleichnis. Eine echte Allegorie ist eine Geschichte, in der jedes Element eine Bedeutung hat, die völlig außerhalb der Geschichte selbst liegt. Eine Allegorie würde den fünfhundert Denaren, den fünfzig Denaren und auch allen anderen Details, die man noch aufzählen könnte, eine Bedeutung zuordnen. Außerdem – und das ist besonders wichtig – liegt die Pointe des Gleichnisses nicht in den Bezugspunkten, wie es bei einer echten Allegorie der Fall wäre. Hier sind nur diejenigen Elemente der Geschichte Bezugspunkte, die den Zuhörer einbeziehen und mit denen er sich im Verlauf der Geschichte in irgendeiner Weise identifizieren soll. Die Pointe der Geschichte wird in der *beabsichtigten Reaktion* erkennbar. In diesem Gleichnis ist es eine Verurteilung für Simon und seine Freunde und ein Zuspruch von Annahme und Vergebung für die Frau.

Die Zuhörer erkennen

Bei unserer Illustration haben wir darauf hingewiesen, wie wichtig es ist, die ursprünglichen Zuhörer zu identifizieren, weil die Bedeutung des Gleichnisses oft damit zu tun hat, wem es damals erzählt wurde. In den Evangelien wird die Zuhörerschaft natürlich bei vielen Gleichnissen genannt. In diesen Fällen umfasst die Auslegung eine Kombination von drei Aufgaben: 1. dasitzen und dem Gleichnis immer wieder aufmerksam zuhören, 2. die Bezugspunkte erkennen, die Jesus beabsichtigte und die von seinen Zuhörern verstanden wurden, 3. herauszufinden versuchen, wie sich die ursprünglichen Zuhörer mit dieser Geschichte identifizierten und wie sie die Geschichte deshalb hörten.

Wir wollen das bei zwei bekannten Gleichnissen versuchen: „Der barmherzige Samariter" (Lukas 10,25-37) und „Der verlorene Sohn" (Lukas 15,11-32). Das Gleichnis vom „barmherzigen Samariter" wird einem Gesetzesexperten erzählt, der sich selbst mit der Frage rechtfertigen wollte: „Und wer ist mein Nächster?" Wenn Sie die Geschichte mehrmals lesen, werden Sie feststellen, dass sie diese Frage nicht in derselben Weise beantwortet, wie sie gestellt wurde. Doch sie hebt auf wirkungsvollere Weise die selbstgefällige und selbstgerechte Haltung des Fragestellers hervor. Er weiß, was das Gesetz darüber sagt, dass man seinen Nächsten wie sich selbst lieben soll, und definiert den Begriff „Nächster" kurzerhand so, dass er als jemand dasteht, der fromm das Gesetz erfüllt.

Es gibt eigentlich nur zwei Bezugspunkte in dieser Geschichte – der Mann im Graben und der Samariter, obwohl andere Einzelheiten die Wirkung verstärken. Zwei Aspekte müssen besonders berücksichtigt werden: 1. Die zwei Männer, die auf der anderen Straßenseite vorbeigingen, gehörten zur Gruppe der Priester – der religiösen Ordnung, mit der die Rabbis und die Pharisäer als Experten des Gesetzes in Konflikt standen. 2. Almosen zu verteilen war die Spezialität der Pharisäer. Das war ihre Art, ihre Nächsten so zu lieben wie sich selbst.

Beachten Sie weiter, wie der Gesetzeslehrer von diesem Gleichnis „gepackt" wird. Ein Mann fällt auf der Straße von Jerusalem nach Jericho Räubern in die Hände, was recht häufig vorkam. Zwei Angehörige des Priesterstandes kommen vorüber und wechseln auf die andere Straßenseite. Die Geschichte wird aus der Perspektive des Manns im Straßengraben erzählt und der Gesetzeslehrer ist „vorbereitet". *Natürlich*, dachte er jetzt bei sich, *wer würde von einem Priester auch etwas anderes erwarten? Als Nächstes wird ein Pharisäer vorbeikommen und der wird sich richtig verhalten und dem armen Kerl helfen*. Doch nein: Es stellt sich heraus, dass nun von einem Samariter die Rede ist! In diesem Zusammenhang muss man wissen, wie sehr die Pharisäer die Samariter verachteten, um genau dasselbe hören zu können, was er hörte. Beachten Sie, dass er es nicht einmal schafft, am Ende das Wort „Samariter" über die Lippen zu bringen. Der Außenseiter ist nur „derjenige, der".

Merken Sie, was Jesus mit diesem Mann gemacht hat? Das zweite große Gebot lautet, seinen Nächsten zu lieben wie sich selbst. Der Gesetzeslehrer hatte sich einen eigenen Rahmen definiert, der es ihm erlaubte, innerhalb gewisser Grenzen zu lieben. Jesus erreicht durch sein Gleichnis, dass die Vorurteile und der Hass im Herzen des Mannes – und damit sein wahrer Ungehorsam diesem Gebot gegenüber – entlarvt werden. Den Begriff „Nächster" kann er nun nicht mehr innerhalb gewisser Grenzen definieren. Sein Mangel an Liebe besteht nicht darin, dass er dem Verletzten im Graben nicht geholfen hätte, sondern darin, dass er Samariter hasst (und auf Priester herabsieht). Das Gleichnis macht die Frage eigentlich zunichte, statt sie zu beantworten.

Ähnlich können wir beim Gleichnis vom „verlorenen Sohn" vorgehen. Im Kontext wird beschrieben, wie die Pharisäer darüber murrten, dass Jesus die „falschen" Leute akzeptierte und mit ihnen aß (Lukas 15,1-2). In den drei Gleichnissen von verlorenen Dingen rechtfertigt Jesus sein Handeln. Im Gleichnis vom verlorenen Sohn gibt es nur drei Bezugspunkte: den Vater und seine zwei Söhne. Auch hier hing die Art und Weise, wie man die Geschichte hörte, von der eigenen Position ab. Doch in beiden Fällen ist die Pointe dieselbe: Gott vergibt den Verlorenen nicht nur bedingungslos, er nimmt sie auch in großer Freude wieder auf. Wer sich selbst als rechtschaffen betrachtet, entlarvt sich als nicht rechtschaffen, wenn er die Freude des Vaters und des verlorenen Sohnes nicht teilt.

Jesu Tischgenossen identifizieren sich natürlich mit dem verlorenen Sohn, wie auch wir es tun sollten. Doch das ist nicht die eigentliche Stoßrichtung des Gleichnisses; diese wird in der Einstellung des zweiten Sohns sichtbar. Er war „immer beim Vater", hatte sich aber selbst nach draußen manövriert. Er identifizierte sich nicht mit der Liebe seines Vaters zu seinem verlorenen Bruder. Ein Freund drückte es kürzlich so aus: „Können Sie sich etwas Schlimmeres vorstellen, als nach Hause zu kommen und in die Hände des älteren Bruders zu fallen?"

In beiden Fällen entstehen die exegetischen Schwierigkeiten, auf die Sie auch in anderen Gleichnissen stoßen werden, aus der kulturellen Kluft zwischen Ihnen und den Zuhörern Jesu, wodurch Ihnen eventuell einige Feinheiten im Aufbau der ganzen Geschichte entgehen. An diesem Punkt brauchen Sie wahrscheinlich Hilfe von außen. Doch vernachlässigen Sie diese Aspekte nicht, denn gerade die kulturell bedingten Bräuche tragen dazu bei, diesen Geschichten ihre ursprüngliche Lebendigkeit zu geben.

Die „kontextlosen" Gleichnisse

Doch was ist mit den Gleichnissen, die man ohne ihren ursprünglichen historischen Kontext in den Evangelien findet? Da wir diese Frage bereits im vorigen Kapitel durch das Gleichnis von den Arbeitern im Weinberg (Matthäus 20,1-16) illustriert haben, wollen wir an dieser Stelle nur eine kurze Wiederholung geben. Auch hier kommt es darauf an, die Bezugspunkte und die ursprünglichen Zuhörer zu identifizieren. Der Schlüssel liegt im wiederholten Nachlesen des Gleichnisses, bis die Bezugspunkte deutlich hervortreten. Gewöhnlich ergibt sich daraus auch ein unmittelbarer Hinweis auf die ursprünglichen Zuhörer.

Bei den „Arbeitern im Weinberg" gibt es demnach nur drei Bezugspunkte: den Gutsherrn, die Ganztagsarbeiter und die Aushilfen, die nur eine Stunde arbeiten. Das lässt sich leicht feststellen, denn es sind die einzigen Leute, auf die sich die Geschichte in ihrer Entwicklung konzentriert. Die ursprünglichen Zuhörer sind ebenfalls leicht zu ermitteln. Wen muss solch eine Geschichte „gepackt" haben? Offensichtlich Zuhörer, die sich mit den Ganztagsarbeitern identifizierten, denn nur diese stehen am Ende noch im Mittelpunkt.

Die Pointe entspricht derjenigen im Gleichnis vom „verlorenen Sohn". Gott ist gütig und gnädig, und die Gerechten sollen anderen Menschen Gottes Großzügigkeit nicht missgönnen. In diesem Fall wird dieselbe Aussage jedoch vor einer neuen Zuhörerschaft präsentiert, weil Matthäus das Gleichnis in einen anderen Kontext gestellt hat. Im Kontext der Nachfolge dient es dazu, Gottes Großzügigkeit im Gegensatz zur Verurteilung und zum Hass der Menschen zu bekräftigen.

Dasselbe Szenario lässt sich in Matthäus' Version des Gleichnisses vom verlorenen Schaf beobachten (Matthäus 18,12-14). Im Lukasevangelium dient es zusammen mit den Gleichnissen von der „verlorenen Drachme" und dem „verlorenen Sohn" als Wort an die Pharisäer. Das verlorene Schaf ist eindeutig ein Sünder, dessen Heimkehr im Himmel Freude auslöst. Auch dieses an die Pharisäer gerichtete Gleichnis rechtfertigt die Annahme der Sünder durch Jesus; die Ausgestoßenen dagegen hörten es als Zuspruch, dass die Suche ihres liebenden Hirten ihnen galt. Im Matthäusevangelium gehört dieses Gleichnis zu einer Sammlung von Aussprüchen über die Beziehungen im Reich Gottes. Hier wird in einem anderen Kontext derselbe Aspekt betont: Gottes Sorge um die Verlorenen. Aber diesmal handelt es sich bei den „Verlorenen" um Schafe, die sich „verirrt" haben, und das Gleichnis antwortet auf die Frage, wie wir den „Kleinen" begegnen sollen, die schwachen Glauben haben und dazu neigen abzuirren. Kurz vor diesem Gleichnis (V. 6-9) wird den Zuhörern bei Matthäus gesagt, dass hoffentlich keiner von ihnen schuldig ist, einen dieser „Kleinen" vom Weg abgebracht zu haben. Das Gleichnis vom verlorenen Schaf (V. 10-14) sagt ihnen andererseits, dass sie nach den Verirrten suchen und sie durch ihre Liebe wieder in die Herde zurückholen sollen. Dasselbe Gleichnis, dieselbe Hauptaussage, doch eine völlig neue Zuhörerschaft.

Die Gleichnisse vom Reich Gottes

Bisher stammten alle Illustrationen aus Gleichnissen, die mit dem Konflikt zwischen Jesus und den Pharisäern in Zusammenhang stehen. Doch es gibt noch eine viel größere Gruppe von Gleichnissen – die vom Reich Gottes –, die besondere Erwähnung verdienen. Natürlich beziehen sich auch die bisher betrachteten Gleichnisse auf das Reich Gottes. Sie bringen zum Ausdruck, dass mit dem Kommen Jesu die Zeit des Heils anbricht. Doch nun geht es um die Gleichnisse, die ausdrücklich sagen: „Das Himmelreich gleicht …"

Erstens ist festzustellen, dass diese Einleitung nicht auf das erste im Gleichnis erwähnte Element bezogen werden darf. Anders ausgedrückt gleicht das Reich Gottes nicht einem Senfkorn, einem Kaufmann oder einem im Acker verborgenen Schatz. Eigentlich bedeutet der Ausdruck: „Mit dem Reich Gottes verhält es sich so wie …" Folglich erzählt uns das ganze Gleichnis etwas über das Wesen des Reiches Gottes, nicht nur einer der Bezugspunkte oder irgendein Detail.

Zweitens ist man versucht, diese Gleichnisse anders zu behandeln als die bisher betrachteten, so als dienten sie tatsächlich zur Vermittlung von Lehre, statt Geschichten zu sein, die zum Nachdenken anregen wollen. Doch damit würde man ihnen nicht gerecht werden. Natürlich dienen die von Gott inspirierten Sammlungen in Markus

4 und Matthäus 13 in ihrer jetzigen Anordnung dazu, *uns* etwas über das Reich Gottes zu lehren. Ursprünglich waren diese Gleichnisse jedoch Teil der tatsächlichen Verkündigung Jesu, dass mit seinem Kommen das Reich Gottes angebrochen war. Sie dienen selbst zur Vermittlung der Botschaft und sollten eine Reaktion auf die Einladung Jesu und seinen Ruf zur Jüngerschaft hervorrufen.

Nehmen Sie zum Beispiel das von Jesus selbst ausgelegte Gleichnis vom Sämann (Markus 4,3-20; Matthäus 13,3-23; Lukas 8,5-15), das von Markus zu Recht als Schlüssel für die restlichen Gleichnisse gesehen wird. Sie werden feststellen, dass es die Bezugspunkte sind, die Jesus hier ausgelegt hat: Die vier Ackerböden entsprechen vier verschiedenen Reaktionen der Menschen auf die Verkündigung vom Reich Gottes. Die *Kernaussage* zielt jedoch auf die Dringlichkeit der Stunde: „Achtet darauf, wie ihr hört. Das Wort wird ausgesät – die Botschaft der Guten Nachricht vom Reich, die froh machende Vergebung sowie die Forderung und Gabe der Jüngerschaft. Das Wort ergeht an alle, also hört zu, gebt acht; seid fruchtbarer Boden." Man kann also festhalten, dass die meisten dieser Gleichnisse an die Mengen gerichtet waren, um sie in die Nachfolge zu rufen.

Da es sich hier wirklich um Gleichnisse über das *Reich Gottes* handelt, sehen wir auch, dass sie dieses Reich in der Spannung zwischen „schon jetzt" und „noch nicht" darstellen. Ihr Schwerpunkt liegt jedoch auf dem „schon jetzt". Das Reich Gottes ist schon da; Gottes Stunde bricht an. Deshalb ist der gegenwärtige Augenblick von höchster Dringlichkeit. Diese Dringlichkeit zeigt in der Verkündigung Jesu eine zweifache Stoßrichtung: 1. Das Gericht droht; die Katastrophe steht vor der Tür. 2. Doch die Gute Nachricht ist da; allen wird das Heil bedingungslos angeboten.

Wir wollen einige Gleichnisse betrachten, die diese beiden Aspekte der Botschaft illustrieren.

1. Wir beginnen mit dem Gleichnis vom reichen Narren (Lukas 12,16-20), das Lukas in den Kontext der Einstellung zum Besitz angesichts der Gegenwart des Reiches Gottes gestellt hat. Das Gleichnis ist leicht zu entschlüsseln. Ein reicher Mann glaubt, er

habe sein Leben durch harte Arbeit genügend abgesichert, und ruht sich selbstzufrieden aus. Doch was Jesus an anderer Stelle gesagt hat, gilt auch hier: „Jeder, der sein Leben retten will, wird es verlieren“ (Matthäus 16,25; Markus 8,35; Lukas 9,24). So ist der reiche Mann im biblischen Sinn ein Narr – er versucht zu leben, ohne Gott in Betracht zu ziehen. Doch schon bald wird die Katastrophe über ihn hereinbrechen.

Die Pointe des Gleichnisses ist, wie Sie feststellen werden, *nicht* der unerwartete Tod, sondern die Dringlichkeit der Stunde. Das Reich Gottes ist *nahe*. Wenn das Ende vor der Tür steht, ist der ein Narr, der für Besitz oder materielle Sicherheit lebt. Beachten Sie, wie diese Kernaussage durch den Kontext gestützt wird. Ein Mann will, dass sein Bruder das Erbe teilt. Doch Jesus weigert sich, den Schlichter zu spielen. Damit drückt er aus, dass das Streben nach materiellen Gütern im Licht des gegenwärtigen Augenblicks völlig sinnlos ist.

Genauso sollten wir auch das schwierigste aller Gleichnisse verstehen – das vom „untreuen Verwalter“ (Lukas 16,1-8). Auch in dieser Geschichte ist die Handlung recht einfach: Ein Verwalter veruntreute oder verschwendete das Geld seines Arbeitgebers. Nun sollte er einen Rechenschaftsbericht ablegen und wusste, dass seine Stunde geschlagen hatte; deshalb entschloss er sich zu einem letzten gewaltigen Schwindel. Er gestattete jedem, der seinem Herren Geld schuldete, den Betrag zu frisieren, wohl in der Hoffnung, dadurch einige Außenstehende zu Freunden zu machen. Die Pointe des Gleichnisses und das, was uns am meisten Schwierigkeiten bereitet, ist die Tatsache, dass die ursprünglichen Zuhörer von Jesus eine Missbilligung erwarteten. Doch stattdessen wurde diese krumme Tour auch noch *gelobt!*

Was könnte Jesus mit einer solchen Geschichte bezweckt haben? Höchstwahrscheinlich wollte er seinen Zuhörern die Dringlichkeit der Stunde vor Augen führen. Wenn sie zu Recht über diese Geschichte entrüstet waren, wie viel mehr sollten sie die Lektion dann auf sich selbst beziehen. Sie befanden sich in derselben Situation wie der Verwalter, der die drohende Katastrophe erkannt hatte.

Allerdings war die Krise, die sie bedrohte, unvergleichlich schrecklicher. Der untreue Verwalter handelte (beachten Sie allerdings, dass Jesus sein Handeln nicht entschuldigte); er tat etwas in seiner Situation. Auch von euch, scheint Jesus zu sagen, fordert die Dringlichkeit der Stunde ein entschlossenes Handeln; alles steht auf dem Spiel.

2. Die dringliche Stunde, die zum Handeln und zur Buße aufruft, ist auch die Zeit des Heils. Das gegenwärtige Reich Gottes ist damit zugleich Gute Nachricht. In dem doppelten Gleichnis vom „Schatz im Acker" und der „wertvollen Perle" (Matthäus 13,44-46) liegt die Betonung auf der Freude des Entdeckens. Das Reich Gottes holt den einen ein; vom anderen wird es gesucht. Voller Freude lösen beide ihren Besitz auf, um den Schatz beziehungsweise die Perle zu bekommen. Das Reich Gottes ist aber weder der Schatz noch die Perle. Es ist Gottes Geschenk. Und es ist die „Entdeckung" dieses Reiches, die unaussprechliche Freude mit sich bringt. Wie Sie feststellen werden, zieht sich dasselbe Motiv auch durch die drei Gleichnisse von den verlorenen Gegenständen in Lukas 15.

> So also sollte man die Gleichnisse lesen und studieren. Sie dürfen nicht allegorisiert, sondern müssen gehört werden – gehört als Ruf Jesu, ihn und seinen Auftrag anzunehmen.

4. Die hermeneutische Frage

Bei den Gleichnissen ist die hermeneutische Aufgabe etwas Einzigartiges, denn sie hängt mit der Tatsache zusammen, dass die Gleichnisse zuerst gesprochen wurden und dabei selten eine Auslegung benötigten. Mit ihrer Fähigkeit, die Menschen zu „ergreifen", übten sie eine unmittelbare Wirkung auf die Zuhörer aus. Uns liegen sie allerdings in schriftlicher Form vor und bedürfen einer Auslegung, weil uns das unmittelbare Verständnis der Anspielungen fehlt, das die damaligen Zuhörer besaßen. Wie müssen wir also vorgehen? Wir möchten zwei Dinge vorschlagen:

1. Wie immer geht es uns im Wesentlichen um die Gleichnisse in ihrem jetzigen biblischen Kontext. Sie stehen ja in der Tat in einem schriftlichen Kontext und durch den beschriebenen exegetischen Prozess können wir ihre Kernaussage mit einem hohen Grad an Genauigkeit bestimmen. Unsere Aufgabe besteht also darin, dasselbe zu tun wie Matthäus (z. B. in 18,10-14; 20,1-16): Wir müssen *dieselbe Aussage auf unseren eigenen Kontext übertragen.*

Bei den Gleichnissen in Geschichtenform könnte man sogar versuchen, die Geschichte mit neuen Bezugspunkten so nachzuerzählen, dass die heutigen Zuhörer denselben Ärger oder dieselbe Freude empfinden wie die ursprünglichen Zuhörer. Die folgende Version des „barmherzigen Samariters“ nimmt keine göttliche Inspiration für sich in Anspruch! Wir hoffen aber, dass sie eine hermeneutische Möglichkeit aufzeigt. Als Zuhörerschaft setzt sie eine typische, gut gekleidete evangelikale Gemeinde irgendwo in den Vereinigten Staaten voraus.

> An einem Sonntagmorgen saß eine ungepflegt wirkende Familie völlig zerzaust am Rand einer Hauptstraße fest. Offensichtlich steckte sie in Schwierigkeiten. Die Mutter saß mit ungekämmten Haaren, unordentlichen Kleidern und glasigem Blick auf einem ramponierten Koffer. Sie hielt ein übel riechendes, ärmlich gekleidetes, weinendes Baby im Arm. Der Vater war unrasiert, in einen Overall gekleidet, und versuchte verzweifelt, zwei andere kleine Kinder im Zaum zu halten. Neben ihnen stand ein heruntergekommenes, altes Auto, das offensichtlich den Geist aufgegeben hatte.
>
> Da näherte sich ein Auto. Es war der örtliche Bischof, der sich auf dem Weg zur Kirche befand. Und obwohl der Vater dieser Familie verzweifelt winkte, konnte der Bischof seine Gemeinde doch nicht warten lassen. Also tat er, als sähe er sie nicht.
>
> Bald kam ein anderer Wagen vorüber und wieder schwenkte der Vater heftig die Arme. Doch der Präsident des örtlichen Wohl-

> tätigkeitsvereins hatte ohnehin Verspätung und wurde längst auf der bundesweiten Konferenz der Präsidenten regionaler Wohltätigkeitsvereine erwartet. Auch er tat, als sähe er die gestrandete Familie nicht, und heftete den Blick fest auf die Straße.
>
> Im nächsten Auto saß ein Mann, der im Ort als eingefleischter Atheist bekannt war. Als er die Familie am Straßenrand winken sah, hielt er an. Nachdem er sich genauer nach ihrem Problem erkundigt hatte, ließ er sie in seinen Wagen einsteigen und brachte sie zu einem Motel. Dort bezahlte er ihnen eine Woche Aufenthalt, damit der Vater genügend Zeit hatte, sich eine Arbeit zu suchen. Er mietete ihm sogar einen Wagen für die Stellensuche und gab der Frau Geld für Nahrungsmittel und neue Kleidung.

Einer der Autoren des vorliegenden Buchs hat das Gleichnis einmal so erzählt. Die entsetzten und verärgerten Reaktionen der Zuhörer machten deutlich, dass sie das Gleichnis zum ersten Mal wirklich „hörten". Es mag Ihnen aufgefallen sein, wie genau es mit dem originalen Kontext übereinstimmt. Die evangelikalen Zuhörer dachten: „Na klar!", als vom Bischof und dem Präsidenten des Wohltätigkeitsvereins die Rede war, und erwarteten, dass nun einer aus ihren eigenen Reihen der barmherzige Samariter sein würde. Schließlich haben wir immer so getan, als seien Samariter damals überaus geschätzte Leute gewesen. Doch nichts könnte für einen frommen Kirchgänger anstößiger sein, als das Handeln eines Atheisten zu loben. Und genau das ist die Lage, in der sich auch der Gesetzeslehrer bei Jesus befand.

Eine solche Übertragung mag auf manche etwas zu drastisch wirken, und wir bestehen darauf, dass Sie eine wirklich gründliche Exegese vornehmen, bevor Sie etwas Ähnliches versuchen. Doch haben wir die Erfahrung gemacht, dass die meisten von uns etwas zu hoch von sich selbst denken und dass es durchaus eine Hilfe wäre, einige Gleichnisse Jesu einmal neu zu erzählen. Auf diese Weise könnte man unseren eigenen Mangel an Vergebungsbereitschaft herausstellen (Matthäus 18,23-35) oder unseren Ärger über Gottes Gnade, während wir ein „faires" Handeln von ihm erwarten (Matthäus 20,1-6), oder unseren Stolz über unsere Stellung in Christus im Vergleich zu den „bösen" Ungläubigen (Lukas 18,9-14). Wir wussten nicht, ob wir lachen oder weinen sollten, als uns von einem Sonntagsschullehrer berichtet wurde, der eine Stunde lang hervorragend über dieses Gleichnis vom Zöllner und vom Pharisäer gelehrt und die Missstände im Pharisäertum gründlich dargelegt hatte, dann aber ganz ernsthaft im Abschlussgebet sagte: „Danke, Herr, dass wir nicht so sind wie dieser Pharisäer"! Und wir mussten uns gegenseitig daran erinnern, nicht allzu laut zu lachen, damit unser Gelächter nicht etwa ausdrückte: „Danke, Herr, dass wir nicht so sind wie dieser Sonntagsschullehrer."

2. Unser anderer hermeneutischer Vorschlag hat mit der Tatsache zu tun, dass alle Gleichnisse Jesu in gewisser Weise ein Mittel zur Verkündigung des Reiches Gottes sind. Deshalb ist es nötig, dass Sie sich in die Bedeutung des Reiches Gottes im Dienst Jesu vertiefen. In dieser Hinsicht ist das Buch von G. E. Ladd *The Presence of the Future* (erschienen bei Eerdmans, Grand Rapids 1974) eine große Hilfe.

Die eindringliche Botschaft vom Reich Gottes als gegenwärtig und bald vollendet ist heute noch genauso wichtig. Wer versucht, sein Leben durch materiellen Besitz abzusichern, braucht dringend das Wort vom drohenden Gericht, und die Verlorenen müssen die Gute Nachricht hören. Joachim Jeremias sagte dazu in seinem Buch *Die Gleichnisse Jesu* (erschienen bei Vandenhoeck & Ruprecht) treffend:

> Die Stunde der Erfüllung ist gekommen; das ist der Leitgedanke in allen Gleichnissen. Der Starke ist entwaffnet; die Mächte des Bösen müssen sich ausliefern; der Arzt ist zu den Kranken gekommen; die Aussätzigen werden gereinigt; die schwere Last der Schuld wird beseitigt; das verlorene Schaf wird nach Hause gebracht; die Tür des Vaterhauses wird geöffnet; die Armen und die Bettler werden zum Festmahl geladen; ein Herr, dessen Freundlichkeit unverdient ist, zahlt vollen Lohn; große Freude füllt alle Herzen. Gottes angeneh-

mes Jahr ist gekommen. Denn es ist derjenige erschienen, dessen verhüllte Majestät durch jedes Wort und jedes Gleichnis durchscheint – der Erlöser.

9
Das Gesetz – Bundesauflagen für Israel

Neben den Erzählungen über die Patriarchen in der Genesis finden sich die drei Erzählungen, die Israel als ein Volk definieren, im Buch Exodus (siehe *How to Read the Bible Book by Book*, S. 35–37). Zuerst das Wunder ihrer Befreiung (des „Exodus") aus der Sklaverei in Ägypten, dem mächtigsten Reich der Welt in jener Zeit (2. Mose 1–18); zweitens die Rückkehr der Gegenwart Gottes, welche sein Volk von allen anderen Völkern der Erde unterschied (2. Mose 33,40); und drittens Gottes Wiederherstellung Israels am Fuß des Berges Sinai als ein Volk für seinen Namen (2. Mose 19–4. Mose 10,10). Für uns ist es schwer, auch nur zu erahnen, welche enormen Schwierigkeiten mit dem dritten Schritt verbunden waren.

Diese Menschen, die Hunderte von Jahren nur die Sklaverei und die ägyptische Kultur gekannt hatten. Und nun stellte Gott sie zu einem völlig neuen Volk auf der Erde wieder her. Sie mussten nicht nur zu einem Heer von Kriegern geschmiedet werden, um das Land zu erobern, das ihren Vorfahren verheißen worden war, sondern sie mussten auch zu einer Gemeinschaft vereint werden, um während ihrer Zeit in der Wüste und schließlich in dem Land selbst zusammenleben zu können. Gleichzeitig brauchten sie Anweisungen, wie sie Gottes Volk sein sollten – sowohl in ihren gegenseitigen Beziehungen als auch in ihrer Beziehung zu Gott –, damit sie die Lebensweise und Kultur Ägyptens ablegen und die Lebensweise und Kultur der Kanaaniter nicht übernehmen, deren Land sie später besitzen würden. Eine weitere Herausforderung war die schnelle Eingliederung großer Zahlen von Nichtisraeliten in das Volk Israel, nicht nur ethnisch, sondern, was noch viel wichtiger war, religiös (2. Mose 12,38).

Und das ist die Rolle des Gesetzes in der Geschichte Israels. Es war Gottes Geschenk an sein Volk, um festzulegen, wie sie als Gemeinschaft zusammenleben und ihre Beziehung zu und Anbetung von Jahwe, ihrem Gott, gestalten sollten. Das Gesetz steckte zugleich auch den Rahmen für ihre Beziehungen zu den benachbarten Kulturen ab. Eine wahrhaft gewaltige Aufgabe!

Wenn wir das Gesetz richtig lesen und gut verstehen wollen, müssen wir mit diesem Verständnis seiner Funktion in der eigenen Geschichte Israels beginnen. Zugleich müssen wir uns den Bündnischarakter des Gesetzes bewusst machen – denn davon hängt unser Verständnis nicht nur des Gesetzes, sondern auch der prophetischen Schriften und der neutestamentlichen Geschichte als neuer Bund ab. Dieses Kapitel soll daher zuerst einen guten Einblick in das Wesen und die Rolle des Gesetzes (der Gesetze) in Israel vermitteln. Doch wir stellen uns auch eine zweite Frage: Welche Rolle haben diese Gesetze für diejenigen von uns, die unter dem neuen Bund Gottes mit seinem Volk leben?

1. Was ist das Gesetz?

Um die Funktion des alttestamentlichen Gesetzes in der Bibel richtig einschätzen zu können, müssen wir gleich zu Beginn drei Aspekte beachten, die sich aus der Terminologie des „Gesetzes" in der Bibel selbst ergeben. Zunächst ist da die Tatsache, dass das Wort „Gesetz" selbst in den biblischen Texten mehrere Konnotationen hat: Verwendet wird es 1. im Plural für die „Gesetze" – die über 600 spezifischen Gebote, die die Israeliten als Zeichen ihrer Treue zu Gott einhalten sollten (z.B. 2. Mose 18,20); 2. im Singular für die Gesamtheit dieser Gebote (z.B. Matthäus 5,18); 3. im Singular als Hinweis auf den Pentateuch (Genesis bis Deuteronomium) als „Buch des Gesetzes" (z.B. Josua 1,8); 4. im Singular durch einige Verfasser des Neuen Testaments als theologische Bezeichnung für das gesamte alttestamentliche religiöse System (z. B. 1. Korinther 9,20); 5. im Singular durch einige Personen des Neuen Testaments als Bezeichnung für das alttestamentliche Gesetz (wie oben, Punkt 2), das von den Rabbis ausgelegt wurde (z. B. Petrus in Apostelgeschichte 10,28). Uns geht es in diesem Kapitel vor allem darum, Christen zu helfen, die ersten beiden Verwendungen zu verstehen, damit sie beurteilen können, was die vielen gesetzlichen Bestimmungen, die Gott den Israeliten gab, für sie bedeuteten und wie wir sie in unserer Zeit am besten verstehen können.

Der zweite Aspekt hat mit dem oben erwähnten Punkt 3 zu tun, mit der Tatsache, dass der Pentateuch von den Autoren des Neuen Testaments selbst oft als „das Gesetz" bezeichnet wird (z. B. „das Gesetz und die Propheten" in Matthäus 5,17; Lukas 16,16). Hier sind zwei Dinge hervorzuheben: 1. Die Gebote selbst finden sich fast ausschließlich in nur vier der fünf Bücher Moses, die als „das Gesetz" bezeichnet werden: Exodus, Levitikus, Numeri und Deuteronomium. 2. Diese Bücher enthalten neben den Aufzählungen von Gesetzen auch viel anderes Material, vor allem narrativer Art (siehe Kap. 5). Der Grund liegt darin, dass das Gesetz des Bundes zwischen Jahwe und Israel, das in Exodus 20 beginnt, nicht unabhängig von den eingebetteten narrativen Berichten verstanden werden kann – darunter (besonders) die Genesis, die eigentlich nur eine Handvoll elementarer Gebote enthält wie: „Seid fruchtbar und mehrt euch, füllt die Erde und macht sie euch untertan" (1,28). „Wer das Blut eines Menschen vergießt, dessen Blut soll von Menschen vergossen werden" (9, 6) und: „Halte meinen Bund" (17,9), Gebote, die sich nicht speziell auf Israel und seinen besonderen Bund mit Jahwe beschränken. Und das ist der Grund, warum es keine genaue Übereinstimmung zwischen dem, was wir „Gesetze" nennen würden, und den sogenannten „Gesetzbüchern" des Alten Testaments gibt.

Drittens liegt das schwierigste Problem, das die meisten Christen mit diesen Geboten haben, in der Hermeneutik. In welchem Sinn, wenn überhaupt, sind diese spezifischen gesetzlichen Bestimmungen auf uns anzuwenden? Da dies die entscheidende Frage ist, kommen wir als Nächstes zu einigen Überlegungen über das Verhältnis zwischen Christen und dem Gesetz, welche uns wiederum bei der anschließenden exegetischen Erörterung helfen werden.

2. Die Christen und das Gesetz des Alten Testaments

Wir beginnen mit der Feststellung, dass von heutigen Gläubigen nicht erwartet wird, ihre Treue zu Gott durch Einhaltung des alttestamentlichen Gesetzes (der alttestamentlichen Gesetze) zum Ausdruck zu bringen, da wir unter einem neuen Bund mit Gott leben. Und wie könnte jemand es überhaupt tun, da es keinen Tempel oder ein zentrales Heiligtum mehr gibt, auf dessen Altar wir zum Beispiel Tierfleisch opfern könnten (3. Mose 1–5)? Wer Tiere heute so töten und verbrennen würde, wie es im Alten Testament beschrieben wird, müsste damit rechnen, wegen Tierquälerei verhaftet zu werden! Wenn von einem Christen aber *nicht* erwartet wird, das Gesetz (die Gesetze) des Alten Testaments zu halten, was meinte Jesus dann, als er sagte: „Amen, ich sage euch: Bis Himmel und Erde vergehen, wird auch nicht der kleinste Buchstabe des Gesetzes vergehen, bevor nicht alles geschehen ist" (Matthäus 5,18)? Auf diese Frage brauchen wir eine Antwort. *Wie* ist das alttestamentliche Gesetz auch heute noch für Christen gültig?

Zu Beginn werden wir sechs Richtlinien für das Verständnis der Beziehung des Gläubigen heute zum alttestamentlichen Gesetz vorschlagen. Dazu sind einige Erklärungen erforderlich, die zum Teil sofort gegeben, zum Teil später genauer ausgeführt werden.

1. *Das alttestamentliche Gesetz ist ein Bund.* Unter einem solchen Bund ist ein verbindlicher Vertrag zwischen zwei Parteien zu verstehen, die sich beide verpflichten, bestimmte fest vereinbarte Verpflichtungen zu übernehmen. In der Zeit des Alten Testaments wurde ein Bund oft von einem „allmächtigen" Suzerän (Oberherrn) einem schwächeren, abhängigen Vasallen (Diener) gewährt. Einerseits garantierte der Suzerän dem Vasallen bestimmte Vorzüge und

Schutz. Dafür war der Vasall allerdings verpflichtet, ausschließlich dem Suzerän loyal zu sein, unter der Drohung, dass jede Illoyalität eine Strafe nach sich ziehen würde, die im Bund ebenfalls näher beschrieben wurde. Wie sollte der Vasall seine Loyalität beweisen? Indem er sich an die Bestimmungen hielt, die im Bund genannt wurden. Ein Bund, der für eine Beziehung stand – in Israels Fall einer Beziehung mit dem einzig wahren Gott, der sie alleine retten und erhalten konnte. Die Bestimmungen waren also sehr wichtig. Keine Bestimmungen – keine Beziehung! Solange der Vasall diese Vereinbarungen erfüllte, galt er als loyal. Andernfalls forderte der Bund vom Suzerän, bestimmte Schritte zur Bestrafung des Vasallen einzuleiten. Im Extremfall konnte die Beziehung vom Suzerän sogar geändert oder aufgehoben werden (5. Mose 4,25-27; 28,20):

Für uns ist wichtig zu verstehen, dass Gott bei seinem Bund mit Israel auf dem Sinai diese allgemein bekannte Form des Bundes benutzte, als er den verbindlichen Vertrag zwischen sich selbst (Jahwe = „der Herr“) und seinem Vasallen, Israel, schloss. Als Erwiderung auf die besonderen Vorzüge und den Schutz Gottes wurde von Israel erwartet, die vielen Bestimmungen (d. h. Gebote) des Bundesgesetzes einzuhalten, wie sie in 2. Mose 20 bis 5. Mose 33 zu finden sind.

Ein Bund dieser Art bestand aus sechs Teilen: Präambel, Prolog, Auflagen, Zeugen, Sanktionen und Klausel. Die *Präambel* definierte die an der Vereinbarung beteiligten Parteien („Ich bin Jahwe, dein Gott …“; 2. Mose 20,2), während der *Prolog* in einem historischen Abriss darlegte, wie die Parteien miteinander in Kontakt kamen („… der dich aus Ägypten geführt hat, aus dem Sklavenhaus“; 2. Mose 20,2). Die *Auflagen* sind, wie wir bereits feststellten, die einzelnen Gesetze selbst. Die *Zeugen* sind diejenigen, die den Bund bekräftigen (der Herr selbst oder manchmal „Himmel und Erde“ als meristischer Ausdruck dafür, dass die ganze Schöpfung Gottes an der Einhaltung des Bundes beteiligt ist – z. B. 5. Mose 4,26; 30,19). Die *Sanktionen* sind die Segnungen und Flüche, die als Ansporn zur Einhaltung des Bundes dienen (z. B. 3. Mose 26 und 5. Mose 28–33). Die *Klausel* verlangt eine regelmäßige Erinnerung an den Bund, damit er nicht vergessen wird (z. B. 5. Mose 17,18-19; 31,9-13).

Sowohl die erste Erklärung des Bundes (am Sinai; 2. Mose 20–3. Mose 27 mit Ergänzungen in 4. Mose) als auch die zweite Erklärung (unmittelbar vor der Eroberung, wie in 5. Mose berichtet) hat dieses sechsteilige Format.

Die Bedeutung dieser ersten Beobachtung kann kaum genug betont werden. Es ist der Bundescharakter, der „das Gesetz" für unser Verständnis des Alten Testaments insgesamt so wichtig macht. Als Bundesgesetz ist es ein wesentlicher Teil der *Geschichte* Israels (siehe Kapitel 5; S. 114 f.), was zum Teil auch erklärt, warum die „Gesetze" selbst im Allgemeinen eine so seltsame Struktur aufzuweisen scheinen. Auch die Rolle der Propheten in Israel (siehe Kapitel 10) kann man losgelöst vom Bundescharakter des Gesetzes nicht verstehen. Obwohl also nicht von uns erwartet wird, diese Gesetze zu „halten", ist es für uns wesentlich, sie zu lesen und zu kennen, wenn wir die biblische Geschichte – Gottes Geschichte – und unseren eigenen Platz in dieser Geschichte verstehen wollen.

2. *Das Alte Testament ist nicht unser Testament.* Das Wort „Testament" ist hier eine andere Bezeichnung für Bund. Das Alte Testament ist Gottes früherer, auf dem Berg Sinai geschlossener Bund mit Israel, zu dessen Einhaltung wir nicht mehr verpflichtet sind. Deshalb können wir nicht von der Annahme ausgehen, dass der Alte Bund für uns automatisch verpflichtend sein sollte. Wir sollten sogar davon ausgehen, dass *keine* seiner Auflagen (Gesetze) für uns bindend ist, solange sie nicht im Neuen Bund erneuert wird. Wird ein alttestamentliches Gesetz also im Neuen Testament nicht in irgendeiner Weise wiederholt oder bestätigt, dann ist es für Gottes Volk heute nicht mehr direkt verbindlich (vgl. Römer 6,14-15). Zwischen dem Alten und dem Neuen Testament hat es Veränderungen gegeben. Die Bestimmungen haben sich geändert, weil sich in Christus die Beziehung geändert hat. Gott erwartet von seinem Volk – von uns – nun andere Beweise des Gehorsams und der Loyalität, als er sie im Alten Testament von den Israeliten forderte. *Loyalität* erwartet er auch heute noch, aber wie diese Loyalität zum Ausdruck kommt, hat sich in spezifischer Weise verändert.

3. *Zwei Arten von Auflagen des Alten Bundes wurden im Neuen*

Bund eindeutig nicht erneuert. Eine vollständige Erfassung der einzelnen Gesetzeskategorien würde ein eigenes Buch erfordern, aber diejenigen Teile des Gesetzes aus dem Pentateuch, die für Christen nicht mehr gelten, lassen sich in zwei Hauptkategorien einordnen: 1. das *Zivilgesetz* Israels und 2. das *Ritualgesetz* Israels. Während einige alttestamentliche Gesetze auch für uns gültig sind (siehe Punkt 4 unten), trifft das bei diesen Gesetzen nicht mehr zu, wie auch kanadische Gesetze nicht für Menschen in den Vereinigten Staaten verbindlich sind.

Das *Zivilgesetz* umfasst Strafgesetze für verschiedene (größere und kleinere) Verbrechen, für die man in Israel vor Gericht gestellt werden konnte. Das sind die Gesetze, die das alltägliche Leben der Israeliten als Gottes Volk in ihren gegenseitigen Beziehungen und im Hinblick auf ihre Kultur prägten. Wenn wir sie lesen, sollten wir ihre Funktion daher auf dem Hintergrund der israelitischen Gesellschaft wahrnehmen und auch beachten, in welcher Weise sie etwas über Gottes eigenen Charakter offenbaren. Andererseits gelten solche Gesetze letztlich nur für Bürger des alten Israels und kein heute lebender Mensch ist Bürger dieses alten Israels.

Das *Ritualgesetz* stellt den größten Block alttestamentlicher Gesetze dar und ist im 3. Buch Mose sowie in vielen Teilen des 2., 4. und 5. Buchs Mose enthalten. Diese Gebote sagten den Israeliten, wie ihr Gottesdienst im Alten Bund ausgeübt werden sollte. Alles wurde in genauen Einzelheiten beschrieben, von den Geräten des Gottesdienstes über die Pflichten der Priester bis zur Beschreibung der Tiere, die geopfert werden sollten. Das Opfern (das zeremonielle Töten, Zubereiten und Essen) von Tieren stand im Zentrum des alttestamentlichen Gottesdienstes. Ohne Blutvergießen war keine Sündenvergebung möglich (Hebräer 9,22). Doch als Jesus sein ein für alle Mal gültiges Opfer dargebracht hatte, war dieser Ansatz des Alten Bundes sofort überholt. Er besitzt für die Praxis der Christen keine Gültigkeit mehr, obwohl der Gottesdienst – in *neutestamentlicher* Art und Weise – fortgesetzt wird.

Einige werden nun fragen: „Hat Jesus nicht gesagt, dass wir immer noch unter dem Gesetz stehen, da auch nicht der geringste

Buchstabe des Gesetzes vergehen wird?“ Die Antwort lautet Nein; das hat er nicht gesagt. Was er sagte (siehe Lukas 16,16-17) war, dass das Gesetz nicht verändert werden kann. Jesus kam, um einen neuen Bund zu gründen (siehe Lukas 22,20; vgl. Hebräer 8 – 10), wodurch er die Absicht des Alten Bundes „erfüllte“ und diese Periode zu Ende führte. Die Erfüllung selbst bezeichnet Jesus als „ein neues Gebot“ – das Gesetz der Liebe (Johannes 13,34-35).

Es gibt viele moderne Analogien zu dieser Art der Veränderung der Bestimmungen eines Bundes. Bei Tarifverträgen kann ein neuer Vertrag zum Beispiel Veränderungen der Arbeitsbedingungen oder der Lohngruppen enthalten. Doch können auch bestimmte Merkmale des alten Vertrags unverändert übernommen werden, wie Ruhestandsregelungen, Arbeitspausen oder Kündigungsschutz. Zwar steht ein Tarifvertrag sicherlich kaum auf derselben Ebene wie der Bund zwischen Gott und Israel, aber er kann veranschaulichen, inwiefern ein neuer Bund sich wesentlich von einem alten unterscheiden kann, *ohne völlig anders zu sein.* Und genauso verhält es sich auch mit den biblischen Bündnissen.

4. *Ein Teil des Alten Bundes wird im Neuen Bund erneuert.* Welcher Teil ist hier gemeint? Die Antwort lautet, dass einige Aspekte des ethischen Gesetzes im Alten Testament im Neuen Bund wiederholt werden und damit auch für Christen gültig sind. Aber die fortgesetzte Anwendbarkeit dieser Gesetze beruht auf ihrer Funktion, die beiden grundlegenden Gebote des Neuen Bundes zu unterstützen, an denen „das ganze Gesetz samt den Propheten“ hängt (Matthäus 22,40): „Du sollst den Herrn, deinen Gott, lieben mit ganzem Herzen, mit ganzer Seele und mit ganzer Kraft“ (5. Mose 6,5) und „Du sollst deinen Nächsten lieben wie dich selbst“ (3. Mose 19,18). Jesus zieht deshalb einige alttestamentliche Gesetze heraus, weist ihnen eine neue Anwendung zu (lesen Sie Matthäus 5,21-48) und gibt ihnen eine neue Definition im Sinne der Nächstenliebe statt einfach als Verbote, die „gewahrt“ werden müssen, und erweitert die Perspektive beträchtlich, indem er dies tut! Deshalb sagen wir, dass *Aspekte* der Gesetze und nicht die Gesetze selbst im Neuen Bund erneuert wurden.

5. *Das gesamte Gesetz des Alten Testaments ist immer noch Gottes Wort für uns, auch wenn es nicht Gottes Gebot an uns ist.* Die Bibel enthält alle möglichen Arten von Geboten, von denen Gott möchte, dass wir darüber Bescheid wissen, obwohl sie uns nicht direkt betreffen. Wenn wir zwar einerseits keine Brüstungen um unsere Dachterrasse bauen müssen (5. Mose 22,8), sollten wir uns doch über einen Gott freuen, der darum besorgt war, dass Gäste nicht vom (normalerweise flachen) Dach eines ihnen nicht vertrauten Hauses fallen, und sein Volk deshalb anwies, ihre Häuser im Sinne dieser Art von Nächstenliebe zu bauen. Dies entspricht unserem Verständnis des Gesetzes als Teil der Geschichte Israels, da wir die Bedeutung unserer eigenen Geschichte – der Geschichte des Neuen Bundes – nicht erfassen können, ohne genau zu wissen, welche Funktion das Gesetz in der Geschichte Israels, der Geschichte des früheren Bundes, hatte.

6. *Nur die Teile des Alten Testaments, die im Neuen Testament ausdrücklich erneuert werden, können als Teil des neutestamentlichen „Gesetzes Christi" (vgl. Galater 6,2) betrachtet werden.* Dazu gehören auch die Zehn Gebote, da sie im Neuen Testament in verschiedener Weise als für Christen verbindlich zitiert werden (siehe Matthäus 5,21-37; Johannes 7,23), sowie die beiden großen Gebote, die in das Neue Testament übernommen werden: „Liebe den Herrn, deinen Gott, mit deinem ganzen Herzen, mit deiner ganzen Seele und mit all deiner Kraft (5. Mose 6,5) und: „Liebe deinen Nächsten wie dich selbst" (3. Mose 19,18). Und in diesem Fall zeigen diese beiden „Gesetze" in vollkommener Weise Gottes Wesen, das von seinen Kindern wiedergegeben werden soll. Bei keinem anderen spezifischen Gesetz des Alten Testaments lässt sich nachweisen, dass es für Christen absolut verbindlich wäre, so wertvoll es für uns Christen auch ist, alle Gesetze zu kennen.

3. Die Rolle des Gesetzes in Israel und in der Bibel

Auch wenn die alttestamentlichen Gesetze nicht unsere Gesetze sind, wäre es falsch zu folgern, dass das Gesetz kein wertvoller Teil der Bibel mehr wäre. Ganz im Gegenteil. Es hatte in der Heilsgeschichte nicht nur die Funktion, uns zu Christus zu führen, wie Paulus sagt (Galater 3,24), sondern wir könnten ohne dieses Gesetz nicht verstehen, was es für Israel bedeutete, Gottes Volk zu sein. Beachten Sie besonders, dass an keiner Stelle im Alten Testament behauptet wird, dass irgendjemand durch Erfüllung des Gesetzes gerettet wurde. Das Gesetz war vielmehr Gottes Geschenk an Israel – sein Mittel, sie von ihren heidnischen Nachbarn auszusondern, Bedingungen und Grenzen ihres Verhaltens festzulegen, damit sie wissen konnten, wie sie den Herrn, ihren Gott, und einander lieben sollten. Anders gesagt, die Bestimmungen dieses Gesetzes ließen sie ihre Beziehung zu Gott und zueinander verstehen. Das ist der Grund, weshalb die Gläubigen im Alten Testament immer wieder von ihrer Freude an Gottes Gesetz sprechen (z. B. in den Psalmen 19 und 119). Und wenn Menschen das Gesetz nicht vollkommen erfüllten, konnten sie die Möglichkeiten der Vergebung und Sühne nutzen, die Gott ihnen bereitstellte.

Israels Problem im Alten Testament war nicht ihre *Unfähigkeit*, das Gesetz zu halten, sondern ihre *Entscheidung*, dies nicht zu tun. Die Geschichte Israels, wie sie im größten Teil des Alten Testaments aufgezeichnet wurde, ist eine lange und traurige Geschichte des Ungehorsams, des ständigen Flirtens mit und der Hinwendung zu den „Göttern" ihrer Nachbarvölker. Jesaja erkannte klar, dass Menschen den Göttern ähnlich werden, die sie anbeten; daher werden die Israeliten als Menschen beschrieben, die Augen haben, aber nicht sehen, und Ohren haben, aber nicht hören (Jesaja 6,9-10) – gerade so wie die Götzen, zu denen sie sich hinziehen ließen und die sie schließlich anbeteten. Statt also das Volk Jahwes zu sein – ein Volk, das seinen Charakter von Gerechtigkeit und Barmherzigkeit, von Fürsorge für die Bedürftigen im Land usw. widerspiegelte – waren sie von

Habgier, Launenhaftigkeit und sexueller Unmoral geprägt wie die Baale der Kanaaniter.

Deshalb ist es für uns also besonders wichtig, die Rolle des Gesetzes in Israel genau zu kennen, weil wir hier Beispiele finden, wie Gottes eigener Charakter sich in seinen Gesetzen ausdrückte, die er Israel gab, sodass sie ihn anbeteten und in liebevollen Beziehungen zueinander lebten. Und hier verstehen wir, warum es einen neuen Bund zusammen mit der Gabe des Heiligen Geistes geben musste (Hesekiel 36,25-27; 2. Korinther 3,6), damit Gottes Volk ihm ähnlich wäre, indem es immer mehr in das Ebenbild seines Sohnes verwandelt würde (Römer 8,29).

All das bedeutet wiederum, dass das Gesetz in Israel nicht als „Mittel der Erlösung" betrachtet wurde. Es wurde weder aus diesem Grund gegeben noch konnte es je eine solche Funktion haben. Es diente vielmehr als Mittel, einen Rahmen für die Beziehung zwischen Gott und seinem Volk zu setzen und die Loyalität zwischen ihnen zu etablieren. Das Gesetz nannte einfach die Bedingungen der Loyalitätsvereinbarung zwischen Israel und Gott.

In diesem Sinne bildet das Gesetz ein Paradigma (ein Modell). Es ist sicher keine vollständige Liste all dessen, was man damals tun konnte oder sollte, um Gott zu gefallen. Es nennt vielmehr Beispiele oder Vorbilder für das, was Loyalität Gott gegenüber bedeutet. Beim Lesen der Gesetze wird es sich als nützlich erweisen, wenn Sie die beiden grundlegenden Formen verstehen, in denen sie gegeben wurden.

Apodiktisches Gesetz

Betrachten Sie auf diesem Hintergrund einmal den folgenden Abschnitt:

> Wenn ihr die Ernte eures Landes einbringt, sollt ihr das Feld nicht bis zum äußersten Rand abernten. Du sollst keine Nachlese von deiner Ernte halten. In deinem Weinberg sollst du keine Nachlese

> halten und die abgefallenen Beeren nicht einsammeln. Du sollst sie dem Armen und dem Fremden überlassen. Ich bin der Herr, euer Gott.
>
> Ihr sollt nicht stehlen,
>
> nicht täuschen
>
> und einander nicht betrügen.
>
> Ihr sollt nicht falsch bei meinem Namen schwören; du würdest sonst den Namen deines Gottes entweihen. Ich bin der Herr.
>
> Du sollst deinen Nächsten nicht ausbeuten und ihn nicht um das Seine bringen.
>
> Der Lohn des Tagelöhners soll nicht über Nacht bis zum Morgen bei dir bleiben.
>
> Du sollst einen Tauben nicht verfluchen und einem Blinden kein Hindernis in den Weg stellen; vielmehr sollst du deinen Gott fürchten. Ich bin der Herr.
>
> *3. Mose 19,9-14*

Beachten Sie zunächst, wie eng diese Gesetze durch das dreimal wiederholte „Ich bin der Herr" mit Jahwes Charakter verknüpft sind. Die Israeliten als Gottes Volk sollten ihren Gott anbeten und damit ihm ähnlich sein. Solche Gebote, die mit „Du sollst" oder „Du sollst nicht" beginnen, werden als apodiktische Gesetze bezeichnet. Es sind direkte, allgemein anwendbare Gebote, gewöhnlich als Imperativ in der zweiten Person, die den Israeliten sagten, was von ihnen erwartet wurde, um ihre Seite des Bundes mit Gott zu erfüllen. Es ist jedoch gut zu erkennen, dass solche Gesetze nicht erschöpfend sind. Betrachten Sie zum Beispiel die Gesetze über die Nachlese bei der Ernte, mit der diese Reihe beginnt (V. 9-10), und beachten Sie, dass nur Feldfrüchte (Weizen, Gerste usw.) und Weintrauben erwähnt werden. Lässt sich daraus schließen, dass man seinen reichlichen Ertrag nicht mit Armen und Fremden zu teilen braucht, wenn man Schafe züchtet oder Feigen und Oliven erntet? Müssten demnach andere die Soziallast des von Gott eingesetzten Versorgungssystems tragen, während man selbst ungeschoren davonkommt? Natürlich nicht. Das Gesetz ist paradigmatisch zu verstehen: Es *nennt durch ein Beispiel einen Maßstab*, statt alle möglichen Situationen aufzuzählen. Doch gleichzeitig hat es universale Gültigkeit für alle, die Land besitzen und Vieh züchten oder Getreide anbauen.

Betrachten Sie noch einmal die beiden letzten Gebote (V. 13b bis 14). Hier geht es darum, dass man Tagelöhnern den Lohn nicht vorenthalten und Menschen mit Behinderungen nicht misshandeln durfte. Und wenn man dem Arbeiter seinen Lohn erst kurz vor Morgengrauen bezahlte? Die Gesetzeslehrer und Pharisäer zur Zeit Jesu hätten vermutlich behauptet, dass ein solches Vorgehen gerechtfertigt wäre, weil im Gesetz eindeutig „über Nacht bis zum Morgen“ steht. Doch eine derart enge, selbstsüchtige Gesetzlichkeit stellt in Wirklichkeit eine Verzerrung des Gesetzes dar. Die Aussagen des Gesetzes sollten nicht als minutiöse Beschreibung aller vorstellbaren Bedingungen verstanden werden, sondern als zuverlässige *Richtlinien*, die allgemein anwendbar waren. Genauso ließe sich fragen, ob das letzte Gebot in der Liste noch als erfüllt gelten kann, wenn man einer Person, die stumm oder gelähmt oder geistig behindert ist, schadet. Mit Sicherheit nicht. Der „Taube“ und der „Blinde“ sind einfach Beispiele für *alle* Menschen (= Auge und Ohr; also Sehen und Hören), deren physische Schwächen von uns verlangen, sie zu respektieren und ihnen zu helfen, statt sie zu ignorieren und zu verachten.

Moderne Gesellschaften haben oft relativ ausführliche Gesetzesvorschriften. Das Bundes- und Landesrecht der Bundesrepublik Deutschland enthält zum Beispiel Tausende spezifischer Gesetze gegen alle möglichen Vergehen. Dennoch kann immer nur ein Richter entscheiden, ob ein Angeklagter ein Gesetz gebrochen hat, weil

Gesetze nicht so umfassend und ausführlich formuliert werden können, dass sie jeden möglichen Verstoß erfassen. In diesem Sinn entspricht das alttestamentliche Gesetz eher einer *Verfassung*, in der die Merkmale von Gerechtigkeit und Freiheit in groben Zügen festgelegt werden, als den vielen Bundes- und Landesgesetzen eines Staates.

Beachten Sie, dass unsere Definition der apodiktischen (allgemeinen, uneingeschränkten) Gesetze des Alten Testaments als paradigmatisch (als Beispiele und nicht als erschöpfende Beschreibung aller Möglichkeiten) für denjenigen keine Hilfe darstellt, der sich das Einhalten dieser Gesetze erleichtern möchte. Wie wir gezeigt haben, sind diese Gesetze zwar von der Formulierung her eingeschränkt, in ihrer *Tragweite* aber sehr umfassend. Würde man versuchen, das alttestamentliche Gesetz in seiner ganzen Tragweite zu erfüllen, wäre man daher mit Sicherheit zum Scheitern verurteilt. Kein menschliches Wesen kann Gottes Willen angesichts dieser hohen, umfassenden Maßstäbe konsequent erfüllen (vgl. Römer 8,1-11). Nur der methodische Ansatz der Pharisäer, die sich an den Buchstaben des Gesetzes hielten, statt es in seiner wahren Bedeutung zu erfüllen, bietet gewisse Aussichten auf Erfolg. Doch handelt es sich dabei nur um einen weltlichen Erfolg, während man die wahren Absichten Gottes mit diesem Gebot verfehlt (Matthäus 23,23).

Damit kommen wir zu einer ersten hermeneutischen Feststellung: Obwohl dies nicht seine primäre Absicht ist, zeigt uns das Gesetz, *dass wir Gott unmöglich aus eigener Kraft gefallen können.* Diese Feststellung ist natürlich nicht neu, wie Paulus in seinem Brief an die Christen in Rom erkennen lässt (Römer 3,20). Sie gilt aber auch für *Leser* des Gesetzes und nicht nur als theologische Wahrheit. Wenn wir das alttestamentliche Gesetz lesen, sollten wir zu der demütigen Erkenntnis kommen, wie unwürdig wir sind, Gott zu gehören. Die Tatsache, dass Gott uns eine Möglichkeit geschaffen hat, von ihm angenommen zu werden, ohne das ganze Gesetz des Alten Testaments erfüllen zu müssen, sollte uns veranlassen, ihn voller Dankbarkeit zu loben! Denn sonst gäbe es für uns überhaupt keine Hoffnung, Gott irgendwie zu gefallen.

Kasuistisches Gesetz

Zum apodiktischen Gesetz gibt es ein Gegenstück, das wir als kasuistisches (auf Einzelfälle bezogenes) Gesetz bezeichnen. Betrachten Sie folgenden Abschnitt aus 5. Mose:

> Wenn dein Bruder, ein Hebräer – oder auch eine Hebräerin –, sich dir verkauft, soll er dir sechs Jahre als Sklave dienen. Im siebten Jahr sollst du ihn als freien Mann entlassen. Und wenn du ihn als freien Mann entlässt, sollst du ihn nicht mit leeren Händen entlassen. Du sollst ihm von deinen Schafen und Ziegen, von deiner Tenne und von deiner Kelter so viel mitgeben, wie er tragen kann. Wie der Herr, dein Gott, dich gesegnet hat, so sollst du ihn bedenken. Denk daran: Als du in Ägypten Sklave warst, hat der Herr, dein Gott, dich freigekauft. Darum verpflichte ich dich heute auf dieses Gebot.
>
> Wenn dieser Sklave dir aber erklärt: Ich will nicht von dir freigelassen werden – denn er hat dich und deine Familie liebgewonnen, weil es ihm bei dir gut ging –, so nimm einen Pfriem und stich ihn durch sein Ohr in die Tür: Dann ist er dein Sklave für immer. Bei einer Sklavin sollst du das Gleiche tun.
>
> *5. Mose 15,12-17*

Die Elemente eines solchen Gesetzes sind von Bedingungen abhängig – sie beschreiben bestimmte Voraussetzungen, die in manchen Situationen bei bestimmten Arten von Menschen vorliegen können, aber nicht unbedingt jede Situation und jede Person betreffen. Kasuistische Gesetze, die normalerweise eine Beschreibung in der dritten Person beinhalten, nennen Beispiele für mögliche Situationen oder Ereignisse und für das, was man in solchen Fällen tun sollte. Im Gegensatz zu apodiktischen Gesetzen, die vorschreiben, was jeder in allen Situationen immer tun muss, greifen kasuistische Gesetze besondere Fälle heraus, die nur für einzelne Menschen in manchen Situationen und nicht für jedermann in jedem Fall gelten. Von den

Empfängern des Gesetzes wurde erwartet, dass sie verstanden, dass hier mehr impliziert war.

So ist das gerade zitierte Gesetz nur anzuwenden, 1. wenn man selbst als Israelit mindestens einen Sklaven hat oder 2. wenn man als Israelit einen Sklaven hat, der nach Ablauf der als Minimum festgesetzten Frist Sklave bleiben will oder auch nicht. Wenn man kein Israelit ist oder keinen Sklaven hat, greift das Gesetz nicht. Wenn man selbst Sklave ist, kann man das Gesetz, weil es sich an den Eigentümer richtet, nur *indirekt* auf sich beziehen, insofern es die eigenen Rechte schützt. Das Gesetz bezieht sich also nicht auf jeden, sondern beruht auf einer Bedingung, die für einen bestimmten Menschen zu einer bestimmten Zeit entweder zutrifft oder nicht (in unserer Zeit würde dieser Bedingung vielleicht ein langjähriger, spezieller Arbeitsvertrag oder eine mehrjährige Verpflichtung als Zeitsoldat entsprechen).

Solche kasuistischen Gesetze machen einen großen Anteil unter den über 600 Geboten des Pentateuchs aus. Interessant ist, dass keines davon im Neuen Bund ausdrücklich erneuert wird. Gerade weil sich solche Gesetze speziell auf Israels bürgerliches, religiöses und ethisches Leben beziehen, sind sie in ihrer Anwendbarkeit begrenzt und haben für Christen wohl kaum Geltung. Welches hermeneutische Prinzip kann ein Christ dann aus den kasuistischen Gesetzen lernen? Aus einer Betrachtung der oben zitierten Stelle können wir verschiedene Punkte ableiten.

Erstens können wir, auch wenn wir selbst keine Sklaven haben, feststellen, dass Gottes Regelungen für langjährige Arbeitsverhältnisse im Alten Bund keinesfalls brutal und hart waren. Durch solch ein Gesetz lässt sich wohl kaum die Art von Sklaverei rechtfertigen, die in der Weltgeschichte meist praktiziert wurde. Dass Sklaven schon nach sechs Jahren freigelassen und mit genügend Mitteln für den Beginn eines neuen Lebens ausgestattet werden mussten, stellte eine wesentliche Einschränkung vertraglich vereinbarter Sklaverei dar, sodass dem Missbrauch der Schuldsklaverei ein Riegel vorgeschoben wurde. Beachten Sie besonders, in welcher Beziehung dieses Gesetz zur eigenen Geschichte Israels stand. Als befreite Sklaven, die einst keine Hoffnung hatten, ihre Freiheit zu erlangen, sollten sie denjenigen Menschen mit Barmherzigkeit begegnen, die sich aus irgendwelchen Gründen gezwungen sahen, unter ihrem eigenen Volk Sklaven zu werden.

Zweitens stellen wir fest, dass Gott Knechte und auch Sklaven liebt. Seine Liebe zeigt sich in den strengen Sicherheitsmaßnahmen, die in das Gesetz aufgenommen wurden, sowie in dem letzten Satz des Absatzes (V. 14-15), wo Großzügigkeit den Sklaven gegenüber gefordert wird, weil Gott selbst so großzügig zu Israel war, Gottes eigenem Volk, einer Gruppe ehemaliger Sklaven.

Drittens erfahren wir, dass langjähriger Dienst so gütig praktiziert werden konnte, dass die Sklaven es tatsächlich besser hatten als in Freiheit. Wenn der Besitzer der Sklaven seine Pflichten wahrnahm und sie mit Nahrung, Kleidung und Wohnung versorgte, schaffte er in vielen Fällen die Voraussetzung dafür, dass sie überlebten und dass es ihnen gut ging. Auf sich gestellt starben sie vielleicht an Hunger oder Unterkühlung, wenn ihnen die nötigen Mittel fehlten, unter den harten ökonomischen Bedingungen zu überleben, die im alten Palästina herrschten.

Viertens war der Sklave nicht in einem totalen Sinne Besitz seines Eigentümers. Dieser besaß ihn *per Vertrag*, was einer Vielzahl von Beschränkungen unterlag, die in mehreren anderen Gesetzen zur Knechtschaft genannt oder angedeutet wurden. Nach dem Gesetz hatte er keine absolute Macht über den Sklaven. Gott war der Eigentümer des Herrn und des Sklaven. Er hatte alle Hebräer freigekauft, wie es die freundliche Erinnerung am Ende des ersten Absatzes sagt (V. 15), und besaß daher das Eigentumsrecht über sie alle – Sklaven wie Freie.

Diese vier Beobachtungen sind wertvolle Lektionen für uns. Dabei spielt es keine Rolle, dass der Gesetzeskodex in diesem Absatz (5. Mose 15,12-17) kein direktes Gebot für oder über uns ist. Wichtig ist, dass wir aus diesem Gesetz viel über Gott lernen können – über seine Forderungen nach Gerechtigkeit, seine Ideale für die israelitische Gesellschaft und seine Beziehung zu seinem Volk, besonders im Hinblick auf die Bedeutung der Erlösung (Freikaufen).

Dieses Gesetz bietet uns also 1. einen wichtigen Hintergrund für die neutestamentliche Lehre von der Erlösung, 2. ein klareres Bild davon, wie stark die Knechtschaft im Alten Testament sich von dem unterschied, was die meisten modernen Menschen sich normalerweise unter Sklaverei vorstellen, und 3. eine Perspektive der Liebe Gottes, die wir sonst nicht hätten. Dieser Abschnitt aus dem Gesetz ist mit anderen Worten immer noch das kostbare Wort Gottes für uns, auch wenn er ganz eindeutig kein Gebot Gottes an uns ist.

Aus diesem Gesetz erfährt man jedoch nicht alles über die Sklavenhaltung im alten Israel. Zum Beispiel hatten bestimmte Regeln für Sklaven aus fremden Völkern einen anderen Rahmen. Selbst wenn man alle Gesetze über Knechtschaft oder Sklavenhaltung des Pentateuchs zusammennimmt, berührt man nur die Oberfläche. Es versteht sich von selbst, dass einige Hundert Gesetze nur paradigmatische Funktion haben können, also nur Beispiele für das zwischenmenschliche Verhalten darstellen, statt alle Möglichkeiten erschöpfend zu beschreiben. Wenn sogar das heutige Straf- und Zivilrecht mit seinen Tausenden Einzelgesetzen einer Gesellschaft keine völlig erschöpfende Anleitung zu geben vermag, dann sollte das alttestamentliche Gesetz gewiss nicht als allumfassend verstanden werden. Da es aber verdeutlicht, welche *Art* von Maßstäben Gott im Alten Bund für sein Volk aufstellte, kann es für uns, die wir im Neuen Bund danach trachten, seinen Willen zu tun, höchst lehrreich sein.

4. Das Gesetz des Alten Testaments und andere alte Gesetzeskodizes

Die Israeliten waren nicht das erste Volk, das nach Gesetzen lebte. Mehrere Gesetzeskodizes alter Völker wurden überliefert, die früher entstanden sind als das mosaische Gesetz Israels (1440 v. Chr. oder später, je nach Datierung des Exodus). Wenn man diese früheren

Gesetze mit dem Gesetz des Alten Testaments vergleicht, wird klar erkennbar, dass das Gesetz, das Israel gegeben wurde, eindeutig ein ethischer Fortschritt gegenüber seinen Vorgängern ist.

Betrachten Sie zum Beispiel die folgenden beiden Gesetzestexte. Der erste entstammt dem akkadischen Kodex „Gesetze von Eschnunna“, den man in die Zeit um 1800 v. Chr. datiert:

> Wenn ein freier Mann keine Forderungen an einen anderen freien Mann hat, aber die Sklavin des anderen ergreift, sie in seinem Hause festhält und ihren Tod verursacht, muss er dem Eigentümer der Sklavin zwei Sklavinnen als Ersatz geben. Wenn er keine Forderungen ihm gegenüber hat, aber die Ehefrau oder das Kind eines Mannes aus der Oberschicht ergreift und sie zu Tode bringt, ist das ein Schwerverbrechen. Wer dies getan hat, muss sterben.
>
> *(Eschnunna, Gesetze 23 und 24, eigene Übersetzung)*

Der zweite Text stammt aus dem berühmten *Kodex Hammurabi* des babylonischen Königs, der im Jahre 1726 v. Chr. „das Gesetz des Landes“ erließ:

> Wenn ein freier Adliger die Tochter eines anderen freien Adligen geschlagen und so bei ihr eine Fehlgeburt verursacht hat, muss er zehn Silberschekel für ihren Fötus zahlen. Ist die Frau gestorben, muss seine eigene Tochter getötet werden. Wenn er durch einen heftigen Schlag bei der Tochter eines Bürgerlichen eine Fehlgeburt verursacht hat, muss er fünf Silberschekel zahlen. Ist die Frau gestorben, muss er eine halbe Silbermine zahlen. Wenn er die Sklavin eines freien Adligen geschlagen und so bei ihr eine Fehlgeburt verursacht hat, muss er zwei Silberschekel zahlen. Ist diese Frau gestorben, muss er eine drittel Silbermine zahlen.
>
> *(Hammurabi, Gesetze 209–214, eigene Übersetzung)*

Es gibt in diesen Gesetzen verschiedene Aspekte, die wir genauer betrachten könnten, doch wollen wir uns besonders auf die darin enthaltenen Klassenunterschiede konzentrieren. Beachten Sie, dass diese Gesetze nur Geldzahlungen als Strafe verhängten, wenn man für den Tod eines Sklaven oder eines Bürgerlichen verantwortlich war, während der Tod eines Angehörigen der Adelsschicht mit der Todesstrafe geahndet wurde. Beachten Sie auch, dass Männer aus der Adelsschicht praktisch gegen eine persönliche Bestrafung immun waren, solange der angerichtete Schaden eine Frau betraf. So ist der zweiten Gruppe von Gesetzen (Hammurabi, Gesetze 209–214) zu entnehmen, dass ein Adliger selbst dann keine persönliche Strafe erleiden musste, wenn er für den Tod der Tochter eines anderen Adligen verantwortlich war. An seiner Stelle wird seine Tochter getötet. Entsprechend wird im ersten Gesetzestext (Eschnunna, Gesetze 23–24) der Tod eines Sklaven durch die Zahlung von zwei Sklaven wiedergutgemacht. Der Mörder selbst geht frei aus.

In solchen Gesetzen wurden also sowohl Frauen als auch Sklaven wie Gegenstände behandelt. Wenn jemand ihnen einen Schaden zufügte, wurde diese Tat rechtlich genauso behandelt wie das Beschädigen materieller Güter oder des Viehbestands in anderen Gesetzen dieser Sammlungen.

Das Gesetz des Alten Testaments stellt in ethischer Hinsicht einen Quantensprung gegenüber diesen Gesetzeskodizes dar. Das Mordverbot wird in keiner Weise durch das Geschlecht oder den sozialen Stand eingeschränkt: „Du sollst nicht morden" (2. Mose 20,13). „Wer einen Menschen so schlägt, dass er stirbt, wird mit dem Tod bestraft" (2. Mose 21,12). Auch bei der Wiedergutmachung einer Verletzung von Sklaven hat es einen Fortschritt gegeben: „Wenn er seinem Sklaven oder seiner Sklavin einen Zahn ausschlägt, soll er ihn für den ausgeschlagenen Zahn freilassen" (2. Mose 21,27). Ganz allgemein hatten Sklaven im alttestamentlichen Gesetz eine völlig andere Stellung, als es ihrer Situation unter den früheren Gesetzen entsprach. „Einen Sklaven, der sich vor seinem Herrn zu dir rettet, sollst du seinem Herrn nicht ausliefern. Bei dir soll er wohnen, in deiner Mitte, an dem Ort, den er in einem deiner Tore erwählen wird, wo es ihn gut dünkt“ (5. Mose 23,16-17; ELB). Und im Gegensatz zu den Gesetzen von Hammurabi, die es zuließen, dass ein Adliger für eine selbst verschuldete tödliche Verletzung seine eigene Tochter in den Tod schickte, sagt das Alte Testament deutlich: „Väter sollen nicht für ihre Söhne und Söhne nicht für ihre Väter mit dem Tod bestraft werden. Jeder soll nur für sein eigenes Verbrechen mit dem Tod bestraft werden“ (5. Mose 24,16).

5. Das Gesetz des Alten Testaments als Vorteil für Israel

Wenn es um die Fähigkeit ging, ewiges Leben und wahre Gerechtigkeit vor Gott zu verleihen, war das Gesetz selbst völlig unzureichend. Dazu war es nicht geschaffen worden. Aber wenn man seinen spezifischen Zweck richtig versteht, sollte man erkennen, dass das Gesetz für die Israeliten dennoch vorteilhaft war, denn es stellte ein wunderbares Beispiel für Gottes Gnade und Güte gegenüber seinem Volk dar. Wir schließen mit ein paar Beispielen, um Ihnen zu helfen, es so zu lesen, wie es beabsichtigt war. Behalten Sie also diesen Aspekt im Gedächtnis, wenn Sie beim Lesen der Bibel auf solche Gesetze stoßen, wie wir sie hier zusammengestellt haben.

Die Speisegesetze

> „… das Schwein, denn es hat wohl durchgespaltene Klauen, aber es ist kein Wiederkäuer; darum soll es euch unrein sein“ *(3. Mose 11,7; LUT).*

Die Speisegesetze, wie dieses Schweinefleischverbot, waren keine willkürlichen, launischen Bestimmungen Gottes, um die Gaumenfreuden der Israeliten einzuschränken. Stattdessen waren sie eine wichtige Schutzmaßnahme. In der überwiegenden Mehrheit handelte es sich um Nahrungsmittel, 1. die im trockenen Klima der Wüste Sinai oder des Landes Kanaan mit hoher Wahrscheinlichkeit Krankheiten übertrugen, 2. deren Erzeugung unter den klimatischen Bedingungen der Wüste Sinai oder des Landes Kanaan völlig unwirtschaftlich war oder 3. die von bestimmten Gruppen, deren Praktiken die Israeliten nicht nachahmen sollten, für religiöse Zwecke wie Opfer verwendet wurden. Im Licht der modernen medizinischen Erkenntnis, dass Nahrungsmittelallergien je nach ethnischer Herkunft variieren, lässt sich außerdem festhalten, dass die Speisegesetze Israel auch vor bestimmten Allergien bewahrten. In der Wüste gab es zwar nicht viele Pollen, die den Atmungstrakt der Israeliten reizen konnten, dafür aber einige Tiere, deren Fleisch das Nervensystem und ihre Verdauung reizten. Es ist besonders interessant, dass nach Aussage von Allergieforschern die Hauptfleischquelle der Israeliten – Lammfleisch – von allen gerne konsumierten Fleischsorten die wenigsten Allergien verursacht.

Gesetze über Blutvergießen

> „Lass den Jungstier vor das Offenbarungszelt bringen, und Aaron und seine Söhne sollen ihre Hände auf den Kopf des Jungstiers legen. Dann schlachte den Jungstier vor dem Herrn am Eingang des Offenbarungszeltes! Nimm vom Blut des Jungstiers, und gib etwas davon mit deinem Finger auf die Hörner des Altars! Das ganze übrige Blut aber gieß am Sockel des Altars aus!" *(2. Mose 29,10-12).*

Gesetze wie dieses stellen für Israel einen wichtigen Maßstab auf. Sünde verdient Bestrafung und Gott offenbarte seinem Volk durch das Gesetz, dass jeder, der gegen ihn sündigt, nicht mehr zu leben verdient. Doch Gott schuf auch eine Möglichkeit, durch die der Sünder dem Tod entrinnen konnte: Das Blut eines Opfertieres konnte stellvertretend vergossen werden. Gott bot also an, den Tod eines anderen lebendigen Wesens – eines Tieres – als Ersatz für den Tod des Sünders aus seinem Volk zu akzeptieren. Durch das Opfersystem des Gesetzes wurde dieser Vorgang in das Leben Israels integriert und war für das Überleben des Volkes unabdingbar, was auch im Neuen Testament aufgegriffen und zitiert wurde. „Ohne dass Blut vergossen wird, gibt es keine Vergebung" (Hebräer 9,22). Äußerst wichtig ist die Tatsache, dass die Gesetze über stellvertretende Opfer einen Präzedenzfall für das stellvertretende Versöhnungswerk Christi darstellen. Das Prinzip in Hebräer ist durch und durch biblisch. Christi Tod erfüllte die Forderung des Gesetzes und ist die Grundlage unserer Annahme bei Gott. Das alttestamentliche Gesetz dient als anschaulicher Hintergrund für dieses größte Ereignis der Geschichte.

Ungewöhnliche Verbote

> „Du sollst ein Zicklein nicht in der Milch seiner Mutter kochen" (5. Mose 14,21b).

„Was ist denn daran falsch?" wird mancher fragen. Und warum stehen im Gesetz überhaupt Gebote wie: „Unter deinem Vieh sollst du nicht zwei Tiere verschiedener Art sich begatten lassen. Dein Feld sollst du nicht mit zweierlei Arten besäen. Du sollst kein aus zweierlei Fäden gewebtes Kleid anlegen" (3. Mose 19,19)?

Die Antwort lautet, dass solche Verbote die Israeliten daran hindern sollten, die Rituale des kanaanitischen Fruchtbarkeitskults zu übernehmen. Die Kanaaniter glaubten an etwas, das als Sympathiezauber bezeichnet wird: Sie glaubten, durch symbolische Handlungen die Götter und die Natur beeinflussen zu können. Sie dachten, die zukünftige Fruchtbarkeit einer Herde würde auf magische Weise sichergestellt, wenn man ein Zicklein in der Milch seiner Mutter kochte. Die Vermischung verschiedener Tiergattungen, Samen oder Materialien galt in diesem Kult als „Heirat", die durch einen Zauber „Nachkommen" hervorbringen sollte, nämlich landwirtschaftlichen

Überfluss in der Zukunft. Gott konnte und wollte sein Volk nicht segnen, wenn es solchen Unsinn praktizierte. Wenn Sie die Absicht solcher Gesetze erkennen – nämlich die Israeliten vom Abgleiten in die kanaanitische Religion abzuhalten, die Gott und seinem Charakter so völlig widersprach –, werden Sie leichter verstehen, dass es keine willkürlichen, sondern absolut entscheidende und für die ursprünglichen Adressaten außerordentlich gnädige Gesetze waren.

Gesetze, deren Einhaltung Segen vermittelt

> „In jedem dritten Jahr sollst du den ganzen Zehnten deiner Jahresernte in deinen Stadtbereichen abliefern und einlagern, und die Leviten, die ja nicht wie du Landanteil und Erbbesitz haben, die Fremden, die Waisen und die Witwen, die in deinen Stadtbereichen wohnen, können kommen, essen und satt werden, damit der Herr, dein Gott, dich stets segnet bei der Arbeit, die deine Hände tun" (5. Mose 14,28-29).

Natürlich waren alle Gesetze Israels dazu bestimmt, dem Volk Gottes Segen zu bringen (3. Mose 26,3-13). In manchen wird jedoch ausdrücklich erwähnt, dass Gehorsam einen Segen bedeutet. So macht das Gesetz über die Abgabe des Zehnten im dritten Jahr den Segen vom Gehorsam abhängig. Wer sich nicht um die Bedürftigen seiner Umgebung kümmert – denen, die kein Land besitzen, wie die Leviten, die Waisen und die Witwen –, dem wird Gott den Wohlstand verwehren. Der Zehnte gehört Gott, der deshalb angeordnet hat, wie er verwendet werden soll. Deshalb bedeutete eine Übertretung dieses Gebotes Diebstahl gegen Gott. Dieses Gesetz sorgte für das Wohlergehen der Bedürftigen und für das Wohlergehen derjenigen, die den Bedürftigen wohl taten. Ein solches Gesetz ist weder als Einschränkung noch als Strafandrohung zu verstehen. Es dient vielmehr dazu, eine gute Lebenspraxis einzuüben, und ist daher für uns genauso lehrreich wie für die damaligen Israeliten.

6. Zusammenfassung: „Du sollst“ und „Du sollst nicht“

Um die Quintessenz dieses Kapitels zusammenzufassen, geben wir hier eine Liste hermeneutischer Richtlinien in Form von „Geboten“ wieder. Wir hoffen, dass diese Liste Ihnen beim Lesen der Gesetze des Pentateuchs eine Hilfe ist. Wenn Sie diese Prinzipien bei der Lektüre biblischer Texte im Gedächtnis behalten, werden Sie eher in der Lage sein, falsche Anwendungen des Gesetzes zu vermeiden und den lehrreichen und glaubensfördernden Charakter des Gesetzes zu erkennen.

1. Du sollst das alttestamentliche Gesetz als völlig von Gott inspiriertes Wort *für* dich sehen.
   Du sollst das alttestamentliche Gesetz nicht als Gottes direktes Gebot *an* dich sehen.

2. Du sollst das alttestamentliche Gesetz als Grundlage für den Alten Bund und damit für Israels Geschichte sehen.
   Du sollst die alttestamentlichen Gesetze nicht als für Christen im Neuen Bund verbindlich sehen, es sei denn, sie werden ausdrücklich erneuert.

3. Du sollst Gottes Gerechtigkeit, Liebe und hohe Maßstäbe erkennen, wie sie im alttestamentlichen Gesetz offenbart werden.
   Du sollst nicht übersehen, dass Gottes Gnade im entsprechenden Maß zur Strenge des Gesetzes steht.

4. Du sollst das alttestamentliche Gesetz als Paradigma verstehen, das exemplarisch zeigt, welches Verhalten in der Vielfalt der verschiedenen Lebensumstände erwartet wird.
   Du sollst das alttestamentliche Gesetz nicht als vollständig betrachten. Es ist nicht allumfassend.

5. Du sollst im Gedächtnis behalten, dass die *Essenz* des Gesetzes (die Zehn Gebote und die beiden höchsten Gebote) in den Propheten wiederholt und im Neuen Testament erneuert wird.
   Du sollst nicht erwarten, dass das alttestamentliche Gesetz in den Propheten oder im Neuen Testament häufig zitiert wird. Gesetzeszitate kamen zuerst in der römischen Zeit lange nach Fertigstellung des Alten Testaments auf.

6. Du sollst das alttestamentliche Gesetz als großes Geschenk an Israel sehen, das viel Segen brachte, wenn man ihm gehorchte.
   Du sollst das alttestamentliche Gesetz nicht als Zusammenstellung willkürlicher, lästiger Bestimmungen betrachten, die die Freiheit der Menschen beschränken sollten.

10
Die Propheten – die Rechtsgültigkeit des Bundes Gottes mit Israel wird eingeklagt

Unter dem Begriff „Prophetie" lassen sich mehr biblische Bücher einordnen als unter jedem anderen. Die vier „großen" Propheten (Jesaja, Jeremia, Hesekiel, Daniel) und die zwölf „kleinen" (die letzten zwölf Bücher des Alten Testaments), die im alten Israel ungefähr zwischen 760 und 460 v. Chr. geschrieben wurden, enthalten eine beeindruckende Fülle von Botschaften Gottes.

Die „kleinen" Propheten werden nur deshalb so genannt, weil die Schriften relativ kurz sind; bei den „großen" Propheten handelt es sich um relativ lange Bücher. Über ihre Wichtigkeit sagt diese Bezeichnung nichts aus. Tatsächlich finden sich viele der bedeutendsten Aussagen des Alten Testaments in den „kleinen" Propheten (den kürzeren prophetischen Büchern) wie: „Der Gerechte aber wird durch seinen Glauben leben" (Habakuk 2,4; ELB; vgl. Römer 1,17; Galater 3,11) oder: „Und es wird geschehen, an der Stelle, an der zu ihnen gesagt wurde: Ihr seid nicht mein Volk!, wird zu ihnen gesagt werden: Söhne des lebendigen Gottes" (Hosea 2,1; ELB; vgl. Römer 9,26).

Zu berücksichtigen ist auch, dass in der jüdischen Tradition des Altertums die zwölf kürzeren prophetischen Bücher zu einem großen Buch zusammengefasst waren, das als „Buch der Zwölf" oder einfach als „Die Zwölf" bezeichnet wurde. Diese lange ignorierte, aber inzwischen in ihrem Einfluss zunehmend gewürdigte Zusammenstellung ergab ein Buch, das von seiner Länge her die Mitte der großen Propheten bildet – es war länger als Hesekiel und Daniel, aber kürzer als Jesaja und Jeremia. Historisch galten sie also nie in irgendeiner Hinsicht als „kleiner".

1. Das Wesen der Prophetie

Wir sollten gleich zu Anfang festhalten, dass die prophetischen Bücher zu denjenigen Schriften der Bibel gehören, die für Menschen aus späterer Zeit am schwierigsten auszulegen oder beim Lesen zu verstehen sind. Der Grund für diese Schwierigkeiten liegt vor allem in einem falschen Verständnis ihrer *Funktion* und *Form*. Bevor wir über diese beiden Aspekte sprechen, sind noch einige einleitende Bemerkungen angebracht.

Die Bedeutung der Prophetie

Die primäre Schwierigkeit für die meisten heutigen Leser der Propheten ergibt sich aus einem unzutreffenden Vorverständnis des Begriffs „Prophetie". Die meisten Menschen verstehen unter Prophetie das, was in den meisten Wörterbüchern als erste Definition erscheint, nämlich eine „Voraussage zukünftiger Dinge". Daher nehmen viele Christen in den Propheten *nur* auf die Voraussagen über das Kommen Jesu oder bestimmte Merkmale des Zeitalters des Neuen Bundes Bezug – als ob die Voraussage von Ereignissen, die damals noch in weiter Zukunft lagen, das Hauptanliegen der Propheten gewesen wäre. Ein solches Verständnis der Propheten ist aber äußerst selektiv. Betrachten Sie in diesem Zusammenhang folgende statistische Angaben: Weniger als zwei Prozent der alttestamentlichen Prophetien sind messianisch, weniger als fünf Prozent beschreiben in spezifischer Weise das Zeitalter des Neuen Bundes und weniger als ein Prozent handeln von Ereignissen, die jetzt noch in der Zukunft liegen.

Die Propheten haben tatsächlich Zukünftiges vorhergesagt. Doch bezogen sich ihre Voraussagen gewöhnlich auf die eher unmittelbare Zukunft Israels, Judas oder anderer Nationen in ihrer Nachbarschaft und nicht auf *unsere* Zukunft. Ein Schlüssel zum Verständnis der Propheten liegt deshalb in folgender Bedingung: Wenn wir die

Erfüllung ihrer Prophetien sehen wollen, müssen wir in Zeiten zurückblicken, die für sie noch in der Zukunft lagen, die für uns aber längst Vergangenheit sind.

Die Propheten als Sprecher Gottes

Wenn man die Propheten in erster Linie als Männer sieht, die die Zukunft voraussagten, übersieht man ihre eigentliche Aufgabe, nämlich im Auftrag Gottes zu ihren Zeitgenossen zu sprechen. Es ist das „gesprochene" Wesen ihrer Prophetien, das für viele unserer Verständnisschwierigkeiten verantwortlich ist.

Zum Beispiel gaben unter Hunderten von Propheten im Israel des Alten Testaments nur sechzehn Botschaften von Gott weiter, die dann gesammelt und aufgezeichnet werden sollten. Wir wissen, dass andere Propheten, wie Elia und Elisa, die Gottes Wort an sein Volk und an andere Nationen übermittelten, eine sehr einflussreiche Funktion ausübten. Aber wir wissen mehr über die Taten dieser Propheten als über ihre Worte. Was sie *taten* wird viel ausführlicher beschrieben als das, was sie *sagten*. Und das, was sie sagten, wurde von den Verfassern der entsprechenden Berichte spezifisch und deutlich in den Kontext ihrer Zeit eingebettet. Nur bei wenigen Propheten – wie Gad (1. Samuel 22; 2. Samuel 24 u. a.), Nathan (2. Samuel 7; 12; 1. Könige 1 u. a.) oder Hulda (2. Könige 22) – gibt es eine Kombination von Prophetie und Biografie, wie sie auch bei Jona und in geringerem Umfang bei Jeremia und Daniel festzustellen ist. Im Allgemeinen erfahren wir in den erzählenden Büchern des Alten Testaments also einiges über die Propheten, aber nur sehr wenig *von* ihnen. In den prophetischen Büchern dagegen hören wir *durch* die Propheten *von Gott* und nur sehr wenig über die Propheten selbst. Aus diesem Unterschied ergeben sich die meisten Probleme der heutigen Leser, die mit den prophetischen Büchern im Alten Testament nicht zurechtkommen.

Ist Ihnen außerdem schon aufgefallen, wie schwer es ist, eines der längeren prophetischen Bücher ohne Unterbrechung durchzulesen? Woran mag das liegen? In erster Linie ist es wohl darauf zurückzuführen, dass sie nicht zu diesem Zweck geschrieben wurden. Zum größten Teil handelt es sich bei diesen längeren Büchern um *Sammlungen gesprochener prophetischer Botschaften*, die nicht immer in ihrer ursprünglichen chronologischen Reihenfolge wiedergegeben wurden. Außerdem geben sie oft keinen Hinweis darauf, wo eine Botschaft endet und die andere beginnt, und enthalten oft keine Angaben über ihren historischen Hintergrund. Hinzu kommt, dass die meisten dieser Botschaften in poetischer Form gesprochen wurden! Auf diese Tatsache werden wir noch ausführlicher eingehen müssen.

Das Problem der Geschichte

Ein weiterer Aspekt macht unser Verständnis der Propheten komplizierter – das Problem der historischen Distanz. Für uns als moderne Leser ist es wesentlich schwerer, das Wort Gottes so zu verstehen, wie es von den Propheten gesprochen wurde, als für die Israeliten, die es damals persönlich hörten. Ihnen waren viele Einzelheiten klar, die für uns eher undurchsichtig sind. Zum Teil liegt das an der Tatsache, dass die unmittelbaren Zuhörer eines Sprechers natürlich bestimmte Vorteile gegenüber denen haben, die seine Worte viel später lesen, sozusagen aus zweiter Hand erfahren (vgl. die Ausführungen über Gleichnisse in Kapitel 8), ganz zu schweigen davon, dass das meiste als hebräische *Poesie* zu uns kommt, die eine ganz andere Form hat als die meisten modernen Leser sie für „Poesie" erwarten. Die meisten Schwierigkeiten ergeben sich jedoch aus der Tatsache, dass wir durch unsere große historische Distanz zum religiösen, historischen und kulturellen Leben des alten Israels große Mühe haben, die von den Propheten gesprochenen Worte in den ursprünglichen historischen Kontext einzuordnen. Oft ist nur schwer zu erkennen, worauf sie sich eigentlich bezogen und warum – weshalb selbst ein zeitgenössischer Leser oft Hilfe von außen brauchte, um sie besser zu verstehen.

2. Die Funktion der Prophetie

Um zu verstehen, was Gott uns durch diese inspirierten Bücher sagen will, müssen wir zunächst ein klares Verständnis der Rolle und Funktion der Propheten in Israel bekommen. Vier Dinge sind hier zu betonen:

1. *Die Propheten sollten im Auftrag Gottes dem Bund Geltung verschaffen.* Wie im vorangegangenen Kapitel (S. 220) dargestellt, handelte es sich beim Gesetz Israels um einen Bund zwischen Gott und seinem Volk nach dem Modell der Verträge zwischen Suzerän und Vasallen, das heißt mit Auflagen und Sanktionen. Gottes Bund mit Israel enthielt daher nicht nur Satzungen und Regeln, die eingehalten werden mussten, sondern legte auch die Sanktionen fest, die das Gesetz begleiteten: den Segen, den sein Volk empfängt, wenn es das Gesetz hält, und die Strafen („Flüche"), die Gott unweigerlich verhängen wird, wenn es sein Gesetz missachtet. Gott begnügte sich also nicht damit, Israel sein Gesetz zu geben, sondern verlieh auch der Forderung nach Einhaltung des Gesetzes Nachdruck.

An diesem Punkt kommen die Propheten ins Spiel. Durch sie kündigte Gott die (positiven oder negativen) Folgen der Einhaltung oder Missachtung des Bundes an, sodass Segen oder Fluch von seinem Volk auch klar als solche Folgen verstanden wurden. Mose, der von Gott bei der Einsetzung des Bundes als Mittler gebraucht wurde, ist damit ein Paradigma (ein Modell) für die Propheten. Sie sind Gottes Mittler oder Sprecher für den Bund. Durch sie erinnerte Gott die Menschen in den Generationen nach Mose daran, dass sie Segen erfahren, wenn sie sein Gesetz halten, dass aber Bestrafungen folgen, wenn sie es nicht tun.

Die Segnungen, die Israel für seine Treue zum Bund erfahren sollte, finden wir an drei Stellen im Alten Testament (3. Mose 26,1-13; 5. Mose 4,32-40; 28,1-14). Sie werden mit der Warnung angekündigt, dass die Segnungen aufhören werden, wenn Israel Gottes Gesetz nicht gehorcht. Die Flüche (Strafen), die Israel zu erwarten hatte, wenn es das Gesetz brach, stehen vor allem an drei

Stellen (3. Mose 26,14-39; 5. Mose 4,15-28; und 5. Mose 28,15–32,42).

Wir müssen daher immer im Gedächtnis behalten, dass die Propheten die Segnungen oder Flüche, die sie ankündigten, nicht erfanden. Sie mögen sie in neuartiger, eindringlicher Weise formuliert haben, wenn sie dazu inspiriert wurden. Doch sie verkündeten *Gottes* Wort, nicht ihr eigenes. Durch sie bekräftigte Gott seine Absicht, den Bund durchzusetzen – zum Nutzen oder zum Schaden, je nach der Treue Israels, aber immer auf der Grundlage von und in Übereinstimmung mit den Kategorien von Segen und Fluch, die schon in den oben genannten Stellen aus 3. Mose und 5. Mose enthalten waren. Wenn Sie sich die Mühe machen, diese Kapitel aus dem Pentateuch sorgfältig zu lesen, werden Sie mit einem besseren Verständnis dafür belohnt werden, warum die Propheten die Dinge sagten, die in der Bibel aufgezeichnet wurden.

Kurz zusammengefasst findet man dort folgende Aussagen: Das Gesetz enthält bestimmte Kategorien des Segens für das ganze Volk Israel aufgrund seiner Bundestreue: Leben, Gesundheit, Wohlstand, landwirtschaftlicher Überfluss, Ansehen und Sicherheit. Die meisten hier erwähnten spezifischen Segnungen fallen unter eine dieser sechs allgemeinen Kategorien. Was den Fluch betrifft, lassen sich die meisten Strafen für das ganze Volk in zehn Kategorien einordnen: Tod, Krankheit, Dürre, Hungersnot, Gefahr, Zerstörung, Niederlage, Deportation, Armut und Schande.

Dieselben Kategorien lassen sich auf Gottes Botschaften durch die Propheten übertragen. Wenn er zum Beispiel durch den Propheten Amos für das ganze Volk (nicht für einen Einzelnen) zukünftigen Segen voraussagt, werden dazu Metaphern von landwirtschaftlichem Überfluss, Leben, Gesundheit, Wohlstand, Ansehen und Sicherheit benutzt (Amos 9,11-15). Wenn zur Zeit Hoseas Gericht angekündigt wird, nimmt Gott entsprechend auf eine oder mehrere der oben genannten zehn Kategorien Bezug – z. B. Zerstörung in Hosea 8,14 oder Deportation in Hosea 9,3. Diese Flüche werden oft metaphorisch ausgedrückt, können aber auch wörtlich ausgesprochen werden. Sie beziehen sich immer auf das ganze Volk.

Es ist zu beachten, dass Segnungen oder Flüche nicht *einzelnen* Menschen Wohlstand oder Mangel garantierten. Statistisch gesehen bedeuteten die Ankündigungen der Propheten im 8., 7. und frühen 6. Jahrhundert v. Chr. meistens Fluch. Denn die Zerstörung des Nordreiches geschah erst 722 v. Chr. und die des Südreiches (Juda) 587 v. Chr. Die Israeliten im Norden und Süden näherten sich in dieser Zeit ihrer Bestrafung und so überrascht es nicht, dass Fluchankündigungen dominieren, während Gott versucht, sein Volk noch zur Buße zu bewegen. Nach der Vernichtung beider Reiche, das heißt nach 587 v. Chr., wurden die Propheten inspiriert, öfter vom Segen als vom Fluch zu sprechen, denn die Bestrafung der Nation war vollzogen und Gott nahm nun seinen ursprünglichen Plan wieder auf, Barmherzigkeit zu erweisen (siehe die Kurzbeschreibung dieser Abfolge in 5. Mose 4,25-31).

Achten Sie beim Lesen der Propheten auf das folgende einfache Muster: 1. Artikulation der Sünde Israels oder der Liebe Gottes zu seinem Volk, 2. Ankündigung von Fluch oder Segen, je nach Situation. In den meisten Fällen ist das der Inhalt dessen, was die Propheten – von Gott inspiriert – vermittelten.

2. *Die Botschaft der Propheten stammt nicht von ihnen, sondern von Gott.* Wenn Sie die prophetischen Bücher aufmerksam lesen, wird Ihnen auffallen, dass jeder Prophet sich in Bezug auf Stil, Wortschatz, Schwerpunkte, Redewendungen und Anliegen von den anderen unterscheidet. Die besonderen Merkmale jedes ihrer Bücher werden in *How to Read the Bible Book by Book* (S. 171-265) hervorgehoben. Hier möchten wir in Übereinstimmung mit dem bisher Gesagten hervorheben, dass Gott derjenige ist, der die Propheten aufstehen lässt, damit sie Israel sein Wort verkünden (vgl. 2. Mose 3–4; Jesaja 6; Jeremia 1; Hesekiel 1–3; Hosea 1,2; Amos 7,14-15; Jona 1,1 u. a.). Würde jemand sich anmaßen, das Prophetenamt selbst für sich zu beanspruchen, wäre dies ein guter Grund, so jemanden als falschen Propheten zu bezeichnen (vgl. Jeremia 14,14; 23,21). Die wahren Propheten reagierten auf einen Ruf Gottes. Das hebräische Wort für Prophet (nabī') stammt sogar von dem semitischen Verb „rufen" (nabū) ab. Beim Lesen der prophetischen Bü-

cher werden Sie feststellen, dass ihre Botschaften regelmäßig durch Erinnerungen wie „Spruch des Herrn“ oder „So spricht der Herr“ eingeleitet, beendet oder unterbrochen werden. Meistens wird die prophetische Botschaft auch direkt so weitergegeben, wie sie vom Herrn empfangen wurde: in der ersten Person, sodass Gott in den Personalpronomen „ich“ oder „mich“ von sich selbst spricht.

Lesen Sie zum Beispiel die beiden miteinander verbundenen Stellen Jeremia 27 und 28 und bedenken Sie, wie schwierig Jeremias Aufgabe war, dem Volk Juda auszurichten, dass es sich dem feindlichen Heer Babylons unterwerfen musste, wenn es Gott gefallen wollte. Für seine Zuhörer (jedenfalls für die meisten von ihnen) war seine Botschaft gleichbedeutend mit Verrat. Jeremia war tatsächlich bereits wegen Aufwiegelei vor Gericht gestellt worden (26,7-24). Als der Prophet die Botschaft verkündete, machte er jedoch unmissverständlich klar, dass sie nicht seine Sicht der Dinge zu hören bekamen, sondern Gottes Sicht. So begann er mit der Bekräftigung: „So sprach der Herr zu mir …“ (27,2), zitierte dann Gottes Auftrag: „Dann schick eine Botschaft … Gib ihnen folgenden Auftrag …“ (27,3-4) und fügte hinzu: „Spruch des Herrn“ (27,11). Das Wort des Propheten ist Gottes Wort. Es wird unter Gottes Vollmacht übermittelt (28,15-16) und nicht in eigener Autorität.

3. *Die Propheten waren Gottes direkte Stellvertreter.* Die Propheten hatten als Sprecher, durch die Gott Israel und anderen Nationen sein Wort übermittelte, ein gesellschaftliches Amt. Sie galten als Botschafter des himmlischen Königshofes, die dem Volk den souveränen Willen Gottes verkündeten. Die Propheten selbst waren weder radikale Sozialreformer noch innovative religiöse Denker. Die sozialen Reformen und die Denkweise, die Gott seinem Volk vermitteln wollte, waren bereits im Bundesgesetz offenbart worden. Unabhängig davon, welche Gruppe diese Gesetze brach, kündigte Gottes Wort durch die Propheten Strafe an. Wer durch Übertretungen des Bundes Schuld auf sich geladen hatte – ob Königshaus (z.B. 2. Samuel 12,1-14; 24,11-17; Hosea 1,4), geistliche Obrigkeit (Hosea 4,4-11; Amos 7,17; Maleachi 2,1-9) oder irgendeine andere Gruppe –, dem überbrachte der Prophet getreu Gottes Straf-

botschaft an das Volk. Auf Gottes Anweisung hin setzten Propheten sogar Könige ein oder ab (1. Könige 19,15-16; 21,17-22), erklärten den Krieg (2. Könige 3,18-19; 2. Chronik 20,14-17; Hosea 5,5-8) oder sprachen gegen den Krieg (Jeremia 27,8-22).

Wenn wir in den prophetischen Büchern lesen, finden wir nicht einfach Gottes Wort, wie der Prophet es sah, sondern Gottes Wort, wie der Prophet es darstellen sollte. Der Prophet handelt oder redet nicht unabhängig. Man kann die einleitenden Worte in vielen Prophetenbüchern, die gewöhnlich mit „das Wort des Herrn erging an …" übersetzt werden, tatsächlich wohl besser übersetzen: „Das Wort des Herrn wurde … anvertraut." Die Propheten hatten eine große Verantwortung, dieses Wort trotz aller Schwierigkeiten und allem Widerstand zu bewahren und weit und wiederholt zu überbringen.

4. *Die Botschaft der Propheten ist nicht neu.* Die Propheten wurden von Gott inspiriert, ihrer Generation den wesentlichen Inhalt der Warnungen und Verheißungen des ursprünglichen mosaischen Bundes (Fluch und Segen) darzustellen. Deshalb ist das, was wir in ihren Büchern lesen, kein neues Konzept, sondern eine neue Formulierung – im Stil und Wortschatz der einzelnen Propheten – derselben Botschaft, die Gott ursprünglich durch Mose verkündigen ließ. Die genaue Formulierung kann wie zu erwarten einzigartig und in diesem Sinne „neuartig" sein, aber die ausgedrückten Konzepte wiederholten treu, was Gott seinem Volk bereits in Exodus, Levitikus, Numeri und Deuteronomium mitgeteilt hatte.

Die Form, in der diese Botschaft weitergegeben wurde, kann natürlich beträchtlich variieren. Gott ließ die Propheten auftreten, um die Aufmerksamkeit der Menschen zu gewinnen, zu denen er sie sandte. Dazu konnte es erforderlich sein, etwas, das sie schon oft gehört hatten, so zu formulieren und zu strukturieren, dass es etwas „Neues" an sich hatte. Das ist jedoch überhaupt nicht dasselbe wie die Einführung einer neuen Botschaft oder die Abänderung einer alten. Die Propheten werden nicht inspiriert, irgendwelche Aussagen oder Lehren weiterzugeben, die nicht schon im Bund des Pentateuchs enthalten waren.

Schauen Sie sich als ein Beispiel der Treue gegenüber der Botschaft an, wie Hosea beginnt, die Untreue Israels gegenüber Jahwe zu beschreiben: „Nein, Fluch und Betrug, Mord, Diebstahl und Ehebruch machen sich breit" (Hosea 4,2). In diesem Vers, der zu einer langen Erklärung über die Untreue Israels während der Zeit Hoseas (750–722 v. Chr.) gehört, werden fünf der Zehn Gebote zusammengefasst, und zwar jeweils durch einen einzelnen Begriff. Er beginnt mit dem Wort „Fluch", das für das dritte Gebot steht: „Du sollst den Namen des Herrn, deines Gottes, nicht missbrauchen …" (2. Mose 20,7 und 5. Mose 5,11), dann „Betrug" für das neunte: „Du sollst nicht falsch gegen deinen Nächsten aussagen (2. Mose 20,16 und 5. Mose 5,20), „Mord" für das sechste: „Du sollst nicht morden" (2. Mose 20,13 und 5. Mose 5,17), „Diebstahl" für das achte: „Du sollst nicht stehlen" (2. Mose 20,15 und 5. Mose 5,19) und schließlich „Ehebruch" für das siebte Gebot: „Du sollst nicht die Ehe brechen" (2. Mose 20,14 und 5. Mose 5,18).

Es ist interessant zu beachten, was der inspirierte Prophet hier nicht tut: Hosea zitiert die Zehn Gebote nicht wörtlich. Er erwähnt fünf von ihnen durch jeweils ein Wort, ungefähr so wie Jesus es viel später tut, als er an die Gebote erinnert (Markus 10,19; vgl. Matthäus 18,18-19; Lukas 18,20). Doch das Erwähnen dieser fünf Gebote war trotz der geänderten Reihenfolge eine sehr effektive Weise, den Israeliten klarzumachen dass sie die Zehn Gebote übertreten hatten. Denn nachdem der Zuhörer fünf dieser Gebote gehört hatte, fragte er sich: *Und was ist mit den anderen? Und mit der Reihenfolge? Normalerweise heißt es ja …* Die Menschen begannen über alle zehn Gebote nachzudenken und erinnerten sich selbst daran, welche grundlegende Gerechtigkeit die Gesetze des Bundes forderten. Hosea ändert nicht eine Einzelheit des Gesetzes, genauso wenig wie Jesus es tat, als er fünf der Gebote zitierte, um eine ähnliche Wirkung zu erzielen. Doch er prägte seinen Zuhörern das Gesetz in einer Weise ein, wie es eine einfache wörtliche Wiederholung wahrscheinlich nie hätte leisten können.

Ein zweites Beispiel betrifft die messianischen Prophetien. Handelt es sich dabei um etwas Neues? Absolut nicht. Gewiss lassen sich die *Einzelheiten* über das Leben und die Rolle des Messias, die wir in den vier Liedern vom Gottesknecht finden (Jesaja 42; 49; 50; 53), als etwas Neues betrachten. Doch Gott machte das Volk nicht erst durch die Propheten mit dem Gedanken an einen Messias vertraut. Diese Erwartung nahm schon im Gesetz ihren Ursprung. Wie hätte Jesus sonst sein Leben als Erfüllung dessen beschreiben können, „was im Gesetz des Mose, bei den Propheten und in den Psalmen über mich gesagt ist“ (Lukas 24,44)? Neben anderen Abschnitten im mosaischen Gesetz, die den Dienst des Messias voraussagen, ragt besonders ein Schlüsselvers in 5. Mose heraus: „Einen Propheten wie dich will ich ihnen mitten unter ihren Brüdern erstehen lassen. Ich will ihm meine Worte in den Mund legen, und er wird ihnen alles sagen, was ich ihm auftrage“ (18,18). Wie uns auch Johannes in seinem Evangelium in Erinnerung ruft (1,45), deutete schon das Gesetz auf Christus hin. Es war eigentlich nichts Neues, dass die Propheten von ihm redeten. Die Art und Weise, ihr Stil und die Genauigkeit, mit der sie ihre inspirierten Voraussagen machten, brauchten nicht auf das beschränkt zu sein, was bereits im Pentateuch enthalten war. Doch die entscheidende Tatsache, dass es einen Neuen Bund geben würde, den ein neuer Prophet (um es mit 5. Mose 18 zu sagen) einleiten würde, war wirklich eine alte Geschichte.

3. Die exegetische Aufgabe

Hilfe von außerhalb ist nötig

Wir haben in Kapitel 1 schon die weitverbreitete Ansicht erwähnt, dass alles in der Bibel für jeden Leser verständlich sein müsste, da der Heilige Geist in uns wohnt. Wenn Gott die Bibel für *uns* (für alle Gläubigen) geschrieben hat – so wird argumentiert –, dann müssten wir auch in der Lage sein, sie beim ersten Lesen völlig zu verstehen, da wir den Heiligen Geist in uns haben. Doch einer solchen Auffassung fehlt die richtige Perspektive. Teile der Bibel sind direkt zu verstehen, andere dagegen nicht. Wenn man weiß, dass Gottes Gedanken im Vergleich zu denen des Menschen sehr tiefgründig sind (Psalm 92,6; Jesaja 55,8), überrascht es nicht, dass einige Teile der Bibel Zeit und geduldiges Studium erfordern, wenn man sie verstehen will.

Und gerade die prophetischen Bücher setzen Zeit und Studium voraus. Oft geht man beiläufig an diese Bücher heran, als könne schon ein oberflächliches Durchlesen der Propheten zu einem hohen Maß an Verständnis führen. So kann man schon bei Schulbüchern nicht vorgehen, und es funktioniert auch bei den Propheten nicht – zum Teil, weil so viele dieser Sprüche in lyrischer Form vermittelt werden, aber vor allem, weil sie in historische, kulturelle und politische Bedingungen hineinsprachen, die sich von unseren so stark unterscheiden.

Neben den Kapiteln „Überblick" und „Spezifische Empfehlungen" in *How to Read the Bible Book by Book* wiederholen wir an dieser Stelle speziell für die Auslegung der prophetischen Bücher die drei anderen Arten von Hilfen, die Ihnen zur Verfügung stehen. Die erste Quelle bilden Bibellexika mit Artikeln über den historischen Hintergrund, die Gliederung und die besonderen Merkmale der einzelnen Bücher sowie über Auslegungsfragen, die der Leser beachten muss. Wir empfehlen Ihnen, grundsätzlich solche Artikel in einem Bibellexikon nachzulesen, bevor Sie mit dem Studium eines prophetischen Buchs beginnen. Vieles von dem, was der Prophet sagen will, setzt Informationen über den Hintergrund voraus, wenn Sie wirklich verstehen wollen, worum es eigentlich geht. Gottes Wort wurde durch die Propheten an Menschen in ganz *bestimmten Situationen* übermittelt. Sein Wert für uns hängt teilweise davon ab, ob wir diese Situationen richtig beurteilen und das Wort deshalb weise auf unsere eigene Situation anwenden können.

Eine zweite Hilfsquelle bilden die *Kommentare* (siehe Anhang). Ähnlich wie die Bibellexika geben sie ausführliche Einführungen zu jedem Buch, die allerdings oft nicht sehr hilfreich strukturiert sind. Wichtiger ist aber, dass sie Erklärungen über die Bedeutung der einzelnen Verse enthalten. Das kann für Sie besonders wichtig werden, wenn Sie einen relativ kleinen Teil eines prophetischen Buchs durcharbeiten, also weniger als ein ganzes Kapitel.

Ein drittes Hilfsmittel sind die *Bibelhandbücher*. Die besten Ausgaben vereinigen in sich die Grundzüge von Bibellexika und Kommentaren, obwohl sie weder bei den Einführungen noch bei den Erklärungen zu den einzelnen Versen so stark ins Detail gehen. Wenn man mehrere Kapitel eines prophetischen Buchs auf einmal durchliest, kann ein Bibelhandbuch jedoch viele hilfreiche Hinweise bei minimalem Zeitaufwand bieten.

Schließlich könnten Sie auch die entsprechenden Kapitel in *How to Read the Bible Book by Book* (S. 171-265) hinzuziehen, um zu sehen, welche „Rolle" die verschiedenen prophetischen Bücher innerhalb der umfassenden biblischen Geschichte haben.

Der historische Kontext

Bei unseren Betrachtungen über Jesus in Kapitel 7 bezog sich der Begriff „historischer Kontext" sowohl auf den größeren geschichtlichen Rahmen, in den Jesus eintrat, als auch auf den spezifischen Kontext seiner einzelnen Taten und Aussprüche. Auch beim Studium der prophetischen Schriften kann der historische Kontext größer (ihre Zeit) oder spezifischer sein (der Kontext einer einzelnen Botschaft). Für eine gute exegetische Arbeit müssen Sie beide Arten des historischen Kontextes aller prophetischen Bücher kennen.

Der größere Kontext

Interessanterweise stammen die sechzehn prophetischen Bücher des Alten Testaments aus einem ziemlich kurzen Abschnitt des gesamten israelitischen Geschichtspanoramas, nämlich aus den Jahren zwischen 760 und 460 v. Chr. Warum liegen uns keine prophetischen Bücher aus der Zeit Abrahams (ca. 1800 v. Chr.), Josuas (ca.

1400 v. Chr.) oder Davids (ca. 1000 v. Chr.) vor? Sprach Gott vor 760 v. Chr. denn nicht zu seinem Volk? Natürlich tat er das und wir finden in der Bibel viel Material über diese Zeitabschnitte und auch etwas über Propheten (z. B. 1. Könige 17–2. Könige 13). Außerdem sprach Gott besonders durch das Bundesgesetz zu den Israeliten, das für die gesamte Geschichte der Nation bestehen bleiben sollte, bis es einmal vom Neuen Bund abgelöst werden würde (Jeremia 31,31-34).

Warum kam es dann in den drei Jahrhunderten zwischen Amos, dem ersten der „schreibenden Propheten“ (ca. 760 v. Chr.), und Maleachi, dem letzten (ca. 460 v. Chr.) zu einer solchen Konzentration an Niederschriften prophetischer Inhalte? Die Antwort lautet, dass dieser Abschnitt der Geschichte Israels in besonderer Weise *die Tätigkeit von Mittlern erforderte, um dem Bund Geltung zu verschaffen*, was ja die Aufgabe der Propheten war. Ein zweiter Faktor ist die offenkundige Absicht Gottes, die Warnungen und Segnungen, die die Propheten dieser entscheidenden Zeit in seinem Namen bekannt gaben, für die nachfolgenden Generationen aufzeichnen zu lassen.

Diese Jahre waren von drei Entwicklungen gekennzeichnet: 1. beispiellose politische, militärische, ökonomische und soziale Umwälzungen, 2. ein gewaltiges Ausmaß an religiöser Untreue sowie die Missachtung des ursprünglichen mosaischen Bundes und 3. Umschichtungen in der Bevölkerung und Verschiebungen der nationalen Grenzen, verbunden mit enormen Machtverschiebungen auf der internationalen Ebene. Unter diesen Umständen wurde Gottes Wort ganz neu gebraucht. Gott ließ Propheten aufstehen, um sein Wort der Situation entsprechend zu verkündigen.

Wenn Sie in Lexika, Kommentaren und Handbüchern nachschlagen, werden Sie feststellen, dass Israel im Jahre 760 v. Chr. eine durch fortgesetzte Bürgerkriege dauerhaft zerteilte Nation war. Die Nordstämme, „Israel“ oder manchmal auch „Efraim“ genannt, hatten sich vom südlichen Stamm Juda abgespalten. Das Nordreich, in dem der Ungehorsam gegen den Bund alles im Süden Dagewesene weit übertraf, wurde wegen seiner Sünde von Gott unter Gericht gestellt und war von der Vernichtung bedroht. Amos begann um 760 v. Chr. und Hosea um 755 v. Chr., den drohenden Untergang zu verkündigen. Um 722 v. Chr. wurde der Norden von Assyrien erobert, der damaligen Großmacht des Nahen Ostens. Danach waren die zunehmende Sündhaftigkeit Judas und der Aufstieg einer anderen Großmacht, Babylons, das Thema vieler Propheten, zu denen unter anderem Jesaja, Jeremia, Joel, Micha, Nahum, Habakuk, Zefanja und Hesekiel (Kap. 1–24) gehörten. 587 v. Chr. wurde auch Juda wegen seines Ungehorsams zerstört. Danach verkündeten Hesekiel (Kap. 33–48), Daniel, Haggai, Sacharja und Maleachi Gottes Willen, sein Volk wiederherzustellen (was 538 v. Chr. mit der Rückkehr Israels aus der Gefangenschaft begann), die Nation wiederaufzubauen und die Rechtgläubigkeit wiederaufzurichten. All das entspricht dem Grundmuster aus 5. Mose 4,25-31.

Die Propheten äußerten sich oft direkt zu diesen Ereignissen. Wenn man diese und andere Ereignisse jener Epoche nicht kennt, die so zahlreich sind, dass sie hier gar nicht alle erwähnt werden können, wird man die Äußerungen der Propheten wahrscheinlich nicht in angemessener Weise nachvollziehen können. Gott sprach in der Geschichte und über die Geschichte. Um Gottes Wort zu verstehen, müssen wir etwas über diese Geschichte wissen.

Der spezifische Kontext

Jede prophetische Botschaft wurde in einer spezifischen historischen Situation weitergegeben. Gott sprach durch seine Propheten zu Menschen in einer ganz bestimmten Zeit, an einem ganz bestimmten Ort und unter ganz bestimmten Umständen. Deshalb trägt die Kenntnis der Zeit, der Zuhörer und der Situation – soweit diese Informationen bekannt sind – wesentlich zum richtigen Verständnis einer Botschaft bei. Folgendes Beispiel soll Ihnen bei dieser Aufgabe helfen.

Lesen Sie die kurze, abgeschlossene prophetische Botschaft in Hosea 5,8-12. Ein guter Kommentar wird Sie auf die Tatsache hinweisen, dass diese Botschaft die Form einer Kriegsbotschaft hat:

Sie kündigt an, dass das Gericht Gottes in einer Schlacht vollzogen werden wird. Die üblichen Elemente einer solchen Form sind der Alarmruf, die Beschreibung des Angriffs und die Voraussage der Niederlage. Genauso wie es für Sie hilfreich ist, die Form zu erkennen, ist es auch gut, den spezifischen Konflikt zu kennen.

Der *Zeitpunkt* ist das Jahr 734 v. Chr. Bei den *Zuhörern* handelte es sich um die Israeliten des Nordreichs (hier „Efraim" genannt), zu denen Hosea predigte. Die Botschaft richtete sich speziell an bestimmte Städte entlang der Straße, die von der judäischen Hauptstadt Jerusalem nach Bethel, dem Zentrum des falschen israelitischen Gottesdienstes, führte. Die *Situation:* Es herrschte Krieg. Juda reagierte mit einem Gegenangriff auf Israel, nachdem Israel und Syrien in Juda eingedrungen waren (siehe 2. Könige 16,5). Die Invasion wurde mithilfe der Großmacht Assyrien zurückgeschlagen (2. Könige 16,7-9). Nun ließ Gott in den Städten des Gebietes von Benjamin, das zum Nordreich gehörte, durch Hosea in Form einer Metapher Alarm läuten (Hosea 5,8). Die Vernichtung war unausweichlich (V. 9), denn Juda würde das Gebiet einnehmen (d. h. die „Grenzsteine versetzen"). Doch auch Juda würde nicht ungestraft davonkommen. Aufgrund dieses Krieges und ihres Götzendienstes (vgl. 2. Könige 16,2-4) würde nun Gottes Zorn sowohl Israel als auch Juda treffen. Beide standen unter der Verpflichtung des göttlichen Bundes, der ihnen einen solchen Krieg untereinander verbot, und diese Verletzung seines Bundes würde Gott nun bestrafen.

Wenn man diese Fakten kennt, kann man die Botschaft in Hosea 5,8-10 viel besser verstehen. Schlagen Sie beim Lesen der Propheten in den Kommentaren und Handbüchern nach und versuchen Sie dabei – wie Sie es immer tun sollten –, den Zeitpunkt, die Zuhörer und die Situation der Botschaften in Erinnerung zu behalten.

Das Isolieren einzelner Botschaften

Wenn man an das eigentliche Studium oder ein exegetisch fundiertes Lesen der prophetischen Bücher herangeht, muss man als Erstes lernen, *in Botschaften zu denken* (so wie man bei den Briefen lernen muss, „in Absätzen zu denken"). Diese Aufgabe ist nicht immer leicht, aber wenn man weiß, dass dieser Ansatz zwar schwierig, aber notwendig ist, kann das der Beginn von aufregenden Entdeckungen sein.

Meistens werden die Aussprüche der Propheten fortlaufend dargestellt, das heißt, die Worte, die sie zu unterschiedlichen Zeiten ihres Dienstes und an verschiedenen Orten aussprachen, wurden gesammelt und nacheinander niedergeschrieben – ohne irgendeinen Hinweis darauf, wo eine Botschaft endet und die nächste beginnt. Und selbst wenn man aus einem deutlichen Themenwechsel schließen kann, dass eine neue Botschaft begonnen hat, wirft der Mangel an Erklärungen (durch Anmerkungen bei der Zusammenstellung oder durch Überleitungen) immer noch die Frage auf, ob diese Worte am selben Tag zu denselben Zuhörern gesprochen oder Jahre später – oder früher – unter völlig anderen Umständen an eine ganz andere Gruppe gerichtet wurden. Die Antwort auf diese Frage kann sich entscheidend auf das Textverständnis auswirken.

Manche Teile der prophetischen Bücher bilden hier eine Ausnahme. In Haggai sowie in den ersten Kapiteln von Sacharja ist zum Beispiel jede Prophetie datiert. Mithilfe eines Bibellexikons, eines Bibelhandbuchs oder eines Kommentars können Sie dem Verlauf dieser Botschaften in ihrem historischen Kontext relativ leicht folgen. Auch manche Prophetien in anderen Büchern, besonders in Jeremia und Hesekiel, wurden vom Propheten (oder inspirierten Autor, der die Botschaften zusammenstellte) datiert und in einen bestimmten Rahmen eingeordnet.

Meistens verhält es sich allerdings nicht so. Lesen Sie zum Beispiel Amos 5 in einer Bibelausgabe ohne erklärende Titel (die ja nur die Meinung der beteiligten Gelehrten wiedergeben) und fragen Sie sich, ob dieses Kapitel eine einzige Prophetie bildet oder nicht.

Wenn es sich um eine einzige Botschaft handelt, warum wird dann so oft das Thema gewechselt (Klage über Israels Vernichtung in V. 1-3; Einladung, Gott zu suchen und das Leben zu finden, in V. 5-6 und 14; Kritik an sozialer Ungerechtigkeit in V. 7-13; Ankündigung von Trauer in V. 16-17; Beschreibung über den Tag des Herrn in V. 18-20; Kritik am geheuchelten Gottesdienst in V. 21-24; kurzer Überblick über Israels sündige Geschichte mit Vorhersage der Gefangenschaft als Höhepunkt in V. 25-27)? Und wenn es sich nicht um eine einzige Botschaft handelt, wie sind die einzelnen Teile dann zu verstehen? Sind sie voneinander unabhängig? Wurden einige davon zusammengefügt? Wenn ja, in welcher Weise?

Im Allgemeinen herrscht jetzt die Auffassung, dass Kapitel 5 aus drei Botschaften besteht. Die erste (V. 1-3) ist eine Klagebotschaft, die Strafe voraussagt, die zweite (V. 4-17) ist eine einzige (wenn auch komplexe) Botschaft der Segensverheißung und der Warnung vor Strafe und die dritte (V. 18-27) ist ebenfalls eine einzige (und komplexe) Botschaft der Warnung vor Strafe. Die weniger deutlichen Themenwechsel weisen also nicht auf den Beginn einer neuen Botschaft hin.

Genauso entsprechen auch die Kapiteleinteilungen nicht unbedingt einer Gliederung in einzelne Prophetien. Prophetische Botschaften lassen sich isolieren, indem man auf ihre typische Form achtet (siehe unten). Alle drei Botschaften in Kapitel 5 wurden in der späteren Phase der Herrschaft von König Jerobeam in Israel (793–753 v. Chr.) einem Volk überbracht, dessen relativer Wohlstand es ihm undenkbar erscheinen ließ, dass die ganze Nation innerhalb einer einzigen Generation so vernichtend geschlagen werden sollte, dass sie aufhören würde zu existieren. Ein guter Kommentar, ein Bibellexikon oder ein Bibelhandbuch wird solche Dinge erklären. Machen Sie es sich selbst nicht unnötig schwer, indem Sie versuchen, diese großartigen Stellen ohne Hilfen zu lesen, denn die werden Ihr Verständnis sehr vergrößern, wenn Sie lesen.

Die Formen der prophetischen Äußerung

Weil die Identifikation der einzelnen Botschaften für Ihr Verständnis der prophetischen Bücher so entscheidend ist, ist es nützlich, ja wichtig, etwas über die unterschiedlichen *Formen* zu wissen, die die Propheten bei der Formulierung ihrer Botschaften benutzten. Wie die Bibel aus vielen verschiedenen Literaturgattungen und literarischen Formen zusammengesetzt ist, so haben auch die Propheten vielfältige literarische Varianten für ihre von Gott inspirierten Botschaften verwendet. Die Kommentare können solche Formen identifizieren und erklären. Wir haben fünf der gebräuchlichsten ausgewählt, um Ihre Sensibilität dafür zu erhöhen, wie wichtig das Erkennen und richtige Auslegen der verwendeten literarischen Techniken ist. Und wieder möchten wir Sie ermutigen, es sich zur Gewohnheit zu machen, die Bibeltexte selbst laut zu lesen. Das Ergebnis wird Sie freudig überraschen!

Der Rechtsstreit

Als einen guten Beginn schlagen wir vor, dass Sie Jesaja 3,13-26 lesen. Dieser Abschnitt weist eine allegorische literarische Form auf, die „Bundesrechtsstreit“ genannt wird (hebräisch: *rîb).* In dieser und in vielen anderen Rechtsstreit-Allegorien der prophetischen Bücher (z. B. Hosea 4,1-19) erscheint Gott als Kläger, Vertreter der Anklage, Richter und Gerichtsdiener in einer Verhandlung gegen Israel als Angeklagten. Zur vollständigen Form eines Rechtsstreits gehören Vorladung, Anklage, Beweisaufnahme und Urteilsspruch, obwohl diese Elemente manchmal nur angedeutet werden. In Jesaja 3 erscheinen diese Elemente folgendermaßen: Das Gericht tritt zusammen und der Prozess gegen Israel beginnt (V. 13-14). Die Anklage wird erhoben (V. 14b-16). Da die Beweise eindeutig zeigen, dass Israel schuldig ist, wird das Urteil verkündet (V. 17-26). Weil der Bund übertreten wurde, werden die im Bundesgesetz aufgezählten Strafen für die Frauen und Männer Israels eintreffen: Krankheit,

Elend, Enteignung und Tod. Durch den bildhaften Stil dieser Allegorie erfahren die Israeliten in dramatischer und wirkungsvoller Weise, dass sie für ihren Ungehorsam eine harte Strafe erhalten werden. Diese spezielle literarische Form sorgt dafür, dass diese besondere Botschaft des Propheten verstanden wird.

Der Weheruf

Eine andere verbreitete Literaturform war der „Weheruf". „Wehe" war das Wort, das die Israeliten ausriefen, wenn sie mit Katastrophen oder dem Tod konfrontiert wurden oder bei einem Begräbnis trauerten. Gott ließ die Propheten das drohende Verderben voraussagen und durch das „Wehe" einleiten. Keinem Israeliten konnte die Bedeutung dieses Begriffs entgehen. Zu Botschaften mit Weherufen gehören, explizit oder implizit, drei Elemente, die diese Form in besonderer Weise charakterisieren: das Ankündigen einer Notsituation (zum Beispiel mit dem Wort „Wehe"), das Begründen dieser Notsituation und das Voraussagen des Verderbens.

Lesen Sie zum Beispiel Habakuk 2,6-8. In diesen Versen finden Sie einen von mehreren Fällen in diesem prophetischen Buch, in denen ein „Weheruf" gegen die Nation Babylon ausgesprochen wird. Babylon, eine brutale imperialistische Großmacht des Altertums im Gebiet des sogenannten Fruchtbaren Halbmondes, plante gegen Ende des 7. Jahrhunderts v. Chr., als Habakuk Gottes Weheruf gegen es aussprach, Juda zu erobern und zu unterdrücken. Die Botschaft stellt Babylon als Dieb und Wucherer dar *(Begründung)*, *kündigt* das Unheil *an* und *sagt* das Verderben *voraus* (wenn all die, die Babylon unterdrückt hat, eines Tages gegen es aufstehen werden). Auch diese Form ist allegorisch (was allerdings nicht für alle Weheruf-Botschaften gilt; vgl. Micha 2,1-5 und Zefanja 2,5-7).

Die Verheißung

Eine weitere häufige literarische Form bei den Propheten ist die „Verheißung" oder die „Heilsbotschaft". Sie erkennen diese Form immer an folgenden Elementen: Bezugnahme auf die Zukunft, Erwähnung radikaler Veränderung und Erwähnung von Segen. Eine typische Verheißungsbotschaft, die diese drei Elemente enthält, kann man zum Beispiel in Amos 9,11-15 sehen. Die *Zukunft* wird erwähnt mit den Worten „an jenem Tag" (V. 11). Die *radikale Veränderung* wird beschrieben als Wiederaufbau und Wiederherstellung der „zerfallenen Hütte Davids" (V. 11), als Aufstieg Israels über Edom (V. 12) und als Rückkehr aus der Gefangenschaft (V. 14-15). Der *Segen* wird in Form der erwähnten Kategorien des Bundes angekündigt (Leben, Gesundheit, Wohlstand, landwirtschaftlicher Überfluss, Ansehen und Sicherheit). Alle diese Punkte sind in dieser Prophetie enthalten, der Aspekt der Gesundheit allerdings nur implizit. Die zentrale Betonung liegt auf dem landwirtschaftlichen Überfluss. Die Erträge werden solche Ausmaße annehmen, dass die Erntearbeiter noch gar nicht fertig sein werden, wenn schon wieder gesät werden wird (V. 13)! Betrachten Sie weitere Beispiele solcher Verheißungsbotschaften in Jesaja 45,1-7; Jeremia 31,1-9 und Hosea 2,16-20.21-23.

Die darstellende Prophetie

Da visuelle Mittel die Ausdruckskraft und Einprägsamkeit mündlicher Mitteilungen enorm erhöhen, forderte Gott seine Propheten manchmal auf, sein Wort nicht nur zu verkünden, sondern die darin enthaltenen Konzepte auch durch symbolische Akte lebhaft zu veranschaulichen.

In Jesajas kurzer Weissagung gegen Ägypten und Kusch (Kap. 20) wird zum Beispiel berichtet, dass Gott Jesaja anwies, „drei Jahre lang nackt und barfuß" umherzugehen (V. 3), um symbolisch vorauszusagen, dass „die gefangenen Ägypter und die aus ihrer Heimat vertriebenen Kuschiter, jung und alt, vom König von Assur nackt und barfuß weggeführt" werden würden (V. 4). In diesem Fall schildert die symbolische Darstellung Jesajas vor allem die Tatsache, dass die Gefangenen auf dem langen Marsch der Deportation nur das am Leib tragen durften, was man heute als Unterwäsche bezeichnen würde (einerseits sollte sie das demütigen und andererseits verhindern, dass sie Waffen unter ihren Gewändern versteckten). Aber diese Darstellung nutzte auch die Tatsache, dass das hebräische Verb *galah* sowohl „Gefangenschaft" als auch „entblößen" bedeutete, eine Zweideutigkeit zur Verstärkung der Prophetie im Denken der Zuhörer Jesajas.

Erschien Jesaja tatsächlich drei Jahre lang in der Öffentlichkeit in Unterwäsche? Ja, aber höchstwahrscheinlich nur zu bestimmten Zeiten innerhalb dieser Periode. Jesaja hatte in den drei Jahren viele Prophetien zu überbringen und es ist kaum anzunehmen, dass er sich in dieser ganzen Zeit auf eine einzige Darstellungsform beschränken konnte. Doch wann immer das Volk Jesaja in der Öffentlichkeit „nackt und barfuß" sah, wurde ein zentraler Aspekt dieser Prophetie betont: Wenn die Assyrer aus dem fernen Norden und Osten Israels die Ägypter und Kuschiter weit entfernt im Süden und Westen Israels gefangen nehmen und deportieren würden, wie konnte das genau in der Mitte gelegene Israel erwarten, unangetastet zu bleiben?

Mehrere andere Propheten wussten die darstellende Prophetie gut zu nutzen. Gott beauftragte zum Beispiel Hesekiel, der selbst zur ersten Welle der Babylonischen Gefangenschaft gehörte, ein kleines Modell Jerusalems zu zeichnen und es dann zu „belagern", wie das babylonische Heer Jerusalem belagerte (Hesekiel 4,1-4). Auf diese Weise zeigte Hesekiels Prophetie symbolisch, dass die Belagerung der Stadt schließlich mit der Eroberung Jerusalems durch die Babylonier enden würde – auch wenn seine Mitgefangenen noch so ungläubig den Kopf schüttelten.

In ähnlicher Weise benutzte Sacharja eine darstellende Prophetie, um die Unterdrückung des Volkes Gottes durch erbarmungslose Monarchen symbolisch auszudrücken: Das wird am Ende einer Reihe von Weissagungen beschrieben (11,4-7), wo er die Rolle von zwei „Hirten“ (Königen) über die unglückselige Herde (Israel) spielte. Solch ein Erlass bereitet den Leser auch auf die Erwartung des wahren Guten Hirten vor – Jesus Christus, der sein Volk befreien und segnen wird, statt es auszunutzen (Sacharja 12–14).

Die Botenrede

Diese Form kommt in den prophetischen Büchern am häufigsten vor und erscheint oft zusammen mit oder als Teil von einer der anderen Formen prophetischer Rede. Sie kündigt sich durch feste Formeln an wie: „So spricht der Herr“ oder: „Spruch des Herrn“ oder: „Das ist das Wort des Herrn über …“ und ähnliche Ausdrücke. Solche Formeln wurden in der Welt des Altertums von Boten in diplomatischen oder geschäftlichen Angelegenheiten benutzt, um die Empfänger daran zu erinnern, dass das, was der Bote sagte, nicht von ihm stammte, sondern genau den Worten dessen entsprach, der ihn mit der Botschaft beauftragt hatte (vgl. 4. Mose 20,14; 1. Samuel 11,9; 2. Samuel 11,25).

So riefen die Propheten ihren Zuhörern durch das Mittel der Botenrede oft in Erinnerung, dass sie nur Gottes Sprecher waren und sich die Worte ihrer Prophetien nicht selbst ausgedacht hatten. Typische Beispiele für die prophetische Botenrede kann man in so verschiedenen prophetischen Sprüchen sehen wie Jesaja 35,17-19; Amos 1,3–2,16 und Maleachi 1,2-5.

Wir hoffen, dass diese kurzen Beispiele Ihnen einen Eindruck davon vermittelt haben, wie gute Kenntnisse der literarischen Mittel in den prophetischen Büchern Ihnen helfen, die Botschaft Gottes besser und genauer zu verstehen. Lernen Sie diese Formen kennen, indem Sie in Kommentaren nachschlagen (siehe Anhang), und Sie werden später feststellen, dass sich diese Mühe lohnt!

Die Propheten als Dichter

Vielen Menschen wissen Lyrik heute kaum zu schätzen. Lyrik erscheint ihnen als eine seltsame und verwirrende Ausdrucksform, die alles eher verschleiert, als es verständlicher zu machen. Unsere heutige Kultur neigt dazu, lyrischen Texten nur wenig Beachtung zu schenken, abgesehen von Schlagern oder Popsongs, die normalerweise eine wenig anspruchsvolle Form der poetischen Dichtung aufweisen. Doch in einigen heutigen Kulturen werden poetische Literaturformen als Ausdrucksmöglichkeit noch genauso geschätzt wie in den meisten alten Kulturen. Ganze Nationalepen und wichtige historische und religiöse Erinnerungen wurden in poetischer Form bewahrt. Wir sagen „bewahrt", weil ein wesentlicher Vorteil der Lyrik gegenüber der Prosa darin besteht, dass sie sich leichter einprägen lässt. Ein Gedicht hat einen bestimmten Rhythmus (auch Metrum genannt), eine gewisse Ausgewogenheit der Sprachgebung (Parallelismus oder Stichometrie genannt) und eine bestimmte Gesamtstruktur. Es ist relativ regelmäßig und geordnet aufgebaut. Wenn man sie einmal gründlich gelernt hat, wird Poesie nicht so leicht wieder vergessen wie Prosa.

Die poetische Prosa, die manchmal von den Propheten benutzt wird, ist ein besonderer formaler Stil, der dieselben Merkmale verwendet, wenn auch weniger konsequent. Auch diese literarische Form ist viel regelmäßiger und stilisierter als die normale gesprochene Sprache (umgangssprachliche Prosa), sodass sie sich ebenfalls besser einprägt. Aus praktischen Gründen werden wir für diese Form im Folgenden den allgemeinen Begriff „Dichtung" verwenden.

Im alten Israel wurde Dichtung weithin als Hilfe für das Lernen geschätzt. Viele Dinge, die man für wichtig genug hielt, um sie in Erinnerung zu behalten, wurden in poetischer Form festgehalten. So wie es Menschen heute leichter fällt, Liedtexte (d. h. lyrische Gedichte) auswendig wiederzugeben als Sätze aus Büchern oder Reden, war es auch für die Israeliten relativ einfach, in Dichtung gefasste Inhalte auswendig zu lernen und im Gedächtnis zu behalten. Gott benutzte dieses Phänomen in einer Zeit, in der nur wenige Menschen lesen und schreiben konnten und kaum jemand Bücher im Privatbesitz hatte. Deshalb wurden Prophetien gewöhnlich in poetischer Form weitergegeben. Die Menschen waren mit Poesie vertraut und konnten sich an diese Prophetien erinnern, weil sie ihnen noch in den Ohren klangen.

Alle prophetischen Bücher enthalten in beträchtlichem Umfang poetische Texte und einige sind ausschließlich Dichtung. Deshalb könnte es sinnvoll sein, vor dem Studium der prophetischen Bücher eine Einführung in die hebräische Dichtkunst zu lesen. In jedem Bibellexikon sollte zumindest ein informativer Artikel dazu vorhanden sein. Damit Sie einen kleinen Einblick bekommen, wie nützlich es ist, die Funktionsweise der hebräischen Dichtung zu kennen, sollten Sie folgende drei Grundzüge des wiederholenden Stils alttestamentlicher Dichtung lernen. Es sind:

1. *Synonymer Parallelismus.* Die zweite oder folgende Zeile wiederholt oder verstärkt den Sinn der ersten, wie in Jesaja 44,22:

> „Ich fege deine Vergehen hinweg wie eine Wolke
> und deine Sünden wie Nebel."

2. *Antithetischer Parallelismus.* Die zweite oder folgende Zeile bildet einen Gegensatz zum Inhalt der ersten und unterstreicht diesen Inhalt durch den Kontrast, wie in Hosea 7,14:

> „Wenn sie zu mir schreien, kommt es nicht aus dem Herzen;
> sie liegen nur da und heulen."

3. *Synthetischer Parallelismus.* Die zweite oder folgende Zeile fügt der ersten Zeile etwas so hinzu, dass weitere Informationen gegeben werden, wie in Obadja 21:

> „Befreier ziehen auf den Berg Zion,
> um Gericht zu halten über das Bergland von Esau.
> Und der Herr wird herrschen als König."

Denken Sie daran, dass die Darstellung von Gedanken in dichterischer Form Sie nicht verwirren muss, solange Sie sorgfältig und gut informiert lesen. Dichtung ist genauso verständlich wie Prosa, wenn man die Regeln kennt.

4. Einige hermeneutische Vorschläge

Wenn die Aufgabe der Exegese darin besteht, die Propheten in ihren eigenen historischen Kontext zu stellen und zu hören, was Gott Israel durch sie sagte, welche Schlussfolgerungen lassen sich dann auf der hermeneutischen Ebene ziehen? Wie lautet Gottes Wort für uns durch diese inspirierten prophetischen Botschaften, die in einer ganz anderen Zeit an Gottes damaliges Volk gerichtet wurden? Erstens möchten wir zeigen, dass viele Aussagen, die wir in Kapitel 4 über die Hermeneutik der Briefe getroffen haben, sich auch auf die prophetischen Bücher anwenden lassen. Wenn wir hören, was Gott zu ihnen gesagt hat, werden wir es oft auch ziemlich direkt in unserer eigenen Lage hören, selbst wenn sich unsere Situation völlig unterscheidet. Wir meinen, dass Gottes Gericht auch heute denjenigen gilt, die „den Armen für ein Paar Sandalen" verkaufen (Amos 2,6), die Religion als Deckmantel für Habgier und Ungerechtigkeit missbrauchen (vgl. Jesaja 1,10-17) oder den modernen Götzendienst (wie zum Beispiel die Selbstrechtfertigung) mit dem Evangelium Christi vermischt haben (vgl. Hosea 13,2-4). Diese Sünden aus früherer Zeit sind auch im Neuen Testament Sünden. Sie verletzen die beiden großen Gebote, die dem Alten und dem Neuen Bund gemeinsam sind (siehe Kapitel 9).

Neben dieser Art von Anwendung gibt es jedoch noch drei weitere Aspekte, die, wie wir meinen, hilfreich zu erwähnen sind, und zwar handelt es sich dabei um eine Warnung, ein wichtiges Anliegen und einen Nutzen.

Eine Warnung: Der Prophet als Vorhersager der Zukunft

Zu Beginn dieses Kapitels haben wir festgestellt, dass es nicht die vorrangige Aufgabe der Propheten war, die entfernte Zukunft vorherzusagen. Sie sagten zwar tatsächlich Zukünftiges voraus, doch das meiste ist inzwischen schon Vergangenheit. Denn sie sprachen über das kommende Gericht oder Heil in der relativ unmittelbaren Zukunft des alten Israel und nicht in unserer Zukunft. Wir haben schon darauf hingewiesen, dass man in die Vergangenheit zurückschauen muss, die für sie noch Zukunft war, wenn man sehen will, wie ihre Prophetien erfüllt wurden. Dieses hermeneutische Prinzip soll genauer erläutert werden.

Als Beispiel dafür, dass sich die Botschaften der Propheten auf die nahe statt auf die fernere Zukunft konzentrierten, schlagen wir Ihnen vor, Hesekiel 25–39 zu lesen. Beachten Sie, dass die verschiedenen Botschaften in diesem großen Block meistens das Schicksal anderer Nationen betreffen, obwohl auch Israel vorkommt. Es ist wichtig zu erkennen, dass Gott vom Schicksal dieser Völker spricht und dass die Erfüllung dieser Prophetien *innerhalb von Jahrzehnten* nach ihrer Verkündigung geschah, nämlich zum großen Teil im 6. Jh. v. Chr. Es gibt natürlich auch einzelne Ausnahmen. Zum Beispiel beschreibt Hesekiel an einer Stelle tatsächlich das Zeitalter des Neuen Bundes und die Segnungen, die Gott durch den Messias auf die Gemeinde ausgießen wird (37,15-28). Doch die meisten Prophetien, auch symbolisch über Gog und Magog in den Kapiteln 38 und 39 (schlagen Sie dazu in einem Kommentar nach), beziehen sich auf die Zeit und die Ereignisse des Alten Testaments.

Das eifrige Bemühen, in den prophetischen Botschaften des Alten Testaments neutestamentliche Ereignisse zu erkennen, führt manchmal zu merkwürdigen Resultaten. Jesajas Aussage über die Könige: „Mit dem Gesicht zur Erde werfen sie sich nieder vor dir“ (49,23), erinnert gerade so klar an die Sterndeuter (die sogenannten heiligen drei Könige), die Jesus als Baby aufsuchten (Matthäus 2,1-11), dass viele sich zu der Annahme ermutigt fühlten, Jesajas Worte bezögen sich auf den Messias. Eine solche Auslegung ignoriert in geradezu peinlicher Weise den *Kontext* (es werden sowohl Könige als auch Fürstinnen erwähnt und das Thema des Abschnitts ist die Wiederherstellung Israels nach der Babylonischen Gefangenschaft), die *Absicht* (die Sprache der Botschaft will zeigen, wie groß Israels Ansehen sein wird, wenn Gott es wiederherstellt), den *Stil* (die Dichtung symbolisiert den Respekt der Völker durch Darstellung ihrer Herrscher als Pflegeeltern, die Israel den Staub von den Füßen lecken) und die *Formulierung* (Sterndeuter sind keine Könige). Wir müssen darauf achten, prophetische Botschaften oder andere Teile der Bibel nicht das aussagen zu lassen, was wir gerne heraushören möchten. Wir müssen vielmehr hören, was *Gott* damit sagen will.

Es sollte natürlich auch berücksichtigt werden, dass manche der Prophetien über die nahe Zukunft vor den Hintergrund der großen eschatologischen Zukunft gestellt wurden und dass beides manchmal ineinander übergeht. Darauf werden wir in unserem letzten Kapitel (13) noch genauer eingehen. An dieser Stelle sollte nur der Grund für diese Horizontverschmelzung festgehalten werden, nämlich die Tatsache, dass die Bibel Gottes Handeln in der Geschichte regelmäßig im Licht seines übergreifenden Plans für die gesamte Menschheitsgeschichte sieht. So muss das Zeitliche im Licht seiner ewigen Absichten gesehen werden. Es ist so, als betrachte man zwei Scheiben zunächst von vorn, wobei die kleinere vor der größeren ist. Wenn man sie dann von der Seite her betrachtet, erkennt man, wie groß die Entfernung zwischen ihnen ist. Ebenso erkennt man auch die zeitliche Distanz der Prophetien erst aus der Perspektive der nachfolgenden Geschichte.

Die prophetische Perspektive chronologischer Ereignisse:

Vorderansicht Seitenansicht

Es gibt also einige Aussagen in den Propheten, die sich auf die letzten Ereignisse dieses Zeitalters beziehen können (z. B. Joel 3,1-3; Zefanja 3,8-9; Sacharja 14,9). Aber die zeitlichen Gerichte, von denen im Hinblick auf diese letzten Ereignisse oft die Rede ist, dürfen nicht gleichermaßen auf die Zukunft bezogen werden.

Noch ein Punkt sollte hier erwähnt werden. Die eschatologische Sprache ist von ihrem Wesen her oft metaphorisch. Manchmal bringen diese Metaphern in dichterischer Weise die *Sprache* der letzten Ereignisse zum Ausdruck, sind aber nicht unbedingt selbst Vorhersagen dieser Ereignisse. Ein Beispiel dafür findet man in der bekannten Prophetie von den „verdorrten Gebeinen" in Hesekiel (37,1-14). Gott benutzt die Sprache der Totenauferstehung – von der wir wissen, dass sie am *Ende* des Zeitalters stattfinden wird –, um die Rückkehr des Volkes Israel aus der Babylonischen Gefangenschaft *im 6. Jh. v. Chr.* vorauszusagen (V. 12-14). So wird ein Ereignis, das für uns Vergangenheit bedeutet (wie in Esra 1–2 beschrieben), durch die eschatologische Sprache metaphorisch so dargestellt, als wäre es ein Ereignis der Endzeit.

Ein wichtiges Anliegen: Prophetie und zweite Bedeutung

Im Neuen Testament wird mehrfach auf Stellen im Alten Testament hingewiesen, die sich gar nicht auf das zu beziehen scheinen, worauf sie sich nach Aussage des neutestamentlichen Autoren beziehen sollen. Anders ausgedrückt haben diese Abschnitte in ihrem ursprünglichen alttestamentlichen Rahmen eine klare Bedeutung, werden im Neuen Testament aber dennoch in einer anderen Bedeutung gebraucht.

Betrachten Sie beispielsweise die beiden Geschichten darüber, wie Mose und die Israeliten in der Wüste durch ein Wunder Wasser aus einem Felsen bekamen: einmal bei Refidim (2. Mose 17,17) und einmal bei Kadesch (4. Mose 20,1-13). Die Geschichten sind in ihrem ursprünglichen Kontext recht einfach und ausreichend klar. Doch in seinem ersten Brief an die Christen in Korinth (10,4) scheint Paulus die Erfahrung der Israeliten als Begegnung mit Christus zu identifizieren, denn er sagt: „Sie tranken aus dem Leben spendenden Felsen, der mit ihnen zog. Und dieser Fels war Christus." Keine der beiden Geschichten des Alten Testaments gibt einen Anhaltspunkt dafür, dass der Fels etwas anderes symbolisieren sollte. Paulus gibt ihm jedoch eine zweite Bedeutung und identifiziert ihn mit Christus. Eine solche zweite Bedeutung wird gewöhnlich *sensus plenior* (vollere Bedeutung) genannt.

Wenn man darüber nachdenkt, kann man erkennen, dass Paulus hier eine Analogie herstellt. Er sagt eigentlich: „Dieser Fels war für sie das, was Christus für uns ist – eine Quelle der Nahrung, genauso wie Christus uns an seinem Tisch nährt." Paulus' Sprache am Anfang dieser Analogie (V. 2-4) ist sehr metaphorisch. Er will den Korinthern zeigen, dass die Erfahrung der Israeliten in der Wüste analog zu ihrer eigenen Erfahrung mit Christus, besonders in Bezug auf den Tisch des Herrn, verstanden werden kann.

Sicher ist es recht unwahrscheinlich, dass wir als heutige Leser eine solche Analogie herstellen würden, wie Paulus sie beschrieben hat. Wenn Paulus diese Worte nie geschrieben hätte, würden wir dann die Wolke und das Meer mit der Taufe (V. 2) oder den Felsen mit Christus (V. 4) identifizieren? Könnten wir, mit anderen Worten, aus uns selbst heraus mit einiger Treffsicherheit den *sensus plenior* oder die sekundäre Bedeutung ermitteln? Die Antwort lautet nein. Der Heilige Geist inspirierte Paulus, über diese analogische Verbindung zwischen den Israeliten in der Wüste und dem Leben in Christus zu schreiben, ohne sich an die normalen Regeln über Kontext, Absicht, Stil und Formulierung zu halten (siehe oben: „Der Prophet als Vorhersager der Zukunft"). Vom Heiligen Geist geleitet beschrieb Paulus die Tatsache, dass die Israeliten mehr als einmal Wasser aus einem Felsen bekamen, durch die ungewöhnliche bildliche Formulierung, dass „der Fels mit ihnen zog", eine Idee, die im jüdischen rabbinischen Gedankengut bereits existierte. Auch andere Einzelheiten der beschreibenden Sprache, die Paulus in diesem Abschnitt verwendete (10,1-4) nicht wörtlich zu verstehende Ausdrücke wie „unsere Väter" (V. 1) und „geistliche" Speise und Trank (V. 3-4) sind auffallend und ungewöhnlich.

Wir dagegen sind schlicht und einfach keine inspirierten Autoren der Bibel. Was Paulus tat, dazu sind wir nicht autorisiert. Die allegorischen Verbindungen zwischen dem Alten und dem Neuen Testament, zu denen er inspiriert wurde, sind zuverlässig. Doch nirgendwo sagt uns die Bibel: „Geh und handle genauso!“ Es gilt also das Prinzip: Der *sensus plenior (vollere Bedeutung) ist eine Funktion der Inspiration, nicht der Illumination.* Derselbe Heilige Geist, der einen Autor des Alten Testaments zur Niederschrift bestimmter Worte oder Abschnitte inspirierte, kann einen neutestamentlichen Autor inspirieren, die üblichen Schlussfolgerungen aus Kontext, Absicht, Stil und Formulierung zu übergehen und in diesen Worten oder Abschnitten eine zeitgemäße Anwendung zu erkennen. Wir sind jedoch keine inspirierten Autoren, sondern illuminierte Leser. Inspiration ist die ursprüngliche Motivation, die Bibel in einer bestimmten Weise aufzuzeichnen. Illumination ist die Einsicht in das, was die biblischen Autoren geschrieben haben. Wir dürfen die Bibel nicht durch unsere Illumination umschreiben oder neu definieren. Einen *sensus plenior* können wir deshalb nur erkennen, wenn er schon vorhanden ist. Wenn etwas im Neuen Testament nicht als *sensus plenior* identifiziert wird, kann von uns nicht eigenmächtig aus dem Alten Testament herausgelesen werden.

Studienbibeln, Kommentare, Handbücher und Bibeln mit Parallelstellen zeigen normalerweise, welche prophetischen Stellen des Alten Testaments im Neuen Testament eine zweite Bedeutung haben. Einige typische Fälle sind: Matthäus 1,22-23 (Jesaja 7,14), Matthäus 2,15 (Hosea 11,1), Matthäus 2,17-18 (Jeremia 31,15) und Johannes 12,15 (Sacharja 9,9).

Eines dieser Beispiele – Matthäus 2,15 – wollen wir herausgreifen, um zu illustrieren, wie einer prophetischen Aussage eine zweite Bedeutung beigelegt wird. Ein gewaltiger Spruch am Ende von Hosea beginnt so (11,1):

„Als Israel jung war, gewann ich ihn lieb,
ich rief meinen Sohn aus Ägypten.“

Hosea greift hier natürlich die Formulierung aus 2. Mose auf, wo Jahwe Israel als „mein erstgeborener Sohn“ bezeichnet. Bei Hosea ist der *Kontext* die Befreiung Israels aus Ägypten durch den Exodus (4,22). Die *Absicht* besteht darin zu zeigen, wie Gott Israel von Anfang an als sein eigenes „Kind“ liebte. Eine gute Exegese zu Hosea zeigt, dass es keinen Grund für die Annahme gibt, Hosea habe auf den kommenden Messias hingewiesen.

Doch mit der Zeit war die Bezeichnung Israels als Gottes „Sohn“ auch auf seinen König übertragen worden – denn er „stand für“ Israel (siehe 2. Samuel 7,14; Psalm 2,7; 89,27; 110,1). Matthäus schreibt sein Evangelium zu einer Zeit, als diese doppelte Verwendung des Ausdrucks „Sohn“ (Israel und Israels König) schon auf Christus bezogen worden war, den erhöhten Sohn, der nun zur Rechten Gottes sitzt (siehe Römer 8,32-34; Kolosser 1,13-15). Diesen Sprachgebrauch greift Matthäus auf, als er Hosea 11,1 wiederverwendet, um auf die Flucht des jungen Jesus mit seiner Familie nach Ägypten hinzuweisen. Matthäus sagt damit nicht, Hosea habe „prophezeit“, dass der Messias eines Tages „aus Ägypten“ kommen würde. Er sieht vielmehr eine *analoge „Erfüllung“*, indem der Messias als Gottes wahrer „Sohn“ nun Israels eigene Geschichte als Gottes „erstgeborener Sohn“ neu wiederholt. Diese Art von „zweiter Bedeutung“ sollte deshalb nicht als „Spielerei“ mit dem Alten Testament betrachtet werden; als inspirierter Diener Gottes hat Matthäus hier die Funktion, die Geschichte Israels, des Sohnes Gottes, als diejenige Geschichte „wiederzuerzählen“, die durch Gottes wahren und größeren Sohn durchlebt wurde.

Auch wir sind vielleicht in der Lage, solche Analogien wahrzunehmen, wenn wir die Geschichte Jesu lesen; aber im Sinne einer gültigen Hermeneutik ist es unwahrscheinlich, dass wir die Sprache der „Erfüllung“ in dieser Weise verwenden können, ohne Matthäus' Inspiration durch den Heiligen Geist zu besitzen.

Ein Nutzen: Die Doppelbetonung von Orthodoxie und Orthopraxie

Orthodoxie ist Rechtgläubigkeit und Orthopraxie ist rechtes Leben. Durch die Propheten forderte Gott damals die Menschen Israels und Judas zu einer Ausgewogenheit zwischen rechtem Glauben und Leben auf. Genau dieselbe Ausgewogenheit fordert natürlich auch der Neue Bund (vgl. Epheser 2,8-10; Jakobus 1,27; Jakobus 2,18). Was Gott von Israel und Juda erwartet, ist in einem allgemeinen Sinn dasselbe, was er von uns erwartet. Die prophetischen Bücher können uns ständig daran erinnern, dass Gott entschlossen ist, seinen Bund durchzusetzen. Für diejenigen, die den Auflagen des Neuen Bundes gehorchen (Gott und den Nächsten zu lieben), wird das endgültige, ewige Resultat Segen sein, auch wenn in der heutigen Welt keine so ermutigenden Resultate garantiert werden. Diejenigen, die ungehorsam sind, haben dagegen nur Fluch zu erwarten, so gut es ihnen hier auf der Erde auch gehen mag. Maleachis Warnung (3,24) gilt wie wir meinen noch heute.

11
Die Psalmen – Israels und unsere Gebete

Das Buch der Psalmen, eine Sammlung inspirierter hebräischer Gebete und Lieder, ist wahrscheinlich der bekannteste und beliebteste Teil des Alten Testaments. Die Tatsache, dass das Buch der Psalmen in vielen Ausgaben des Neuen Testaments erscheint und dass die Psalmen oft im Gottesdienst und in der persönlichen Meditation verwendet werden, hat diesem Buch eine gewisse Sonderstellung für den modernen Leser verliehen.

Doch oft sind die Psalmen, so beliebt sie sind, besonders schwierig zu verstehen. Die Formen und Merkmale der hebräischen Poesie sind sehr verschieden von den uns vertrauten, wie Reim und sich wiederholendes Metrum (wodurch Poesie weit besser im Gedächtnis bleibt als die meiste Prosa), und, was noch wichtiger ist, sie gehen in Übersetzungen praktisch immer verloren. Eine weitere Schwierigkeit bei der Auslegung der Psalmen beruht in erster Linie auf ihrem besonderen Charakter. Weil die Bibel Gottes Wort ist, nehmen die meisten Christen automatisch an, dass jede in ihr enthaltene Aussage *von* Gott *an* die Menschen gerichtet ist. Deshalb erkennen sie nicht, dass die Bibel auch Worte enthält, die sich *an* Gott wenden oder *über* Gott gesagt werden – was in den Psalmen der Fall ist –, und dass auch diese Worte Gottes Wort sind. Gerade weil die Psalmen im wesentlichen Gebete und Hymnen sind, richten sie sich an Gott oder drücken im Gesang Wahrheiten über Gott aus.

Diese Gegebenheit stellt uns vor ein hermeneutisches Problem, das in der Bibel einzigartig ist. *Wie* erhalten diese Worte, die *zu* Gott gesprochen wurden, die Funktion eines Wortes *von* Gott an uns? Da es keine Lehraussagen, Gebote oder Geschichten sind, die uns Gottes Geschichte nahe bringen, erfüllen sie nicht in erster Linie die

Funktion, eine dogmatische oder moralische Lehre zu vermitteln. Sie sind jedoch nützlich, wenn man sie für diejenigen Zwecke verwendet, für die Gott sie inspiriert hat – als Hilfe, um uns selbst Gott gegenüber auszudrücken und Gottes Handeln zu betrachten. Die Psalmen sind deshalb sehr hilfreich für den Gläubigen, der in der Bibel Hilfe sucht, um Freude und Leid, Erfolg und Misserfolg, Hoffnung und Bedauern oder einfach Anbetung ausdrücken zu können.

Doch die Psalmen werden häufig schlecht angewandt, wenn nicht sogar vollkommen falsch, eben weil sie so oft missverstanden werden. Nicht alle sind logisch so leicht nachzuvollziehen oder so einfach auf das 20. Jahrhundert zu übertragen wie der vielleicht bekannteste von ihnen, Psalm 23. In den Symbolen dieses Psalms erscheint Gott als Hirte und der Psalmist (und damit wir selbst) als sein Schaf. Wer mit diesem Psalm vertraut ist, erkennt darin Gottes Bereitschaft, für uns zu sorgen, indem er uns an den passenden Orten weiden lässt – das heißt alle unsere Bedürfnisse stillt –, uns großzügig beschützt und uns segnet. Und natürlich wusste der Psalmist sehr genau, was wenige moderne Leser wissen, dass Schafe nämlich wahrscheinlich die dümmsten Tiere sind, die je auf unserem Planeten herumliefen. Es ist also nicht so einfach, Schafe zu hüten. Wir denken, dass diese häufige Analogie in der Bibel uns nicht gerade schmeicheln soll! Sie ist vielmehr eine ständige Erinnerung daran, wie sehr wir die liebevolle, gütige Fürsorge des guten Hirten brauchen.

Andere Psalmen erschließen ihre Bedeutung jedoch nicht so leicht auf den ersten Blick. Wie soll man zum Beispiel mit einem Psalm umgehen, der offenbar durchgängig negativ ist (z. B. Psalm 88) und das Elend des Sprechenden auszudrücken scheint? Können wir ihn im Gottesdienst benutzen? Oder eignet er sich für den privaten Gebrauch? Und wie steht es mit einem Psalm, der über die Geschichte Israels und über Gottes Segnungen für das Volk berichtet? Kann zum Beispiel ein moderner Christ in einer westlichen Kultur einen solchen Psalm wirklich nutzbringend anwenden? Oder ist er nur für Juden bestimmt? Wie verhält es sich mit Psalmen, die das Werk des Messias vorhersagen? Wie mit solchen, die die Vorzüge der Weisheit loben? Wie steht es mit Psalmen, die die Herrlichkeit der menschlichen Könige Israels erwähnen? Da heute nur sehr wenige Menschen in der Welt unter einem König leben, scheint es besonders schwierig, in dieser Art von Psalmen einen übertragbaren Sinn zu finden. Und wie sollen wir schließlich mit dem Wunsch des Psalmisten umgehen, dass babylonische Kinder gegen die Felsen geschmettert werden sollen (137,8-9)?

Ein ziemlich umfassendes Buch wäre erforderlich, um die verschiedenen Arten von Psalmen und ihre möglichen Verwendungszwecke darzulegen. In diesem Kapitel werden wir einige Richtlinien nennen, die Ihnen eine bessere Ausgangsposition vermitteln, um die Psalmen im persönlichen Leben und in Ihrer lokalen Gemeinde angemessen würdigen und gebrauchen zu können. In *How to Read the Bible Book by Book*, S. 130-134, können Sie sich außerdem einen Eindruck davon verschaffen, wie sie als Sammlung – in fünf „Büchern" – zusammenwirken.

1. Einige einleitende exegetische Bemerkungen

Als eine eigene literarische Gattung verlangen auch die Psalmen besondere Sorgfalt beim Lesen und Auslegen – in diesem Fall muss der Leser ihr *Wesen* und die verschiedenen *Arten* sowie ihre *Formen* und *Funktionen* verstehen.

Die Psalmen als Dichtung

Der wichtigste Aspekt, der beim Lesen oder Auslegen der Psalmen beachtet werden muss, ist, dass es sich um Gedichte handelt – um musikalische Gedichte. Wir haben schon im vorigen Kapitel kurz über das Wesen der hebräischen Dichtkunst gesprochen (S. 266–268; falls Sie diesen Abschnitt noch nicht gelesen haben, sollten Sie es jetzt tun). Aber es gibt noch drei weitere Aspekte, die beim Psalter berücksichtigt werden müssen.

1. *Zum Wesen der hebräischen Dichtung gehört, dass sie sich durch das Herz an den Verstand richtet* (das heißt, ein Großteil der Sprache ist bewusst gefühlsbetont). Wegen diesem Merkmal, dass es allgemein in biblischer Poesie gibt, sollte der Leser darauf achten, Psalmen exegetisch nicht zu überfrachten, indem man in jedem Wort oder Ausdruck eine besondere Bedeutung sucht, die der Dichter gar nicht beabsichtigt hat. Gewiss erinnern Sie sich beispielsweise daran, dass zum Wesen der hebräischen Dichtung immer eine Form von Parallelismus gehört und dass eine dieser Formen als *synonymer Parallelismus* bezeichnet wird (die zweite Zeile wiederholt oder verstärkt den Sinn der ersten; siehe S. 266). Bei dieser Art von Parallelismus drücken die beiden Zeilen demnach *zusammen* die Meinung des Dichters aus; die zweite Zeile versucht also nicht, etwas Neues oder etwas ganz anderes auszudrücken. Betrachten Sie zum Beispiel den Anfang von Psalm 19:

> „Die Himmel rühmen die Herrlichkeit Gottes,
>   vom Werk seiner Hände kündet das Firmament.
> Ein Tag sagt es dem anderen,
>   eine Nacht tut es der andern kund."

In zwei Sätzen mit synonymen Parallelismen preist der inspirierte Dichter hier Gott als Schöpfer. Beachten Sie, wie die Übersetzer Ihnen beim Erkennen der Parallelen zu helfen versuchen, indem sie nur jeweils die erste Zeile als neuen Satz mit Großbuchstaben beginnen lassen und zwischen die beiden Zeilen ein Komma setzen.

Was der Dichter sagen will, würde in Prosa lauten: „Gott wird in seiner Schöpfung offenbart, besonders in den Himmelskörpern." Doch unser Prosasatz wirkt völlig farblos gegenüber der poetischen Ausdruckskraft des Psalms, der es besser und einprägsamer formuliert. Beachten Sie, dass die vier Zeilen nicht vier verschiedene Dinge zu sagen versuchen, obwohl der zweite Vers den neuen Gedanken hinzufügt, dass die Himmel sowohl während des Tages als auch während der Nacht ihren Schöpfer offenbaren. Im ersten Vers will der Psalmist gewiss nicht sagen, dass die „Himmel" etwas anderes tun als das „Firmament", sondern beide Zeilen dieses Verses zeugen gemeinsam von ein und derselben herrlichen Realität, dass die Schöpfung Gottes Herrlichkeit und seine Wunder zeigt.

2. *Die Psalmen selbst sind* musikalische *Gedichte*. Ein musikalisches Gedicht kann nicht genauso gelesen werden wie ein Brief oder eine Erzählung oder ein Abschnitt des Gesetzes. Es soll die Emotionen ansprechen, Gefühle wecken, was direkte Aussagen selten tun, und auf diese Weise eine persönliche Reaktion hervorrufen, die über ein rein kognitives Verständnis bestimmter Fakten hinausgeht – gerade das ist schließlich der Grund, weshalb wir vertonte Gedichte, also Lieder, so lieben und Liedtexte so leicht in Erinnerung behalten. Niemand würde je in einem normalen Gespräch sagen: „Wie soll ich dich empfangen und wie begegn ich dir?" Doch wer Paul Gerhardts Adventslied (Ev. Gesangbuch 11) kennt, kann sofort mit der nächsten Zeile fortfahren: „O Jesu, Jesu, setze mir selbst die Fackel bei, damit, was dich ergötze, mir kund und wissend sei", und kann sich in dieses Gedicht einsetzen. Die Gemeinde steht unter Gottes Herrschaft, nicht unter der unsrigen, und wir können in dieser großen Realität ruhen. Genauso ist es mit den Psalmen. Sie enthalten zwar Lehre und spiegeln sie wider, sind aber nicht als Fundgrube für dogmatische Erklärungen gedacht. Deshalb ist es gefährlich, einen Psalm so zu lesen, als würde er ein bestimmtes Lehrsystem vermitteln; genauso wie es gefährlich ist, bei einer biblischen Erzählung so zu verfahren.

Wer von uns würde „Ein feste Burg ist unser Gott" (ausgehend von Psalm 46,2.4.8.12) singen und sich Gott dabei als eine Befestigungsanlage oder ein undurchdringliches Bauwerk vorstellen? Wir verstehen, dass „feste Burg" nur ein bildhafter Ausdruck unseres Denkens über Gott ist. Ebenso wenig versucht der Psalmist durch seine Worte: „In Sünde hat mich meine Mutter empfangen" (Psalm 51,7) die Lehre aufzustellen, dass Empfängnis Sünde wäre oder dass seine Mutter dadurch gesündigt hätte, dass sie schwanger wurde, oder dass die Erbsünde schon für ungeborene Kinder Geltung besäße oder irgendetwas Ähnliches. Der Psalmist benutzte eine Hyperbel – eine absichtliche Übertreibung –, um besonders lebhaft zum Ausdruck zu bringen, dass er ein Sünder ist, und das mit einer langen Geschichte. Die HfA hat es deshalb gut ausgedrückt: „Seit mein Leben im Leib meiner Mutter begann, liegt Schuld auf mir; von Geburt an bestimmt die Sünde mein Leben." Das ist Poesie, keine Theologie. Der Psalmist drückt poetisch aus, dass er nicht erst vor Kurzem zu sündigen begann! Mehr darin zu sehen heißt einfach, die Poesie und die Bibel zu missbrauchen. Achten Sie deshalb beim Lesen eines Psalms darauf, nicht Gedanken aus ihm abzuleiten zu versuchen, die der musikalische Dichter bei seiner inspirierten Niederschrift nie beabsichtigt hat. Lassen Sie ihn das bewirken, was er ursprünglich bewirken wollte, wie sie dazu zu bringen, einen Moment innezuhalten und die unvorstellbare Größe und Güte Gottes zu erkennen.

3. *Der dichterische Wortschatz ist absichtlich metaphorisch.* Deshalb kommt es darauf an, die Absicht der Metapher zu ermitteln. Im Buch der Psalmen hüpfen Berge wie Widder (114,4; besingen Gottes Gegenwart am Berg Sinai, wie in 2. Mose 19,16-25 berichtet!), Feinde tragen Schwerter zwischen ihren Lippen (59,8; wer hätte den stechenden Schmerz einer Verleumdung oder Lüge noch nicht zu spüren bekommen?) und Gott wird als Hirte, Festung, Schild oder Fels dargestellt. Es ist daher unbedingt erforderlich, die Metaphern „hören" zu lernen und ihre Bedeutung zu verstehen und von Zeit zu Zeit stehen zu bleiben, um über die Wahrheiten nachzudenken, die sie vermitteln, zum Beispiel Gottes unvorstellbarer Liebe zu jedem von uns.

Wichtig ist auch, bestimmte Metaphern nicht zu stark zu betonen oder sogar wörtlich zu nehmen. Wenn jemand zum Beispiel Psalm 23 wörtlich auslegen würde, wäre das ein schwerwiegender Fehler, der zu dem Schluss führt, dass wir uns nach Gottes Absicht wie Schafe verhalten oder auf dem Land leben sollten. Dadurch würde der Psalm zu einer Abhandlung gegen das Stadtleben werden. Um einen Psalm richtig zu lesen, muss man beachten, welche Eindrücke die symbolische Sprache (Metaphern und Similes) vermitteln soll und diese dann in die Realität „übersetzen", auf die sie verweisen.

Die Psalmen als Literatur

Als musikalische Gedichte sind Psalmen auch eine Form von Literatur, die ihre eigenen literarischen Merkmale hat. Ein Bewusstsein dieser Eigenschaften wird Ihnen helfen, die Psalmen zu lesen und zu schätzen.

1. *Es gibt unterschiedliche Arten von Psalmen.* Diese Tatsache ist für unser Verständnis so entscheidend, dass wir die grundlegenden typologischen Kategorien später in diesem Kapitel noch genauer behandeln werden. Die Israeliten selbst waren natürlich mit diesen typologischen Merkmalen vertraut. Sie kannten den Unterschied zwischen einem Klagepsalm (in dem Einzelne oder Gruppen von Menschen vor dem Herrn ihre Trauer ausdrückten und um Hilfe baten) und einem Dankpsalm (in dem Einzelne oder Gruppen ihre Freude über die Barmherzigkeit Gottes ausdrückten, die sie erfahren hatten). Aber da Psalmen kein normaler Bestandteil unserer Kultur sind, müssen wir uns regelmäßig fragen: „Welche *Art* von Psalm lese ich?", bevor wir irgendeinen Psalm zu lesen beginnen.

2. *Jeder Psalm ist außerdem durch seine formale Struktur charakterisiert.* Die verschiedenen Arten von Psalmen unterscheiden sich auch durch ihre strukturellen Merkmale. Wenn man die formale Struktur eines Psalms versteht, erkennt man solche Merkmale wie die Übergänge von einem Thema zum anderen oder die Technik des Psalmisten, die Aufmerksamkeit auf bestimmte Fragen zu lenken, sodass man die Botschaft des Psalms richtig einzuschätzen weiß. Dieser Aspekt wird noch durch einige exegetische Beispiele verdeutlicht werden.

3. *Jede dieser Arten von Psalmen sollte im Leben Israels eine bestimmte Funktion ausüben.* Auch dieser Aspekt wird später noch ausführlicher behandelt werden. Zunächst wollen wir nur festhalten, dass jeder Psalm einen konkreten Zweck verfolgt. So wurden die Kö-

nigspsalmen zum Beispiel komponiert, um das Königtum Israels zu feiern, wie Gott es eingesetzt hatte, und nicht, um zum Beispiel auf einer Hochzeit vorgetragen zu werden!

4. *Es gibt auch verschiedene Grundmuster innerhalb der Psalmen.* Die Psalmisten benutzten häufig bestimmte Anordnungen oder Wiederholungen von Wörtern und Klängen sowie stilistische Wortspiele. Außerdem sind manche Psalmen Akrosticha, in denen die Anfangsbuchstaben der einzelnen Zeilen oder Verse der Reihenfolge der 22 Buchstaben des hebräischen Alphabets entsprechen. Psalm 119 ist ein Beispiel für einen akrostischen Psalm, bei dem jeder Buchstabe des Alphabets jeweils eine Gruppe von acht Versen einleiten (in manchen Bibelübersetzungen in Klammern angegeben; siehe EU oder SLT). Dieses Grundmuster von Aufzählung und Wiederholung führt den Leser effektiv durch eine lange Liste von Segnungen und Pflichten des Gläubigen, die im Gesetz Gottes enthalten sind.

5. *Jeder Psalm ist als literarische Einheit in sich geschlossen.* Die Psalmen sind immer in ihrer Ganzheit zu betrachten. Man darf sie nicht in einzelne Verse aufspalten oder sie – wie es oft bei den Sprüchen geschieht – sozusagen wie Perlen einer Kette behandeln, die einzeln und unabhängig von ihrer Beziehung zum Ganzen bewundert werden. Jeder Psalm besitzt einen dynamischen Aufbau, in dem er seine Gedanken darlegt, entwickelt und zu einem gewissen Abschluss bringt. Lernen Sie es, beim Lesen eines Psalms diesem Fluss der Gedanken und dem inneren Gleichgewicht zu folgen. Jeder Psalm hat einen bestimmten Aufbau, durch den die Gedanken dargelegt, entwickelt und zu einem gewissen Abschluss gebracht werden.

Dieser Aspekt erfordert besondere Beachtung. Aufgrund der literarischen Ganzheitlichkeit der Psalmen muss man darauf achten, einzelne Verse im Kontext des Psalms statt nur in ihrem eigenen Licht zu betrachten, und sie nicht so zu behandeln, als könnte man bei ihrer Auslegung auf den Kontext verzichten. Lesen Sie beispielsweise Psalm 51,18: „Schlachtopfer willst du nicht, ich würde sie dir geben; an Brandopfern hast du kein Gefallen.“ Aus dem Zusammenhang gerissen scheint dies anzudeuten, dass das Opfersystem keine wirkliche Bedeutung im ersten Bund hatte. Doch wie wäre dies mit der Aussage zu vereinbaren, die am Ende steht: „Dann hast du Freude an rechten Opfern, an Brandopfern und Ganzopfern, dann opfert man Stiere auf deinem Altar“ (V. 21)?

Die Antwort lautet natürlich, dass David im gesamten Kontext des Psalms bekräftigt, dass Opfer nur zum Schein vollzogen werden, wenn sie nicht mit echter Reue und Buße verbunden sind. Woran Gott Gefallen hat, ist die reumütige Herzenshaltung, die das Opfer begleitet. Wenn man also den früheren Satz (V. 18) unabhängig vom Kontext liest, geht man an der eigentlichen Aussage dieses Psalms vorbei. Der entscheidende Punkt ist, dass es einen Bedeutungsrahmen gibt, der uns hilft, die Worte in V. 18 zu definieren und sie in ihrer wahren Absicht zu verstehen, statt ihnen eine willkürliche Absicht zuzuschreiben, weil wir den Kontext nicht beachten. Wenn man irgendeinen Teil eines Psalms aus dem Zusammenhang reißt, heißt das den Psalmisten zu verraten, und wird oft zu falschen Schlussfolgerungen führen. Wann immer auch nur ein Teil eines literarischen Textes falsch interpretiert wird, und das gilt besonders für Poesie (!), kann dieser literarische Text seinen ursprünglichen Zweck nicht erfüllen, und so werden die Absichten verzerrt, die Gott mit seiner Inspiration hatte.

2. Der Gebrauch der Psalmen im alten Israel

Die Psalmen waren Lieder mit einer bestimmten *Funktion*, die für den Gebrauch im Gottesdienst der damaligen Israeliten komponiert wurden. Ihre entscheidende *Funktion* bestand darin, eine Verbindung zwischen dem Anbetenden und Gott herzustellen. Während manche offenbar für den Gebrauch durch einzelne Anbeter bestimmt waren (z. B. Psalm 63), dienten viele von ihnen der gemeinsamen Anbetung Gottes (z. B. Psalm 74 und die Psalmen 147–150). Tatsächlich benutzten die Israeliten Psalmen gewöhnlich als Hilfe zur Anbetung, wenn sie Opfer zum Tempel in Jerusalem brachten. Einige Titel (z. B. bei den Psalmen 80 und 81) lassen vermuten, dass die Psalmen bei den Gottesdiensten des Volkes manchmal von speziell dafür eingesetzten Sängern vorgetragen wurden. Aber es ist offensichtlich, dass die Psalmen weit über den Tempel hinaus bekannt waren und von den Israeliten in verschiedenen Situationen gesungen wurden, wenn die Worte ihre eigenen Einstellungen und Lebensumstände widerspiegelten. Später wurden Gruppen von Psalmen in einzelnen „Büchern" gesammelt. Es gibt fünf solche Bücher (Buch 1: Psalm 1–41; Buch 2: Psalm 42–72; Buch 3: Psalm 73–89; Buch 4: Psalm 90–106; Buch 5: Psalm 107–150). Zur Bedeutung dieser Gruppierung finden Sie nähere Erläuterungen in *How to Read the Bible Book by Book*, S. 131-133.

Bei den meisten Psalmen ist es verständlicherweise nicht möglich, sie zeitlich genau zu datieren. Die Mehrdeutigkeit stellt aber in diesem Fall kein wesentliches exegetisches Problem dar. Die Psalmen lassen sich auf bemerkenswerte Weise auf „jede Zeit und jedes Klima" anwenden. Wie bei großen Kirchenliedern ist ihr Gebrauch im alten Israel für uns zwar lehrreich, legt uns aber nicht auf den Gottesdienst und das Gebet eines vergangenen Zeitalters fest. Indem die Psalmen die Herzen einzelner Christen oder einer Gruppe gemeinsam anbetender Christen ansprechen, erweisen sie ihren interkulturellen, über geografische Grenzen hinausreichenden Wert.

Da einige nacheinander gruppierte Psalmen spezifische gemeinsame Merkmale aufweisen, ist zu vermuten, dass sie ursprünglich in kleinere Kategorien untergliedert waren (z. B. die Psalmen Davids oder die „Halleluja"-Psalmen 146–150), die jetzt gemeinsam in die fünf Bücher eingefügt sind. Diese Kategorien sind aber für die heutige Zusammenstellung der Psalmenbücher weniger bedeutsam, weil viele verschiedene Arten von Psalmen über die ursprünglichen Sequenzen verstreut sind.

Den Titeln zufolge, die nicht Teil der ursprünglichen Psalmen sind und deshalb nicht als inspiriert betrachtet werden können, stammt fast die Hälfte der Psalmen (73) von David. Mose schrieb einen Psalm (Psalm 90), Salomo zwei (Psalm 72 und Psalm 127) und auch die Söhne Asafs und Korachs und andere schrieben mehrere Psalmen („Söhne von" ist ein hebräischer Ausdruck für eine fortlaufende „Schule" von Musikern).

Nachdem die Israeliten aus der Gefangenschaft zurückgekehrt waren und den Tempel wiederaufgebaut hatten, wurde der Psalter offenbar als eine Art „Tempelgesangbuch" formell zusammengestellt, mit den Psalmen 1 und 2 als Einführung und Psalm 150 als Abschluss. Im Neuen Testament sehen wir, dass die Juden im Allgemeinen sowie Jesus und seine Jünger im Besonderen die Psalmen gut kannten. Die Psalmengesänge blieben ein Teil des Gottesdienstes. Paulus ermutigte die frühen Christen, sich gegenseitig zu ermuntern: „Lasst in eurer Mitte Psalmen, Hymnen und Lieder erklingen" (Epheser 5,19; Kolosser 3,16). Mindestens zwei dieser Begriffe können sich auf die Psalmen beziehen, obwohl Paulus bei diesem Rat vielleicht auch andere Formen früher christlicher Musik im Sinn hatte.

3. Die verschiedenen Arten von Psalmen

Die Psalmen lassen sich in sieben verschiedene Kategorien einordnen. Obwohl diese Kategorien sich manchmal überschneiden oder weiter unterteilt werden können, eignen sie sich doch gut dazu, die Psalmen zu ordnen und dem Leser Orientierungshilfen für den Gebrauch zu geben.

Klagelieder

Die Klagelieder stellen mit 60 Psalmen, die zum Teil individuell und zum Teil gemeinsam gesungen wurden, die größte Gruppe im Psalter dar – dieser Umstand an sich sagt uns ja vermutlich schon etwas über unser menschliches Dasein. Die *individuellen Klagelieder*

(z. B. Psalm 3, 22, 31, 39, 42, 57, 71, 88, 120, 139, 142), die tiefes Vertrauen zu Jahwe ausdrücken oder voraussetzen, helfen den Menschen, Gott ihre Kämpfe, ihr Leid oder ihre Enttäuschung auszudrücken. *Gemeinsame Klagelieder* (z. B. Psalm 12, 44, 80, 94 oder 137) üben dieselbe Funktion für eine ganze Gruppe von Menschen aus. Sind Sie entmutigt? Geht Ihre Gemeinde durch eine schwere Zeit? Gehören Sie zu einer (kleinen oder großen) Familie oder Gruppe, die sich fragt, warum es nicht so gut läuft, wie es eigentlich zu erwarten war? Dann ist der Gebrauch dieser Klagelieder möglicherweise eine wertvolle Hilfe, wenn Sie dem Herrn Ihre Anliegen bringen möchten. Für einen der beiden Autoren dieses Buchs war es in der Tat eine bewegende Erfahrung, als Psalm 88 nur wenige Stunden nach den schrecklichen Ereignissen des 11. September 2001 in einem Gottesdienst vorgetragen wurde. Für die alten Israeliten gab es oft harte Zeiten. Die Klagelieder im Buch der Psalmen drücken mit tiefer, leidenschaftlicher Ehrlichkeit den Kummer aus, den die Menschen verspürten.

Dankpsalmen

Wie schon der Name zeigt, wurden diese Psalmen unter völlig anderen Umständen gebraucht als die Klagelieder. Solche Psalmen brachten dem Herrn gegenüber Freude zum Ausdruck, wenn etwas gut gelaufen war, wenn die Umstände gut waren oder wenn die Menschen Grund hatten, Gott für seine Treue, seinen Schutz oder seine Wohltaten zu danken. Die Dankpsalmen helfen dem Einzelnen oder einer Gruppe, Gedanken oder Gefühle der Dankbarkeit auszudrücken. Insgesamt gibt es sechs Psalmen der gemeinsamen Danksagung (Psalm 65, 67, 75, 107, 124 und 136) und zehn der individuellen Danksagung (Psalm 18, 30, 32, 34, 40, 66, 92, 116, 118 und 138) im Psalter.

Loblieder

Diese Psalmen – ohne speziellen Bezug zu persönlichen Erfahrungen des Leids oder der Freude in der Vergangenheit oder Gegenwart – konzentrieren sich auf den Lobpreis Gottes: für das, was Gott ist, für Gottes Größe und Wohltaten auf der ganzen Erde sowie unter seinem eigenen Volk. Der Ewige wird als Schöpfer des Alls gepriesen, wie es in Psalm 8, 19, 104 und 148 geschieht. Oder in Psalm 66, 100, 111, 114 und 149 wird er als Beschützer und Wohltäter Israels gepriesen. Oder als Herr der Geschichte preisen ihn die Psalmen 33, 103, 113, 117 und 145 bis 147. Gott verdient Lobpreis. Diese Psalmen eignen sich besonders für das Lob Gottes durch den Einzelnen oder durch eine Gruppe in der Anbetung. Sie helfen uns, „unserem Gott zu singen", und es macht in der Tat „Freude, ihn mit Liedern zu preisen" (Psalm 147,1; GNB).

Heilsgeschichtliche Psalmen

Fünf Psalmen (Psalm 78, 105, 106, 135 und 136) konzentrieren sich auf die Geschichte Gottes als Retter des Volkes Israel. Besonders die Befreiung aus der Knechtschaft in Ägypten und das Entstehen der Nation Israel stehen im Vordergrund. Das Volk Israel, aus dem schließlich Jesus, der Christus, hervorging und durch das Gott seine Botschaft weitergab, ist natürlich in der Geschichte der Menschheit ein besonderes Volk, dessen Geschichte in diesen heilsgeschichtlichen Psalmen gefeiert wird. Sie werden feststellen, dass jeder dieser Psalmen einer anderen Absicht dient (Feier, Dank, Warnung usw.).

Psalmen des Feierns und der Bundeserneuerung

Verschiedene Arten von Psalmen gehören in diese Kategorie. Eine erste Gruppe bilden Psalmen der Bundeserneuerung (z. B. Psalm 50 und 81), die Gottes Volk ermutigen sollen, den am Berg Sinai mit Gott geschlossenen Bund zu erneuern. Diese Psalmen können eine wirkungsvolle Orientierung für Gottesdienste bieten, in denen es um eine Erneuerung geht. Psalm 89 und 132 werden oft als Psalmen des davidischen Bundes bezeichnet; sie preisen Gott für seine Erwählung der Familie Davids. Weil diese Abstammungslinie schließlich in der Geburt unseres Herrn gipfelt, bieten diese Psalmen einen Hintergrund für den messianischen Dienst Jesu. Es gibt neun Psalmen, die wir Königspsalmen nennen, weil sie sich speziell mit dem Königtum beschäftigen (Psalm 2, 18, 20, 21, 45, 72, 101, 110 und 144). Einer ist ein Königspsalm der Danksagung (18), ein anderer ein Königspsalm der Klage (144). Das Königtum war im alten Israel eine wichtige Institution, durch die Gott Stabilität und Schutz ermöglichte. Wenn auch die meisten Könige Israels untreu waren, konnte Gott doch einige von ihnen zum Wohl des Volkes gebrauchen. Der Ewige wirkt in der Gesellschaft durch gläubige Menschen, die ihm als Vermittler dienen, und in den Königspsalmen wird die Funktion dieser Vermittler gelobt.

Verbunden mit den Königspsalmen sind die sogenannten *Inthronisationspsalmen* (Psalm 24, 29, 47, 93, 95–99). Wahrscheinlich wurde mit diesen Psalmen die Inthronisation des Königs gefeiert, eine Zeremonie, die im alten Israel möglicherweise jedes Jahr wiederholt wurde. Manche Gelehrte haben behauptet, dass diese Psalmen sich auch auf die Inthronisation des Herrn selbst beziehen und in entsprechenden Liturgien verwendet wurden, obwohl es für diese Annahme nur spärliche Belege gibt.

Schließlich gibt es noch die Kategorie der sogenannten *Zionslieder oder Lieder von Jerusalem* (Psalm 46, 48, 76, 84, 87 und 122). Wie Gott es den Israeliten durch Mose vorausgesagt hatte, als sie noch in der Wüste waren (z. B. 5. Mose 12), wurde Jerusalem zur Hauptstadt Israels, wo später der Tempel als sichtbarer Ausdruck der Gegenwart Gottes bei seinem Volk gebaut wurde und von der aus David seine Königsherrschaft ausübte. Jerusalem als „heilige Stadt" erfährt in diesen Liedern besondere Aufmerksamkeit und Ehre. Und da das Buch der Offenbarung das Neue Jerusalem als Symbol (für den Himmel, der auf die Erde herabkommt) verwendet, behalten diese Psalmen auch im christlichen Gottesdienst ihren Stellenwert.

Weisheitspsalmen

Acht Psalmen lassen sich in diese Kategorie einordnen: die Psalmen 36, 37, 49, 73, 112, 127, 128 und 133. Wir können außerdem festhalten, dass auch das achte Kapitel der Sprüche ein solcher Psalm ist, der die Vorzüge der Weisheit und eines weisen Lebens preist. Diese Psalmen lassen sich mit großem Nutzen in Verbindung mit dem Buch der Sprüche lesen (siehe den Abschnitt über die Sprüche in Kapitel 12).

Lieder des Vertrauens

Diese zehn Psalmen (Psalm 11, 16, 23, 27, 62, 63, 91, 121, 125 und 131) lenken die Aufmerksamkeit auf die Tatsache, dass man Gott vertrauen kann und dass Gottes Güte und Fürsorge für sein Volk selbst in Zeiten der Verzweiflung zum Ausdruck gebracht werden sollten. Gott freut sich darüber, wenn die Menschen, die an ihn glauben, ihm in allen Belangen ihres Lebens vertrauen. Diese Psalmen helfen uns, unabhängig von den jeweiligen Umständen unser Vertrauen auf Gott auszudrücken.

4. Exegetische Beispiele

Um an Beispielen zu veranschaulichen, wie die Kenntnis der Form und der Struktur eines Psalms uns hilft, seine Botschaft richtig zu verstehen, haben wir zwei Psalmen ausgewählt, die wir näher betrachten wollen. Der eine ist ein persönliches Klagelied, der andere ein Dankpsalm.

Psalm 3: Ein Klagelied

Durch den sorgfältigen Vergleich aller Klagepsalmen konnten Theologen sechs Elemente identifizieren, die in fast allen diesen Psalmen in der einen oder anderen Weise vorkommen. Es handelt sich um folgende Elemente, die in ihrer typischen Reihenfolge aufgelistet sind:

1. *Anrede.* Der Psalmist nennt die Person, an die sich der Psalm richtet. Das ist natürlich Gott, der Herr.
2. *Klage.* Der Psalmist breitet, aufrichtig und innig, seine Klage vor dem Herrn aus, nennt seine Schwierigkeiten und den Grund dafür, dass er Gottes Hilfe sucht.
3. *Vertrauen.* Gleich danach drückt der Psalmist sein Vertrauen zu Gott aus, das als unabdingbare Voraussetzung für seine Klage dient. (Warum sich überhaupt bei Gott beklagen, wenn man ihm nicht vertraut?) Außerdem muss man vertrauen, dass Gott die Klage so beantworten wird, wie es für das große Bild passt, Gottes eigenen größeren Absichten, die auf seiner Gnade gründen, und nicht unbedingt die Antwort, wie wir selbst sie geben würden.
4. *Befreiung.* Der Psalmist fleht zu Gott, ihn aus der Situation zu befreien, die in der Klage beschrieben wurde.
5. *Gewissheit.* Der Psalmist drückt seine Gewissheit aus, dass Gott ihn befreien wird. Diese Gewissheit bildet zum Teil eine Parallele zum Ausdruck des Vertrauens.
6. *Lobpreis.* Der Psalmist bringt Gott Lobpreis, Danksagung und Ehre dar für die Segnungen der Vergangenheit, der Gegenwart und/oder der Zukunft.

Psalm 3

2 Herr, wie zahlreich sind meine Bedränger;
so viele stehen gegen mich auf.
3 Viele gibt es, die von mir sagen:
„Er findet keine Hilfe bei Gott.“

4 Du aber, Herr, bist ein Schild für mich,
du bist meine Ehre und richtest mich auf.
5 Ich habe laut zum Herrn gerufen;
da erhörte er mich von seinem heiligen Berg.

6 Ich lege mich nieder und schlafe ein,
ich wache wieder auf, denn der Herr beschützt mich.
7 Viele Tausende von Kriegern fürchte ich nicht,
wenn sie mich ringsum belagern.

8 Herr, erhebe dich,
mein Gott, bring mir Hilfe!
Denn all meinen Feinden hast du den Kiefer zerschmettert,
hast den Frevlern die Zähne zerbrochen.
9 Beim Herrn findet man Hilfe.
Auf dein Volk komme dein Segen!

In diesem Psalm lassen sich die sechs Elemente eines Klagelieds wie folgt unterscheiden:

1. *Anrede.* Das ist der Ruf „Herr“ (hebräisch jhwh, wovon wir „Jahwe“ ableiten) in V. 2. Beachten Sie, dass die Anrede nicht langatmig oder ausgefallen sein muss. Einfache Gebete sind immer ausreichend! Beachten Sie auch, dass die Anrede in V. 7 in einem Parallelismus wiederholt wird. Der Ruf wird nicht nur an irgendjemanden oder irgendeine Gruppe gerichtet, sondern an den einzig wahren Gott, den einzigen, der die Macht und auch die Liebe besitzt, die Not des Bittenden vollständig zu stillen.

2. *Klage.* Die Klage umfasst den restlichen Teil von V. 2 und den gesamten V. 3. David beschreibt seine Feinde (die in diesen Psalmen symbolisch fast jeden Kummer oder jedes Problem personifizieren können) und die Trostlosigkeit seiner Situation. Jede Schwierigkeit kann so ausgedrückt werden.
3. *Vertrauen.* Die V. 4-7 bringen insgesamt Vertrauen zu Gott zum Ausdruck. Wer Gott ist, wie Gott Gebete beantwortet, wie Gottes Volk sicher ist, auch wenn die Situation offensichtlich hoffnungslos ist – all das sind Belege für die Vertrauenswürdigkeit Gottes.
4. *Befreiung.* In V. 8a („Herr, erhebe dich, mein Gott, bring mir Hilfe!") äußert David seine (und *unsere)* Bitte um Hilfe. Beachten Sie, wie diese direkte Bitte bis zu diesem Punkt des Psalms zurückgehalten und erst *nach* dem Ausdruck des Vertrauens ausgesprochen wird. Diese Reihenfolge ist nicht unbedingt notwendig, aber normal. Eine Ausgewogenheit zwischen Bitten und Preisen scheint ein besonderes Merkmal der Klagepsalmen zu sein und sollte uns auch etwas für unsere eigenen Gebete lehren.
5. *Gewissheit.* Der weitere Teil von V. 8 („Denn all meinen Feinden …") stellt die Aussage der Gewissheit dar. Sie fragen vielleicht: „Welche Form von Gewissheit wird denn durch dieses gewalttätige, brutale Bild von Gott vermittelt?" Doch auch hier ist die Sprache wieder eher metaphorisch als wörtlich zu verstehen. „Du hast alle meine echten Probleme schon überwunden" wäre eine passende Umschreibung, denn die „Feinde" und „Frevler" symbolisieren die Probleme und Nöte, in denen David sich damals befand oder die uns heute bedrücken. Durch dieses anschauliche Bild wird die Überwindung der Sorge dargestellt, die uns bedrückt. Beachten Sie aber, dass dieser Teil des Psalms Gottes Volk nicht von jeder Schwierigkeit freispricht. Er drückt vielmehr die Gewissheit aus, dass Gott sich zu seiner Zeit um unsere wirklich wesentlichen Probleme kümmern wird, wie es dem Plan Gottes für uns entspricht.
6. *Lobpreis.* V. 9 lobt Gott für seine Treue. Jahwe (der Herr) wird als *der* Befreier bezeichnet und in der Bitte um Gottes Segen wird er implizit auch als *der* bezeichnet, der segnen kann.

Aus einem Klagelied wie Psalm 3 kann man viel lernen. Die Wichtigkeit des ausgewogenen Betens steht ganz oben auf der Liste. Bitten sollten durch Lobpreis, Klagen durch einen Ausdruck des Vertrauens aufgewogen werden. Beachten Sie, zu welch freier und intensiver Formulierung seiner Klage und seiner Bitte David inspiriert wird. Die offenkundige Aufrichtigkeit ermutigt auch uns, vor Gott aufrichtig zu sein und unsere Probleme nicht zu verbergen.

Der Psalm ist allerdings nicht speziell für Lehrzwecke gedacht, sondern dient uns zur Orientierung. Wir können gerade diesen Psalm dann lesen und über ihn nachsinnen, wenn wir keinen Ausweg mehr sehen, von Problemen in die Enge gedrängt werden und uns völlig unterlegen fühlen. Solch ein Psalm kann uns genauso wie den Israeliten damals helfen, unsere Gedanken und Gefühle auszudrücken und uns auf Gottes Treue zu besinnen. Gott hat diesen Psalm in die Bibel gesetzt, damit er uns hilft, mit ihm zu reden und „alle unsere Sorge auf ihn zu werfen, weil er sich um uns kümmert“ (siehe 1. Petrus 5,7).

Die gemeinsamen Klagelieder weisen dasselbe Muster mit diesen sechs Schritten auf. Eine Familie, Gemeinde oder andere Gruppe, die vor schwierigen Umständen steht, kann diese Psalmen in ähnlicher Weise benutzen wie ein Einzelner zum Beispiel Psalm 3.

Psalm 138: Ein Dankpsalm

Wie zu erwarten, haben Dankpsalmen eine andere Struktur, weil sie einen anderen Zweck verfolgen. Die Elemente des Dankpsalms sind:

1. *Einleitung.* Hier bezeugt der Psalmist zusammenfassend, wie Gott ihm geholfen hat.
2. *Notlage.* Die Situation, aus der Gott ihm herausgeholfen hat, wird dargestellt.
3. *Bitte.* Der Psalmist wiederholt seine Bitte, die er an Gott gerichtet hatte.

4. *Befreiung.* Er beschreibt, wie Gott ihm Befreiung schenkte.
5. *Zeugnis.* Ein Wort des Lobs für Gottes Barmherzigkeit wird weitergegeben.

Wie Sie aus diesem Überblick entnehmen können, konzentrieren sich die Dankpsalmen darauf, die Gnadenerweise Gottes in der Vergangenheit zu würdigen. Ein solcher Psalm dankt Gott für das, was er getan hat. Die Anordnung der fünf Elemente kann allerdings beträchtlich variieren – diese Struktur ist jedoch das Produkt unserer Beobachtung, keine festgelegte Form, in die der Psalmist sein Gedicht gepresst hätte. Eine festgelegte Reihenfolge würde die Kreativität des inspirierten Autors nur unnötig beschränken.

Psalm 138

1 Ich will dir danken aus ganzem Herzen,
dir vor den Engeln singen und spielen;
2 ich will mich niederwerfen zu deinem heiligen Tempel hin
und deinem Namen danken für deine Huld und Treue.
Denn du hast die Worte meines Mundes gehört,
deinen Namen und dein Wort über alles verherrlicht.
3 Du hast mich erhört an dem Tag, als ich rief;
du gabst meiner Seele große Kraft.

4 Dich sollen preisen, Herr, alle Könige der Welt, wenn sie die Worte deines Mundes vernehmen.
5 Sie sollen singen von den Wegen des Herrn;
denn groß ist die Herrlichkeit des Herrn.

6 Ja, der Herr ist erhaben;
doch er schaut auf die Niedrigen,
und die Stolzen erkennt er von fern.
7 Gehe ich auch mitten durch große Not:
du erhältst mich am Leben.

Du streckst die Hand aus gegen meine wütenden Feinde,
und deine Rechte hilft mir.
8 Der Herr nimmt sich meiner an.
Herr, deine Huld währt ewig.
Lass nicht ab vom Werk deiner Hände!

In diesem Beispiel lassen sich die fünf Elemente eines Dankpsalms so unterscheiden:

1. *Einleitung.* In V. 1 bis 2 zeigt David seine Absicht, Gott für die Güte und Treue zu danken, die er ihm erwiesen hat, und ihn einfach deshalb zu preisen, weil schon seine Größe an sich Anbetung verdient.
2. *Notlage.* In V. 3 wird die Notlage – vermutlich irgendeine Art von Schwierigkeit, in der David zum Herrn flehte – nicht konkret benannt. So ist der Psalm für jeden Christen nützlich, der Gott für seine Hilfe in irgendeiner Schwierigkeit danken will.
3. *Bitte.* Auch die Bitte ist in V. 3 enthalten. Gott wird dafür gepriesen, dass er mit Gnade auf Davids (ungenannte) Notlage reagierte.
4. *Befreiung.* Hier sind die V. 6 bis 7 besonders relevant. Die Tatsache, dass Gott seinen unwürdigen Bittsteller beachtete, ihn inmitten großer Not am Leben erhielt (vielleicht mehrmals, denn die Verben in V. 7 stehen in der Gegenwartsform) und ihn vor seinen „Feinden" rettete, dient uns als Hilfe, um auszudrücken, wie auch wir in der Vergangenheit Gottes treue Hilfe erfahren haben.
5. *Zeugnis.* In V. 4, 5 und 8 bezeugt David (und wir mit ihm) Gottes Güte. Gott ist so wohltätig, dass er sogar von den Großen dieser Erde Lob verdient (V. 4 und 5). Man kann auf Gott zählen und sich in der Gewissheit an Gott wenden, dass er seine Verheißungen erfüllt und seine Absichten ausführt. Seine Liebe hört niemals auf (V. 8).

Welch großartige Erwartungen ein Danklied wie Psalm 138 in uns weckt, wenn es um unsere Beziehung zu Gott geht! Wie nützlich kann es uns als Orientierung für unsere Gedanken und Gefühle sein, über die Treue nachzudenken, die Gott uns schon über Jahre hinweg erwiesen hat.

Wenn Sie die Inhalte anderer Arten von Psalmen erschließen möchten, die hier nicht anhand eines Beispiels erörtert wurden, sollten Sie einfach mehrere Psalmen eines bestimmten Typs lesen und selbstständig analysieren, welche gemeinsamen Merkmale sie enthalten. Am wichtigsten ist es zu erkennen, dass die Psalmen sich voneinander unterscheiden und dass eine weise Unterscheidung der einzelnen Arten auch zu einem weisen Gebrauch der Psalmen führen wird.

5. Eine besondere Anmerkung zu den „Fluchpsalmen“

Ein Grund dafür, dass die Psalmen Gottes Volk in allen Zeiten so stark angesprochen haben, liegt in der umfassenden Reichweite ihres sprachlichen Ausdrucks. Die ganze Vielfalt der menschlichen Gefühle, bis hin zu extremen Emotionen, ist darin enthalten. Wie traurig man auch sein mag, der Psalmist hilft dem Betrübten, seine Traurigkeit auszudrücken – wenn nötig mit Pathos (z. B. Psalm 69,7-20 oder Psalm 88,3-9). Und mag man noch so froh sein, der Psalmist hilft auch dem Begeisterten, seine Freude auszudrücken (z. B. Psalm 23,5-6; 98 oder 133). Die offensichtlich übertriebene Sprache (Hyperbel) ist an Ausdruckskraft kaum zu überbieten!

Nun sind natürlich weder Traurigkeit noch Fröhlichkeit Sünde. Aber Bitterkeit, Ärger und Hass können zu sündigen Gedanken oder Taten führen, wie zu dem Wunsch und sogar dem Versuch, anderen Schaden zuzufügen. Es ist sicherlich besser, Ärger verbal – also mit direkten Worten – auszudrücken, als ihn durch Gewalt abzureagieren. Teile bestimmter Psalmen helfen uns gerade dabei, und zwar mit einer zusätzlichen Dimension: Sie kanalisieren unseren Ärger mit Worten zu Gott, statt verbal und handgreiflich zum anderen. Solche Psalmen, die vor Gott Zorn über andere Menschen zum Ausdruck bringen, werden „Fluchpsalmen" genannt.

Warum sollten wir leugnen, dass wir manchmal zornig gegen andere Menschen sind? Durch die „Fluchpsalmen" lädt Gott uns ein, so mit unserem Ärger umzugehen, dass wir dabei nicht sündigen („Ereifert ihr euch, so sündigt nicht!"; Psalm 4,5, zitiert in Epheser 4,26). Wir müssen die neutestamentliche Lehre: „Die Sonne soll über eurem Zorn nicht untergehen. Gebt dem Teufel keinen Raum!" (Epheser 4,26-27) befolgen, indem wir Ärger direkt vor und durch Gott ausdrücken, statt uns an den Menschen rächen zu wollen, die uns Böses getan haben. Fluchpsalmen zügeln unseren Ärger und helfen uns, ihn (Gott gegenüber) zu verbalisieren, indem wir dieselben offensichtlichen und bewussten Übertreibungen benutzen, die uns von den anderen Arten von Psalmen her bekannt sind.

Die Fluchabschnitte der Psalmen sind fast ausschließlich in den Klageliedern zu finden. Psalm 3, den wir oben ausführlich beschrieben haben, enthält in V. 8 einen Fluch, der wie die meisten anderen Flüche in den Psalmen kurz ist und deshalb wahrscheinlich kaum Anstoß erregt. Manche Flüche sind jedoch ziemlich ausführlich und hart (Teile von Psalm 12, 35, 58, 59, 69, 70, 83, 109, 137 und 140). Betrachten Sie zum Beispiel Psalm 137,7-9:

7 Herr, vergiss den Söhnen Edoms nicht
den Tag von Jerusalem;
sie sagten: „Reißt nieder,
bis auf den Grund reißt es nieder!"
8 Tochter Babel, du Zerstörerin!
Wohl dem, der dir heimzahlt,
was du uns getan hast!
9 Wohl dem, der deine Kinder packt
und sie am Felsen zerschmettert!

Psalm 137 ist eine Klage über das Leid der Israeliten in der Gefangenschaft. Die Hauptstadt Jerusalem war zerstört worden, und ihr Land hatten die Babylonier mithilfe der Edomiter in Besitz genommen (vgl. das Buch Obadja), die sich begierig auf die Beute stürzten. Der Schreiber dieses Klageliedes beachtet Gottes Wort: „Die Rache ist mein, ich will vergelten" (5. Mose 32,35; Luther; vgl. Römer 12,19) und fordert das Gericht *gemäß den Flüchen des Bundes* (siehe Kapitel 10). In diesen Flüchen ist auch die Vernichtung der gesamten verdorbenen Gesellschaft, einschließlich der Familienmitglieder, vorgesehen (5. Mose 32,25; vgl. 5. Mose 28,53-57). Natürlich lehrt nichts in der Bibel, dass dieses *zeitliche* Gericht als Aussage über das *ewige* Schicksal solcher Familienmitglieder verstanden werden soll.

Der Verfasser berichtet Gott hier über die Gefühle der leidenden Israeliten und gebraucht dabei Übertreibungen derselben extremen Art, wie sie in den Bundesflüchen selbst zu finden sind. Die Tatsache, dass der Psalmist die Babylonier direkt anzureden scheint, ist einfach eine Auswirkung des Stils in diesem Psalm – in V. 5 spricht er auch Jerusalem direkt an. Gott ist der eigentliche Hörer dieser zornigen Worte (V. 7) und Gott sollte auch der Einzige sein, der unsere zornigen Worte zu hören bekommt. Wenn wir sie in ihrem Kontext als Teil des sprachlichen Ausdrucks der Klagelieder verstehen und richtig einsetzen, um unseren möglicherweise sündigen Ärger zu kanalisieren und unter Kontrolle zu halten, können uns die Fluchpsalmen wirklich davor bewahren, Zorn gegen andere Menschen zu hegen und zum Ausdruck zu bringen (Matthäus 5,22).

Die Fluchpsalmen widersprechen nicht der Lehre Jesu, dass wir unsere Feinde lieben sollen. Wir neigen zu Unrecht dazu, „Liebe" mit „warmen Gefühlen zu anderen Menschen" gleichzusetzen. Jesu Lehre definiert Liebe als aktives Handeln. Es kommt nicht so sehr darauf an, was man einer bestimmten Person gegenüber *fühlt*, sondern was man dieser Person gegenüber *tut*, um Liebe zu zeigen (Lukas 10,25-37). Das biblische Gebot fordert von uns, Liebe zu *praktizieren*, nicht Liebe zu *fühlen*. In diesem Zusammenhang helfen uns die Fluchpsalmen, wenn wir Ärger fühlen, nicht aus Ärger zu handeln. Wir können unseren Ärger ehrlich vor Gott ausdrücken –

auch wenn er uns noch so bitter und hasserfüllt erscheint – und es Gott überlassen, denjenigen Gerechtigkeit widerfahren zu lassen, die uns Böses angetan haben. Der Feind, der trotz unserer Nachsicht weiter Böses tut, hat wirklich große Schwierigkeiten zu erwarten (Römer 12,20). In ihrer eigentlichen Funktion sollen diese Psalmen uns also helfen, uns nicht „vom Bösen besiegen" zu lassen, sondern vom Ärger befreit zu werden, damit wir „das Böse durch das Gute" besiegen können (Römer 12,21).

Zum Schluss noch eine Anmerkung: Der Begriff „hassen" in den Psalmen wird oft falsch verstanden. Das entsprechende hebräische Wort bedeutet in gewissen Kontexten zwar „verachten", aber es kann auch die Bedeutung haben „nicht bereit oder nicht fähig zu sein, etwas hinzunehmen" oder „abweisen" (wie Gott Esau in Maleachi 1,3 abweist). Beide Bedeutungen sind Standarddefinitionen dieses Wortes im hebräischen Lexikon. Wenn der Psalmist also sagt: „Ich hasse sie mit glühendem Hass" (Psalm 139,22), bringt er mit stärkstem Nachdruck zum Ausdruck, wie bestürzt er ist und dass er nicht in der Lage ist, diejenigen gewähren zu lassen, die Gott hassen. Auch aufgrund dieses Befundes besteht also kein Anlass anzunehmen, die Sprache der Fluchpsalmen verletze die sonstige Lehre der Schrift, einschließlich Matthäus 5,22, oder sie öffne uns ein Hintertürchen, um jemanden zu hassen.

6. Einige abschließende hermeneutische Beobachtungen

Da Christen sich schon seit Generationen in Zeiten der Not, Verwirrung oder Freude fast instinktiv den Psalmen zuwenden, zögern wir, an dieser Stelle eine „Hermeneutik" der Psalmen anzubieten, damit wir ihnen nicht irgendwie den Schwung nehmen. Einige Beobachtungen sind jedoch angebracht – und hoffentlich helfen sie uns, die Psalmen mit noch größerer Freude zu lesen, zu singen oder zu beten.

Erstens sollten wir beachten, dass diese „instinktive" Reaktion der Christen, auf die wir eben anspielten, die grundlegende Antwort auf die Frage darstellt, mit der wir dieses Kapitel begonnen haben: Wie erhalten diese Worte, die *zu* Gott gesprochen wurden, die Funktion eines Wortes *von* Gott an uns? Die Antwort? Genauso wie sie diese Funktion ursprünglich auch für Israel erfüllten – als Gelegenheiten, uns Gott gegenüber mithilfe von Worten auszudrücken, zu denen er in vergangener Zeit andere inspirierte.

Drei wesentliche Nutzen der Psalmen

Aus der Verwendung der Psalmen im alten Israel und in der Gemeinde des Neuen Testaments sind drei wichtige Möglichkeiten abzuleiten, wie Christen die Psalmen benutzen können.

Erstens können die Psalmen als Orientierung für die Anbetung dienen. Deshalb kann der Anbeter, der Gott preisen, ihn um etwas bitten oder sich an seine Wohltaten erinnern will, die Psalmen als formale Hilfe für das Ausdrücken seiner Gedanken und Gefühle benutzen. Ein Psalm ist eine sorgfältig verfasste literarische Komposition von Worten, die dazu bestimmt sind, ausgesprochen zu werden. Wenn ein Psalm ein Thema berührt, das wir vor dem Herrn artikulieren wollen, kann er uns helfen, unser Anliegen zu formulieren, auch wenn wir selbst Schwierigkeiten haben, die richtigen Worte zu finden.

Zweitens zeigen uns die Psalmen, wie wir vor Gott aufrichtig sein können – wie wir offen und ehrlich Freude, Enttäuschung, Ärger oder andere Emotionen ausdrücken können. In dieser Hinsicht geht es weniger um lehrmäßige Informationen, sondern die Psalmen zeigen uns durch ihr Beispiel, wie wir auch unsere heftigsten Empfindungen in einer Art und Weise ausdrücken können, die vor Gott bestehen kann.

Drittens zeigen die Psalmen, wie wichtig es ist, über das nachzuden-

ken und zu meditieren, was Gott für uns getan hat. Sie laden uns zum Gebet ein, zu bewusst gesteuertem Nachdenken und Diskutieren über Gottes Wort (das ist es, was Meditation eigentlich bedeutet) und zu umsichtiger Gemeinschaft mit anderen Gläubigen. Das zu tun hilft uns, ein Leben zu entwickeln, das von Reinheit und Liebe geprägt ist. Die Psalmen versetzen uns wie keine andere Literatur auf eine Ebene, von der aus wir zu Gott reden können. Sie vermitteln uns ein Empfinden für die Größe seines Reiches und für die Herrlichkeit eines Lebens mit unserem himmlischen Vater in der Ewigkeit. Selbst in den schlimmsten Augenblicken, wenn das Leben fast unerträglich wird, ist Gott mit uns. „Aus der Tiefe" (Psalm 130,1) warten wir auf die Hilfe des Herrn, weil wir wissen, dass wir Gott unabhängig davon vertrauen können, was unsere Gefühle sagen. Wer zu Gott um Hilfe schreit, verleugnet Gottes Treue nicht, sondern bestätigt sie.

Eine Warnung

Wir schließen dieses Kapitel mit einer sehr wichtigen Warnung: *Die Psalmen garantieren uns kein angenehmes Leben.* Es ist ein Missverständnis – ein zu wörtliches Verständnis –, wenn man aus der Sprache einiger Psalmen ableitet, dass Gott seinen Gläubigen ein glückliches und sorgenfreies Leben verspricht. David, der Gottes Segen im Buch der Psalmen besonders überschwänglich beschreibt, führte ein Leben voller Schicksalsschläge und Enttäuschungen, wie es in 1. und 2. Samuel beschrieben wird. Dennoch preist er Gott und dankt ihm immer wieder begeistert, selbst in den Klageliedern. Und genau diese Haltung der Dankbarkeit inmitten schwerer Zeiten ist es, zu der uns auch Paulus rät (Kolosser 1,12; 2,7; 3,17). Unser himmlischer Vater verdient Lob für seine Größe und Güte, trotz und inmitten aller Widrigkeiten. In diesem Leben gibt es keine Gewissheit, ein sorgenfreies Dasein führen zu können.

12
Weisheit – damals und heute

Die hebräische Weisheitsliteratur ist ein Genre, mit dem die meisten heutigen Christen nicht vertraut sind. Obwohl ein beachtlicher Teil des Alten Testaments den Weisheitsschriften gewidmet ist, werden solche Texte von heutigen Gläubigen manchmal missverstanden oder falsch angewendet, sodass diese Schriften nicht den Nutzen bringen, den Gott damit beabsichtigt hat. Richtig verstanden und angewendet ist die Weisheitsliteratur eine wertvolle Hilfe für das christliche Leben. Durch Missbrauch kann sie dagegen zur Grundlage eines selbstsüchtigen, materialistischen, kurzsichtigen Verhaltens werden – genau das Gegenteil dessen, was in Gottes Absicht lag.

Drei alttestamentliche Bücher werden unter die Kategorie „Weisheit“ eingeordnet: Sprüche, Hiob und Prediger. Und wie schon im vorigen Kapitel erwähnt, werden auch einige Psalmen oft dieser Kategorie zugeordnet. Auch das Hohelied (manchmal auch „Lied Salomos“ genannt) lässt sich in die Kategorie der Weisheitsliteratur einordnen, wie wir später noch erörtern werden. Nicht alles in diesen Büchern beschäftigt sich mit Weisheit im engeren Sinn. Dennoch enthalten sie im Allgemeinen Texte, die als Weisheitsliteratur zu bezeichnen sind.

1. Das Wesen der Weisheitsliteratur

Was ist eigentlich Weisheit im Sinne der Bibel? Eine kurze Definition lautet: „Weisheit ist die Fähigkeit, im Leben Entscheidungen nach dem Willen Gottes zu treffen." Man erreicht dieses Ziel, indem man Gottes Wahrheit auf das eigene Leben anwendet, damit die eigenen Entscheidungen wirklich seinem Willen entsprechen. Das klingt ziemlich vernünftig und nicht wie etwas, das Christen verwirren könnte. Probleme entstehen jedoch, wenn die alttestamentlichen Weisheitsschriften missverstanden und damit auch falsch angewendet werden. In solchen Fällen treffen Menschen oft Entscheidungen, die nicht mit Gottes Willen übereinstimmen. Dieses Kapitel soll Ihnen helfen, Ihr Verständnis dieser Schriften und ihrer Anwendung zu vertiefen. Dazu beginnen wir mit einigen häufigen Missbräuchen – wie man diese Literatur nicht lesen und anwenden soll.

Missbrauch der Weisheitsliteratur

Die Weisheitsbücher wurden traditionell auf dreifache Weise missbraucht:

1. Oft werden diese Bücher nur in Auszügen gelesen. Dabei übersieht man, dass es eine Gesamtbotschaft gibt, die vom inspirierten Autor beabsichtigt wurde. Aus dem Kontext gerissene Bruchstücke der Weisheitsliteratur können wirklich tiefsinnig klingen und praktisch erscheinen, führen aber leicht zu falschen Anwendungen. Nehmen wir zum Beispiel die Aussage in Prediger, dass es „eine Zeit zum Gebären und eine Zeit zum Sterben" gibt (3,2). Dieser Vers ist Teil eines lyrischen Gedichts und gehört in den Kontext der Vergänglichkeit und Flüchtigkeit des Lebens; er handelt davon, wie Ebbe und Flut im menschlichen Leben und Handeln von Gott bestimmt werden und sich damit der Kontrolle des Menschen entziehen – da alle sterben, wenn ihre „Zeit" gekommen ist, ob sie nun gut oder

schlecht gelebt haben. Manche Christen haben leider aus dieser sehr menschlichen Beobachtung die Lehre abgeleitet, dass Gott unsere Lebensdauer individuell für uns festlegt; im Kontext entspricht das jedoch absolut nicht der Lehre, die der Autor vermitteln wollte.

2. Gewisse Begriffe und Kategorien sowie bestimmte Stile und literarische Formen der hebräischen Weisheit werden oft missverstanden. Auch das kann zu Missbräuchen führen. Betrachten Sie zum Beispiel diese Stelle aus Sprüche: „Geh weg von dem Toren, denn du lernst nichts von ihm“ (14,7; LUT). Was soll ein heutiger Christ damit tun? Soll ein Nachfolger Jesu sich demnach von geistig Behinderten, Ungebildeten oder psychisch Kranken fernhalten? Ganz sicher nicht! Das würde tatsächlich moderne Toren aus uns machen! Doch in den Sprüchen ist mit „töricht“ im Grunde jemand gemeint, den wir heute als „ungläubig“ bezeichnen würden – jemand, der nach seinen selbstsüchtigen und hemmungslosen Launen lebt und keine Autorität über sich anerkennt. Und das „Weggehen“ ist unlösbar mit dem Zweck verbunden („denn du lernst nichts“). Mit anderen Worten lehrt dieses Sprichwort, dass man Weisheit nicht bei einem „Toren“ suchen sollte – einem Menschen, der getrennt von Gott lebt (Psalm 14,1; 53,2).

3. Besonders bei Weisheitsreden wie im Buch Hiob verstehen Christen oft nicht, worum es in dem Buch überhaupt geht, und versäumen es deshalb auch, den Argumentationsverlauf zu berücksichtigen. Infolgedessen zitieren sie als biblische Wahrheit, was von dem großartigen Autoren als falsche Lebensauffassung gemeint war. Betrachten Sie zum Beispiel diese Worte, in diesem Fall von einem der sogenannten „Tröster“ Hiobs: „Der Frevler bebt in Ängsten all seine Tage, die Zahl der Jahre ist dem Tyrannen verborgen“ (15,20). Würden Sie diese Aussage als inspirierte Lehre darüber auffassen, dass schlechte Menschen nicht glücklich sein können? Hiob tat das nicht! Er widersprach entschieden. Diese Worte gehören zu den Reden des selbst ernannten „Trösters“ Elifas, der Hiob zu überzeugen versucht, dass seine vielen Leiden die direkte Folge irgendeiner Bosheit von ihm seien. Später bestätigt Gott die Worte Hiobs und verurteilt die Worte Elifas’ (42,7-8). Wenn man aber nicht die gesamte

Argumentation verfolgt, wird man das nicht wissen und deshalb das, was dieser „Tröster“ irrtümlich als zutreffend für Hiob gehalten hat, vielleicht sowohl missverstehen als auch falsch anwenden.

In diesem Kapitel werden wir zuerst erörtern, was Weisheitsliteratur ist und was sie nicht ist, und dann einige nützliche Beobachtungen darüber anfügen, wie diese Bücher unter Berücksichtigung ihrer besonderen Merkmale verstanden und angewendet werden müssen. Das Buch der Sprüche soll die meiste Aufmerksamkeit erhalten, weil dieses Buch unserer Erfahrung nach am häufigsten benutzt und deshalb auch am häufigsten missbraucht wird. Wir haben die Erfahrung gemacht, dass viele Christen heute tatsächlich die Lektüre der Bücher Hiob oder auch Prediger vermeiden.

Wer ist weise?

Wir haben damit begonnen, Weisheit als die Fähigkeit zu definieren, im Leben Entscheidungen nach dem Willen Gottes zu treffen. Es gibt dabei also eine persönliche Komponente. Weisheit ist nichts Theoretisches und Abstraktes – sie existiert nur, wenn ein *Mensch* bei den vielen Entscheidungen, die das Leben von ihm verlangt, der Wahrheit entsprechend denkt und handelt. Das Alte Testament bestätigt deshalb, dass manche Menschen mehr Weisheit haben als andere und dass manche Menschen sich so konsequent darum bemüht haben, Weisheit zu erlangen, dass sie selbst als „Weise“ (hebräisch *ḥākām)* bezeichnet werden können. Weise Menschen waren sehr praktisch orientiert und beschränkten sich nicht nur auf die Theorie. Solche Menschen waren daran interessiert, Pläne so zu formulieren – das heißt solche Entscheidungen zu treffen –, dass die von Gott gewünschten Resultate in ihrem Leben begünstigt wurden.

Die gesamte Entwicklung unseres Lebens lässt sich sehr real als Folge von Entscheidungen betrachten. Tatsächlich hängt fast alles, was wir tun, in gewissem Maß von Entscheidungen ab. Wann wir morgens aufstehen, was wir zuerst erledigen, wo wir arbeiten, mit wem wir reden, wie wir mit anderen Menschen reden, was wir erreichen wollen, wann wir mit etwas anfangen und aufhören, was wir essen, was wir anziehen, wessen Gesellschaft wir suchen, wohin wir gehen, mit wem wir dorthin gehen – alle diese Handlungsweisen sind das Ergebnis einer Entscheidung. Manche dieser Entscheidungen werden spontan getroffen (zum Beispiel, was wir zu Mittag essen), während andere vielleicht schon vor langer Zeit getroffen wurden und nicht täglich wiederholt werden müssen (wo wir leben, wen wir heiraten, welche Art von Arbeit wir verrichten). Andere Entscheidungen können die Folge von Gottes Wahl statt unserer eigenen sein (1. Mose 45,8), während wieder andere nur zum Teil nach unserem Belieben getroffen wurden (Sprüche 16,33). Nichtsdestoweniger steuern Entscheidungen den Verlauf unseres Lebens.

Die Menschen des Altertums wussten das und deshalb gab es in den meisten Kulturen jener Zeit viel Weisheitsliteratur. Auch in der nicht-israelitischen Weisheitsliteratur gab es das Ziel, die besten Entscheidungen zu treffen, um ein möglichst gutes Leben zu erreichen. In der inspirierten biblischen Weisheit kam aber der entscheidende Aspekt hinzu, dass nur Entscheidungen nach dem Willen Gottes gute Entscheidungen sind. Aus der Perspektive eines gläubigen Israeliten galt daher: „Die *Furcht des Herrn* ist der Anfang der Weisheit" (Sprüche 9,10; Psalm 111,10; Hervorhebung des Autors), was natürlich nicht meint, sich vor Gott zu „fürchten", sondern Gott voller Ehrfurcht und Staunen zu sehen und so vor ihn zu treten. Wie soll man denn auch nach dem Willen Gottes entscheiden, wenn man nicht an ihn glaubt und ihm nicht gehorcht? Der allererste Schritt zur biblischen Weisheit besteht also darin, Gott zu kennen – nicht abstrakt oder theoretisch, sondern im konkreten Sinn der Lebenshingabe an Gott. Damit bekommt unser Leben die richtige allgemeine Ausrichtung, und indem wir spezifische Richtlinien und Perspektiven erlernen, wie wir Entscheidungen nach dem Willen Gottes treffen können, wird auch eine gezielte Ausrichtung auf eine weise Art der Lebensführung folgen.

Weisheit, wie die Bibel sie definiert (hebräisch *ḥokmāh),* ist also keine Frage des IQ. Es geht nicht um Cleverness und rasche Auffassungsgabe oder Ausdrucksfähigkeit oder selbst Alter, auch wenn persönliche Erfahrungen ein wertvoller Lehrmeister sind, sofern sie im Licht der offenbarten Wahrheit beurteilt werden. Es ist vielmehr die Ausrichtung auf Gott, aus der wir fähig werden, Gott, unserem himmlischen Vater, zu gefallen. Deshalb sagt Jakobus im Neuen Testament, dass Gott denen Weisheit gibt, die ihn darum bitten (1,5). Das ist ein Versprechen, nicht dass wir durch Gebet schlauer werden, sondern dass Gott uns helfen wird, unsere Entscheidungen besser an seinem Willen auszurichten, wenn wir ihn darum bitten. Jakobus definiert die Art der Weisheit, die Gott gibt (Jakobus 3,13-18), und stellt sie dann in Gegensatz zur weltlichen Weisheit, durch die Menschen herauszufinden versuchen, wie sie anderen voraus sein können.

Eine verantwortliche, erfolgreiche Lebensführung war das Ziel. Manchmal wurde Weisheit auf technische Dinge wie Architektur (Bezalel, der Baumeister der Stiftshütte, wird in 2. Mose 31,3 als „weise" bezeichnet) oder Navigation (Hesekiel 27,8-9) bezogen. Weisheit wurde auch von Menschen erstrebt, die durch ihre Entscheidungen das Wohlergehen anderer beeinflussten. Von Führern des Volkes wie Josua (5. Mose 34,9), David (2. Samuel 14,20) und Salomo (1. Könige 3,9 u. a.) wird gesagt, dass sie von Gott Weisheit bekamen, um ihre Herrschaft effektiv und erfolgreich ausüben zu können. An die persönliche Komponente der Fähigkeit zur Weisheit erinnert uns auch die Tatsache, dass das menschliche Herz als Brennpunkt der Weisheit bezeichnet wird (vgl. 1. Könige 3,9.12). Das „Herz" bezieht sich im Alten Testament auf die moralischen und willensbezogenen sowie die intellektuellen Fähigkeiten.

Weisheitsliteratur konzentriert sich also auf Menschen und ihr Verhalten – wie erfolgreich sie Entscheidungen nach dem Willen Gottes treffen und ob sie lernen, Gottes Wahrheit auf ihre Erfahrungen anzuwenden oder nicht. Es geht weniger darum zu lernen, wie man weise *ist*, sondern wie man weise *wird*. Jeder, der Gottes Wahrheit täglich anzuwenden und aus eigenen Erfahrungen zu lernen versucht, kann mit der Zeit weise werden. Doch liegt eine große Gefahr darin, Weisheit nur zum eigenen Vorteil zu suchen oder Gott dabei nicht über alles zu stellen. „Weh denen, die in ihren eigenen

Augen weise sind" (Jesaja 5,21). Außerdem überragt Gottes Weisheit die menschliche Weisheit immer bei Weitem (Jesaja 29,13-14; vgl. 1. Korinther 1,18–2,5).

Lehrer der Weisheit

Im alten Israel trachteten manche Menschen nicht nur danach, selbst Weisheit zu erlangen, sondern auch andere Menschen Weisheit zu lehren. Diese Weisheitslehrer wurden einfach nur „weise Männer" (1. Chronik 27,32; Prediger 2,16) oder „weise Frauen" (2. Samuel 20,16; Sprüche 14,1) genannt, obwohl sie mit der Zeit eine ähnliche Stellung innerhalb der israelitischen Gesellschaft einnahmen wie ein Priester oder ein Prophet (Jeremia 18,18). Diese besondere Klasse weiser Männer und Frauen gab es schon zu Beginn des Königtums in Israel (um 1000 v. Chr.; vgl. 2. Samuel 14,2). Sie dienten als Lehrer und Berater für diejenigen, die ihre Weisheit in Anspruch nahmen. Manche wurden von Gott inspiriert, beim Schreiben einiger Teile des Alten Testaments zu helfen.

Wir können auch feststellen, dass der Weise zu einer Art Ersatzvater für denjenigen wurde, der seine Weisheit suchte. Schon vor dem Exodus wurde Josef von Gott in diesem Sinn zum „Vater" des Pharaos gemacht (1. Mose 45,8) und später wurde die Prophetin Debora „Mutter in Israel" genannt (Richter 5,7). So kommt es, dass der Weisheitslehrer seinen Schüler im Buch der Sprüche oft mit „mein Kind" anredet („mein Sohn" ist nicht die beste Übersetzung). Kinder wurden von ihren Eltern zu solchen Weisheitslehrern geschickt, um weise Einstellungen und einen weisen Lebenswandel zu erlernen, und wurden von ihren Lehrern wie ihre eigenen Kinder behandelt.

Weisheit zu Hause

Weisheit wurde aber schon immer zu Hause mehr gelehrt als in jeder anderen Umgebung. Auch heute bringen Eltern ihren Kindern fast jeden Tag alle möglichen Arten von Weisheit bei, ohne sich dessen unbedingt bewusst zu sein, indem sie versuchen, ihnen zu den richtigen Entscheidungen für ihr Leben zu verhelfen. Immer wenn Eltern einem Kind Regeln für sein Leben mitgeben – von „Spiel nicht auf der Straße“ über „Suche dir gute Freunde“ bis zu „Denk dran, dich warm genug anzuziehen“ – lehren sie eigentlich Weisheit. Die meisten Eltern möchten, dass ihre Kinder glücklich, selbstständig und für andere nützlich leben. Gute Eltern nehmen sich Zeit, um das Verhalten ihrer Kinder in dieser Richtung zu formen und regelmäßig mit ihnen darüber zu reden, wie sie sich verhalten sollen. Besonders in den Sprüchen werden solche praktischen Ratschläge vermittelt. Sie werden jedoch immer der Weisheit Gottes untergeordnet, wie es auch christliche Eltern tun sollten. Ein Rat kann sehr praktisch und auf weltliche Dinge bezogen sein, sollte jedoch nie versäumen anzuerkennen, dass das höchste Ziel darin liegt, den Willen Gottes zu tun.

Weisheit unter Kollegen

Eine andere Möglichkeit, wie Menschen ihre Fähigkeit erweitern, die richtigen Entscheidungen im Leben zu treffen, geschieht durch Diskussion und Debatte. Diese Art von Weisheit wird manchmal durch eine längere Abhandlung vermittelt, entweder in einem Monolog, der von anderen gelesen und überdacht werden soll (z. B. Prediger) oder in einem Dialog zwischen mehreren Personen, die ihre Meinungen über die Wahrheit und das Leben austauschen (z. B. Hiob). Die Art der Weisheit, die im Buch der Sprüche vorherrscht, wird Spruchweisheit genannt, während die Weisheit in „Prediger“ und „Hiob“ gewöhnlich als theoretische bezeichnet wird. Die Art der Weisheit im Hohenlied lässt sich als lyrische Weisheit bezeichnen. Darauf werden wir später noch ausführlicher eingehen. Im Augenblick sollten Sie nur festhalten, dass auch die sogenannte theoretische Weisheit höchst praxisorientiert und empirisch (auf Erfahrung gegründet) ist und sich nicht auf reine Theorie beschränkt.

Weisheit durch Dichtung ausgedrückt

Schüler und Lehrer benutzten zur Zeit des Alten Testaments eine Vielfalt literarischer Techniken, um sich ihre Weisheit leichter einprägen zu können. Als Gott die Weisheitsliteratur der Bibel inspirierte, benutzte er ebenfalls solche Techniken, damit sie leicht zu erlernen und gut im Gedächtnis zu behalten war. Wie in den beiden vorhergehenden Kapiteln schon erwähnt, lässt sich poetische Dichtung aufgrund ihrer sorgfältigen Formulierungen, Kadenzen und stilistischen Eigenschaften leichter auswendig lernen als Prosa und wurde deshalb auch zum Medium der alttestamentlichen Weisheit. Die Bücher Sprüche, Prediger, Hiob und Hohelied sowie die Weisheitspsalmen und andere Weisheitsliteratur im Alten Testament sind überwiegend in poetischer Form verfasst. Zu den benutzten Techniken gehören Parallelismen (siehe S. 232–233), seien es synonyme (z.B. Sprüche 7,4), antithetische (Sprüche 10,1) oder „formale" Parallelismen (Sprüche 21,16), Akrosticha (Sprüche 31,10-31), Alliterationen (Prediger 3,1-8), numerische Reihenfolgen (Sprüche 30,15-31) und zahllose Vergleiche (wie Similes und Metaphern, z.B. in Hiob 32,19 oder Hohelied 4,1-6). Formale Gleichnisse, Allegorien, Rätsel und andere poetische Techniken sind ebenfalls in der Weisheitsliteratur zu finden.

Die Grenzen der Weisheit

Es ist wichtig zu berücksichtigen, dass nicht alle Weisheit der damaligen Welt gottesfürchtig oder orthodox war. Überall im Nahen Osten des Altertums gab es eine Klasse weiser Lehrer und Schriftgelehrter, die oft vom Königshaus unterstützt wurden und die Aufgabe hatten, Weisheitssprüche und -reden zu sammeln, zu verfassen und zu verfeinern. Vieles davon erinnert allgemein an die Weisheitsschriften des Alten Testaments, obwohl die klare Betonung fehlt, dass der Herr der Ursprung der Weisheit ist (Sprüche 2,5-6) und dass es darum geht, ihm zu gefallen (Sprüche 3,7).

Außerdem behandelt die Weisheitsliteratur nicht alle Aspekte des Lebens. Sie ist sehr praxisorientiert und berührt daher nicht so sehr die theologischen oder historischen Fragen, die an anderer Stelle in der Bibel so wichtig sind. Außerdem garantieren Fähigkeiten im Bereich der Weisheit noch nicht, dass man sie auch richtig anwendet. Jonadabs weiser Rat an Amnon (2. Samuel 13,3-5) endete mit einem schlechten Ergebnis, und Salomos große Weisheit (1. Könige 3,12 und 5,9-14) verhalf ihm zwar zu großem Reichtum und Macht, konnte ihn aber nicht davor bewahren, sich in seinen späteren Jahren von der Treue zum Herrn abzuwenden (1. Könige 11,4). Erst wenn die Weisheit als Befähigung dem Gehorsam gegen Gott untergeordnet wird, erreicht sie ihr eigentliches Ziel im alttestamentlichen Sinn.

2. Weisheit in den Sprüchen

Das Buch der Sprüche ist eine sehr ergiebige Fundstelle für praktische Weisheit – in Form von einprägsamen Aphorismen (Maximen), die man als Hilfe benutzen kann, um verantwortliche Entscheidungen zu treffen. Im Gegensatz zu den Büchern Prediger und Hiob, in denen *theoretische* Weisheit als Ringen mit den großen Fragen des Lebens verwendet wird, konzentriert sich die Spruchweisheit vor allem auf *praktische Einstellungen und Verhaltensweisen im Alltag*. Verallgemeinernd kann man sagen, dass die Sprüche „altmodische Grundwerte“ vermitteln. Gute Eltern wollen nicht, dass ihr Kind unglücklich, enttäuscht, einsam, sozial ausgegrenzt, im Konflikt mit dem Gesetz, unmoralisch, ungeschickt oder zerrüttet aufwächst. Es ist weder selbstsüchtig noch unrealistisch, wenn Eltern für ihr Kind ein vernünftiges Maß an Erfolg im Leben wünschen – einschließlich gesellschaftlicher Annahme, moralischer Integrität und Freiheit von Mangel. Das Buch der Sprüche bietet eine Sammlung prägnanter Ratschläge, die genau das tun. Natürlich gibt es keine Garantie, dass im Leben eines jungen Menschen immer alles gut verlaufen wird. Was in den Sprüchen wirklich gesagt wird, ist, dass es unter gleichen Bedingungen grundlegende Einstellungen und Verhaltensweisen *gibt*, die einem jungen Menschen helfen, zu einem verantwortlichen Erwachsenen heranzureifen.

Die Sprüche zeichnen gewöhnlich einen scharfen Kontrast zwischen der Wahl eines weisen oder eines törichten Lebens. Was sind die Kennzeichen eines törichten Lebens? Dinge wie Gewaltverbrechen (1,10-19; 4,14-19), achtlose Versprechen oder Schwüre (6,1-5), Faulheit (6,6-11), böswillige Unehrlichkeit (6,12-15) und sexuelle Unreinheit, die in besonderem Maß von Gott verabscheut wird und ein integres Leben beeinträchtigt (2,16-19; 5,3-20; 6,23-35; 7,4-27; 9,13-18; 23,26-28). Die Sprüche ermahnen nicht nur dazu, für ein Leben in Weisheit das Gegenteil solcher negativen Verhaltensweisen zu praktizieren, sondern empfehlen auch positive Dinge wie Hilfe für die Armen (22,22; 28,27), Respekt gegenüber Regierungen (23,1-3; 24,21-22), die Wichtigkeit von Bestrafungen in der Kindererziehung (23,13-14), Mäßigung im Umgang mit alkoholischen Getränken (23,19-21.29-35) und das Hören auf die eigenen Eltern (23,22-25).

Eine speziell religiöse Sprache findet man in den Sprüchen selten; sie ist zwar vorhanden (z. B. 1,7; 3,5-12; 15,3.8-9.11; 16,1-9; 22,9.23; 24,18.21 u. a.), steht aber nicht im Vordergrund. Nicht alles im Leben muss streng *religiös* sein, um Gottesfurcht zu beweisen. Die Sprüche können sogar als Korrektiv gegen die extreme Neigung dienen, alles spirituell zu überhöhen, als ob mit der materiellen, physischen Welt grundsätzlich etwas nicht in Ordnung wäre, so als hätte Gott gesehen, dass die Welt schlecht und nicht gut war, als er seine Schöpfung das erste Mal betrachtete.

Verwendung und Missbrauch von Sprüchen

Das hebräische Wort für Sprüche heißt *meshallim* und heißt in etwa „Sprachfiguren", „Gleichnisse" oder „kunstvolle Aussprüche". Sprichwörter – wie sie im Titel der Einheitsübersetzung zutreffend genannt werden – sind eine *kurze, spezielle* Formulierung einer Wahrheit. Je kürzer eine Formulierung ist, desto geringer wird die Wahrscheinlichkeit, dass sie völlig präzise und universal anwendbar ist. Wir wissen, dass lange, hoch qualifizierte, ausgefeilte und detaillierte Feststellungen oft nicht nur schwer verständlich, sondern auch schwer zu behalten sind. Die Sprüche nun sind sehr griffig formuliert, sodass sie besonders einprägsam sind. Im Hebräischen haben viele Sprüche sogar einen gewissen Rhythmus, eine Klangwiederholung oder bestimmte Eigenschaften des Vokabulars, sodass sie besonders einfach zu lernen sind.

Denken Sie an die deutschen Sprichwörter „Gleich und gleich gesellt sich gern" und „Was du heute kannst besorgen, das verschiebe nicht auf morgen". Die vierfache Wiederholung des Anfangsbuchstabens „g" im ersten und der Rhythmus und Reim im zweiten Beispiel machen diese Sprichwörter einprägsam. Man vergisst sie nicht so schnell wie die Aussagen: „Menschen, die einander ähnlich sind, freunden sich eher an und kommen leichter miteinander aus" und: „Wenn man Dinge aufschiebt, die man erledigen muss, macht man sich die Sache nur schwerer." Diese Formulierungen sind zwar genauer, aber ihnen fehlt die Griffigkeit und Effektivität der bekannten Sprichwörter, ganz zu schweigen von der Tatsache, dass sie sich viel schwerer auswendig lernen lassen. „Was du heute kannst besorgen, das verschiebe nicht auf morgen" ist eine verkürzte, ungenaue Aussage, die leicht falsch oder einseitig verstanden werden könnte. Hier wird nicht gesagt, um welche Art von Erledigungen es geht oder welche negativen Folgen das Aufschieben haben kann. Und die Zeitangaben „heute" und „morgen" sind nicht einmal wörtlich zu verstehen!

Ähnlich ist es bei den hebräischen Sprüchen. Sie müssen nach den Gesetzen der Vernunft und nach ihrer besonderen Eigenart verstanden werden. Ein Spruch nennt eine Wahrheit nicht in allen Einzelheiten, sondern *deutet auf sie hin*. Wörtlich genommen ist er eigentlich eher ungenau. Doch als einprägsame Richtlinien zur Förderung bestimmter Verhaltensweisen ist er unübertrefflich. Betrachten Sie Sprüche 6,27-29:

> Trägt man denn Feuer in seinem Gewand,
> ohne dass die Kleider in Brand geraten?
> Kann man über glühende Kohlen schreiten,
> ohne sich die Füße zu verbrennen?
> So ist es mit dem, der zur Frau seines Nächsten geht.
> Keiner bleibt ungestraft, der sie berührt.

Der letzte Vers könnte leicht zu einer falschen Anwendung führen, wenn man ihn vom Kontext isoliert: „Was ist denn, wenn jemand zufällig die Frau eines anderen Mannes berührt – wird er dann bestraft werden?“ Oder: „Was ist mit Leuten, die Ehebruch begehen und ungestraft davonkommen?“ Aber solche „Interpretationen“ gehen am eigentlichen Sinn vorbei. Erstens bildet der letzte Vers den Abschluss eines Parallelismus, bei dem die zweite Zeile im Licht der ersten zu verstehen ist (siehe S. 279). Zweitens verwenden die Sprüche meist eine *bildhafte* Sprache, sodass sie Dinge eher *suggerieren* (andeuten), als sie im Detail auszudrücken. Das Wort „berührt“ in diesem Vers ist eindeutig ein Euphemismus für sexuelle Beziehungen (vgl. 1. Mose 20,6; 1. Korinther 7,1; siehe S. 55). Der entscheidende Punkt, den man aus dem gesamten Spruch entnehmen sollte, lautet, dass Ehebruch einem Spiel mit dem Feuer gleicht. Gott wird dafür sorgen, dass ein Ehebrecher bzw. eine Ehebrecherin früher oder später, in diesem Leben oder im nächsten, unter den Folgen seiner bzw. ihrer Taten leiden wird. Diesen Spruch anders aufzufassen würde bedeuten, die vom Heiligen Geist inspirierte Botschaft zu verzerren. Ein Spruch sollte also weder zu wörtlich noch zu universal verstanden werden, wenn er hilfreich sein soll.

Betrachten Sie als weiteres Beispiel Sprüche 9,13-18:

Frau Torheit fiebert nach Verführung;
das ist alles, was sie versteht.
Sie sitzt vor der Tür ihres Hauses
auf einem Sessel bei der Stadtburg,
um die Vorübergehenden einzuladen,
die geradeaus ihre Pfade gehen:
Wer unerfahren ist, kehre hier ein.
Zum Unwissenden sagt sie:
Süß ist gestohlenes Wasser,
heimlich entwendetes Brot schmeckt lecker.
Und er weiß nicht, dass Totengeister dort hausen,
dass ihre Gäste in den Tiefen der Unterwelt sind.

Dieser prägnante Spruch enthält in wenigen Versen eine vollständige Allegorie (eine Geschichte, die durch einen impliziten Vergleich auf etwas anderes verweist). Hier wird die Torheit – das Gegenteil eines weisen Lebens – als Prostituierte personifiziert, die Vorübergehende in ihr Haus zu locken versucht. Der Tor zeichnet sich durch seine Faszination für verbotene Vergnügungen aus (V. 17). Aber das Endergebnis eines törichten Lebens ist nicht langes Leben, Erfolg oder Glück, sondern Tod. „Meide die Torheit" lautet die Botschaft dieser kurzen Allegorie. „Lass dich nicht irreführen! Gehe an solchen Versuchungen [die in anderen Sprüchen vielfältig beschrieben werden] einfach vorbei, auch wenn die Torheit sie noch so attraktiv erscheinen lässt!" Ein weiser, nach Gottes Willen lebender, moralischer Mensch wird ein Leben führen, das frei von der Selbstsucht der Torheit ist. Sprüche wie dieser sind in gewisser Hinsicht Gleichnissen ähnlich, weil sie ihre Wahrheit symbolisch darstellen.

Ein weiteres Beispiel findet sich ein wenig später; es ist ein sehr bekanntes und oft zitiertes Sprichwort:

Befiehl dem Herrn dein Tun an,
so werden deine Pläne gelingen.

Sprüche 16,3

Sprüche dieser Art werden besonders häufig falsch interpretiert. Wer nicht erkennt, dass Sprüche eher ungenaue Feststellungen sind, die in bildhafter Weise auf eine bestimmte Wahrheit hinweisen, nimmt an, dass es sich hier um eine direkte, klar umrissene, pauschal anwendbare Verheißung Gottes handelt – dass Pläne gelingen *müssen*, wenn man sie Gott anbefiehlt. Menschen, die so argumentieren, können natürlich nur allzu oft enttäuscht werden. Sie vertrauen Gott vielleicht ein völlig egoistisches oder idiotisches Vorhaben an, und wenn es dann – vielleicht nur für kurze Zeit – gelingt, nehmen sie an, Gott habe es gesegnet. Eine übereilte Heirat, eine vorschnelle Geschäftsentscheidung, eine schlecht fundierte Berufswahl – das alles kann Gott anbefohlen werden, aber schließlich unglücklich ausgehen. Oder jemand befiehlt Gott einen Plan an, der anschließend scheitert, und fragt sich dann, warum Gott sein Versprechen nicht erfüllt und sein inspiriertes Wort nicht gehalten hat. In beiden Fällen wurde übersehen, dass ein Sprichwort keine kategorische, pauschal anwendbare, felsenfeste Zusage ist, sondern eine eher allgemeine Wahrheit; es lehrt, dass ein Leben der Hingabe an Gott und seinen Willen *nach Gottes Maßstäben des Erfolgs* gelingen wird. In den Augen der Welt, die unter Erfolg etwas ganz anderes versteht, könnte das Ergebnis genau das Gegenteil sein. Das zeigt uns die Geschichte von Hiob in eindrücklicher Weise.

Wenn diese Sprichwörter also – ihrer besonderen Eigenart entsprechend – als spezielle Kategorie *angedeuteter* Wahrheit verstanden werden, erweisen sie sich als wichtige und nützliche Hilfen für unser Leben.

3. Einige hermeneutische Richtlinien

Wir bieten Ihnen nun in konzentrierter Form einige Richtlinien für das Verständnis der Weisheit in den Sprüchen an.

1. Die Sprüche sind keine rechtlichen Garantien Gottes

Die Sprüche zeigen einen weisen Weg, wie man bestimmte praktische Ziele erreichen kann, doch sie tun dies in einer Weise, die nicht als göttliche Erfolgsgarantie betrachtet werden kann. Die besonderen Segnungen, Belohnungen und Möglichkeiten, die in den Sprüchen erwähnt werden, stellen sich *wahrscheinlich* ein, wenn man die weisen Handlungsmuster beachtet, die in der poetischen, bildlichen Sprache des Buchs beschrieben werden. Doch an keiner Stelle versprechen die Sprüche *automatischen* Erfolg. Denken Sie daran, dass zu den inspirierten Büchern der Bibel sowohl Prediger als auch Hiob gehören, damit sie uns daran erinnern, wie wenig von den guten oder schlechten Dingen unseres Lebens automatisch geschieht. Betrachten Sie folgende Beispiele:

> Sei nicht unter denen, die sich durch Handschlag verpflichten,
> die Bürgschaft leisten für Schulden;
> wenn du nicht zahlen kannst,
> nimmt man dein Bett unter dir weg.
>
> *Sprüche 22,26-27*

> Achtet ein Herrscher auf Lügen,
> werden alle seine Beamten zu Schurken.
>
> *Sprüche 29,12*

> Das Haus des Stolzen reißt der Herr nieder,
> den Grenzstein der Witwe aber macht er fest.
>
> *Sprüche 15,25*

Wenn man das erste dieser Beispiele in krasser Weise als allumfassendes Gebot Gottes verstehen wollte, würde man wohl nie ein Haus kaufen, um nur ja keine Hypothek aufnehmen zu müssen. Andere könnten diesen Vers so verstehen, als würde man schließlich seinen gesamten Besitz – sogar das eigene Bett – verlieren, wenn man bestimmten Zahlungsverpflichtungen nicht nachkommt. Eine derart wörtliche, extreme Auslegung lässt uns die eigentliche Aussage dieses Sprichwortes völlig überhören: Es verweist in dichterischer und bildlicher Weise auf die Tatsache, *dass man nur mit Bedacht Schulden aufnehmen sollte, weil eine Zwangsvollstreckung eine sehr unangenehme Erfahrung sein kann.* Das Sprichwort fasst diese Wahrheit in sehr spezifische, enge Begriffe (Handschlag, Bett wegnehmen usw.), die auf das umfassende Prinzip hindeuten, statt sie in Fachtermini wiederzugeben. In biblischer Zeit machten gerechte Menschen Schulden, ohne diesen Rat zu missachten, weil sie die eigentliche Aussage erfassten.

Auch das zweite Beispiel (29,12) darf nicht wörtlich verstanden werden. Es behauptet zum Beispiel nicht, dass man als Regierungsbeamter zwangsläufig ein Schurke werden muss, wenn der Vorgesetzte (etwa ein Ministerpräsident) einigen Leuten Gehör schenkt, die ihm nicht die Wahrheit sagen. Der Vers beabsichtigt eine ganz andere Botschaft: Wenn ein Herrscher statt Wahrheit Lügen hören will, wird er sich nach und nach mit Menschen umgeben, die genau das sagen, was er hören will. Und das Endresultat kann eine korrupte Regierung sein. Wenn der Herrscher aber darauf besteht, dass er die Wahrheit zu hören bekommt, auch wenn sie schmerzhaft sein sollte, trägt er dazu bei, dass die Regierung integer bleibt. Die Worte dieses Sprichwortes deuten in gleichnishafter, nicht in wörtlicher Weise auf dieses Prinzip hin.

Das dritte Beispiel (15,25) zeigt vielleicht am klarsten, dass es nicht wörtlich gemeint ist. Wir wissen sowohl aus eigener Erfahrung als auch durch den Inhalt der Schrift, dass es stolze Menschen gibt, deren Haus noch steht, während manche Witwen durch habgierige Gläubiger oder Betrüger übervorteilt werden (vgl. Markus 12,40; Hiob 24,2-3 u. a.). Wenn dieses Sprichwort aber nicht den Eindruck vermitteln will, dass der Herr tatsächlich Häuser niederreißt und Grenzen bewacht, was hat es dann zu bedeuten? Es bedeutet, dass Gott dem Stolzen widersteht und auf der Seite der Bedürftigen ist („Witwen", „Waisen" und „Fremde" sind Bezeichnungen für *alle* Menschen, die auf die Unterstützung anderer angewiesen sind; vgl. 5. Mose 14,29; 16,11; 26,12-13 u. a.). Vergleicht man dieses Sprichwort mit anderen Stellen in der Bibel (Sprüche 23,10-11 und Lukas 1,52-53), wird die Bedeutung noch viel klarer. Es ist ein Miniaturgleichnis, das – vom Heiligen Geist inspiriert – über das „Haus" und die „Witwe" hinaus auf das allgemeine Prinzip verweist, dass Gott *am Ende* das Unrecht in dieser Welt korrigiert, indem er die Hochmütigen erniedrigen und die entschädigen wird, die um der Gerechtigkeit willen Unrecht erlitten haben (vgl. Matthäus 5,3-4).

2. Die Sprüche müssen als Sammlung gelesen werden

Jedes inspirierte Sprichwort kann nur dann ausgewogen betrachtet werden, wenn man es mit dem Rest der Bibel in Beziehung bringt. Wie das dritte oben genannte Beispiel (15,25) zeigt, wird die Auslegung eines Sprichwortes umso unklarer, je isolierter man es betrachtet. Ein einzelnes falsch verstandenes Sprichwort kann zu Fehleinstellungen oder Fehlhandlungen führen, die man durch die Lektüre des ganzen Buchs hätte vermeiden können. Außerdem muss man sich davor hüten, durch die stark praxisorientierte Ausrichtung der Sprüche auf materielle Dinge und diese Welt zu vergessen, dass andere Teile der Bibel einen wertvollen Ausgleich darstellen und vor Materialismus und Weltlichkeit warnen. Übernehmen Sie nicht die Weisheit der Freunde Hiobs, die weltlichen Erfolg mit Gerechtigkeit vor Gott gleichsetzten. Das wäre ein unausgewogenes Lesen einzelner Sprüche. Versuchen Sie nicht, in den Sprüchen Rechtfertigung für ein selbstsüchtiges Leben oder für Praktiken zu finden, die sich nicht mit der übrigen Lehre der Bibel vereinbaren lassen. Und denken Sie daran, dass die Sprüche oft unterschiedlich zusammengestellt sind, sodass man bei fortlaufender Lektüre von Thema zu Thema springt. Betrachten Sie auch diese beiden Sprüche:

> Der Weise ersteigt die Stadt des Mächtigen
> und stürzt das Bollwerk, auf das sie vertraut.
>
> *Sprüche 21,22*

Der Mund fremder Frauen ist eine tiefe Grube;
wem der Herr zürnt, der fällt hinein.

Sprüche 22,14

Würden Sie als weiser Mensch hingehen und eine gut befestigte Stadt angreifen, um etwas Gutes für Gott zu tun? Und wenn Sie Gott missfallen, besteht dann die Gefahr, dass Sie im (sehr großen) Mund einer Ehebrecherin ersticken?

Die meisten Menschen würden diese Fragen natürlich mit Nein beantworten und sagen: „Was immer es auch heißen mag, das kann es jedenfalls nicht bedeuten!" Andererseits würden viele aber darauf bestehen, dass der folgende Spruch (22,26) wörtlich zu verstehen ist und Christen verbietet sich Geld zu leihen oder dass man nach einem früheren Spruch über den Gehorsam von Kindern gegenüber den Eltern (6,20) seinen Eltern immer gehorchen muss – *unabhängig davon, wie alt man selbst oder wie falsch der Rat der Eltern sein mag*. Weil sie es unterlassen, die Sprüche durch ihre Beziehung zueinander und zum Rest der Bibel ausgewogen zu betrachten (vom Gebrauch des gesunden Menschenverstands ganz zu schweigen), fügen viele Menschen sich selbst und anderen beträchtlichen Schaden zu.

Im ersten oben zitierten Sprichwort (21,22) geht es darum, dass Weisheit sogar stärker sein kann als militärische Macht. Es handelt sich bei dieser Aussage um eine Hyperbel. Stilistisch ähnelt sie dem modernen Ausspruch: „Die Feder ist mächtiger als das Schwert." Es ist kein Gebot, sondern eine symbolische, bildhafte Darstellung der Macht der Weisheit. Nur wenn man dieses Sprichwort mit den vielen anderen in Beziehung setzt, die die Nützlichkeit und Effektivität der Weisheit preisen (z. B. 1,1-6, Kapitel 2, 3 und 8 sowie 22,17-29), kann man die Botschaft erfassen. Hier ist der *Gesamtkontext* für die Auslegung entscheidend.

Auch das andere oben zitierte Sprichwort (22,14) setzt den Vergleich mit dem Gesamtkontext voraus. Eine große Zahl von Sprüchen betont die Wichtigkeit umsichtigen Denkens und Redens (z. B. 15,1; 16,10.21.23-24.27-28; 18,4). Anders ausgedrückt ist das, was man sagt, gewöhnlich belastender als das, was man hört (vgl. Matthäus 15,11.15-20). Sie mögen nicht kontrollieren können, was Sie hören, aber Sie können fast immer kontrollieren, was Sie sagen. Dieses Sprichwort kann ungefähr so umschrieben werden: „Was eine Ehebrecherin tut und über was sie redet, ist genauso gefährlich für dich wie der Sturz in einen tiefen Graben. Meide solche Verhältnisse also, wenn du Gottes Zorn meiden willst." Wenn man den gesamten Kontext der einzelnen Sprüche berücksichtigt, bleibt man vor mancher falschen Auslegung bewahrt.

3. Die Formulierung der Sprüche zielt auf Einprägsamkeit, nicht auf theoretische Präzision

Kein Sprichwort gibt die Wahrheit vollständig wieder. Kein Sprichwort ist so vollkommen formuliert, dass es die unsinnige Forderung erfüllen könnte, zu jeder Zeit auf jede Situation anwendbar zu sein. Je kürzer und gleichnishafter ein Prinzip formuliert wird, desto mehr gesunder Menschenverstand und Urteilsvermögen sind nötig, um es richtig auszulegen – doch umso effektiver und einprägsamer ist es auch (vgl. das Beispiel „Gleich und gleich gesellt sich gern"). Das Buch der Sprüche versucht Wissen zu vermitteln, an das man sich erinnern kann, und nicht philosophische Konzepte, die einen Kritiker beeindrucken würden. Deshalb sind viele Sprüche so formuliert, dass sie entweder ein Bild in unseren Gedanken hervorrufen (an Bilder erinnert man sich leichter als an abstrakte Daten) oder wohllautende Klänge zu Gehör bringen (zum Beispiel durch Wiederholungen, Assonanzen oder Akrosticha). Ein Beispiel für den Gebrauch von Bildern finden wir in dem folgenden Spruch (15,19):

> Der Weg des Faulen ist wie ein Dornengestrüpp,
> der Pfad der Redlichen aber ist gebahnt.

Diese Bildersprache bezieht sich nicht auf Pflanzenarten, die man auf den Lieblingswegen fauler Menschen finden kann, sondern deutet auf das Prinzip, dass Fleiß besser als Faulheit ist.

Die Darstellung des unermüdlichen Elans der tüchtigen Frau in dem Epilog oder Abschluss des Buches (31,10-31) erhält ihre starke Wirkung durch ihre akrostiche Anordnung. Jeder Vers beginnt mit dem nächsten Buchstaben des hebräischen Alphabets, was im Hebräischen einen angenehmen Klang ergibt und vor allem hilft, sich den Abschnitt einzuprägen. Doch dem unsensiblen Kritiker oder dem allzu wörtlich auslegenden Leser erscheint es als ein Lebensmuster, das keine sterbliche Frau je befolgen könnte. Wenn man jedoch erkennt, dass eine Beschreibung wie in Sprüche 31,22 absichtlich übertrieben wurde, um zu betonen, welche Freude eine tüchtige Frau in ihre Familie und ihre Gemeinschaft bringt, merkt man, wie effektiv die sprachliche Gestaltung der Spruchweisheit ihre Intention erfüllt. Die Worte (und Bilder) dieses Abschnitts prägen sich im Gedächtnis des Lesers leicht ein und bieten hilfreiche Hinweise, wo sie benötigt werden. Und genau das sollen die Sprüche nach Gottes Absicht tun.

4. Manche Sprüche müssen „übersetzt" werden, damit man sie richtig verstehen kann

Viele Sprüche drücken ihre Wahrheit durch die Schilderung von Praktiken und Institutionen aus, die den Israeliten des Alten Testaments sehr vertraut waren, die es heute aber nicht mehr gibt. Wenn man diese Sprichwörter nicht im Licht einer modernen Entsprechung betrachtet (das heißt sie umsichtig in heutige Praktiken und Institutionen „übersetzt"), kann ihre Bedeutung irrelevant erscheinen oder völlig verloren gehen (vgl. Kapitel 4). Betrachten Sie diese beiden Beispiele:

Wer die Lauterkeit des Herzens liebt –
wegen seiner gefälligen Rede wird der König sein Freund.
Sprüche 22,11

Besser in einer Ecke des Daches wohnen
als eine zänkische Frau im gemeinsamen Haus.
Sprüche 25,24

Die meisten von uns leben nicht in einer Gesellschaft, in der es einen König gibt. Und wir haben auch keine Häuser mit Flachdach wie zur Zeit der Bibel, als es nicht nur möglich, sondern auch üblich war, sich auf dem Dach aufzuhalten (vgl. Josua 2,6). Ist das Lesen dieser Sprüche deshalb eine Zeitverschwendung? Keineswegs, solange man die überkulturellen Fragen erkennt, die in ihrer kulturspezifischen Sprache ausgedrückt werden. Die wesentliche Botschaft des ersten Beispiels (22,11) ist leicht zu erfassen, wenn man versteht, dass eine echte moderne Entsprechung für „den König zum Freund haben" so etwas wäre wie „einen positiven Eindruck auf Menschen in führenden Positionen machen". Und genau das war schon immer die Bedeutung dieses Sprichworts. Der „König" steht hier als Synekdoche (als repräsentativ für eine ganze Gruppe) für alle Führer. Die spezifische gleichnishafte Sprache dieses Sprichwortes soll über die direkte Aussage hinaus auf die Wahrheit hindeuten, dass Leiter und Menschen in verantwortlichen Positionen im Allgemeinen von Aufrichtigkeit und bedachtem Reden beeindruckt sind.

Die Bedeutung des zweiten Beispiels (25,24) ist nicht so schwer zu erkennen, wenn man die nötige „Übersetzung" von jener Kultur in unsere eigene vornimmt. Wir könnten sogar umschreiben: „Es ist besser, in einer Garage zu hausen, als mit einer Frau, die man nie hätte heiraten sollen, ein geräumiges Haus zu bewohnen." Hier muss man daran denken, dass die meisten Sprüche Ratschläge sind, die jungen Menschen am Anfang ihres Lebens erteilt wurden. Dieses Sprichwort will *nicht* wörtlich darlegen, wie man sich als Mann einer zänkischen Frau verhalten soll. Es gibt Menschen vielmehr den Rat, bei der Wahl ihres Ehepartners sehr vorsichtig zu sein. Es geht also um eine überkulturelle Entscheidung, für die das Sprichwort, wenn man es richtig versteht, einen guten und Gottes Weisheit entsprechenden Rat erteilt (vgl. Matthäus 19,3-11 sowie 1. Korinther 7,1-14.25-40). Jeder sollte erkennen, dass eine voreilige Eheschließung, die im Wesentlichen auf körperlicher Anziehung beruht, zu einer unglücklichen Ehe führen kann.

Aus praktischen Gründen führen wir hier zum Schluss in zusammenfassender Form einige Regeln auf, die Ihnen helfen sollen, die Sprüche richtig anzuwenden und ihrer von Gott inspirierten Absicht gerecht zu werden:

1. Die Sprüche sind oft gleichnishaft (bildlich) und deuten über ihre vordergründige Aussage hinaus.
2. Sie sind sehr praxisorientiert und nicht theoretisch-theologisch.
3. Die Sprüche zielen nicht primär auf die Genauigkeit des Ausdrucks, sondern sind so formuliert, dass sie sich leicht einprägen.
4. Die Sprüche sind nicht dazu da, selbstsüchtiges Verhalten zu fördern – im Gegenteil!
5. Sprüche, die stark von der Kultur des Altertums geprägt sind, benötigen unter Umständen eine sinngemäße „Übersetzung“, damit ihre Bedeutung nicht verloren geht.
6. Die Sprüche sind keine Garantien Gottes, sondern poetische Richtlinien für gutes Verhalten.
7. Die Sprüche benutzen manchmal eine höchst spezifische Sprache, Übertreibungen oder vielfältige literarische Techniken, um ihre Aussage zu verdeutlichen.
8. Die Sprüche enthalten gute Ratschläge für weises Verhalten in bestimmten Lebenssituationen, sind darin allerdings nicht erschöpfend.
9. Falsch gebraucht könnten die Sprüche einen krassen, materialistischen Lebensstil rechtfertigen. Richtig gebraucht bieten sie praktische Ratschläge für das tägliche Leben.

4. Weisheit im Buch Hiob

Das Buch Hiob gehört zu den großen literarischen Schätzen der Welt. Es wird uns in Form eines stark strukturierten Dialogs zwischen Hiob und seinen zwar wohlmeinenden, aber völlig fehlgeleiteten „Tröstern" – Bildad, Zofar, Elifas und Elihu – vermittelt. Aber wenn man nicht an jedem Punkt beachtet, wer gerade spricht, findet man darin alle erdenklichen falschen Ratschläge und unzutreffenden Schlussfolgerungen, besonders wenn das Gesagte aus dem Mund einer der „Tröster" Hiobs kommt. Dieser Dialog verfolgt ein sehr wichtiges Ziel: Er soll auf überzeugende Weise im Denken der Leser die Erkenntnis verankern, dass nicht alles im Leben geschieht, weil Gott es so wollte oder weil es fair wäre. Den Hintergrund für diese Wahrheit bilden vor allem die „Ratschläge der Tröster". Sie vertreten regelmäßig den Standpunkt, dass Gott an den Angelegenheiten des täglichen Lebens nicht einfach beteiligt ist, sondern in Wirklichkeit kontinuierlich durch die Ereignisse dieses Lebens Gericht übt. Sie sagen sogar zu Hiob, dass alles, was einem Menschen in seinem Leben geschieht – ob Gutes oder Böses – eine *direkte* Folge davon ist, ob dieser Mensch Gott wohlgefällig gelebt hat oder nicht. Sie sind entsetzt, als Hiob sich verteidigt, nichts Falsches getan zu haben, was ein derartiges Missgeschick (Krankheit, Trauer, Verarmung) verdienen würde. Ihre Botschaft lautet: Wenn das Leben für jemanden positiv verläuft, dann ist das ein Zeichen dafür, dass er gut gewesen ist; wenn die Dinge aber schlecht aussehen, dann muss dieser Mensch gegen Gott gesündigt haben, und Gott hat darauf reagiert, indem er Unglück schickte.

Auch die Jünger neigten zu dieser Art von Logik (Johannes 9,13), genauso wie viele Christen heute. Wenn Gott die Kontrolle über die Welt hat, dann muss doch alles, was geschieht, Gottes Willen entsprechen, so lautet ihre Schlussfolgerung. Wir dürfen aber nicht vergessen, dass die Bibel uns so etwas nicht lehrt. Sie lehrt vielmehr, dass die Welt in Sünde gefallen, verdorben und unter die Herrschaft Satans geraten ist (vgl. Johannes 12,31), und dass viele Dinge im

Leben nicht so sind, wie Gott sie haben will. Konkret ausgedrückt ist Leiden nicht notwendigerweise die Folge einer Sünde (vgl. Römer 8,18-23).

In *How to Read the Bible Book by Book* (S. 121-129) finden Sie einige Hinweise, die Ihnen helfen werden, das Buch Hiob so zu lesen, wie es seiner besonderen Intention und Form entspricht. Hiob war ein gottesfürchtiger Mann und wusste, dass er nichts getan hatte, was den Zorn Gottes verdiente. In seinen zahlreichen Reden (Kap. 3, 6–7, 9–10, 12–14, 16–17, 19, 21, 23–24 und 26–31) beteuert er wortreich seine Unschuld und zeigt auch seine Frustration über die schrecklichen Leiden, die er zu ertragen hat. Seine Freunde sind über seine Äußerungen entsetzt – für sie ist es Gotteslästerung. Beharrlich versuchen sie ihn davon zu überzeugen, dass seine Klagen eine Missachtung Gottes bedeuten. Alle drängen ihn wiederholt, seine Sünde – was immer es gewesen sein mag – zu bekennen und außerdem zuzugeben, dass Gott in fairer und gerechter Weise eine Welt lenkt, in der wir das bekommen, was wir durch unsere Entscheidungen verdienen. Nicht weniger hartnäckig und noch wortreicher behauptet Hiob, dass das Leben ungerecht ist und dass die Welt in ihrem jetzigen Zustand nicht so ist, wie sie sein sollte.

Elihu, der als letzter „Tröster“ auftritt, verteidigt Gottes überlegenes Wissen und Handeln. Das kommt unter allen angebotenen Reaktionen einer Antwort für Hiob noch am nächsten, und es scheint, als müsse Hiob sich mit Elihus zum Teil befriedigender, zum Teil verärgernder Antwort zufriedengeben, als plötzlich Gott selbst zu Hiob und seinen Freunden spricht (Kap. 38–41). Gott korrigiert Hiob und rückt die ganze Situation in die richtige Perspektive, rechtfertigt ihn aber auch gegenüber der „Weisheit“ seiner Freunde (42,7-9). Was die Frage der absoluten Fairness des Lebens betraf, hatte Hiob gesiegt: Es ist nicht immer fair. Doch bei Hiobs Frage „Warum ich?“ hatte Gott gesiegt: Seine Wege sind viel höher als unsere und wenn er Leid in unserem Leben zulässt, heißt das nicht, dass er nicht wüsste, was er tut, oder dass sein Recht dazu infrage gestellt werden dürfte. Seine Entscheidungen sind unseren immer überlegen.

Das ist wahre Weisheit, wie es sie feinsinniger nicht gibt. Der Leser des Buchs Hiob erfährt, was einfach die – scheinbar logische, aber in Wirklichkeit falsche – Weisheit der Welt und was Gottes Weisheit ist, und dass er auf Gottes Souveränität und Gerechtigkeit vertrauen kann. So ergibt der Dialog in Verbindung mit dem Handlungsverlauf der Geschichte ein überragendes Beispiel theoretischer Weisheit im Alten Testament.

Wenn Sie Hiob lesen, müssen Sie darauf achten, dass Sie den Gesamtaufbau des Buches nicht außer Acht lassen. Die Dialoge in Poesie im Buch (3,1–42,6) werden von einem Prolog (Kap. 1–2), und einem Epilog (42,7-17) in Prosa eingerahmt. Der Prolog sagt Ihnen im Voraus, weshalb Hiob so schwer geprüft wurde (Gott plante alles, damit die Weigerung Hiobs, Gott aufzugeben, Gott ehren und den Widersacher, Satan, abweisen würde). Im Epilog wird Hiob öffentlich gerechtfertigt und belohnt, im direkten Kontrast zu seinen Tröstern. Dieser Rahmen gibt dem Leser die Information, die Hiob und seinen Tröstern fehlte, als sie miteinander stritten. Er „verdirbt" die Geschichte nicht, sondern hilft, sie aus der richtigen Perspektive zu sehen: Es ist nicht nur eine Geschichte über jemanden, der leidet, sondern darüber, dass Gott das Leid gnädig lenkt und wie unschuldiges Leiden Gott wirklich verherrlichen kann (1. Petrus 2,20).

5. Weisheit im Buch Prediger

Das Buch Prediger ist ein Weisheitsmonolog, der Christen oft verwirrt, besonders wenn sie es verkehrt lesen und davon ausgehen, dass hier alles aus der Perspektive Gottes gesagt wird, weil es sich um die Schrift handelt. Für die Verwirrung des Lesers gibt es gute Gründe, denn das Buch ist schwer zu lesen und enthält Abschnitte, die sich zu widersprechen scheinen, während andere Abschnitte scheinbar der gesamten biblischen Offenbarung widersprechen.

Diese Irritation hat zu diametral entgegengesetzten Interpretationen geführt, wie zwei empfehlenswerte amerikanische Kommentare zeigen (Tremper Longman III., *The Book of Ecclesiastes*, Grand Rapids, 1998; Iain Provan, *Ecclesiastes/Song of Songs*, Grand Rapids 2001; die Autoren sind einander übrigens freundschaftlich verbunden). Professor Longman (und einer der Verfasser des vorliegenden Buchs) betrachtet den größten Teil von Prediger als Ausdruck zynischer Weisheit, die als eine Art „Kontrast" zu einer Lebensauffassung dient, die man meiden sollte; Professor Provan (und der andere Verfasser dieses Buchs) vertritt eine positivere Sicht und betrachtet Prediger als Ausdruck dafür, wie man in einer Welt, in der alle am Ende sterben werden, das Leben mit Gott genießen sollte. Diesen zweiten Standpunkt finden Sie in *How to Read the Bible Book by Book*, S. 154–160. Es ist also wichtig, dass Sie einen Gesamtansatz haben, mit dem Sie an das Buch Prediger herangehen. Auf jeden Fall ist es hier – wie in Sprüche und Hiob – unabdingbar, Sätze und Zeilen nicht aus dem Kontext zu reißen und ihnen eine Bedeutung zuzuschreiben, die völlig an der Intention des Buchs vorbeigeht.

Um die Aussagen des Buches in ihrem richtigen Kontext zu lesen ist es also wichtig, ihre Struktur zu verstehen. Wir haben bereits gesagt, dass das Buch Hiob von einem Prolog und einem Epilog eingefasst ist, die sich in der Art von den Dialogen dazwischen unterscheiden. Ähnlich ist es auch bei dem Buch Prediger. Der eröffnende Prolog (1,1-11), und der abschließende Epilog (12,8-14) sind *über* den „Lehrer" geschrieben (hebräisch *qohelet* = Versammler, das heißt Sprecher einer Versammlung), nicht *von* ihm. Der Lehrer spricht in der ersten Person, während der Prolog und der Epilog in der dritten Person von ihm sprechen. Sie rahmen ein, was der Lehrer sagt, indem sie einmal seine Botschaft zusammenfassen (beachten Sie die Ähnlichkeit von 1,2 und 12,8 als Einleitung in den eröffnenden und abschließenden Teil dieses Rahmens) und dem Leser vermitteln, dass das, was der Lehrer sagt, sehr wertvoll sein kann, um Weisheit zu lernen (12,9-11). Doch der weise Leser soll nicht die genauen Schlussfolgerungen des Lehrers als letztes Wort sehen. Die endgültige, richtige Perspektive ist die Übersicht, die in den letzten beiden Versen des Epilogs steht (12,13-14), einschließlich: „Fürchte Gott und halte seine Gebote, denn das ist die Pflicht aller Menschen."

Schließlich muss man beim Lesen dieses Buchs – beim Rahmen und auch bei den Worten des Lehrers – entscheiden, wie das häufig verwendete – und sehr wichtige – Wort *hebel* (EU: „Windhauch"; LUT: „Eitelkeit"; ELB: „Nichtigkeit"; GNB: „Sinnlosigkeit") zu verstehen ist, das in diesem Buch 37-mal (im ganzen Alten Testament insgesamt 73-mal) vorkommt. Das Wort selbst bedeutet „Hauch" oder „leiser Wind" (vgl. Psalm 39,6; Sprüche 31,30; Jesaja 57,13). Aber die Frage lautet, was es für den „Lehrer" bedeutet. Meint er es im Sinne der vergänglichen, flüchtigen Natur aller Dinge? Oder will er damit die Bedeutungslosigkeit/Nutzlosigkeit aller Dinge ausdrücken? Oder vereinigt das Wort ein wenig von beiden Bedeutungen in sich?

Wie man diese Frage beantwortet, hängt zum Teil davon ab, wie man andere Aussagen des Lehrers in dem absichtlich zusammenhanglosen Stil dieses Buchs versteht. Fünf Tatsachen beherrschen sein Denken: 1. Gott ist die eine, unbestreitbare Realität, der Schöpfer aller Dinge und der, von dem alles Leben geschenkt wird, auch mit seinen – für den Lehrer – beschwerlichen Seiten. 2. Gottes Wege sind nicht immer, wenn überhaupt, verständlich. 3. Auf der menschlichen Seite lässt sich das, „was unter der Sonne getan wird", nicht immer in Einklang bringen, denn die Dinge sind nicht immer – wenn überhaupt – so, wie sie sein sollten. 4. Das meiste, was geschieht, ist einfach eine Wiederholung, ein Teil des endlosen Zyklus des Lebens („es gibt nichts Neues unter der Sonne", dies entspricht unserem „eintönig"). Und was noch schlimmer ist, es hat zu kurz Bestand, Dauer, als dass es viel Wert besitzen könnte (der *hebel*, Windhauch, verschwindet rasch). 5. Der große Gleichmacher ist der Tod, der unterschiedslos alle Menschen ereilt. Im Mittelpunkt all dessen steht die Tatsache, dass der Lehrer keine Hoffnung auf eine Auferstehung der Toten hat. Mit dem Tod ist alles aus; und das ist es, was das Leben so *hebel* („flüchtig" und deshalb manchmal auch „vergeblich") erscheinen lässt.

Der Lehrer selbst scheint den Standpunkt zu vertreten, dass man – obwohl die Gewissheit des Grabes die einzige Gewissheit im gegenwärtigen Leben ist – das Leben, so *hebel* es auch sein mag, dennoch als ein Geschenk von Gott genießen soll (z. B. 3,12-14). Deshalb ist trotz seines häufig verzweifelten Ausblicks nicht alles vergeblich. Freude in diesem Leben beruht schließlich nicht darauf, dass man etwas „bekommt" (den Gewinn des eigenen Handelns sichert), sondern auf dem Weg selbst, dem von Gott geschenkten Leben. In einer solchen Welt findet man Freude und Befriedigung, indem man dem Lebensrhythmus folgt, ohne kontrollieren zu wollen oder nach einem „Gewinn" zu streben, der ohnehin vergänglich ist.

Trotz dieser etwas positiveren Einschätzung von der Botschaft des Lehrers, als sie sonst häufig vertreten wird, kann man doch sagen, dass seine Meinung über das Leben zum großen Teil im Kontrast zu dem steht, was wir im Rest der Bibel lesen. Nach diesem Verständnis der Art der Weisheitslehre in diesem Buch könnte man das letzte Stück des Rahmens, Prediger 12,13-14, als korrigierende, orthodoxe Warnung zum Abschluss des Buches sehen:

> Hast du alles gehört,
> so lautet der Schluss:
>
> Fürchte Gott, und achte auf seine Gebote!
> Das allein hat jeder Mensch nötig.
>
> Denn Gott wird jedes Tun vor das Gericht bringen,
> das über alles Verborgene urteilt, es sei gut oder böse.

Nach der Kontrast-Theorie ist der Großteil des Buchs – alles außer dem Rahmen (dem Prolog und Epilog) – eine brillante, kunstvolle Argumentation für die Art und Weise, wie man doch positive Dinge im Leben sehen würde, *wenn* Gott eher fern sein würde und *wenn* es kein Leben nach dem Tod gäbe. Wer nach einem Rezept für ein Leben in einer deistischen Welt ohne Leben nach dem Tod sucht – einer Welt, in der es zwar einen Gott gibt, der die Menschen aber völlig ihrem Schicksal überlässt –, der findet es hier. Nach dieser Auffassung soll das Buch diejenige Art von „Weisheit" darstellen, die Salomo zu bieten hatte, nachdem er von der orthodoxen

Lebensweise abgewichen war (1. Könige 11,1-13); es ist eine Sicht des Lebens, die den Menschen „kalt“ lassen soll, weil sie trotz der offensichtlichen Fügungen Gottes relativ fatalistisch und entmutigend bleibt – und so eine Sehnsucht nach der Alternative einer echten Bundesbeziehung mit dem lebendigen Gott weckt.

Was in diesem Buch natürlich bei beiden Interpretationen fehlt, sind die vielen großen Themen der Bibel, die immer wieder Gottes Treue zu denjenigen Menschen bekräftigt, die auf ihn vertrauen. Aber das wäre von einem solchen Ausdruck theoretischer Weisheit vermutlich zu viel verlangt, die ja weniger versucht, Antworten zu geben, als vielmehr den Leser an die harten Fragen zu erinnern – Fragen, die uns letztlich dahin bringen, im Tod Christi und in der Auferstehung die Antwort zu suchen.

6. Weisheit im Hohenlied

Das Hohelied ist ein längeres Liebeslied, eine Ballade über eine romantische Beziehung zweier Menschen, die im Stil der lyrischen Dichtung des Nahen Ostens geschrieben ist. Man kann sie als lyrische Weisheit bezeichnen. Liebeslieder haben eine lange Geschichte, auch in Israel (siehe Hesekiel 33,32). Aber was hat ein Liebeslied in der Kategorie der Weisheitsliteratur zu suchen und warum findet man in der Bibel überhaupt Liebeslyrik? Die Antwort ist eigentlich einfach: Erstens wurde das Hohelied Salomo zugeschrieben (1,1; 3,6-11; 8,11-12; zu dieser Frage siehe *How to Read the Bible Book by Book*, S. 162), dessen Name in Israel als Synonym für Weisheit galt. Aber auf einer tieferen Ebene beschäftigt es sich mit einer Art der Weisheit, die man in den Sprüchen findet: der „weisen Entscheidung“ zur ehelichen und sexuellen Treue.

Gott schuf den Menschen mit einer großen Anzahl von Gehirnzellen, deren Funktion sich auf Liebe und Sexualität bezieht. Das ist eine Tatsache unseres Menschseins und ein Teil der Schöpfungsabsicht

Gottes, die als „gut" bezeichnet wurde (1. Mose 1,31). Leider wurde durch den Sündenfall neben allem anderen auch diese Dimension unseres Menschseins verdorben. Statt eine ständige Quelle der Freude und des Segens in einer monogamen Ehe zu sein, wie Gott es beabsichtigt hatte, wird sexuelle Liebe oft zu einem Mittel egoistischer persönlicher Befriedigung, die mit allen Arten der Begierde und Ausbeutung einhergeht. Aber so muss es nicht sein. Zu Gottes Ehre kann echte romantische Liebe in Übereinstimmung mit seiner ursprünglichen Schöpfungsabsicht erfahren werden; und davon handelt das Hohelied.

Gewiss hatte das Buch eine lange Geschichte seltsamer allegorischer Auslegungen. Da einige Leser Schwierigkeiten mit der direkten und unverhüllten Art und Weise hatten, wie die sexuelle menschliche Liebe hier besungen wird, suchten viele frühen Ausleger – sowohl Juden als auch Christen – nach einem Ausweg. Sie fanden ihn in den allegorischen „Liebesliedern" der prophetischen Bücher – einer Möglichkeit, wie die Propheten die Geschichte der Liebe Gottes zu seinem Volk Israel und die Ablehnung oder den Missbrauch dieser Liebe allegorisch schilderten (z. B. Jesaja 5,1-7; Hosea 2,2-15). Da im Hohenlied zum Teil dieselben sprachlichen und bildhaften Darstellungen verwendet wurden wie in den prophetischen Büchern, zogen sie den Schluss, dass es sich auch bei diesem Buch um eine Allegorie handelte. In einer Zeit, als es allgemein üblich war, fast die gesamte Bibel allegorisch auszulegen, gelangten einige der frühen Kirchenväter zu dem Schluss, das Hohelied müsse als Allegorie für die Liebe Christi zur Gemeinde verstanden werden. Ein frühes Konzil der Kirche (550 n. Chr.) verbot sogar jede andere Interpretation, sodass sie bis in die jüngere Vergangenheit fortbestand.

Doch selbst eine oberflächliche Betrachtung zeigt, dass es im Hohenlied *nicht* darum geht. Es beschäftigt sich vielmehr mit der menschlichen Liebe – der Liebe zwischen einem Mann und einer Frau – und besingt sowohl diese Liebe selbst als auch die gegenseitige Anziehung zwischen beiden. Schließlich gibt es in den prophetischen Büchern nichts, was sich mit Folgendem vergleichen ließe:

Schön bist du, meine Freundin,
ja, du bist schön.
Hinter dem Schleier deine Augen wie Tauben.
Dein Haar gleicht einer Herde von Ziegen,
die herabzieht von Gileads Bergen.
Deine Zähne sind wie eine Herde frisch geschorener Schafe,
die aus der Schwemme steigen.
Jeder Zahn hat sein Gegenstück,
keinem fehlt es.
Rote Bänder sind deine Lippen;
Lieblich ist dein Mund.
Dem Riss eines Granatapfels
gleicht deine Schläfe hinter dem Schleier.
Wie der Turm Davids ist dein Hals,
in Schichten von Steinen erbaut;
tausend Schilde hängen daran,
lauter Waffen von Helden.

Hohelied 4,1-4

Das ist die Sprache der Bewunderung eines Mannes für seine Geliebte, deren äußere Erscheinung er mit Bildern für die Schönheit des Lebens vergleicht. Er spricht natürlich nicht von Dingen, die im engen Sinn gleich aussehen, sondern deren Anblick gleichermaßen beeindruckend ist. Und diese Sprache zieht sich durch das gesamte Buch. In den prophetischen Liebesliedern gibt es nichts, was mit Hohelied 5,2-6 vergleichbar wäre; dort erzählt die Frau von einem Traum, in dem sie schlief und nicht schnell genug aufwachen und aufstehen konnte, sodass sie den Geliebten verpasste, als er nach ihr rief („Ich schlief, aber mein Herz war wach“ ist ein poetischer Ausdruck für „ich träumte“). Hier dient der Traum dazu, die starke Anziehung hervorzuheben, die sie für den Geliebten empfindet, und ihre Enttäuschung zu unterstreichen, als sie die Gelegenheit verpasst, mit ihm zusammen zu sein (vgl. auch 3,1-5).

Neben den visuellen Vergleichen und den Traumsequenzen gibt es im Hohenlied auch viele andere Ausdrucksformen für Liebe und Zuneigung: Aussagen über die Leidenschaft der Liebe (z. B. 1,24), Ratschläge und Fragen von Beobachtern der Romanze (z. B. 1,8; 5,9), romantische Einladungen des Mannes an die Frau und der Frau an den Mann (z. B. 7,11-13; 8,13), bewusst übertriebenes Prahlen mit der Größe der bzw. des Geliebten (z. B. 2,8-9), die Notwendigkeit, der Versuchung zur Untreue durch die Attraktivität anderer zu widerstehen (z. B. 6,8-9) und die Feststellung, dass die Anziehung eines Geliebten sogar noch stärker sein kann als die Pracht eines so großen Königs wie Salomo selbst (z. B. 3,6-11 nach 2,16–3,5; vgl. 8,11-12). Diese Elemente haben alle die Form musikalischer Dichtung und feiern die menschliche Liebe einer monogamen Beziehung als gutes Geschenk Gottes.

Hier sind nun einige Überlegungen, die Ihnen helfen können, das Hohelied der biblischen Absicht entsprechend zu verwenden (siehe auch *How to Read the Bible Book by Book*, S. 161-165).

Versuchen Sie zuerst, den übergreifenden ethischen Kontext des Hohenlieds wahrzunehmen. Eine monogame, heterosexuelle Ehe war der richtige Rahmen einer sexuellen Beziehung nach Gottes Offenbarung im Alten Testament und gottesfürchtige Israeliten verstanden das Buch auf diesem Hintergrund. Das Buch drückt eine Einstellung aus, die das genaue Gegenteil von Untreue ist, sei es vor oder nach der Heirat. In der Ehe findet die Liebe zwischen einem Mann und einer Frau ihre Vollendung und Fortsetzung. Das ist es, worauf das Hohelied hinweist.

Beachten Sie zweitens die literarische Form des Hohenlieds. Die engste Parallele liegt tatsächlich in der Liebesdichtung des Alten Testaments und des Nahen Ostens in jener Zeit, bei der es nicht um irgendeine Art der Liebe, sondern um die eheliche Anziehung ging. Liebeslieder wurden wahrscheinlich traditionell bei Hochzeitsfesten gesungen und hatten große Bedeutung für die Beteiligten. Sie handeln von Anziehung, Treue, Widerstand gegen die Versuchung zu täuschen, vom kostbaren Wert der Liebe mit ihrer Freude und Beglückung sowie von den Gefahren der Untreue.

Lesen Sie das Hohelied drittens als ein Liebeslied, das die Entscheidung für eine Beziehung nach Gottes Willen eher *suggeriert*, als sie in weltlichen Begriffen zu *beschreiben*. Das ist etwas, das wir in ähnlicher Weise schon in Bezug auf die Sprüche feststellten – sie bringen Wahrheit eher suggestiv und verallgemeinernd zum Ausdruck, statt sie in präzisen Feststellungen universaler Tatsachen wiederzugeben. In der Bibel gibt es einige Parallelen zum Hohenlied in dem Prolog der Sprüche (Kap. 1–9). Dort findet man Gedichte über die Attraktivität der Weisheit und die Unattraktivität der Torheit in einer Art und Weise, die eher lyrisch suggeriert als thesenhaft formuliert, welche Entscheidungen wir treffen sollten.

Beachten Sie viertens, dass das Hohelied sich auf Werte konzentriert, die sich von denen unserer modernen Kultur sehr stark unterscheiden. Heute reden „Experten" über sexuelle *Techniken*, aber fast nie über eine wirklich *romantische* Liebe – die gegenseitige Anziehung zwischen einem Mann und einer Frau, die zu einer Ehe für ein ganzes Leben führt und in ihr anhält. Manche „Experten" halten es für richtig, sexuelle Wünsche zügellos auszuleben; das Hohelied betont genau das Gegenteil. Unsere Kultur ermutigt Menschen zur Selbsterfüllung, wie immer ihre sexuellen Neigungen und Wünsche aussehen mögen, während es im Hohenlied darum geht, wie jemand in Übereinstimmung mit dem Glauben an Gott auf die Attraktivität eines anderen Menschen eingehen und die Bedürfnisse des anderen erfüllen kann. In den meisten Teilen der modernen Welt hält man Romantik für etwas, das der Ehe vorausgeht und vor allem auf Gefühlen und Vergnügen basiert. Im Hohenlied ist romantische Liebe in Wirklichkeit ein Kennzeichen der Ehe, selbst nach 42 und nach 60 Jahren, wie bei den Autoren dieses Buches. So sollte es sein.

13
Die Offenbarung – Bilder des Gerichts und der Hoffnung

Wenn der moderne Leser nach einer kontinuierlichen Lektüre des Neuen Testaments zur Offenbarung gelangt, hat er vielleicht das Gefühl, ein fremdes Land zu betreten. Statt Erzählungen und Briefen mit klaren Fakten und Geboten findet man ein Buch voller Engel, Posaunen, Erdbeben, Tiere, Drachen und Abgründe vor.

Die hermeneutischen Probleme stehen damit in engem Zusammenhang. Das Buch gehört zum biblischen Kanon; deshalb ist es für uns Gottes Wort, inspiriert vom Heiligen Geist. Doch wenn wir diesem Teil des Wortes begegnen, wissen die meisten von uns kaum, was wir damit anfangen sollen. Der Autor redet manchmal direkt und unverblümt: „Ich, euer Bruder Johannes, der wie ihr bedrängt ist, der mit euch an der Königsherrschaft teilhat und mit euch in Jesus standhaft ausharrt, ich war auf der Insel Patmos um des Wortes Gottes willen und des Zeugnisses für Jesus" (1,9). Er schreibt an sieben Gemeinden in bekannten Städten, die erkennbare Züge des 1. Jahrhunderts tragen.

Gleichzeitig enthält die Offenbarung jedoch eine reichhaltige, vielfältige Symbolik, die zum Teil gut zu entschlüsseln ist (z. B. Gericht in Form eines Erdbebens in 6,12-17), zum Teil aber auch sehr verworren und unverständlich wirkt (z. B. die zwei Zeugen in 11,1-10). Die meisten Probleme ergeben sich aus der Symbolik sowie aus der Tatsache, dass das Buch oft zukünftige Ereignisse betrifft, gleichzeitig aber klar erkennbar im Kontext des 1. Jahrhunderts steht. Das Problem hat auch mit der konsequenten Art und Weise zu tun, in der Johannes alles im Licht des Alten Testaments sieht, das er über 250-mal zitiert oder aufgreift, sodass jedes wesentliche Element seiner Schilderung fast ausschließlich in alttestamentlicher Sprache dargestellt wird (siehe *How to Read the Bible Book by Book*, S. 428–429).

Wir erheben nicht den Anspruch, alle diese Schwierigkeiten lösen zu können, und bilden uns auch nicht ein, dass alle Leser mit allem einverstanden wären, was wir sagen. Es mag angebracht sein, direkt am Anfang festzustellen, dass niemand ohne ein gehöriges Maß Demut an die Offenbarung herangehen sollte! Es gibt schon zu viele Bücher nach dem Motto: „Die Offenbarung leicht gemacht". Aber sie ist nicht leicht. Wie bei den schwierigeren Abschnitten der Briefe (siehe S. 88) sollte man auch hier weniger dogmatisch sein, besonders da es mindestens fünf wichtige Auslegungsrichtungen gibt, von den bedeutsamen Abweichungen innerhalb der einzelnen Richtungen ganz zu schweigen.

Andererseits sind wir kühn genug zu glauben, dass wir mehr als eine nur schwache Vorstellung von dem besitzen, worum es Johannes geht. Deshalb wollen wir Ihnen einige hermeneutische Vorschläge anbieten, die uns sinnvoll erscheinen. Doch zuerst kommt die Exegese, und in diesem Fall ist sie besonders entscheidend. Denn die Offenbarung ist ein Buch, über das schon viele allgemein verständliche Artikel und Bücher geschrieben wurden. In der Regel enthalten sie jedoch überhaupt keine Exegese. Sie steigen direkt in die Hermeneutik ein, gewöhnlich in Form fantasievoller Spekulationen, die Johannes selbst nie beabsichtigt oder so verstanden hätte.

Die beste Einführung in die Offenbarung – wie sie als Buch „funktioniert", ihr grundlegender Standpunkt und ihr theologischer Beitrag zur Bibel – ist Richard Bauckham, *The Theology of the Book of Revelation* (Cambridge 1993). Als einen leicht zu lesenden Kommentar für den Laien können Sie vielleicht Professor Fees Kommentar *Revelation* aus der Reihe New Covenant Commentaries (2011) nehmen. Dort wird das, was wir hier sagen, etwas ausführlicher erklärt oder auf Deutsch N. T. Wright, Offenbarung für heute (2014).

1. Das Wesen der Offenbarung

Wie bei den meisten anderen biblischen Gattungen ist der erste Schlüssel zur Exegese des Buches Offenbarung die Frage, welcher Art von Literatur sie zuzuordnen ist. In diesem Fall stehen wir jedoch vor einem anderen Problem, denn die Offenbarung ist eine einzigartige, fein ineinander verwobene Kombination drei verschiedener literarischer Formen: Apokalypse, Prophetie und Brief. Außerdem ist der grundlegende Typus – eine Apokalypse – eine Form, die wir heute gar nicht mehr kennen. Wir haben ein gewisses Grundverständnis davon, was ein Brief, eine Erzählung, ein Psalm oder ein Sprichwort ist, auch wenn sich unsere eigenen Beispiele von den biblischen unterscheiden. Wir kennen jedoch einfach keine heutigen Texte, die mit der Offenbarung zu vergleichen wären. Deshalb ist es hier besonders wichtig, eine klare Vorstellung von der literarischen Form zu haben, mit der wir uns beschäftigen.

Die Offenbarung als Apokalypse

Das Buch Offenbarung ist in erster Linie eine Apokalypse. Sie ist nur eine – wenn auch zweifellos eine ganz besondere – unter Dutzenden von Apokalypsen, die den Juden und Christen in der Zeit zwischen 200 v. Chr. und 200 n. Chr. bekannt waren. Diese anderen Apokalypsen, die natürlich nicht zum Kanon der Bibel gehören, weisen trotz aller Unterschiede bestimmte gemeinsame Merkmale auf, einschließlich der Offenbarung des Johannes:

1. Die Wurzel der apokalyptischen Literatur liegt in der Prophetie des Alten Testaments, besonders in Hesekiel, Daniel, Sacharja und teilweise in Jesaja. Wie manche prophetische Literatur beschäftigte sich die Apokalyptik mit dem kommenden Gericht und Heil. Da sie jedoch in Zeiten der Verfolgung oder großer Bedrückung geboren wurde, galt ihr Hauptinteresse nicht mehr dem Handeln Gottes *innerhalb* der Geschichte. Die Apokalyptiker schauten ausschließlich

auf die Zeit, in der Gott ein gewaltsames, radikales *Ende* der Geschichte herbeiführen würde – ein Ende, das den Triumph des Guten und das Endgericht über das Böse bedeutet.

2. Anders als die meisten prophetischen Bücher waren Apokalypsen von Anfang an literarische Werke. Die Propheten waren im Wesentlichen Sprecher Jahwes, dessen mündliche Botschaften später aufgeschrieben und in Buchform gesammelt wurden. Eine Apokalypse ist dagegen eine *Literaturform* mit einer ganz bestimmten schriftlichen Struktur und Form. Johannes wird zum Beispiel gesagt: „*Schreib* auf, was du *gesehen* hast" (1,19; Hervorhebung hinzugefügt), während die Propheten meist aufgefordert wurden zu *sagen*, was ihnen mitgeteilt oder gezeigt wurde.

3. Meistens wird der Inhalt einer Apokalypse in Form von Visionen und Träumen präsentiert und die Sprache ist verschlüsselt und symbolisch. Die meisten Apokalypsen enthielten literarische Mittel, die dem Buch ein gewisses ehrwürdiges Alter verleihen sollten. Das wichtigste Mittel dazu war die Verwendung eines Pseudonyms, durch das der Eindruck erweckt werden sollte, dass das Buch von einer der großen Persönlichkeiten des Alten Testaments geschrieben worden war (Henoch, Baruch u. a.), die den Auftrag erhalten hatten, die Botschaft für eine spätere Zeit zu „versiegeln". Und diese „spätere Zeit" bezog sich natürlich auf die Zeit, in der das Buch nun geschrieben wurde.

4. Die Bilder der Apokalyptik sind oft Formen der Fantasie und nicht der Wirklichkeit. Im Gegensatz dazu benutzten die nichtapokalyptischen Propheten ebenso wie Jesus zwar auch regelmäßig eine symbolische Sprache, drückten die Symbolik aber meistens durch reale Bilder aus, wie zum Beispiel durch Salz (Matthäus 5,13), Aas und Geier (Lukas 17,37), Tauben ohne Verstand (Hosea 7,11) oder halb gebackenes Brot (Hosea 7,8). Die meisten Bilder der Apokalyptik gehören dagegen ins Reich der Fantasie – zum Beispiel ein Tier mit zehn Hörnern und sieben Köpfen (Offenbarung 13,1), eine mit der Sonne bekleidete Frau (Offenbarung 12,1) oder Heuschrecken mit Skorpionschwänzen und menschlichen Gesichtern (Offenbarung 9,7-10). Die Fantasie liegt nicht unbedingt in den Din-

gen selbst (wir kennen Tiere, Köpfe und Hörner), sondern in ihrer Zusammenstellung, die nicht der Realität entspricht.

5. Als literarische Form haben die meisten Apokalypsen einen sehr formellen Stil mit der starken Neigung, die Zeit und die Ereignisse in überschaubare, kleine Abschnitte einzuteilen. Es war auch sehr beliebt, Zahlen symbolisch zu verwenden. Die Folge war, dass der fertige Text die Visionen in sorgfältiger Anordnung und häufig sogar nummeriert darbot. Oft bringen diese Gruppen zusammengenommen etwas Bestimmtes zum Ausdruck (z. B. Gericht), ohne unbedingt den Eindruck vermitteln zu wollen, dass jedes einzelne Bild unmittelbar auf das nächste folgt.

Auf das Buch Offenbarung treffen alle diese Merkmale der Apokalyptik zu, mit einer Ausnahme. Und diese Ausnahme ist so entscheidend, dass die Apokalypse des Johannes zu einer eigenen Welt wird. Die Offenbarung verwendet kein Pseudonym. Johannes empfand nicht die Notwendigkeit, in dieser Hinsicht der regulären Formel zu folgen. Er gab sich seinen Lesern zu erkennen und richtete die sieben Briefe (Kap. 2–3) an bekannte Gemeinden in Kleinasien, deren Angehörige seine Zeitgenossen und „Mitgenossen in der Drangsal“ waren. Außerdem wurde ihm gesagt: „Versiegle dieses Buch mit seinen prophetischen Worten *nicht*. Denn die Zeit ist nahe“ (22,10).

Die Offenbarung als Prophetie

Der wesentliche Grund dafür, dass Johannes die Offenbarung nicht unter einem Pseudonym schrieb, liegt wahrscheinlich in seiner eigenen Sicht des Endes als *schon jetzt* und *noch nicht* (S. 193). Wie seine jüdischen Vorgänger wartete er nicht einfach nur auf das Ende. Er wusste, dass es mit dem Kommen Jesu bereits begonnen hatte. Entscheidend für dieses Verständnis war das Kommen des Geistes. Die anderen Apokalyptiker hatten im Namen früherer prophetischer Gestalten geschrieben, weil sie im Zeitalter des „gedämpften Geistes“ lebten und auf die prophetische Verheißung warteten, nach der

der Geist im kommenden Zeitalter ausgegossen werden würde. Sie lebten also in einer Zeit, in der die Prophetie aufgehört hatte.

Johannes gehörte jedoch zum neuen Zeitalter. Er war „im Geist", als er die Aufforderung erhielt, das Gesehene aufzuschreiben (1,10-11). Er nennt sein Buch „diese prophetischen Worte" (1,3 und 22,18-19) und sagt, dass das „Zeugnis Jesu", für das er und die Gemeinden leiden (1,9 und 20,4) „der Geist prophetischer Rede" ist (19,10). Das bedeutet wahrscheinlich, dass die Botschaft von Jesus, die von ihm bestätigt und von Johannes und den Gemeinden bezeugt wurde, den klaren Beweis für die Tatsache darstellte, dass der prophetische Geist gekommen war.

Was Johannes' Apokalypse von den anderen unterscheidet, ist vor allem diese Kombination apokalyptischer und prophetischer Elemente. Einerseits wurde das Buch nach apokalyptischem Vorbild geschrieben und enthält die meisten literarischen Merkmale dieser Form. Es wurde in der Verfolgung geboren, richtet sich auf das Ende mit dem Triumph Christi und seiner Gemeinde und ist ein sorgfältig ausgearbeitetes Stück Literatur mit verschlüsselter Sprache und einer reichhaltigen Symbolik voller Fantasie und Zahlen.

Andererseits schrieb Johannes seine Apokalypse in der Absicht, sie als prophetisches Wort an die Gemeinde zu richten. Sein Buch wurde nicht für die Zukunft versiegelt. Es war ein Wort Gottes für ihre gegenwärtige Situation. Gewiss erinnern Sie sich aus Kapitel 10 noch daran, dass Prophetie nicht in erster Linie Zukünftiges voraussagt, sondern Gottes Wort in der Gegenwart ausspricht – ein Wort, das gewöhnlich das kommende Gericht oder Heil beinhaltete. In der Offenbarung finden sich diese prophetischen Spuren sogar in den sieben Briefen an die Gemeinden. Hier hören wir also Gottes prophetisches Wort an einige Gemeinden gegen Ende des 1. Jahrhunderts, die von außen verfolgt wurden und im Innern zum Teil vom Verfall bedroht waren.

Die Offenbarung als Brief

Schließlich muss noch festgestellt werden, dass diese Kombination von apokalyptischen und prophetischen Elementen in die Form eines Briefs gefasst wurde. Beginnen Sie zum Beispiel damit, zu lesen, wie Johannes beginnt (1,4-7) und abschließt (22,21); Sie werden feststellen, dass alle Merkmale der Briefform vorhanden sind. Außerdem redet Johannes von sich in der ersten Person und spricht seine Leser in der zweiten Person an. Und so wird die Offenbarung in ihrer endgültigen Form von Johannes als Brief an die sieben Gemeinden in Kleinasien geschickt.

Wie bei allen Briefen ist auch hier wichtig, dass die Offenbarung auf einen bestimmten Anlass zurückgeht (S. 71). Dieser Anlass besteht zumindest teilweise in den Bedürfnissen der einzelnen Gemeinden, an die sie gerichtet war. Daher müssen wir bei der Auslegung versuchen, den ursprünglichen historischen Kontext zu verstehen.

2. Die Notwendigkeit der Exegese

Es mag seltsam erscheinen, dass wir uns nach zwölf Kapiteln immer noch genötigt sehen, die Notwendigkeit der Exegese hervorzuheben. Doch ist gerade der Mangel an soliden exegetischen Prinzipien dafür verantwortlich, dass es so viele unglückliche und spekulative Auslegungen der Offenbarung gibt. Deshalb möchten wir im Hinblick auf die Offenbarung noch einmal einige der exegetischen Grundprinzipien wiederholen, die wir in diesem Buch (ab Kap. 3) schon dargestellt haben.

1. Die erste Aufgabe der Exegese bei der Offenbarung besteht darin, die ursprüngliche Absicht des Autors und damit des Heiligen Geistes zu ermitteln. Wie bei den Briefen ist *die vorrangige Bedeutung der Offenbarung das, was Johannes als Aussage beabsichtigte und*

was seine Leser in ihrer Situation darunter verstehen konnten. Sie hatten uns gegenüber den großen Vorteil, dass sie mit ihrem eigenen historischen Kontext (der den Anlass für die Abfassung des Buchs bildete) und mit apokalyptischen Formen und Bildern vertraut waren. Gleichzeitig waren sie auch mit dem Alten Testament gründlich vertraut, was bei den meisten Christen unserer Zeit nicht der Fall ist, sodass sie die Quelle der Hinweise und Anspielungen auf das Alte Testament unmittelbar hören und erkennen konnten und verstanden, was Johannes damit ausdrückte.

Da das Buch Offenbarung prophetische Inhalte vermitteln will, muss man für die Möglichkeit einer zweiten Bedeutung offen sein, die vom Heiligen Geist inspiriert, vom Autor oder seinen Lesern aber nicht vollständig gesehen wurde. Diese Möglichkeit liegt allerdings schon jenseits der Exegese im Bereich der Hermeneutik. Deshalb besteht die Aufgabe der Exegese zunächst darin zu verstehen, was Johannes seinen ursprünglichen Lesern zu hören und zu verstehen geben wollte.

2. Man muss sich bei der Exegese der Offenbarung besonders davor hüten, das Konzept der „Analogie der Schrift“ überzustrapazieren. Mit der Analogie der Schrift ist gemeint, dass Bibelstellen im Licht anderer Bibelstellen ausgelegt werden müssen. Wir halten das für selbstverständlich, da wir ja von der Position ausgehen, dass die gesamte Heilige Schrift Gottes Wort ist und letztlich in Gott selbst ihre Quelle hat. Doch die Auslegung der Bibel durch die Bibel darf nicht so missverstanden werden, dass man andere Schriftstellen als hermeneutischen Schlüssel benutzen *muss*, um die Offenbarung aufzuschließen.

So ist es eine Sache zu erkennen, wie Johannes Bilder von Daniel oder Hesekiel neu verwendet oder welche Analogien es zu apokalyptischen Bildern aus anderen Texten gibt. Man darf jedoch nicht (wie manche Auslegungsschulen) voraussetzen, dass Johannes’ Leser zuerst das Matthäusevangelium oder die beiden Thessalonicherbriefe lesen mussten und durch diese Texte schon bestimmte Schlüssel für das Verständnis der Offenbarung besaßen. Alle Schlüssel zur Auslegung des Buches Offenbarung müssen *Teil des Textes selbst* sein oder den ursprünglichen Empfängern *aus ihrem eigenen historischen Kontext* zur Verfügung gestanden haben.

3. Aus dem apokalyptisch-prophetischen Charakter des Buchs ergeben sich einige zusätzliche Schwierigkeiten auf der exegetischen Ebene, die besonders mit den Bildern zu tun haben. In diesem Zusammenhang hier einige Vorschläge:

a) Man braucht ein sensibles Bewusstsein für den reichen Schatz an Gedanken, die in den Aufbau der Offenbarung mit eingeflossen sind. Die Hauptquelle dieser Gedanken und Bilder ist das Alte Testament, aber Johannes hat auch Bilder aus den Apokalypsen und sogar aus der antiken Mythologie abgeleitet. Diese Bilder, die aus einer Vielzahl von Quellen stammen, bedeuten aber hier nicht unbedingt, was sie dort bedeutet haben. Sie sind unter Inspiration herausgegriffen und in umgewandelter Form in diese „neue Prophetie" aufgenommen worden.

b) Die apokalyptische Bildersprache ist unterschiedlicher Art. In manchen Fällen sind die Bilder etwas Konstantes, wie zum Beispiel das Tier aus dem Meer, das offenbar ein Standardbild für ein Weltreich, nicht für einen einzelnen Herrscher war. Andere Bilder sind dagegen fließend. Der „Löwe" aus dem Stamm Juda erweist sich als ein „Lamm" (Offenbarung 5,5-6) – es ist der einzige Löwe, den es in der Offenbarung gibt. Die Frau in Kapitel 12 ist eindeutig ein positives Bild, während die Frau in Kapitel 17 böse ist.

Außerdem beziehen sich einige Bilder deutlich auf bestimmte Gegenstücke. Die sieben Leuchter im Prolog (1,12-20) werden als die sieben Gemeinden identifiziert und der Drache in Kapitel 12 als Satan. Dagegen sind viele andere Bilder wahrscheinlich allgemein zu verstehen. Die vier Reiter in Kapitel 6 symbolisieren wahrscheinlich keinen spezifischen Fall von Sieg, Krieg, Hungersnot oder Tod, sondern beschreiben diese Auswirkungen des menschlichen Gefallenseins eher als Quelle des Leidens der Gemeinde (6,9-11), das wiederum eine Ursache für Gottes Gericht sein wird (6,12-17).

All das soll verdeutlichen, dass die Bilder den schwierigsten Teil der exegetischen Aufgabe darstellen. Deshalb sind zwei weitere Punkte besonders wichtig:

c) Bilder, die Johannes selbst auslegt, muss man festhalten und als Ausgangspunkt für das Verständnis der anderen benutzen. Es gibt sechs solche ausgelegten Bilder: Christus ist derjenige, „der wie ein Mensch aussah“ (1,13). Für ihn allein gilt, dass er „tot war, doch nun in alle Ewigkeit lebt“ (1,17-18). Die goldenen Leuchter (1,20) sind die sieben Engel oder Botschafter der Gemeinden (das ist leider immer noch unklar, weil der Begriff Engel selbst wieder ein anderes Bild sein kann). Der große Drache (12,9) ist Satan. Die sieben Köpfe (17,9) stellen die sieben Berge dar, auf denen die Frau sitzt (und ebenso sieben Könige; es ist also ein fließendes Bild). Die Hure (17,18) ist die große Stadt, worunter deutlich Rom zu verstehen ist.

d) Man muss die Visionen als Ganzes betrachten und nicht alle Einzelheiten in eine allegorische Auslegung pressen. Darin ähneln die Visionen den Gleichnissen. Die gesamte Vision enthält die Aussage; die Einzelheiten dienen dazu, entweder den dramatischen Effekt zu erhöhen (6,12-14) oder dem Ganzen etwas hinzuzufügen, damit die Leser die Bezugspunkte nicht übersehen (9,7-11). So haben Einzelheiten wie die Sonne, die schwarz wurde wie ein Trauergewand, oder die Sterne, die herabfielen wie Feigen, wahrscheinlich keine spezielle „Bedeutung“. Sie sorgen einfach dafür, dass die ganze Vision von dem Erdbeben eindrucksvoller wird. Andererseits tragen die Heuschrecken mit goldschimmernden Kränzen, menschlichen Gesichtern und mit Haar wie Frauenhaar (9,7-11) dazu bei, das Bild so auszufüllen, dass die ursprünglichen Leser die Anspielung kaum überhören konnten: Es handelte sich um die barbarischen Horden von den fernen Randgebieten des Römischen Reiches, die das Imperium ständig bedrohten und deshalb gebührend gefürchtet waren.

4. Johannes erwartet, dass seine Leser seine Anspielungen auf das Alte Testament als Fortsetzung – und Erfüllung – dieser Geschichte verstehen. Das zeigt sich in jedem Abschnitt. Die Darstellung Christi zum Beispiel beginnt mit einer Doxologie (einem Lobgesang) auf ihn (1,5b-6), die das Opfersystem anklingen lässt und die Sprache von 2. Mose 19,6 verwendet, um die Gemeinde als das neue Volk Gottes zu bezeichnen, das durch Christus erlöst wurde. Darauf folgt eine Ankündigung seines Kommens, das eine

Kombination aus Daniel 7,13 und Sacharja 12,10 ist. Das nun folgende Bild Christi beruht vor allem auf Daniel 10,6, ist aber eine großartige Verbindung dieses Abschnitts mit Daniel 7,9.13; Jesaja 49,2 und Hesekiel 1,24. In Offenbarung 5 gipfelt die Darstellung Christi in dem „Löwen aus dem Stamm Juda" (1. Mose 49,9), der „Wurzel Davids" (Jesaja 11,1), der sich als ein geschlachtetes Lamm erweist (aus dem Passahfest und dem Opfersystem). In ähnlicher Weise erinnern die einleitenden, zeitlichen Gerichte im Bild der ersten sieben Posaunen (Kap. 8–9) an mehrere Plagen über Ägypten in 2. Mose 7–10, während das letzte Gericht über Rom in den Kapiteln 17 bis 18 in der Sprache und den Bildern aus den verschiedenen prophetischen Gerichten über Babylon und Tyrus in Jesaja, Jeremia und Hesekiel ausgedrückt wird – wobei Rom selbst Babylon genannt wird.

Eine gute Exegese des Buches Offenbarung verlangt also, dass man ständig auf diese alttestamentlichen Anspielungen achtet, da der alttestamentliche Kontext in der überwiegenden Mehrheit der Fälle Aufschluss darüber bietet, wie Johannes seine eigenen Bilder und Symbole verstanden wissen will.

5. Ein letzter Hinweis: Apokalypsen im Allgemeinen und die Offenbarung im Besonderen beabsichtigen selten, einen ausführlichen chronologischen Bericht über die Zukunft zu geben. Ihre Botschaft reicht meist darüber hinaus. Johannes geht es vor allem darum, dass Gott trotz aller Umstände die Kontrolle über die Geschichte und die Gemeinde behält. Und obwohl der Gemeinde Leid und Tod nicht erspart bleiben, wird sie doch in Christus siegen, der seine Feinde richten und sein Volk retten wird. Alle Visionen müssen im Lichte dieses größeren Anliegens gesehen werden.

3. Der historische Kontext

Wie bei den meisten anderen Gattungen beginnt man die Exegese auch bei der Offenbarung mit einer provisorischen Rekonstruktion der Situation, in der sie geschrieben wurde. Um das leisten zu können, muss man – wie schon an anderer Stelle vorgeschlagen – versuchen, sie ohne Unterbrechung durchzulesen. Lesen Sie zunächst, um das Gesamtbild zu erfassen. Versuchen Sie nicht, jedes Detail zu verstehen. Lassen Sie die Visionen an sich vorbeiziehen wie Wellen am Strand, eine nach der anderen, bis Sie ein Gefühl für das Buch und seine Botschaft bekommen haben.

Auch hier sollten Sie sich beim Lesen einige Stichpunkte über den Autor und seine Leser einprägen oder notieren. Lesen Sie das Buch dann ein zweites Mal und beachten Sie besonders alle Hinweise darauf, dass Johannes' Leser seine „Mitgenossen in der Drangsal" (vgl. 1,9; LUT) waren. Dies sind die entscheidenden historischen Anhaltspunkte.

Beachten Sie in den sieben Briefen zum Beispiel die Verse 2,3.8-9.13 und 3,10 sowie das wiederholte „Wer siegt ..." Das fünfte Siegel (6,9-11), das auf die Zerstörung durch die vier Reiter folgt, zeigt christliche Märtyrer, die „wegen des Wortes Gottes und wegen des Zeugnisses" getötet worden sind (aus genau diesem Grund befindet sich auch Johannes laut 1,9 in der Verbannung). Die große Schar (7,14), die nie wieder leiden muss (7,16), ist „aus der großen Bedrängnis" gekommen. Leid und Tod werden in 12,11.17 wieder mit dem „Zeugnis für Jesus" in Verbindung gebracht. Und in den Kapiteln 13 bis 20 werden Leid und Tod spezifisch dem „Tier" zugeschrieben (13,7; 14,9-13; 16,5-6; 18,20.24; 19,2).

Dieses Leitmotiv ist der Schlüssel zum Verständnis des historischen Kontextes und erklärt den Anlass und die Absicht des Buchs vollständig. Johannes war wegen seines Glaubens in Gefangenschaft. Auch andere Christen litten – einer wurde sogar getötet (2,13) –, weil sie „Zeugnis für Jesus" abgelegt hatten. Während Johannes „vom Geist ergriffen" war, erkannte er, dass ihr gegenwärtiges Leiden nur der Anfang der Wehen für diejenigen war, die sich weigerten, „das Tier anzubeten". Gleichzeitig war er nicht völlig sicher, ob die ganze Gemeinde auf das vorbereitet war, was ihr bevorstand. Deshalb schrieb er diese „Prophetie", die er gesehen hatte.

Die Hauptthemen sind eindeutig: Die Gemeinde und der Staat befinden sich auf Kollisionskurs und zu Anfang wird scheinbar der Staat siegen. So warnt Johannes die Gemeinde, dass Leid und Tod auf sie warten; es wird sogar noch viel schlimmer werden, bevor eine Besserung eintritt (6,9-11). Es ist ihm ein großes Anliegen, dass die Christen während der Zeit des Drucks nicht aufgeben (14,11-12; 21,7-8). Dieses prophetische Wort ist jedoch auch ein Wort der Ermutigung – denn Gott behält alle Dinge unter Kontrolle. Jesus Christus hält die Schlüssel zur Geschichte in der Hand, und er hält auch die Gemeinden in seiner Hand (1,17-20). So triumphiert die Gemeinde sogar im Tod (12,11). Gott wird schließlich seinen Zorn über diejenigen ausgießen, die Leid und Tod verursacht haben, und denen ewige Ruhe geben, die treu geblieben sind. In diesem Kontext war natürlich Rom der Feind, der gerichtet werden würde.

Es sollte hier beachtet werden, dass ein Schlüssel für die Auslegung der Offenbarung in der wichtigen Unterscheidung liegt, die Johannes zwischen „Bedrängnis" und „Zorn" trifft. Wenn man diese Begriffe verwechselt und beide auf dieselbe Sache bezieht, versteht man nicht mehr richtig, was eigentlich gesagt wird.

Bedrängnis (Leid und Tod) ist eindeutig ein Teil dessen, was die Gemeinde erduldete und noch erdulden muss. Gottes Zorn dagegen ist sein Gericht, das über alle ausgegossen werden wird, die Gottes Volk gequält haben. Jeder Kontext in der Offenbarung verdeutlicht, dass Gottes Volk vor seinem schrecklichen Zorn verschont bleiben wird, während seine Feinde ihm nicht entgehen werden. Doch genauso deutlich ist erkennbar, dass das Volk Gottes durch seine Feinde leiden müssen wird. Diese Unterscheidung stimmt völlig mit dem Rest des Neuen Testaments überein. Betrachten Sie beispielsweise 2. Thessalonicher 1,3-10, wo Paulus „mit Stolz hinweist" auf die „Verfolgung und Bedrängnis" der Thessalonicher, doch er sagt auch, dass Gott schließlich diejenigen richten wird, „die euch bedrängen".

Sie sollten auch beachten, wie das Öffnen des fünften und sechsten Siegels (6,9-17) die zwei entscheidenden Fragen des Buchs aufwirft. Beim fünften Siegel fragen die Märtyrer: „Wie lange zögerst du noch, Herr, ... Gericht zu halten und unser Blut an den Bewohnern der Erde zu rächen?" Die Antwort ist eine zweifache: 1. Sie „sollten noch kurze Zeit warten", weil es noch viel mehr Märtyrer geben muss; 2. das Gericht ist dennoch unausweichlich, wie das sechste Siegel zeigt.

Beim sechsten Siegel, als Gottes Gericht kommt, schreien die Gerichteten voll Angst: „Wer kann da bestehen?" Die Antwort wird in Kapitel 7 gegeben: diejenigen, die Gott versiegelt hat, die „ihre Gewänder gewaschen und im Blut des Lammes weiß gemacht" (7,14) haben.

4. Der literarische Kontext

Um die Visionen im Buch Offenbarung zu verstehen, darf man sich nicht auf den Hintergrund und die Bedeutung der Bilder beschränken (auf die *inhaltlichen* Fragen), sondern muss auch die Frage stellen, welche *Funktion* jede einzelne Vision innerhalb des ganzen Buchs erfüllt. In dieser Hinsicht gleicht die Offenbarung eher den Briefen als den prophetischen Büchern. Letztere sind Sammlungen einzelner Botschaften, deren Beziehung zueinander nicht immer mit einer klaren, funktionalen Absicht verbunden ist. In den Briefen hingegen muss man, wie Sie sicher noch wissen, „in Absätzen denken", weil jeder Absatz ein Baustein der gesamten Argumentation ist. Das Gleiche gilt für die Offenbarung. Sie ist ein kreativ gegliedertes Ganzes, und jede Vision erweist sich als fester Bestandteil dieses Ganzen.

Da die Offenbarung das einzige Buch dieser Art im Neuen Testament ist, wollen wir versuchen, Sie ganz hindurchzuführen, statt nur ein oder zwei Beispiele herauszugreifen. Es sollte natürlich beachtet werden, dass die Grundstruktur eindeutig ist und nicht zur Debatte steht; Unterschiede ergeben sich aus der Art, wie man die besagte Struktur auslegt (siehe *How to Read the Bible Book by Book*, S. 430-436).

Das Buch entfaltet sich wie ein großes Drama, in dem die ersten Szenen in das Geschehen einführen und die handelnden Personen vorstellen, während die folgenden Szenen auf den vorhergehenden aufbauen, damit wir der Handlung folgen können.

Die Kapitel 1–3 entwerfen sozusagen das Bühnenbild und stellen uns die wichtigsten „Charaktere" vor. Zuerst tritt Johannes selbst auf (1,1-11) als der „Seher", der in der gesamten Offenbarung der Erzähler sein wird. Er war wegen seines Glaubens an Christus in Gefangenschaft und bekam die prophetische Einsicht, dass die gegenwärtige Verfolgung nur ein Vorbote des Zukünftigen war.

Zweitens sehen wir Christus (1,12-20), den Johannes in herrlichen Bildern, die zum Teil aus Daniel 10 und anderen Abschnitten abgeleitet sind, als Herrn der Geschichte und als Herrn der Gemeinde beschreibt. Gott hat trotz der gegenwärtigen Verfolgung nicht die Kontrolle verloren, denn nur Christus besitzt die Schlüssel des Todes und der Unterwelt.

Drittens ist da die Gemeinde (2,1–3,22). In seinen Briefen an sieben reale Gemeinden (die auch stellvertretend zu verstehen sind) ermutigt und warnt Johannes die ganze Gemeinde Jesu. Die Verfolgung hat schon begonnen und weitere Zeiten der Verfolgung werden der Gemeinde vorausgesagt. Doch gibt es auch viele innere Missstände, die ebenfalls ihr Wohlergehen gefährden. Wer in dieser Lage siegreich ist, dem gilt die Verheißung ewiger Herrlichkeit.

Auch die Kapitel 4–5 tragen dazu bei, auf das Geschehen vorzubereiten. In atemberaubenden Visionen auf dem Hintergrund von Anbetung und Lobpreis wird der Gemeinde gesagt, dass Gott in majestätischer Souveränität regiert (Kap. 4). Die Gläubigen, die sich fragen mögen, ob Gott wirklich da ist und zu ihren Gunsten eingreift, erinnert Johannes daran, dass Gottes „Löwe" ein „Lamm" ist, das durch Leiden die Menschheit erlöste (Kap. 5). Und darauf preist der ganze Himmel und singt „ihm, der auf dem Thron sitzt, und dem Lamm."

Die Kapitel 6–7 beginnen mit der Entfaltung des eigentlichen Dramas. Dreimal werden in der Offenbarung Visionen in sorgfältig strukturierten Siebenergruppen dargestellt (Kap. 6–7, 8–11 und 15–16). Die vier ersten Elemente bilden dabei immer ein zusammenhängendes Bild; in den Kapiteln 6–7 und 8–11 werden auch die nächsten beiden Elemente als die zwei Seiten einer anderen Realität zusammengefasst. Sie werden dann durch ein Zwischenspiel mit zwei Visionen unterbrochen, bevor der siebte Punkt offenbart wird. In Kapitel 15–16 gehören die letzten drei Elemente ohne Zwischenspiel zusammen, gerade weil sie direkt zu den letzten Visionen der Kapitel 17–22 führen. Beachten Sie, wie diese Struktur in Kapitel 6–7 aussieht:

1. Weißer Reiter = Sieg
2. Roter Reiter = Krieg
3. Schwarzer Reiter = Hungersnot
4. Fahler Reiter = Tod
5. Die Märtyrer fragen: „Wie lange?"
6. Erdbeben (Gottes Gericht): „Wer kann [vor seinem Zorn] bestehen?"
   a) 144 000 Versiegelte
   b) Eine große Schar
7. Gottes Zorn: Die sieben Posaunen in Kapitel 8–11

Die Kapitel 8–11 offenbaren den Inhalt des Gerichts Gottes. Die ersten vier Posaunen, die an die Plagen Ägyptens erinnern (2. Mose 7–10), kennzeichnen den Beginn gewaltiger Störungen in der Natur als Teil dieses Gerichtes; die Posaunen 5 und 6 kündigen Barbarenhorden und einen großen Krieg an. Ein Zwischenspiel zeigt, dass Gott seine „Zeugen" selbst erhöht, obwohl sie sterben. Danach bringt die siebte Posaune das Ende zum Ausdruck: „Nun gehört die Herrschaft über die Welt unserem Herrn und seinem Gesalbten" (Offenbarung 11,15).

Damit wurden wir durch das Leiden der Gemeinde und das Gericht Gottes über ihre Feinde zum endgültigen Sieg Gottes hindurchgeführt. Die Visionen enden damit aber noch nicht. In den Kapiteln 8–11 haben wir das Gesamtbild gesehen; die Kapitel 12–22 zeigen uns nun Details dieses Gerichts und des Sieges. Es ist so ähnlich, als betrachte man Michelangelos Sixtinische Kapelle. Zuerst ist man vom Anblick der gesamten Kapelle überwältigt; erst danach kann man sich den einzelnen Teilen zuwenden und sehen, wie großartig jedes Detail ist.

Kapitel 12 ist der theologische Schlüssel zum Buch der Offenbarung. Zwei Visionen berichten über Satans Versuch, Christus zu vernichten, und über seine Niederlage. So wird Satan innerhalb des bekannten neutestamentlichen Rahmens zwischen schon jetzt und noch nicht als schon jetzt besiegter Feind offenbart, dessen Ende aber noch nicht gekommen ist. Deshalb herrscht Freude: „Jetzt ist er da, der rettende Sieg, die Macht und die Herrschaft unseres Gottes“ (Offenbarung 12,10); doch zugleich stehen der Gemeinde noch „Wehen“ bevor, weil Satan weiß, dass seine Zeit begrenzt ist, und sich am Volk Gottes rächt.

Die Kapitel 13–14 zeigen dann, wie diese Vergeltung für die damalige Gemeinde in Form des Römischen Reiches und seiner Kaiser geschah, die religiöse Verehrung forderten. Das Römische Reich und seine Kaiser sind jedoch zum Untergang verurteilt (Kap. 15–16). Das Buch schließt als „Geschichte zweier Städte“ (Kap. 17–22). Die irdische Stadt (Rom) wird für ihre Beteiligung an der Verfolgung des Volkes Gottes verurteilt. Danach folgt die Stadt Gottes, in der sein Volk in Ewigkeit wohnen wird.

Innerhalb dieser Gesamtstruktur stellen verschiedene Visionen uns vor beträchtliche Schwierigkeiten, sowohl was die Bedeutung ihres Inhalts betrifft als auch in Bezug auf ihre Funktion innerhalb des Kontextes. Bei diesen Fragen sollten Sie in einem guten Kommentar nachschlagen (siehe Anhang).

5. Die hermeneutischen Fragen

Die hermeneutischen Schwierigkeiten bei dem Buch Offenbarung sind denen der prophetischen Bücher sehr ähnlich, die wir in Kapitel 10 betrachtet haben. Wie bei allen anderen Gattungen ist Gottes Wort *für uns* zuerst in seinem Wort *an sie* zu finden. Doch im Gegensatz zu den anderen Gattungen sprechen die Propheten und die Offenbarung oft von Dingen, die aus ihrer damaligen Sicht noch in der Zukunft lagen.

Oft zeichneten sich diese zukünftigen Ereignisse durch eine Unmittelbarkeit aus, die aus unserem historischen Blickwinkel schon längst Vergangenheit ist. Juda ging *wirklich* in die Gefangenschaft und kam zurück, wie Jeremia es prophezeit hatte; und das Römische Reich kam *tatsächlich* unter ein weltliches Gericht, zum Teil durch Barbarenhorden, so wie Johannes es gesehen hatte.

Bei solchen Realitäten sind die hermeneutischen Probleme nicht allzu groß. Wir können die Gründe für dieses Gericht immer noch als Gottes Wort hören. Zu Recht können wir annehmen, dass Gott immer diejenigen richten wird, die „den Armen für ein Paar Sandalen [verkaufen und] die Kleinen in den Staub treten" (Amos 2,6-7). Und zu Recht können wir davon ausgehen, dass Gottes Gericht wie im Fall Roms auch heute über diejenigen Staaten ausgegossen werden wird, die Christen ermorden.

Außerdem können und *müssen* wir immer noch als Gottes Wort hören, dass Nachfolge den Weg des Kreuzes einschließen muss, denn Gott hat uns nicht Freiheit *von* Leid und Tod verheißen, sondern Sieg *durch* sie. Wie Martin Luther es in einer Hymne zutreffend ausgedrückt hat: „Der Fürst dieser Welt, wie sau'r er sich stellt, tut er uns doch nichts … Nehmen sie den Leib, Gut, Ehr, Kind und Weib; lass fahren dahin, sie haben's kein Gewinn; das Reich muss uns doch bleiben." So ist die Offenbarung Gottes Wort des Trostes und der Ermutigung für Christen, die leiden müssen, besonders wenn sie durch die Hand des Staates leiden müssen, gerade weil sie Christen sind. Gott hat alles in Kontrolle. Das geschlachtete Lamm hat über den Drachen triumphiert (Offenbarung 12,7-12).

Diese Botschaft muss von der Gemeinde immer wieder gehört werden – in jedem Winkel der Erde und in jedem Zeitalter. Sie zu überhören bedeutet, das ganze Buch nicht richtig zu hören.

Unsere hermeneutischen Schwierigkeiten liegen jedoch nicht im Hören dieser warnenden oder tröstlichen Botschaft im Zentrum der Offenbarung, sondern in einem anderen Phänomen der Prophetie, nämlich der oft so engen Verknüpfung der in der Zeit verankerten Botschaft mit den letzten eschatologischen Wirklichkeiten (siehe S. 270–271). Das gilt besonders für die Offenbarung. Der Fall Roms in Kapitel 18 scheint das erste Kapitel des endgültigen Abrechnens zu sein und viele Bilder vom in der Zeit verankerten Gericht enthalten Worte oder Gedanken, die sich auch auf das Ende aller Dinge zu beziehen scheinen. Dieser Zusammenhang lässt sich offenbar nicht leugnen. Die Frage ist: Was tun wir damit? Darüber haben wir in Kapitel 10 bereits gesprochen. Hier möchten wir daher nur einige Vorschläge unterbreiten:

1. Wir müssen lernen, dass Bilder von der Zukunft einfach genau das sind – Bilder. Sie drücken eine Realität aus, dürfen jedoch nicht selbst mit der Realität verwechselt werden. Ebenso wenig werden alle Einzelheiten dieser Bilder unbedingt wörtlich „in Erfüllung gehen". Wenn also die ersten vier Posaunen Naturkatastrophen als Teil des Gerichtes Gottes ankündigen, sollten wir nicht unbedingt eine wörtliche Erfüllung dieser Bilder voraussetzen. Wie sich in der bewussten Anspielung auf die Plagen Gottes gegen den Pharao zeigt, geht es darum, Christen unter der nahenden Unterdrückung durch Rom zu ermutigen, dass Gottes „Plagen" auch über Rom ergehen werden.

2. Manche Bilder, die vor allem die Gewissheit des Gerichtes Gottes ausdrücken sollten, dürfen nicht so ausgelegt werden, als würden sie das *baldige* Eintreffen der angekündigten Ereignisse ausdrücken, zumindest nicht aus unserer begrenzten Perspektive. Nachdem Satan beim Tod und der Auferstehung Christi

besiegt wurde und „auf die Erde gestürzt" worden ist, um verheerende Schäden in der Gemeinde anzurichten, weiß er, dass „ihm nur noch eine kurze Frist bleibt". „Kurz" bedeutet aber nicht unbedingt „sehr bald" – als hätte Johannes zum Beispiel geglaubt, dass diese Dinge zu seinen Lebzeiten geschehen müssen –, sondern eher „begrenzt". Er wird eines Tages tatsächlich für immer gebunden werden, doch den Tag und die Stunde kennt niemand.

3. Bei den Bildern, in denen das „Zeitliche" eng mit dem „Eschatologischen" verbunden ist, sollten diese Elemente nicht als gleichzeitig ausgelegt werden – obwohl die ursprünglichen Leser sie so verstanden haben mögen (vgl. S. 271). Die eschatologische Dimension der Gerichte und der Erlösung sollte uns auf die *Möglichkeit* der Dimension eines „Noch nicht" in vielen dieser Bilder aufmerksam machen. Andererseits gibt es wohl keine festgelegten Regeln, wie wir diese (für uns) noch zukünftige Bedeutung erkennen oder verstehen sollen. Wir müssen aber vermeiden, zu viel Zeit mit Spekulationen darüber zu verbringen, wie unsere eigenen zeitgenössischen Ereignisse in die Bilder der Offenbarung hineinpassen könnten. Das Buch hat zum Beispiel nicht die Absicht, die Existenz des kommunistischen Chinas zu prophezeien oder uns genaue Einzelheiten über das Ende der menschlichen Geschichte zu nennen.

4. Obwohl in vielen Fällen sicherlich eine zweite, noch zu erfüllende Dimension der Bilder vorhanden ist, stehen uns keine Schlüssel zur Verfügung, mit denen wir sie genau erschließen könnten. In dieser Hinsicht enthält das Neue Testament selbst eine gewisse Mehrdeutigkeit. Die Gestalt des Antichrists ist zum Beispiel besonders schwierig zu entschlüsseln. In den Schriften von Paulus (2. Thessalonicher 2,3-4) ist er eine klar bestimmbare Person; in Offenbarung 13–14 tritt er in Gestalt des römischen Kaisers auf. In beiden Fällen scheint sein Auftreten eschatologisch zu sein. Doch im ersten Johannesbrief wird all das verallgemeinernd so uminterpretiert, dass es sich auf die falschen Propheten bezieht, die in die Gemeinde eindrangen (1. Johannes 2,20-23). Wie sollen wir dann

diese Gestalt im Zusammenhang mit unserer eigenen Zukunft verstehen?

Historisch gesehen hat die Gemeinde (in einem gewissen Sinne auch zu Recht) eine Vielfalt von Herrschern als Verkörperung des Antichrists betrachtet. Das gilt gewiss für Hitler, genauso wie für Idi Amin in einer bestimmten Generation von Ugandern. In diesem Sinne treten auch noch weitere Antichristen auf (1. Johannes 2,18). Doch was ist mit einer spezifischen Gestalt, die auf die ganze Welt Auswirkungen haben und die letzten Ereignisse des Weltendes begleiten wird? Können wir aus Offenbarung 13–14 schließen, dass es sie geben wird? Unsere Antwort lautet: nicht unbedingt; wir sind jedoch offen für diese Möglichkeit. Es ist die Mehrdeutigkeit der neutestamentlichen Dokumente selbst, die uns zur Vorsicht mahnt und diesen Mangel an dogmatischer Gewissheit begründet.

5. Die Bilder, die ohne Einschränkung eschatologisch gemeint waren, sind auch heute noch so auszulegen. So sind die Bilder in 11,15-19 sowie 19,1–22,21 in ihrer Darstellung vollständig eschatologisch. Solche Aussagen sollten wir als Gottes Wort verstehen, das noch auf seine Erfüllung wartet. Doch selbst dies sind *Bilder;* die Erfüllung wird zu der von Gott bestimmten Zeit und auf seine Art und Weise geschehen – und wird zweifellos unendlich größer sein als selbst diese herrlichen Bilder.

So wie die ersten Worte der Bibel von Gott und der Schöpfung sprechen, so handeln die letzten Worte von Gott und der Vollendung aller Dinge. Wenn für uns auch Ungewissheit darüber besteht, wie alle Einzelheiten zum Abschluss gebracht werden, herrscht aber keine Ungewissheit über die Tatsache, *dass* Gott alles zum Abschluss bringen wird – zu seiner Zeit und auf seine Weise. Diese Gewissheit sollte uns als Warnung und als Ermutigung dienen, wie es auch bei den ersten Lesern des Buches der Fall war.

Bis Christus kommt, leben wir die Zukunft im „Schon jetzt“ aus, und zwar durch das gehorsame Hören auf sein Wort. Doch es kommt ein Tag, an dem ein Buch wie dieses nicht mehr nötig sein wird, denn: „Keiner wird mehr den andern belehren …, sondern sie alle … werden mich erkennen“ (Jeremia 31,34). Und mit Johannes, dem Geist und der Braut sagen wir: „Amen. Komm, Herr Jesus!“

Anhang
Beurteilung und Verwendung von Kommentaren

In diesem Buch haben wir regelmäßig auf Situationen hingewiesen, in denen es sinnvoll ist, einen guten Kommentar zu befragen. Dafür braucht man sich nicht zu entschuldigen. Ein guter Kommentar ist für die Gemeinde ebenso eine Gabe wie eine gute Predigt, gutes Video- und Audiomaterial und gute Internetseiten oder ein guter Seelsorger.

Unsere Absicht in diesem Kapitel ist einfach. Wir wollen Ihnen Hilfen an die Hand geben, durch die sich der exegetische Wert von Kommentaren beurteilen lässt. So können Sie auf der Suche nach einem guten Kommentar zu einem bestimmten Buch der Bibel selbst herausfinden, welcher für Sie der richtige ist.

Wenn Sie es mit dem Bibelstudium ernst meinen, werden Sie sich zu jedem Buch der Bibel einen guten Kommentar besorgen oder sich zumindest Zugang dazu verschaffen wollen. Es gibt keinen völlig zufriedenstellenden einbändigen Kommentar. Einbändige Kommentare wurden gewöhnlich für genau die Aufgaben geschrieben, die Sie durch unsere Anleitung in diesem Buch selbst bewältigen können. Sie beschreiben kurz den historischen Kontext und verfolgen dann die Bedeutung der Textabschnitte in ihrem literarischen Kontext. Das hat zwar einen gewissen Wert, ist jedoch zum großen Teil auch in einem guten Bibelhandbuch zu finden. Im Wesentlichen sind es drei verschiedene Elemente, die man in einem Kommentar sucht: 1. Hilfen zu Quellen und Informationen über den historischen Kontext, 2. Antworten auf die vielfältigen inhaltlichen Fragen und 3. gründliche Besprechungen schwieriger Textabschnitte, mit Voranstellung der möglichen Bedeutungen und der verschiedenen Argumente, die für oder gegen eine Auslegung sprechen.

Wie beurteilt man also einen Kommentar? Erstens bewertet man ihn *nicht* danach, ob man mit der Meinung des Autors über einstimmt. Wenn der Kommentar wirklich gut ist und man selbst eine gründliche Exegese gemacht hat, wird es meistens Übereinstimmungen geben. Diese Übereinstimmungen sind jedoch nicht das entscheidende Kriterium.

Außerdem beurteilt man einen Kommentar *nicht* danach, ob er einen „vom Hocker reißt". Bei einem Kommentar geht es um *Exegese* – also um die *Bedeutung* des Textes – und nicht um *Homiletik*, also das Predigen des Textes in unserer Zeit. Man kann solche homiletischen Bücher sehr gut nutzen, wenn man entdecken will, wie man einen biblischen Text auf die Gegenwart übertragen kann. Als Prediger wissen wir selbst, wie nützlich sie sind, um uns zum Nachdenken über die Gegenwart anzuregen. *Es handelt sich dabei aber nicht um Kommentare*, auch wenn sie hervorragende Modelle für die Anwendung der Bibel im „Hier und Jetzt" sind. Uns geht es an dieser Stelle aber nicht um homiletische Bücher, sondern allein um exegetische Kommentare.

Es gibt mindestens sieben wichtige Kriterien für die Beurteilung eines Kommentars. Nicht alle sind gleichartig oder gleich wichtig. Aber alle zusammen helfen Ihnen bei der Beantwortung der einen entscheidenden Frage: Hilft Ihnen dieser Kommentar zu verstehen, was der biblische Text wirklich sagt?

Die ersten zwei Kriterien beziehen sich im Wesentlichen auf Informationen über den Kommentar, die Sie interessieren sollten.

1. Ist der Kommentar exegetisch, homiletisch oder eine Kombination dieser beiden Ausrichtungen? Diese Frage wiederholt einfach, was wir oben bereits gesagt haben. Denken Sie daran: Was Sie in einem Kommentar wirklich suchen, ist Exegese. Wenn außerdem hermeneutische Vorschläge enthalten sind, mag das hilfreich sein. In erster Linie suchen Sie jedoch nach Antworten auf Ihre inhaltlichen Fragen – und inhaltliche Fragen sind im Wesentlichen exegetische Fragen.

2. Basiert der Kommentar auf dem griechischen oder dem hebräischen Text oder auf einer deutschen Übersetzung? Es ist nicht unbe-

dingt schlecht, wenn der Kommentar eine Übersetzung als Grundlage benutzt, *solange der Autor den Text in der Originalsprache kennt und dieses Wissen als wahre Quelle für seine Anmerkungen benutzt.* Bitte beachten Sie: Meistens können Sie auch die Kommentare benutzen, die auf dem griechischen oder hebräischen Text basieren, wenn Sie diese Sprachen nicht verstehen. Dann müssen Sie manchmal zwar um das Griechische oder Hebräische „herumlesen“, aber das ist normalerweise kein großes Handikap.

Das nächste Kriterium ist *das allerwichtigste* und der Aspekt, an dem Ihre Beurteilung eigentlich anfängt.

3. Bespricht der Autor *alle* Möglichkeiten, wenn ein Text mehr als eine mögliche Bedeutung hat, und nennt er Gründe für seine eigene Entscheidung? In Kapitel 2 haben wir Sie zum Beispiel auf die Stelle in 1. Korinther 7,36 aufmerksam gemacht, für die es mindestens drei mögliche Auslegungen gibt. Ein Kommentar informiert Sie nicht ausreichend, wenn der Autor nicht alle drei Möglichkeiten bespricht, jeweils Gründe dafür und dagegen nennt und dann seine eigene Entscheidung erklärt.

Die nächsten vier Kriterien sind wichtig, wenn Sie wirklich alle Hilfe bekommen wollen, die Sie brauchen.

4. Bespricht der Autor Probleme der Textkritik? Wie wichtig das ist, haben Sie bereits in Kapitel 2 erfahren.

5. Bespricht der Autor an wichtigen Stellen den historischen Hintergrund der Gedanken, die im Text wiedergegeben werden?

6. Bietet der Autor bibliografische Informationen an, sodass Sie Ihre Studien vertiefen können, wenn Sie das wünschen?

7. Enthält die Einführung des Kommentars genügend Informationen über den historischen Kontext, sodass Sie den Anlass des Buches verstehen können?

Diese Kriterien lassen sich am besten überprüfen, indem man einen wirklich schwierigen biblischen Text aussucht und feststellt, wie hilfreich die Informationen und Antworten des Kommentars dazu sind und wie gründlich er vor allem die verschiedenen möglichen Bedeutungen erörtert. Man kann den Wert eines Kommentars zum 1. Korintherbrief zum Beispiel beurteilen, indem man zunächst nachsieht, wie der Autor 7,36 oder 11,10 bespricht. In einem Kommentar zu den Pastoralbriefen könnten Sie unter 1. Timotheus 2,15 nachschlagen. Beim 1. Buch Mose wäre der V. 2,17 ein solcher Prüfstein, während bei Jesaja der Abschnitt 7,14-17 infrage käme.

Das endgültige Urteil beruht natürlich darauf, wie gut der Autor alle seine Informationen auswertet, um den Vers oder Abschnitt innerhalb seines Kontextes verstehen und erklären zu können. Manche Kommentare sind zwar eine Fundgrube für historische und bibliografische Informationen, beweisen aber leider kein besonderes Geschick, wenn es darum geht, die Aussagen des biblischen Autors in ihrem Kontext zu erklären.

Zum Schluss noch eine Wiederholung: Sie beginnen Ihr Bibelstudium nicht mit dem Kommentar! Sie ziehen einen Kommentar erst dann zurate, wenn Sie Ihre eigene Arbeit hinter sich haben. Der Grund dafür ist, dass Sie Antworten auf die inhaltlichen Fragen suchen, die in Ihrem eigenen Studium aufgekommen sind. Natürlich wird der Kommentar Sie dann auch auf Fragen aufmerksam machen, die Sie selbst übersehen haben, die Sie aber stellen sollten.

Bibelstellen-Index

1. Mose

2. Mose

3. Mose

4. Mose

5. Mose

Josua

Richter

Rut

1. Samuel

2. Samuel

1. Könige

2. Könige

1. Chronik

2. Chronik

Esra

Hiob

Psalm

Sprüche

Prediger

Hohelied

Jesaja

Jeremia

Hesekiel

Daniel

Hosea

Joel

Amos

Obadja

Jona

Micha

Habakuk

Zefanja

Sacharja

Maleachi

Matthäus

Markus

Lukas

Johannes

Apostelgeschichte

Römer

1. Korinther

2. Korinther

Galater

Epheser

Philipper

Kolosser

1. Thessalonicher

2. Thessalonicher

1. Timotheus

2. Timotheus

Titus

Philemon

1. Petrus

2. Petrus

1. Johannes

3. Johannes

Hebräer

Jakobus

Offenbarung

Brunnen Bibelatlas

Von Abraham bis zu den frühchristlichen Gemeinden –

von Dr. Tim Dowley

32 Seiten, geheftet
19,5 x 26,5 cm

Bestell-Nr. 196199
ISBN 978-3-7655-6199-3

Die Bibel ist voll von Ortsangaben und Reisebeschreibungen: Von Abrahams großer Reise aus Ur ins Land Kanaan bis hin zu den Missionsreisen des Paulus.

Aber wo lag eigentlich Mesopotamien? Wo durchquerte Mose mit den Israeliten das Rote Meer? Wo befand sich Kadesch-Barnea, einer der wichtigsten Lagerplätze der Israeliten bei ihrer 40 jährigen Wanderung durch die Wüste? Oder Ninive – die Stadt, die der Prophet Jona so weit wie möglich hinter sich lassen wollte ?

All diese Fragen – und viele weitere – werden in übersichtlicher Form anschaulich beantwortet.

Der bewährte BRUNNEN-Bibelatlas nun mit aktualisierten Karten im neuen Layout!

N.T. Wright

Die komplette Auslegungsreihe *für heute*

Matthäus für heute, Band 1, 256 S., ISBN 978-3-7655-0611-6

Matthäus für heute, Band 2, 256 S., ISBN 978-3-7655-0612-3

Markus für heute, 304 S., ISBN 978-3-7655-0613-0

Lukas für heute, 384 S., ISBN 978-3-7655-0614-7

Johannes für heute, Band 1, 208 S., ISBN 978-3-7655-0615-4

Johannes für heute, Band 2, 224 S., ISBN 978-3-7655-0616-1

Apostelgeschichte für heute, Band 1, 272 S., ISBN 978-3-7655-0617-8

Apostelgeschichte für heute, Band 2, 352 S., ISBN 978-3-7655-0618-5

Paulus für heute – Römerbrief, Band 1, 224 S., ISBN 978-3-7655-0619-2

Paulus für heute – Römerbrief, Band 2, 176 S., ISBN 978-3-7655-0620-8

Paulus für heute – 1. Korintherbrief, 298 S., ISBN 978-3-7655-0621-5

Paulus für heute – 2. Korintherbrief, 192 S., ISBN 978-3-7655-0622-2

Paulus für heute – Der Galaterbrief und der 1. und 2. Thessalonicherbrief, 208 S., ISBN 978-3-7655-0623-9

Paulus für heute – Gefangenschaftsbriefe: Epheser, Philipper, Kolosser, Philemon, 256 S., ISBN 978-3-7655-0624-6

Paulus für heute – Die Pastoralbriefe: 1. und 2. Timotheus; Titus, 208 S., ISBN 978-3-7655-0625-3

Hebräerbrief für heute, 224 S., ISBN 978-3-7655-0626-0

Jakobus, Petrus, Johannes und Judas für heute, 254 S., ISBN 978-3-7655-0627-7

Offenbarung für heute, 256 S., ISBN 978-3-7655-0628-4